ERDÉLYI / SCHMIDTKE / SEHRBROCK

INTERNATIONAL VERGLEICHENDE HEIL- UND SONDERPÄDAGOGIK WELTWEIT

INTERNATIONAL VERGLEICHENDE HEIL- UND SONDERPÄDAGOGIK WELTWEIT

Grundlagen – Migration – „Dritte Welt" – Europa

herausgegeben von Andrea Erdélyi,
Hans-Peter Schmidtke und Peter Sehrbrock

VERLAG JULIUS KLINKHARDT
BAD HEILBRUNN 2012

Bibliografische Information der Deutschen Nationalbibliothek
Die Deutsche Nationalbibliothek verzeichnet diese Publikation
in der Deutschen Nationalbibliografie; detaillierte bibliografische Daten
sind im Internet abrufbar über http://dnb.d-nb.de.

Druck und Bindung: AZ Druck und Datentechnik, Kempten.
Printed in Germany 2012.
Gedruckt auf chlorfrei gebleichtem alterungsbeständigem Papier.

ISBN 978-3-7815-1832-2

Inhaltsverzeichnis

Vorwort der HerausgeberInnen

Das Symposium „Leben mit dem Anderssein im internationalen Kontext", das vom 4. bis 6. September 2008 in Oldenburg stattfand, liegt bereits eine geraume Zeit zurück. In diesem Zeitraum haben sich für die Menschen mit Behinderungen selbst und für die pädagogische Arbeit in diesem Umfeld grundlegende Veränderungen ergeben. Sie messen auch dem in diesem Buch behandelten Schwerpunkt der internationalen Heil- und Sonderpädagogik und den Kooperationen über alle Grenzen hinweg ein besonderes Gewicht bei. Am 3. Mai 2008 verabschiedete die Vollversammlung der Vereinten Nationen die Resolution 61/106, das „Übereinkommen über die Rechte von Menschen mit Behinderung", die im Laufe der Jahre von nahezu allen Ländern der Völkergemeinschaft ratifiziert und damit in nationales Recht übertragen wurde. Bereits Ende des Jahres 2008 hatten die viele Länder diese erste Konvention des neuen Milleniums unterzeichnet. Deutschland und andere deutschsprachige Länder ratifizierten die Konvention im Februar 2009, so dass sie hier erst im März 2009 in Kraft trat. Die Begründung ist darin zu sehen, dass zunächst eine offizielle, zwischen den deutschsprachigen Ländern abgestimmte Übersetzung vorgelegt werden musste, über die in den zuständigen Gremien dann abgestimmt werden konnte.
Für viele Fachleute im Behindertenbereich brachte die Übersetzung insofern Verwunderung mit sich, da der englische Begriff „inclusion", der ebenso in den anderen offiziellen Sprachen der Vereinten Nationen „Inklusion" meint, mit dem Begriff „Integration" übersetzt worden war, der im verbreiteten Verständnis einen qualitativen Unterschied zu Inklusion bedeutet. Da Deutschland aber auch die Version in den Originalsprachen unterzeichnet hat, es sich bei der „Konvention über die Rechte von Menschen mit Behinderung" (BRK) zudem um die erste Konvention überhaupt handelt, die als gemeinsames Dokument von einer Staatengemeinschaft, der Europäischen Union, im Dezember 2010 ratifiziert wurde, können in diesem Sinne hier Inklusion und Integration nur als Synonyme verstanden werden.
In welchem Zusammenhang aber steht diese Konvention mit einem Symposium, bei dem noch in keinem der einzelnen Beiträge explizit auf dieses Dokument Bezug genommen wurde?

Die BRK kann als Folie verstanden werden, an der sich alle Einzelbeiträge dieses Buches zu messen haben. Die Konvention gibt eine Richtung vor, bei der die Begriffe der Würde des Menschen und sein Recht auf Selbstbestimmung und Selbstverwirklichung von zentraler Bedeutung sind. Behinderung wird als ein Teil der Vielfalt des Menschen verstanden, nicht als eine Defizitvariante einer von mächtigen „Nichtbehinderten" konstruierten Idealvorstellung eines „makellosen" Menschen.
Für die sonderpädagogische Theoriebildung bringt die BRK keine grundlegend neuen Erkenntnisse, doch sie unterstreicht mit ihrer Klarheit und Präzision die Überlegungen und Forderungen, die etwa in Bezug auf eine inklusive Erziehung bereits seit langem von Experten und Fachverbänden gefordert werden, und sie schafft damit eine neue Basis, die Rechte von Menschen mit Behinderungen einzufordern und ggf. einzuklagen.
Der Arbeitsbereich der international vergleichenden Sonderpädagogik, des Arbeitsfeldes „Behinderung in der Entwicklungszusammenarbeit" bzw. „Behinderung und Dritte Welt" und selbst der Bereich „Behinderung und Migration", also die Arbeitsfelder, die auf dem Symposium im Mittelpunkt standen, manchmal auch etwas pauschal und wenig reflektiert als „interkulturelle Sonderpädagogik" benannt, fristeten auch in den sonderpädagogischen Studienstätten eher ein Randdasein. Im Mittelpunkt stand und steht noch immer die Ausbildung von Lehrkräften für die verschiedenen Arten der Förderschulen.
Die BRK stärkt die Basis für diese internationale Arbeit, indem sie anregt und fordert, über den Tellerrand des eigenen Landes hinauszusehen, wozu wir mit dem vorliegenden Band einen Beitrag leisten wollen.
Alois Bürli zeigt im ersten und für die Arbeit im Symposium zentralen Aufsatz die Fallstricke auf, die auf der anderen Seite des Tellerrandes lauern können, die sich aus der Dichotomie „das Eigene und das Fremde" ergeben können und konfrontiert beides mit dem Begriff des „Anderen". Er weist damit auf Unterscheidungen hin, die sowohl in der Gegenüberstellung behindert – nicht behindert, als auch bei Problemen benannt werden, für die zumeist soziale oder auch (sozio-)kulturelle Unterschiede verantwortlich gemacht werden. Eigen und fremd/anders stehen jedoch keineswegs im Gegensatz zueinander, sondern sind eng aufeinander bezogen, wie Bürli in seinem Beitrag ausführt: „Das Fremde ist nicht das ganz Andere, das völlig abgegrenzt und losgelöst wäre, sondern es ist auch immer, wenn auch in unterschiedlichem Maße, mit dem Eigenen verquickt, durchdrungen und verflochten" (S. 32).

Es kommt nicht von ungefähr, dass sich gerade die Sonderpädagogik an der Carl von Ossietzky Universität Oldenburg mit dieser Tagung für dieses Arbeitsfeld stark macht, können doch alle drei zuvor genannten Bereiche, die international vergleichende Sonderpädagogik, das Arbeitsfeldes „Behinderung in der Entwicklungszusammenarbeit" bzw. „Behinderung und Dritte Welt" und auch der Bereich „Behinderung und Migration" bereits auf eine verhältnismäßig lange Tradition und Forschungsaktivität verweisen. Unsere drei Beiträge führen im Anschluss an den grundlegenden Aufsatz von Alois Bürli in die jeweiligen Schwerpunkte ein, werfen zentrale Fragestellungen auf und leisten einen Beitrag zu methodischen Überlegungen der Forschung in den jeweiligen Feldern. In besonderem Maße betrifft dies die Grundlagen des internationalen Vergleichs.
Das Symposium, das vierte seiner Art in der international vergleichenden Sonderpädagogik, feierte in Oldenburg zugleich ein besonderes Jubiläum, den 20. Geburtstag der Arbeitsstelle „Behinderung und Dritte Welt". Dieser Schwerpunkt wurde bisher vielfach als ein Bereich abgetan, der keine zentrale Position innehatte, oft eher belächelt und in die Nähe karitativer Einrichtungen gerückt wurde. Insbesondere durch § 32 der BRK bekommt diese Arbeit die notwendige Unterstützung und wird nun auch bei den großen Hilfsorganisationen (GTZ) als ein zentrales Arbeitsfeld gesehen. Die einzelnen Beiträge im Kapitel „Behinderung und `Dritte Welt`" präsentieren nicht nur eine Fülle neuer Informationen, sondern zeigen auch die Ernsthaftigkeit und den Wert des Einsatzes für diesen Arbeitsbereich auf. Insbesondere der dieses Kapitel einleitende Beitrag von Bénézet Bujo gibt hier eine theoretische Grundlegung, die einmalig und richtungsweisend ist. Die Beiträge vermögen etwas davon zu vermitteln, welche Bedeutung eine solche Arbeit auch für Sonderpädagoginnen und Sonderpädagogen haben kann, die im Anschluss an ihr Studium doch das heimische Umfeld als Arbeitsbereich vorziehen.
Der zweite Schwerpunkt verbindet Sonderpädagogik und Interkulturelle Pädagogik. Gleich an mehreren Stellen unterstreicht die BRK die Notwendigkeit der spezifischen Beachtung von Migrantinnen und Migranten in den unterschiedlichen sonderpädagogischen Arbeitsfeldern. Seit vielen Jahren besteht an der Universität Oldenburg eine enge Kooperation zweier Institute, dem Interdisziplinären Zentrum für Bildung und Kommunikation in Migrationsprozessen (IBKM) und dem Institut für Sonderpädagogik. Dadurch wurde in Oldenburg in besonderer Weise gewährleistet, dass Schülerinnen und Schüler mit Migrationshintergrund bei allen sonderpädagogischen Überlegungen nicht vergessen und die besondere Problematik etwa im Bereich der

Überweisungen an Schulen mit dem Förderschwerpunkt Lernen nicht aus den Augen verloren wurde. Gleichzeitig widmete sich die Interkulturelle Pädagogik u.a. den Fragen der Übergänge zwischen den verschiedenen Bildungseinrichtungen und der Problematik von Menschen mit Behinderungen in der Migration.
Deutlich wird, dass der Schwerpunkt des Symposiums auf der international vergleichenden Heil- und Sonderpädagogik lag. Auffallend ist hierbei, dass nach einer Zeit der stärkeren Beachtung des Westen und des Südens von Europa auf dem Symposium die mittel-, ost- und nordeuropäischen Staaten deutlich im Vordergrund stehen. Insofern bildet unser Band eine sinnvolle Ergänzung zu den bisher in der international vergleichenden Sonderpädagogik vorliegenden Werken.
Damit liegt hier ein Band vor, der einerseits theoretische Grundlagen schafft, andererseits in einer großen Breite Einblick in verschiedene Aspekte der internationalen und vergleichenden Heil- und Sonderpädagogik gibt.

Die HerausgeberInnen

Grundlegende Fragen der internationalen Heil- und Sonderpädagogik

Alois Bürli

Heilpädagogik im Spannungsfeld von Eigen und Fremd

Das Verhältnis von Eigen und Fremd ist nicht eine typisch heilpädagogische, sondern eine generelle und universelle, eine allgemeinmenschliche und gesamtgesellschaftliche Fragestellung von andauernder Aktualität (s. Abschn. 1). Im heilpädagogischen Bezug ist sie jedoch von besonderer Relevanz (s. Abschn. 2). Einerseits kann die zentrale, konstituierende Komponente der Heilpädagogik, nämlich die *Behinderung*, unter dem Gesichtspunkt der Fremdheit betrachtet werden (s. Abschn. 3); andererseits können die Reaktions- und Umgangsformen eruiert werden, die in diesem Zusammenhang auftreten (s. Abschn. 4). Die daraus sich ergebenden Charakteristika lassen sich auch auf die Heilpädagogik als Wissenschaft und Praxiskonzept übertragen und entsprechende Schlussfolgerungen ziehen (s. Abschn. 5). All diese Ansichten und Einsichten regen zu gewissen neuen Denkweisen und Umgangsformen in der Heilpädagogik an (s. Abschn. 6).

1 Universelles Spannungsfeld

Das Verhältnis von Eigen und Fremd ist – wie gesagt – eine allgegenwärtige, höchst aktuelle Fragestellung, wenn wir z.B. an Erscheinungen wie Krieg, Gewalt, Intoleranz, Fremdenfeindlichkeit und Diskriminierung denken. Die Figur des Fremden ist eine der universellsten Semantiken in der Geschichte menschlicher Gesellschaften; damit legen sie ihre Grenzen fest, schaffen Identitäten und begründen Bedrohungen (s. STICHWEH 2010). Die Entwertung anderer/fremder Menschen gilt sogar als Kernübel der Menschheit (PRENGEL 2006, 70).
Auf *politischer* Ebene stellen sich z.B. folgende Fragen: Welche Länder sind mit dem Selbstverständnis Europas vereinbar, welche gehören nicht dazu? Welche „Fremden“ können Bürger eines Landes werden? Wie kommt es, dass gewisse selbstgerechte Nationen andere als Schurkenstaaten bezeichnen

und gegen sie vorgehen? Ist ein dunkelhäutiger Präsident in einem Land mit vorwiegend „weißer“ Bevölkerung zu fremd um tragbar zu sein?
In *kultureller* Hinsicht führt die weltweite Migrationsbewegung dazu, dass sich immer mehr Menschen in fremden Ländern als Fremde fühlen. Sprachliche und/oder ethnische Minderheiten müssen sich immer wieder gegen ihre Diskriminierung zur Wehr setzen.
Auf dem Gebiet der *Religionen* kommt der Konflikt zwischen Eigenem und Fremdem in der Debatte um das Kopftuchtragen und den Bau von Minaretten zum Ausdruck. Oder ebenso bei der päpstlichen Beurteilung, welche Kirchen dem Christentum zugerechnet werden können und welche nicht.
Eine kurze Rundschau in der Welt der Bücher und der *Wissenschaften* zeigt, dass etliche wissenschaftliche Disziplinen sich mit der Thematik Eigen/ Fremd beschäftigt haben und noch immer beschäftigen, so die Philosophie, Psychologie, Soziologie, Ethnologie und Anthropologie. Als Protagonisten sind insbesondere zu erwähnen: ARISTOTELES, ADORNO, BOURDIEU, DESCARTES, FOUCAULT, HEIDEGGER, HUSSERL, LEVINAS, MERLEAU-PONTY. Das Denken über das Fremde als spezifisches Phänomen hat allerdings (nach WALDENFELS 1997, 9 f.; 16 f.) erst ungefähr im 18., eindeutig aber im 20. Jahrhundert eingesetzt.
Die gesamte abendländische *Philosophie* ließe sich neu begreifen als Bewegung des Verstehens und Missverstehens der Kategorien des „Selben“ und des „Anderen“, des Eigenen und des Fremden. Das Verstehen des Fremden ist eine der ersten Fragestellungen des modernen Denkens, wie weitere Humanwissenschaften exemplarisch zeigen. So gilt die *Ethnologie* als *die* Wissenschaft vom kulturell Fremden. Die *Erziehungswissenschaft* stieß mit der Entdeckung des Kindes zu einer bis zum 17. Jahrhundert fremden Thematik vor. Die *Psychoanalyse* entdeckte das Unbewusste als Repräsentant des Fremden. Schließlich haben sich alle *Religionen* intensiv mit der Erfahrung des ganz Anderen, des transzendental Fremden befasst (GREINER 1995, 26 ff.).
Schließlich wird Fremdheit nicht selten in der Literatur (z.B. im Roman von A. CAMUS „Der Fremde“), in der Musik (z.B. F. SCHUBERTS „Winterreise“) oder in Filmen (z.B. „Die Fremde“ von F. ABADAG) thematisiert.

2 Heilpädagogisches Spannungsfeld

Im Bereich der *Heilpädagogik* sind – wenn auch nur implizite – viele Aspekte zum Verhältnis von Eigenem zu Fremdem verborgen, die aber noch wenig herausgearbeitet wurden. Geht man diesbezüglich auf Spurensuche, begegnet

man nur wenigen (deutschsprachigen) Veröffentlichungen, so jener von STINKES (1993), FRAGNER (1995), GREINER (1995) und LAUBENSTEIN (2006). Dass das Thema allerdings zunehmend aktuell ist, zeigt die Tatsache, dass unabhängig voneinander im November 2008 gleichzeitig zum 4. Symposium zur Internationalen Heil- und Sonderpädagogik in Oldenburg auch die Bundesfachtagung des Berufs- und Fachverbandes Heilpädagogik e.V. (BHP) in Fulda den Problemkreis „Heilpädagogik und das Fremde" zum Gegenstand machte (s. BHP 2009).
Nach allgemeinem spontanem Eindruck steht nicht nur die Behinderung in einem gewissen Verhältnis zum Fremdsein (s.a. BÜRLI 2011), sondern auch die *Heilpädagogik* als Wissenschaft und Praxiskonzept. Analog zur Ethnologie als Wissenschaft vom kulturell Fremden könnte die Heilpädagogik als Wissenschaft vom pädagogisch Fremden bezeichnet werden.
Wie aber lässt sich die Beziehung von *Behinderung* und Fremdheit charakterisieren? Was bedeutet Behinderung aus der Sicht von Fremdheit? Führt Behinderung zur Befindlichkeit von Fremdheit? Ist sie das Ergebnis von Entfremdungsprozessen oder ist Fremdheit ein Charakteristikum von Behinderung? Und wie gehen wir mit Behinderung als etwas uns Fremdem um?
Der Eigen/Fremd-Thematik kann hinsichtlich Behinderung bzw. Heilpädagogik auf unterschiedlichen *Ebenen* nachgegangen werden. Auf der individuell-personellen *(Mikro-)Ebene* geht es um die Frage, wie Behinderung in diesem Zusammenhang gesehen werden kann, wer demnach als behindert gilt und wer nicht. Auf der interpersonell-sozialen *(Meso-)Ebene* geht es z.B. um das Verhältnis, um Zuschreibungen und Umgangsformen von behinderten und nicht behinderten Personen(-gruppen) (s. Abschn. 3 und 4).
Aus gesellschaftlichem Blickwinkel *(Makro-Ebene)* wird z. B. beleuchtet, wie verschiedene Gesellschaften, Kulturen oder Nationen mit Behinderung bzw. behinderten Menschen persönlich, definitorisch und strukturell umgehen und welchen Stellenwert die Heilpädagogik darin einnimmt. Auf der *Meta-Ebene* lässt sich prüfen, ob und wie Behinderung unter dem Aspekt von Eigen/Fremd in der Heilpädagogik reflektiert und interpretiert wird bzw. werden kann. Wie hebt sich („eigentlich") Heilpädagogik als Wissenschaft von anderen („fremden") Disziplinen ab und in welchem Verhältnis steht sie zu anderen Wissenschaften? Welche Gemeinsamkeiten und Unterschiede gibt es in ihrem Verständnis im international-interkulturellen Vergleich? (s. Abschn. 5).
Für unsere Fragestellungen ergaben sich zahlreiche – wenn auch nicht direkt heilpädagogische – Anregungen hauptsächlich aus den Grundsatzüberlegungen von WALDENFELS (1997), aber auch von PRENGEL (2006).

3 Behinderung im Kontext von Eigen und Fremd

Bevor Behinderung im Zusammenhang von Eigenem und Fremdem betrachtet werden soll, ist zuerst der Frage nachzugehen, welche *Eigenschaften und Funktionen* dem Eigenen und dem Fremden *ganz allgemein* zugeschrieben werden und wodurch sie sich unterscheiden (WALDENFELS 1997, Kap.1; FRAGNER 1995, 12 ff.; s.a. BÜRLI 2011).

Das Eigene wird kurz umschrieben mit Zugehörigkeit, Vertrautheit, Verfügbarkeit, Zugänglichkeit, als Zuhausesein unter Freunden.

Das Fremde liegt jenseits der Eigenheitssphäre, der eigenen Grenzen. Es bedeutet das Unzugehörige, das Unzugängliche, das Unbekannte, auch das Unverständliche, nicht Fassbare. Das Fremde bezeichnet etwas, das als abweichend vom Vertrauten wahrgenommen wird, d.h. aus der Sicht dessen, der diesen Begriff verwendet, als etwas (angeblich) Andersartiges oder weit Entferntes. Das Fremde ist etwas Normales, Wichtiges, Wertvolles, sogar Exotisch-Attraktives, kann aber auch etwas Feindliches und Bedrohliches hervorrufen.

Die Definition dessen, was als vertraut und was als fremd gilt, wird durch persönliche und gesellschaftliche Vorstellungen und Einstellungen bestimmt. Das Fremde liegt nicht wie selbstverständlich vor und kann nicht einfach als solches beschrieben und analysiert werden, sondern wird erst in *Abgrenzungsprozessen* vom Eigenen bestimmt.

Der Fremde ist nach SIMMEL (1908. 509) „ein Mensch, der heute kommt und morgen bleibt“. Im zwischenmenschlichen Verhältnis wird das Nicht-Gemeinsame als etwas Typisches hingestellt. Nach BAUMANN (2000, 39) fehlt bei den Fremden die Sicherheit und Klarheit, „was sie tun werden, wie sie auf die eigenen Handlungen reagieren würden“; da man nicht sicher sein kann, ob sie Freunde oder Feinde sind, begegnet man ihnen mit Argwohn.

Der Bedeutungsgehalt dieser Umschreibungen ist komplex, scheinbar viel und gleichzeitig wenig sagend. Aber das Eigene und das Fremde lässt sich offenbar nicht ein für alle Mal und auf eine bestimmte Position festlegen, sondern nur annähernd durch diesbezügliche Prozesse und Eigenschaften umschreiben (s. unten). Vielfach wird von scheinbaren Selbstverständlichkeiten ausgegangen: es wird nicht genau definiert, was das Eigene ist bzw. wer wir sind und wer das Fremde ist bzw. wer die Anderen sind und worin sich die Identitäten unterscheiden (vgl. „die Schweizer“ versus „die Fremden“).

Fremd und Anders ist nicht das Gleiche. Während sich das Eigene und das Fremde wechselseitig bedingen und das Eine nicht ohne das Andere existiert, besteht zwischen Fremd und Anders eindeutige Unterschiedlichkeit (WALDENFELS 1997, 20 f.). Diese grundsätzliche Unterscheidung wird aber

nicht konsequent eingehalten; hin und wieder werden die beiden Begriffe (anders/fremd) einander gleichgesetzt.
Im Folgenden soll zuerst Behinderung hypothetisch als Fremdheit betrachtet werden. Dabei ist zu prüfen, welche Erkenntnisse zum Verständnis von Behinderung sich daraus ergeben (s. Abschn. 3.1 bis 3.10) und welche Umgangsformen sich in diesem Zusammenhang erkennen lassen (s. Abschn. 4).
Aus der Eigen/Fremd-Perspektive lassen sich folgende zehn Thesen zum „Wesen" von Behinderung aufstellen:

3.1 Transformation von Behinderung zum Fremden

Nach WALDENFELS (1997, 102) wird etwas fremd, indem es als fremd betrachtet wird. So ist auch Behinderung nicht von Anfang an etwas Fremdes, sondern sie wird es erst durch Transformation vom Eigenen zum Fremden. Solche Transformationen vollziehen sich ganz allgemein im Bezug auf

- den *Ort*: fremd wird/ist, was außerhalb des eigenen Bereichs vorkommt; dieser Aspekt ist (nach WALDENFELS) der wichtigste; das Fremde ist ohne eine gewisse Form des Anderswo nicht denkbar;
- den *Besitz*: fremd ist/wird, was einem anderen gehört;
- die *Art*: fremd ist/wird, was als fremdartig gilt/was fremdartig ist (WALDENFELS (1997, 20 ff.).

Behinderungen oder die reduktionistische Figur des „Behinderten" werden also in erster Linie dadurch zu etwas Fremden, indem sie außerhalb unserer üblichen Lebensbereiche platziert werden. Ihre Fremdheit entsteht und verstärkt sich, wenn sie aus unserem Zugehörigkeitskreis ausgeschlossen werden und ihnen Fremdartigkeit zugeschrieben wird.

3.2 Relativität und Kontextabhängigkeit von Behinderung

Behinderung als Fremdheit ist, genauso wie das Eigene, relativ und kontextabhängig. Sie ist keine Eigenschaft von Dingen oder Personen, sondern es handelt sich um relative Bestimmungen, die ein Beziehungs- und Wahrnehmungsverhältnis ausdrücken. Ebenso wenig wie rechts und links lässt sich das Eine nicht ohne das Andere, Nichtbehinderung nicht ohne Behinderung definieren. Beide sind kulturspezifische Elemente und Ausdruck einer Rollenverteilung.
Es gibt nie *den* oder *die* Fremden, sondern immer nur Fremde in einem bestimmten *Kontext* (z.B. Ausländer, Asylanten, Behinderte). Wie uns in der Fremde der Fremde nicht erschreckt, so erschreckt uns der Behinderte nicht unter Behinderten. Behinderung jedoch, die unseren eigenen Alltag und unser Zuhause beeinträchtigt, kann als Störung und Belastung empfunden werden (GREINER 1995, 22; PRENGEL 2006, 31ff.; WALDENFELS 1997, 145 f.).

3.3 Verflechtungen von Behinderung

Behinderung als Fremdheit ist stets mit dem eigenen Nichtbehindertsein verflochten. Behinderung als Fremdheit ist nicht das Gegenteil des Eigenen, sondern dessen Rück- oder Kehrseite. Die beiden Komponenten sind nicht etwas Getrenntes, sondern stehen in einer wechselseitigen Beziehung und bilden einen Raum möglicher Gemeinsamkeit. Die gegenseitige Durchdringung bringt es mit sich, dass Heimwelt und Fremdwelt sich ineinander schieben, Heimat sich mit Fremdheit durchsetzt, Fremdheit durch Heimischwerden miterzeugt wird, es eine Ferne in der Nähe, eine Abwesenheit in der Anwesenheit gibt, gleich dem Vergangenen, das – in der Fortwirkung und Erinnerung – noch auf Distanz bleibt. All diese gegenseitigen Verflechtungen gelten auch für das Nichtbehindertsein versus den Behinderungszustand (FRAGNER 1995, 14; PRENGEL 2006, 54 ff.).
Diese Verschränkungen widersetzen sich (nach WALDENFELS 1997, 66 f.) jeder Form von Reinheit, sei dies bei Behinderung, Rassen, Kulturen oder Wissenschaften (s.a. Abschn. 4.7 und 5.5). Das Eigene ist ohne das Fremde nicht zu haben.

3.4 Abgrenzungen von Behinderung

Neben den Verflechtungen gibt es aber auch Abgrenzungen zwischen Behinderung als Fremdheit und eigenem Nichtbehindertsein. Die Grenzziehung ist aber nicht fest, sie ist beweglich und verschiebbar, jedoch unaufhebbar. Behinderung als Fremdheit hat eine eigene Bedeutung und leistet Widerstand gegen jegliche Einvernahme (vgl. die Floskel „Es ist normal verschieden zu sein"). Letztlich lässt sich die bestehende Kluft nicht schließen. Das eigene Nichtbehindertsein seinerseits tritt erst im Kontrast mit Behinderung als Eigenes zutage; es will sich in der Auseinandersetzung mit Behinderung erproben (GREINER 1995, 28; PRENGEL 2006, 50 ff.; WALDENFELS 1997, 50; 110; 145 ff.).

3.5 Behinderung als Herausforderung

Behinderung als Fremdheit stellt (in Anlehnung an die Ausführungen von WALDENFELS 1997, 45 ff.; 161 f.) eine Herausforderung dar. Von Behinderung geht eine Beunruhigung aus. Die Reaktionen auf diese Herausforderung sind Anziehung und Verwunderung, Abstoßung oder Rückweisung.
Der Beobachter fühlt sich dabei angezogen bzw. abgestoßen von den Phänomenen, auf die er eingeht und mit denen er sich befasst. In dieser Situation genügen nicht lediglich stereotype, gleichförmige Reaktionsmuster; erforderlich sind vielmehr erfinderische, kreative Antworten, ausgehend vom Wahr- und Ernstnehmen von Vorschlägen.
Behinderung als Fremdheit kommt all unseren Aneignungs- und Anfreundungsbemühungen zuvor. Unser eigenes Nichtbehindertsein steht nicht am Anfang, sondern darauf kommen wir vom Phänomen der Behinderung her zurück. Erst angesichts von fremder Behinderung werden wir uns unserer eigenen Befindlichkeit bewusst.

3.6 Faszination von Behinderung

Von Behinderung als Fremdheit geht (in Anlehnung an GREINER 1995; PRENGEL 2006; WALDENFELS 1997) eine Faszination aus. Diesem Anreiz können wir uns nicht entziehen. Diese Faszination ist weder allein auf eigene noch allein auf fremde Anteile zurückzuführen, sondern es handelt sich dabei um ein interpersonelles bzw. interkulturelles Phänomen par excellence.
Behinderung als Fremdheit kann in seiner Unheimlichkeit zur unangenehmen Beunruhigung und zur feindlichen Bedrohung werden. Verbunden mit der Negierung der fremden Existenz kann sie zur existentiellen Bedrohung und Bekämpfung führen.
Faszination wird zum entscheidenden und einschneidenden emotionalen und geistigen Erlebnis angesichts erlebter Verschiedenheit. So kann sie zum (humanitären) Anreiz werden, die Nähe zur Behinderung als Fremdheit zu suchen und sich dem Außer-Ordentlichen anzuverwandeln. Die Verwunderung geht aber allen moralischen Kategorien (wie z.B. humanitärer Hilfe) voraus und entzieht sich allen binären Ordnungen, die zwischen Liebenswertem und Hassenswertem, zwischen Wahrem und Falschem unterscheiden (WALDENFELS 1997, 104).

3.7 Ambivalenz von Behinderung

In ähnlicher Weise geht gleichzeitig von Behinderung als Fremdheit von allem Anfang an eine Ambivalenz aus. Je nach Interpretation löst Behinderung positive (z.B. Lebensbereicherung) oder negative Reaktionen (z.B. Unheil) aus. Auf der einen Seite wirkt sie verlockend, weil sie Anteile wachruft, die bisher vom eigenen Leben mehr oder weniger ausgeschlossen waren. Auf der anderen Seite entsteht dadurch eine Bedrohung, weil es zur Konkurrenz und zum Widerspruch zwischen Eigen und Fremd, zwischen Nichtbehindert und Behindert kommt. Aber ohne das durch Ambivalenz ausgelöste Erschrecken würde das Erlebnis von Behinderung als Fremdheit verkommen (WALDENFELS 1997, 45 f.; 149 f.).

Die durch Fremdheit hervorgerufenen Ambivalenzen sind grundlegender Natur. Einerseits führt beispielsweise eine weltweite Migration zu einem kulturellen Pluralismus, andererseits ist eine zunehmende Uniformität unter den Kulturen feststellbar. Einerseits gibt es gesteigerte optimistisch-rationale Verständigungsbemühungen, andererseits wächst die Skepsis bezüglich Möglichkeiten der Aufklärung, des Verständnisses und des Wissenstransfers. Einerseits gibt es eine ungeheure exotische Neugier und Sehnsucht nach Fremdartigem, andererseits ist gesteigerter Fremdenhass spürbar (GREINER 1995, 22).

3.8 Behinderung als Auslöser fachlicher Erkenntnisprozesse

Die Beschäftigung mit Behinderung als Fremdheit stellt die eigenen Ordnungen, Grenzziehungen und Wertungen in Frage. Durch den Einbezug des Phänomens Behinderung erhält das Wissen und Verstehen von Welt einen neuen Stellenwert. Auch die eigene Identität Lehrender und Lernender wird in Frage gestellt und verändert sich. Die Wissenschaft wird selbstkritischer und subjektiver, indem sich die Erkenntnis vom Objektiven zum Situativen hin verlagert. Die Vorstellung, Beobachtende bzw. Wissenschaftler seien frei von Leidenschaften und eigenen Interessen, biografischen und situativen Prägungen, Einschränkungen und Behinderungen, wird hinterfragt (GREINER 1995, 26 ff.).

3.9 Behinderung als Auslöser persönlicher Erkenntnisprozesse

Neben fachlichen ruft Behinderung als Fremdheit auch persönliche Erkenntnisprozesse hervor. Wie man sich nicht auf Eigenes besinnen kann, ohne sich zugleich auf Fremdes zu besinnen, von dem das Eigene sich abhebt, kann man nicht sachgemäß von sich als Nichtbehindertem sprechen, ohne zugleich über Behinderung zu reden. Die Frage nach dem Eigenen entspringt keiner puren Selbstsuche, sondern einer Infragestellung, welche Fremdes im Eigenen, Behinderung in der Nichtbehinderung freisetzt. In diesem prozesshaften Wechselbezug verändert sich jeder Kommunikationspartner, eine schöpferische Entwicklung, deren Verlauf nicht abzusehen ist (PRENGEL 2006, 54 ff).

Fachliche wie persönliche Erkenntnisprozesse werden par excellence durch die Beschäftigung mit international vergleichender Heilpädagogik, mit fremden Kulturen und ausländischer Heilpädagogik ausgelöst (s. BÜRLI 2006; 2009; ALBRECHT et al. 2006; BÜRLI et al. 2009; s.a. Abschn. 5.2).

3.10 Behinderung als Teil unseres Selbst

Behinderung als Fremdheit ist und bleibt ein Teil unseres Selbst. Anteile von Behinderung begegnen uns nicht nur im Fremden, sondern auch in der eigenen Unvollkommenheit meiner bzw. unserer selbst (WALDENFELS 1997, 27 ff.; s.a. Abschn. 3.3).

4 Umgang mit Behinderung als Fremdheit

Nach der Charakterisierung von Behinderung als Fremdheit (s. Abschn. 3) lässt sich fragen, welche Formen des Umgangs mit Behinderung sich in diesem Kontext unterscheiden lassen. Grob gesehen gibt es grundsätzlich zwei Möglichkeiten, mit Fremdem umzugehen: Bei der *positiven* Variante wird das Fremde integriert, erweitert durch Eigenarbeit (Lernen) die eigenen Fähigkeiten und eröffnet neue Möglichkeiten. Bei grundlegenden Veränderungen des eigenen Verhaltens kann während der Neuorientierung vorübergehend Instabilität auftreten. Bei der *negativen* Variante wird das Fremde abgelehnt. Eine solche Ausgrenzung verhindert die Auseinandersetzung mit Neuem, stärkt gegebenenfalls das Bestehende, solange sich die Auseinandersetzung mit dem Fremden vermeiden lässt.
In der differenzierteren Betrachtung nach WALDENFELS (1997, 42 ff.), FRAGNER (1995, 12 ff.) und PRENGEL (2006, 31 ff.) lassen sich folgende Grundhaltungen unterscheiden: 1) Negation, 2) Abwertung, 3) Bekämpfung, 4) Akzeptanz, 5) Aneignung, 6) Herausforderung, 7) Verflechtung, 8) Verstehen. Diese Einstellungs- und Reaktionsmuster gelten nicht nur für die interpersonell-soziale Ebene (s. unten), sondern lassen sich auch auf die Heilpädagogik als Wissenschaft und Handlungskonzept (Makro- und Metaebene) übertragen (s. Abschn. 5).

4.1 Negation von Behinderung als Fremdheit

Ein erster Versuch, mit dem Phänomen Behinderung bzw. mit behinderten Menschen zu recht zu kommen, ist sie zu ignorieren, zu vermeiden, totzuschweigen, ihre Existenz zu verleugnen und/oder zu verdrängen, nach dem Leitspruch „Aus den Augen – aus dem Sinn“. Solche xenophobie-ähnlichen Vorgänge tragen bekanntlich zur Aussonderung von behinderten Menschen bei.

4.2 Abwertung von Behinderung als Fremdheit

Behinderung kann beim Gegenüber zu Unsicherheit, Angst und Misstrauen führen. Diese unangenehmen Gefühle werden durch Geringschätzung und Verachtung zu bewältigen versucht. So werden behinderte Menschen als minderwertig, als Defektwesen betrachtet und diskriminiert.
Eine wichtige Rolle spielt dabei die Vereinfachung (in Form von Stereotypisierung) des Fremden. Im „Charme der einfachen Sprache" ist dann statt von Personen die Rede von Gruppen wie: die Ausländer, die Muslime, die Behinderten, obwohl es diese Gruppen in Reinkultur gar nicht gibt. Diese undifferenzierte Sichtweise lebt von Freund/Feind-Bildern, von einer Zwei-Lager-Mentalität; sie führt leicht zu einer (rassistischen) Polarisierung.

4.3 Bekämpfung von Behinderung als Fremdheit

Eine häufige Umgangsform ist – neben der Verneinung und Abwertung – die aktive Ablehnung und Bekämpfung von Behinderung/Behinderten, in diesem Zusammenhang beispielsweise auch von unüblichen Erscheinungsformen und Lebensweisen oder von ungewohnten Auffassungen und Überzeugungen (WALDENFELS 1997, 45 ff.).
Hier verliert das Fremde seine Ambivalenz und Vieldeutigkeit, steigert sich seine Unheimlichkeit zum Feindlichen, wird seine beunruhigende Wirkung zur Bedrohung und Verhetzung. Wenn Fremdheit zur Feindschaft wird, saugt das Feindliche das an sich harmlose Fremde nahezu vollständig auf. In solchen Auseinandersetzungen geht es nicht primär und bloß um die Störung durch das Fremde, sondern um die Gefährdung der eigenen Existenz oder die Infragestellung der eigenen Auffassungen.
Das Fremde ist aber nicht einfach mit dem Feindlichen gleichzusetzen, aber Fremdheit ist wie ein Damoklesschwert: Das Unvertraute und Unheimliche ist eine latente, drohende Feindschaft, die bei Gefährdung der eigenen Existenz und Interessen durchbricht und von der Beunruhigung zur Bedrohung wird.
In dieser Situation der Bekämpfung wird verunmöglicht, dass das Eigene durch das Fremde erweitert wird, sich Eigenes mit Fremdem, sich Gleiches mit Ungleichem in einem Raum möglicher kontextueller Gemeinsamkeit anfreunden kann (PRENGEL 2006, 54 ff.).

4.4 Akzeptanz von Behinderung als Fremdheit

Akzeptanz von Behinderung hat viel mit Akzeptanz von Vielfalt und Pluralität zu tun. Sie setzt die Annahme voraus, dass Vielfalt eine Tatsache ist, dass wir nicht in *einer* Welt, sondern in vielen Welten leben, dass viele Formen von Eigenem und Fremdem, auch von Behinderung und Nichtbehindertsein nebeneinander bestehen und unter einem Dach wohnen können.

Die Akzeptanz vielfältiger Lebensformen ist mehr als oberflächliche Toleranz, sondern beinhaltet eine positive Bewertung und Würdigung der Vielfalt (Celebrating Diversity).
Die Einstellung gegenüber unterschiedlichen Lebensformen, so auch des Behindertseins, wird durch verschiedene psychologische Faktoren beeinflusst bzw. erschwert. So kann z.B. mangelnde Selbstsicherheit das Gefühl von Bedrohung entstehen lassen bzw. verstärken. Oder ein starkes Harmoniebedürfnis kann zu einer voreiligen oder übertriebenen Akzeptanz führen.

4.5 Aneignung von Behinderung als Fremdheit

Zu den wirksameren Formen der Bewältigung des Fremden als seine Verneinung und Bekämpfung gehört seine Aneignung. Im Hintergrund stehen das Bedürfnis und der Wille, das Beunruhigende, das vom Fremden/von Behinderung ausgeht, zu erkennen, das Ungewöhnliche und Fragwürdige aufzudecken, es durch Bekanntes zu ersetzen und dadurch zu beseitigen. Dazu gehört (nach FRAGNER 1995, 13 f.; WALDENFELS 1997, 48 ff.) auch die Inbesitznahme durch Zivilisierung, Erziehung und Heilung.
Aspekte von Behinderung werden dann zu Ergänzungen des Eigenen, wenn sie positiv aufgenommen werden und wo es für die Weiterentwicklung eigener Identität nützlich erscheint. Die Figur des Behindertseins als Fremdheit bedeutet so eine Chance zur Erweiterung eigener Wahrnehmungsmöglichkeiten. Relevantes Fremdes wird dabei für sich entdeckt, wird angeeignet und einverleibt, vor allem dann und in jenen Bereichen, wo die eigene Kultur dementsprechende neuartige Erfahrungen nicht zulässt oder bereitstellt.
In diesem Sinne ermöglicht die Aneignung von Fremdheit, den strikten Dualismus von Eigen und Fremd, auch von Behindert- und Nichtbehindertsein aufzugeben. Die Erfahrung von Fremdheit wird stets durch eine kritische Reflexion der eigenen Sichtweise begleitet, die einerseits relativiert wird, andererseits neue Denkbewegungen und Haltungen ermöglicht.
Formen der Aneignung, die aber darauf ausgehen, Fremdes auf Eigenes zurückzuführen oder die Kluft zwischen Eigenem und Fremdem mit den Mitteln von Kommunikation und Vernunft zu schließen, sind (nach WALDENFELS 1997, 50 f.) zum Scheitern verurteilt. Das Fremde, so auch Behinderung als Fremdheit, lässt sich niemals vollständig und eindeutig bestimmen und erklären.

4.6 Herausforderung durch Behinderung als Fremdheit

Der Sinn der Aneignung des Fremden besteht nicht darin, dass das Fremde sich auflöst, sondern dass die Stellung des Fremden in unserer Erfahrung und dementsprechend auch unsere Einstellung zum Fremden sich ändert. Genau dies gilt auch für den Umgang mit Behinderung.

Die Erfahrung von Fremdem, z.B. in Form von Behinderung, beginnt mit einer Herausforderung: Fremdheit/Behinderung spricht uns an, lädt uns ein, fordert uns auf, provoziert, stimuliert, beunruhigt, schreckt uns ab.
Behinderung als Fremdheit löst Einfälle aus. Fremdheit führt dazu, dass wir von anderem und von mehr sprechen als was unsere vertrauten Konzepte und Projekte nahe legen.
Fremdheitserfahrungen sind Ereignisse, die unseren Intentionen zuvorkommen. Überdies hat die Aufforderung des Fremden keinen Sinn und folgt keiner Regel; vielmehr provoziert sie Sinn, indem sie vorhandene Sinnbezüge stört und das Regelsystem sprengt (WALDENFELS 1997, 50 f.).
Erfahrung von Behinderung als Auseinandersetzung mit Anderem und mit Anderen geschieht im Zusammenspiel zwischen Frage und Antwort. Erfahrung ist ein Prozess, in welchem durch Differenzierung Eigenes und Fremdes, Eigenartiges und Fremdartiges entsteht und zugleich sich verändert.

4.7 Verflechtung mit Behinderung als Fremdheit

Wenn wir die Lebenswelt unterteilen in eine Welt des Eigenen und des Fremden oder des Behindertseins und des Nichtbehindertseins, dann ist das Verhältnis dieser beiden Welten (nach FRAGNER 1995, 12 f.; WALDENFELS 1997, 66; 74 ff.) gekennzeichnet durch eine mehr oder weniger starke Verschränkung, Verflechtung, Überkreuzung, Verstrickung oder Überlappung. In ihrer extremen Ausgestaltung sind sie weder völlig voneinander verschieden noch vollständig deckungsgleich. Dies bedeutet weder Verschmelzung noch Trennung beider Bereiche, sondern eine Form der Abhebung im gemeinsamen Feld, eine gleichzeitige Deckung und Nichtdeckung, wobei eine Synthese nicht in Sicht ist.
Einerseits sind Eigenes und Fremdes, Behinderung und Nichtbehinderung mehr oder weniger ineinander verflochten, so wie ein Netz sich verdichten oder lockern kann. Andererseits bestehen zwischen beiden Bereichen immer nur unscharfe Grenzen, die mehr mit Akzentuierung und Gewichtung zu tun haben als mit säuberlicher Trennung. Bildhaft gesprochen handelt es sich um Grenzverkehr, der auf der Schwelle verweilt, die Grenzen verschiebt, sie aber nicht aufhebt. Und diesem Sinne wird (nach PRENGEL 2006, 17) ADORNOS Dialektik als eine verstehende Dialektik bezeichnet, bei der es nicht um ja *oder* nein, sondern um ja *und* nein geht. Oder wie NIETSCHE (1964, 25) dieses Sowohl-als-auch anschaulich ausdrückt: Im Norden den Süden, im Süden den Norden zu lieben wissen.
Diese Verschränkung widersetzt sich (nach WALDENFELS 1997, 67 ff.; 156 ff.) jeder Form von Reinheit. Wie es nichts Eigenes gibt, das nicht mit Fremdartigem vermischt wäre, gibt es kein Nichtbehindertsein ohne Behinderung (und umgekehrt). Die eigene Identität entsteht in der Verschränkung

beider Elemente. Wenn Behinderung teilweise als das Fremde unseres Selbst betrachtet werden kann, so kommen wir dadurch zu uns selbst. Aber es wäre nichts gewonnen, wenn Eigenes/Nichtbehindertsein lediglich gegen Fremdes/Behindertsein vertauscht oder beides bis zu Unkenntlichkeit vermischt würde. An einer eigenständigen Konturierung der beiden Bereiche ist festzuhalten, aber auch an einer gewissen Form von Universalisierung, mit der wir uns über den Stand des Eigenen erheben.

Das Phänomen Behinderung als Fremdheit kann – bei aller Verunsicherung und Gefährdung, die von ihr ausgeht – nach NIETSCHE ein Lebenselixier sein, allerdings nur dann, wenn es nicht als solches verordnet und eingenommen wird. Nach ARISTOTELES kommt Fremdes – also auch Behinderung als Fremdheit – von außen durch die Türe herein, als ungebetener Gast, der nicht zu uns gehört, aber Gehör fordert (beide zit. nach WALDENFELS 1997, 84).

4.8 Verstehen von Behinderung als Fremdheit

Behinderung kann im Zwischenbereich von Eigenem und Fremdem betrachtet und angesiedelt werden. Dieses Zwischen ist ein neuartiges Phänomen, ein Netz von Relationen, wo es Knotenpunkte, Anschlussstellen und Verbindungswege gibt, aber keine Zentralstation (WALDENFELS 1997, 85 f.). In der Verflechtung entsteht eine Zwischensphäre mit vielen Knotenpunkten und Brücken, welche durch die deutlich gewordenen Gemeinsamkeiten Eigenes und Fremdes, Behindertsein und Nichtbehindertsein verbinden statt zweiteilen bzw. entzweien.

Durchlässigkeit und Austausch durchbrechen die Zentrierung auf eine Seite bzw. auf einen Aspekt. In der Zwischensphäre verhält sich eines zum anderen und jedes ist nur, was es ist, indem es sich zum anderen verhält. Alte Gegensätze wie: Nähe – Ferne, Selbst – Fremd, Behindert – Nichtbehindert werden aufgelockert und überwunden (WALDENFELS 1997, 85 f.), ohne die Kluft ganz zu schließen. Verbleibende Diskrepanzen und Widersprüche sind auszuhalten. Die Komplexität darf nicht künstlich reduziert werden, sonst wird die Vielfalt zur Einfalt.

Diese Auffassung und Einsicht könnte die manichäische Zweiteilung der Welt bzw. die gängige Schwarzweiß-Malerei überwinden helfen, nämlich Dichotomisierungen wie: Achse des Guten versus des Bösen, Richtig versus Falsch, Feind versus Freund, Behindert versus Nichtbehindert, auch von Integration versus Separation.

Der Zwischenbereich ist nach BUBERs Dialogik ein Begegnungsort von Ich und Du, nach der Hermeneutik von GADAMER eine Schnittfläche von Vertrautheit und Fremdheit. Eigene Identität wird letztlich gewonnen in der Auseinandersetzung mit Fremdem. Das Ich konstituiert sich im Kontrast zum Du. Wer ich bin und wer du bist, was ich wert bin und was du wert bist, ob und wie sehr wir behindert sind, darüber entscheidet das jeweilige Zwischen einer Begegnung (WALDENFELS 1997, 85f.).

5 Heilpädagogik im Kontext von Eigen und Fremd

Einsichten aus der Eigen/Fremd-Perspektive, der Wissenschaft vom Fremden (Xenologie) und der zugrundeliegenden Philosophie können einen Beitrag zum Selbstverständnis der Heilpädagogik als Wissenschaft und Praxiskonzept leisten. Unter anderem verdeutlichen sie ihren Zentralbegriff Behinderung (s. Abschn. 5.1). Auch innerhalb der Heilpädagogik lassen sich eigene und fremde Positionen unterscheiden (s. Abschn. 5.2). Dabei stellt sich die Frage, wie die „eigene" Heilpädagogik mit „fremder" Heilpädagogik umgeht (s. Abschn. 5.3).
Schließlich lassen sich von der Xenologie her verschiedene Charakteristika auf die Heilpädagogik als Wissenschaft übertragen; so weisen diese Erkenntnisse auf den ausgeprägten Aufforderungscharakter der Heilpädagogik hin (s. Abschn. 5.4) und erlauben Aussagen zum Pluralismus (s. Abschn. 5.5), zum Relativismus (s. Abschn. 5.7) und zur Verflechtung (s. Abschn. 5.7) der Heilpädagogik als Wissenschaft, letzteres exemplarisch dargestellt anhand ihres Verhältnisses zur Allgemeinpädagogik (Abschn. 5.8) und zur Interkulturellen Pädagogik (Abschn. 5.9).

5.1 Verdeutlichung des Behinderungsbegriffs

Das Verständnis von Behinderung ist nach wie vor ein zentrales Konstitutionsmerkmal der heilpädagogischen Wissenschaft (s. MOSER & SASSE 2008). Unter der Betrachtung von Behinderung als Fremdheit (s. Abschn. 3) ergeben sich zusammenfassend folgende Aussagen, welche moderne Auffassungen von Behinderung bestätigen, verdeutlichen und ergänzen.
Eine erste Aussage ist, dass Behinderung *keine Eigenschaft* der Person ist, sondern (nach WALDENFELS 1997, 20 ff.) durch Andersörtlichkeit, Ausschluss und Fremdartigkeit erzeugt (bzw. transformiert) wird.
Behinderung ist eine *relative, kontextabhängige Bestimmung*, das Resultat eines Beziehungs- und Wahrnehmungsverhältnisses. Behinderung lässt sich nicht an sich, sondern nur im Kontext und Kontrast mit Nichtbehinderung definieren (und umgekehrt).
Behinderung ist nicht das Gegenteil von Nichtbehinderung, sondern beide sind miteinander *verflochten* und durchdrungen; beide stehen durch eine mögliche Gemeinsamkeit in wechselseitiger Beziehung. Zwischen beiden besteht eine unaufhebbare, aber eine bewegliche und verschiebbare Grenzziehung.

Behinderung bringt vielfache *Herausforderungen* mit sich, denen wir nicht zuvorkommen und uns nicht entziehen können: Verwunderung, Anziehung, Beunruhigung, Bedrohung, Rückweisung, Abstoßung. Mit der Faszination von Behinderung geht gleichzeitig eine Ambivalenz einher. All diese Herausforderungen lösen – lässt man sich auf sie ein – starke fachliche und persönliche *Erkenntnisprozesse* aus und tragen zur Selbstfindung und eigenen Identitätsbildung bei.

5.2 Eigene und fremde Positionen innerhalb der Heilpädagogik

Wie in anderen Wissenschaften gibt es auch innerhalb der Heilpädagogik nicht nur eine einzige Lehrmeinung und durchwegs einheitliche Praxiskonzepte, sondern unterschiedliche Positionen und Vorgehensweisen. Dabei lassen sich auch hier einerseits eigene, nämlich vertraute, verfügbare und zugängliche Auffassungen unterscheiden, andererseits fremde, nämlich weniger bekannte, (noch) nicht zugängliche oder unbegreifliche Erkenntnisse und Überzeugungen.

Uns fremden bzw. fremdgewordenen Positionen begegnen wir beispielsweise im Rückblick auf die *historische* Entwicklung der Heilpädagogik. Sie sind aber auch als *Binnendifferenzierung* im zeit- und ortsgleichen Nebeneinander zu unserer Heilpädagogik anzutreffen.

Als Paradebeispiel der Begegnung mit fremden heilpädagogischen Ansichten und Ausprägungen gilt aber die Beschäftigung mit *internationaler* bzw. *ausländischer* Heilpädagogik (s. BÜRLI 2006; 2009; ALBRECHT et al. 2006; BÜRLI et al. 2009). In einer Mischung von Sehnsucht, Neugier, Wagemut und begleitet von Ambivalenz und Angst fordert uns das Fremde zu einer Entdeckungsreise heraus, die zuerst zu einer freiwilligen Entwurzelung und heilsamen Verunsicherung führt. Dann aber kann die (gegenseitige) Begegnung mit anderen Menschen und Völkern, die für uns fremd sind und denen wir fremd sind, durch einen langwierigen Lernprozess zu einer Bereicherung sowie einer Befreiung von Festgefahrenem führen. Voraussetzungen dieses Wagnisses sind allerdings das Zugehen auf Menschen, das Erlernen von Sprachen und der Versuch, andere Kulturen zu verstehen. So werden fachliche wie persönliche Erkenntnisprozesse ausgelöst (s.a. Abschn. 3.8 und 3.9). International ausgerichtete Heilpädagogik eignet sich als Wegbereiter einer weltweiten Verbundenheit und Anteilnahme, ist ein Mittel gegen Gleichgültigkeit, führt als Geburtshelfer zu neuen Gedanken und Perspektiven, lässt auf ungewohnten Pfaden neue innere Zwiegespräche entstehen (GREINER 1995, 28).

5.3 Eigene Heilpädagogik im Umgang mit fremder Heilpädagogik

Die eigenen heilpädagogischen Auffassungen werden also in mehrfacher Hinsicht mit andersartigen, fremden Positionen konfrontiert. Welche Reaktionsformen lassen sich in diesem Zusammenhang erkennen?
Analog zu den möglichen *Umgangsformen* Behinderung gegenüber (s. Abschn. 4) kann die Außenwelt bzw. die Gegenposition darauf mit Ignorieren, Totschweigen, Abwerten oder Überheblichkeitsdenken reagieren.
Fremde heilpädagogische Ansichten und „Schulen" können aber auch bekämpft werden, insbesondere wenn diese die eigene (wissenschaftliche) Existenz bedrohen. Dadurch wird allerdings die Möglichkeit verhindert, die Eigenheitssphäre durch das Fremde zu erweitern.
Eine weitere Reaktionsform ist, die Existenz vielfältiger und fremder Ansätze in der Heilpädagogik zur Kenntnis zu nehmen und zu akzeptieren. Fruchtbarer ist allerdings, sich auf fremde heilpädagogische Konzepte einzulassen und sie gegebenenfalls ganz oder teilweise anzueignen. Dies führt allerdings (vorübergehend) zu Beunruhigung, Verunsicherung und Infragestellung, ermöglicht aber schließlich die Erweiterung der eigenen Wahrnehmung sowie Ergänzungen und Verdeutlichungen des Eigenen.
Die Auseinandersetzung mit „fremden", andersartigen heilpädagogischen Ansätzen wird so oder so zu einer Herausforderung, die zu neuen Ideen und Einsichten anregt, ohne dass das Fremde unbedingt einverleibt wird. Begegnung, Austausch und Durchlässigkeit überbrücken die Kluft der Unterschiedlichkeit, ohne sie letztlich zu schließen. Dadurch entsteht eine mehr oder weniger starke bzw. weitgehende oder dichte Verflechtung mit unscharfen Grenzen, die sich dem Prinzip der reinen Lehre widersetzt.

5.4 Aufforderungscharakter der Heilpädagogik

Der Heilpädagogik – der „eigenen" oder der „fremden" – ist ein hoher Aufforderungscharakter eigen. Ähnlich wie ihr außer-ordentlicher „Gegenstand" Behinderung (s. Abschn. 3 und 4) löst auch sie starke und widersprüchliche Reaktionen aus, wie: Anziehung, Faszination, Ambivalenz, Verunsicherung, Zurückweisung.
Der Umgang mit Widerspruch mag individuell unterschiedlich ausfallen: Die Einen reagieren darauf mit Ablehnung und Angst, bei Anderen führen Anziehung und geheimnisvolle Faszination zum Beruf. Zuwendung und Interesse werden mehr oder wenig ständig von Ambivalenzen begleitet. Angesichts solcher Widersprüche, unterschiedlicher Haltungen und Lebensformen ist die individuell-professionelle wie auch die kollektiv-gesellschaftliche Tragfähigkeit herausgefordert. Die theoretische wie praktische Auseinandersetzung mit Behinderung als Fremdheit und Ausgegrenztsein fördert das Hinterfragen von Gewissheiten, animiert zu immer neuen Grenzziehungen und Be-

Wertungen. Ambivalenz, Zuwendung und Ablehnung bezieht sich also nicht nur auf die personelle Ebene, sondern auch auf das heilpädagogische Fachgebiet.

5.5 Pluralismus in der Heilpädagogik

In der Eigen/Fremd-Perspektive ist Heilpädagogik – wie andere Wissenschaften auch – *keine* abgeschlossene *Einheitsdoktrin*, sondern sie lässt sich in verschiedenen Ordnungen unterbringen (*Pluralismus*). In diesem Sinne gibt es innerhalb dieses Fachgebiets auch unterschiedliche bzw. „fremde" Ausrichtungen und unverständliche bzw. unverstandene Ausprägungen, und zwar in *zeitgleicher* Epoche wie auch im *historischen* Verlauf.

Der Pluralismus geht von unterschiedlichen Wissens-, Denk- und Lebensweisen aus, die in ihrer *Vielfalt* nicht nur toleriert werden, sondern als *Reichtum* sogar akzeptiert und wertgeschätzt werden (PRENGEL 2006, 48 f.; 56 ff.; WALDENFELS 1997, 67 f.; 111 ff.).

Pluralismus bedeutet nicht Indifferenz oder positionslose Beliebigkeit, sondern duldet durchaus eine klare Stellungnahe und einen eindeutigen *Standort*, wenn man sich dabei der eigenen *Begrenztheit* und Prägung, seiner Stärken und Schwächen bewusst ist. Pluralismus bedeutet auch nicht, dass alles Mögliche möglich ist, wohl aber, dass immer mehr als eine Lösung möglich ist (PRENGEL 2006, 64 ff.; 82 ff.; WALDENFELS 1997, 166 ff).

Pluralismus steht im *Gegensatz* zu einer monolithischen Geisteshaltung, einer Art Monokultur des Geistes, die sich der Idee einer Weltformel verpflichtet fühlt, nach einheitlichen Ansätzen und Lösungen strebt und daneben keine Alternativen gelten lässt. Ein solcher *Monismus* birgt die Gefahr des Totalitarismus, also hegemonialer, absolutistischer und rassistischer Denkweise in sich (PRENGEL 2006, 48 f.). Durch eine vereinheitlichte „Lösung" soll vermieden werden, unbegreifliche Fremdheit ertragen, Gegensätze aushalten und gleichzeitig mehrere Denkansätze in Erwägung ziehen zu müssen.

Das gegensätzliche Begriffspaar Eigen/Fremd ist keineswegs ein Plädoyer für eine *Bipolarität* der Welt. Denn diese beiden Begriffe deuten nicht auf absolute Gegensätze hin, sondern auf relative, kontextabhängige Sachverhalte, die miteinander mehr oder weniger verflochten sind.

5.6 Relativismus in der Heilpädagogik

Die *Relativismus*-These bedeutet, dass es keine absolute, allgemein und ewig gültige Heilpädagogik gibt, sondern dass sie in vielfältigen Bezügen (Relationen) steht (PRENGEL 2006, 82 ff.; WALDENFELS 1997, 22 f.; 166 ff; s.a. Abschn. 3.2).

Historisch gesehen ist auch die Heilpädagogik ständiger Veränderung und Entwicklung unterworfen. Ferner ist sie *kontext- und standpunktabhängig.*

Das führt dazu, dass eine unkontrollierte, ausufernde Anzahl von Heilpädagogik-Varianten (auch Fehlformen) möglich ist.
Bei der Gegenposition des *Universalismus* hingegen werden trotz eingeschränkter Umstände und Bedingungen einzelne Erkenntnisse und Gesichtspunkte als die *ganze* „Wahrheit" hingestellt (PRENGEL 2006, 77 ff.).

5.7 Verflechtungen der Heilpädagogik

Nach den Thesen der Xenologie, der System- und Chaostheorie bestehen zwischen dem Eigenen und dem Fremden komplexe Verflechtungen, Verschränkungen und Vermischungen, die sich einer exakten, deterministischen Kontrolle widersetzen und entziehen (s.a. Abschn. 3.3 und 3.4). Das Fremde ist nicht das ganz Andere, das völlig abgegrenzt und losgelöst wäre, sondern es ist immer, wenn auch in unterschiedlichem Maße, mit dem Eigenen verquickt, durchdrungen und verflochten. In diesem Sinne gibt es keine „*Reinheit*" – weder bezüglich Rasse, Kultur, Ideen noch bezüglich Wissenschaft. Alles ist mit Fremdem vermischt. Mischungen, Brüche und Verflechtungen sind nicht die Ausnahme, sondern die Regel. Statt vorhersagbare, berechenbare, kontrollierbare Verknüpftheit von Entitäten liegt undurchschaubare Komplexität und ungewisse Vermischung vor. Die obsessiven Vorstellungen von einer mechanistisch-ganzheitlichen Ordnung werden abgelöst von der Annahme eines komplexen offenen Systems mit Wechselwirkungen unter seinen Systemkomponenten, mit der Fähigkeit zur Selbstregulierung (Homöostase) und inneren Harmonisierung (Balance, Gleichgewicht).
Damit werden klare Abgrenzbarkeit und bisherige Abgrenzungen in Bereichen der *Wissenschaft und Kultur* in Frage gestellt bzw. relativiert. So bringen beispielsweise deren Zeitepochen in Kunst, Literatur oder Architektur nicht jedes Mal völlig neue Auffassungen und Ausprägungen zum Durchbruch, sondern knüpfen an frühere Phasen an. Dasselbe lässt sich von den *Religionen* sagen, die laut verschiedenen religionswissenschaftlichen Forschungen heute nicht mehr als völlige Neuschöpfungen betrachtet werden, sondern als Variation bestehender Traditionen entstanden sind (vgl. u.a. KÜNG 1999), was aber gerne kaschiert wird. Auch nach der Dialogik von GADAMER nehmen zeitlich nachfolgende Theorien vielfach frühere Ansätze auf und transformieren sie zu etwas Neuem.
Das Prinzip der Verflochtenheit kann auch auf die *Heilpädagogik* als Wissenschaft und Praxiskonzept übertragen werden. Somit gilt sie nicht (mehr) als klar und trennscharf abgegrenzte Wissenschaft, sondern weist verschiedene Verflechtungen auf.
Erstens sind demnach die *historischen* Phasen ihrer Entwicklung nicht völlig voneinander losgelöst und unabhängig. Bekanntlich wurde die Frage, was das Eigentliche der Heilpädagogik ausmacht, nicht zu allen Zeiten in gleicher

Weise beantwortet. Die verschiedenen durchlaufenen Phasen brachten zwar immer Neuerungen, aber sie sind nicht trennscharf unterschiedlich, sondern vielmehr mehr oder weniger eng untereinander verflochten.
Zweitens gibt es Verflechtungen nicht nur in der historischen Entwicklung der Heilpädagogik, sondern auch in ihrer *disziplinären Binnendifferenzierung*. Bekanntlich gibt es nämlich auch zeitgleich in jeder Epoche unterschiedliche heilpädagogische Konzepte, Auffassungen und Strömungen. Auch diese sind, obwohl vielfach so dargestellt, jeweils nicht völlig neu und grundsätzlich verschieden, sondern bewegen sich in einem Raum möglicher Gemeinsamkeit, ohne dass ihre Gegensätze aufgelöst werden.
Drittens existiert die Heilpädagogik nicht in absoluter wissenschaftlicher Eigenständigkeit mit völlig anderen und neuen Inhalten, sondern sie steht in vielfältigen Verflechtungen mit *Grund- und Nachbardisziplinen* sowie anderen Wissenschaftsbereichen. Heilpädagogik lässt sich somit nicht im direkten Zugang, sondern nur im Wechselspiel und im Kontrast mit anderen Wissenschaften definieren. Exemplarisch soll nachfolgend auf ihre Verflechtung mit der Allgemeinpädagogik und der Interkulturellen Pädagogik kurz eingegangen werden.

5.8 Verflechtung der Heilpädagogik mit der Allgemeinpädagogik

Art und Grad der Nähe bzw. der Fremdheit zwischen Heilpädagogik und Allgemeinpädagogik könnten beispielsweise nach den Kriterien von WALDENFELS (1997, 20 ff.) beurteilt werden, nämlich nach dem Aspekt des *Ortes*, dem Aspekt des *Zugehörigkeit* und dem Aspekt der *Fremdartigkeit* (s.a. Abschnitt 3.1).
Unter diesem Blickwinkel sind die *Entwicklungslinien* und Strömungen (beispielsweise europäischer) Heilpädagogik gekennzeichnet durch wechselnde *Bezeichnungen* der Disziplin: von der Heilpädagogik, Sonderpädagogik, Behindertenpädagogik, Pädagogik der Behinderten, Pädagogik bei besonderem Förderbedarf, Rehabilitationspädagogik bis hin zur Integrations- und Inklusionspädagogik. Diese Entwicklung ist wohl kaum abgeschlossen; sie verlief nicht strikt linear, sondern wurde begleitet von Diskontinuitäten und Überlappungen. Der Überblick (s. BÜRLI, 2007, 228 ff.) ermöglicht folgende *Kernaussagen*:
Unter *topografischem Aspekt* hat sich die Heilpädagogik und ihre praktische Umsetzung nach ihrer ursprünglichen Nähe zur Allgemeinpädagogik immer mehr von ihr entfernt und nähert sich ihr nun wieder zunehmend an. Einige Stichworte dazu: Ausgrenzung → Sonderschulung → besondere, institutionell differenzierte Schulung → Integration unter Einbezug gesellschaftlicher Bedingungen → Separation mit behinderungsbedingter Modifizierung der Pädagogik → bedürfnisorientierte Schulung im Kontinuum Separation/

Integration → individuell gewählte, möglichst reguläre Förderorte → Inklusion im reformierten allgemeinen Schulsystem.
Hinsichtlich *Zugehörigkeit* und Verhältnis der Heilpädagogik zur Allgemeinpädagogik fand eine ähnliche Entwicklung von der Distanz bis hin zur Fusion statt. Stichworte dazu: Kaum wissenschaftliche Bezüge → vereinzelt enge wissenschaftliche Verflechtungen → Aufsplitterung der Heilpädagogik → Absonderung von der Allgemeinpädagogik → wenig Verbindung zur Allgemeinpädagogik → Annäherung und Koexistenz mit der Allgemeinpädagogik → Einbettung der Heilpädagogik in verschiedenen Disziplinen → enge(re) Kooperation → Aufgehen der Heilpädagogik in einer zu entwickelnden Allgemeinpädagogik.
Unter dem *Aspekt der Fremdartigkeit* des Personenkreises hat eindeutig eine Entwicklung von der Pathologisierung hin zur Normalisierung stattgefunden. Stichworte dazu: Anormalität → Krankheit → Defizit → Erziehungserschwernisse → Andersartigkeit → Beeinträchtigung → sozial bedingte Benachteiligung → Behinderung als Kategorie/Eigenschaft → besonderer Bildungsbedarf → Geschädigte → individuell besondere Bedürfnisse → normale Verschiedenheit → Vielfalt.

5.9 Verflechtung der Heilpädagogik mit der Interkulturellen Pädagogik

Zur Verflechtung der Heilpädagogik mit der Interkulturellen Pädagogik ist festzustellen, dass sich die beiden teils fremd sind, teils sind sie miteinander verflochten. Die Frage ist, ob sie Geschwister, anderweitig Verwandte oder lediglich Bekannte sind (BÜRLI 2003). Beide Disziplinen sind (nach PRENGEL 2006, 11 f.; 64 ff.) im Kontext von *sozialen Bewegungen* entstanden, plädieren für eine Pädagogik der *Vielfalt* und betonen die *Unterschiedlichkeit* von Kindern und Jugendlichen. Beide Disziplinen betrachten Abweichungen als *Bereicherung* und setzen sich für *Toleranz* gegenüber Fremdem ein. Zu ihren wichtigsten *Leitideen* gehören Rechts- und Chancengleichheit sowie Nichtdiskriminierung.
Der *Personenkreis* der Interkulturellen Pädagogik hat sich (nach PRENGEL 2006, 13) über die Jahre hinweg durch die Veränderungen der Migration, der Einwanderungs- und Flüchtlingsbewegungen verschoben, während sich der Personenkreis der Heilpädagogik eher in konzeptioneller Hinsicht modifiziert hat. Die Personengruppen beider Disziplinen gehören zu marginalisierten Kulturen und werden durch Etikettierung diskriminiert.
Im Gegensatz zur Heilpädagogik kann sich die Interkulturelle Pädagogik in der Regel nicht auf solide *Rechtsgrundlagen* stützen, die günstige Rahmenbedingungen und vielfältige Angebotsstrukturen ermöglichten. Die Interkulturelle Pädagogik ist der Versuchung weniger oder kaum erlegen, ein separates, aufgespaltenes Schulsystem und stark separierende Angebotsstrukturen

zu errichten. Sie neigt eher dem Inklusionsstandpunkt zu und befürwortet zudem familienergänzende Angebote.
Der *Diagnostik* in der Heilpädagogik mangelt es teilweise an wissenschaftlicher Stringenz, während sie in der Interkulturellen Pädagogik vor allem durch sprachlich-kulturelle Divergenzen erschwert ist. Die differenzialdiagnostische Abklärung von besonderen Bildungsbedürfnissen infolge Schulschwäche versus Andersssprachigkeit und -kulturalität ist offensichtlich schwierig.
Hinsichtlich *Förderung* liegen in den beiden Disziplinen ähnliche Problem- und Lösungsansätze vor; hier wären gegenseitig noch einige Anleihen zu holen.
Die Aus- und Weiterbildung des *Fachpersonals* sowie deren Professionalisierung sind in der Heilpädagogik besser entwickelt und etabliert als in der Interkulturellen Pädagogik.
Im *zusammenfassenden Vergleich* von Heilpädagogik und Interkultureller Pädagogik lassen sich sehr viele wichtige Gemeinsamkeiten nachweisen (wissenschaftliche Einordnung, Leitideen/zentrale Werte, Intention der inklusiven Angebotsstrukturen und Förderung). Das Konzept der besonderen Bildungsbedürfnisse bringt die beiden Disziplinen in unmittelbare Nähe, jedenfalls auf der phänomenologischen, nicht aber auf der ätiologischen Ebene.

6 Eine neue Kultur in der Heilpädagogik

Die Ansichten und Einsichten der Wissenschaft vom Fremden regen zu neuen *Denkweisen* und *Umgangsformen* in der Heilpädagogik an.
Wir – und mit uns die Heilpädagogik – leben nicht in einer binären, diskontinuierlichen Welt von absoluten *Gegensätzen* (schwarz/weiß), sondern in einem relativen *Beziehungsnetz* von kontinuierlichen Bestimmungen und Unterschieden (mehr/weniger).
So sind auch *Behinderung* und *Nichtbehindertsein* keine absoluten Gegensätze; sie sind mehr oder weniger wechselseitig verflochten und lassen sich nur in reziproker Relation und im Kontext definieren. Dabei sind Grenzziehungen beweglich und verschiebbar, aber nicht aufhebbar. Eine unverrückbare Trennung würde Stagnation bedeuten und jegliche Entwicklung erschweren bzw. verhindern.
Behinderung ist wie Fremdheit kein sachlich-affektneutraler Tatbestand, sondern stellt eine *Herausforderung* dar, die Gefühle der Verunsicherung, Anziehung, Abstoßung und Ambivalenz hervorruft.
In gleicher Weise ist keine Heilpädagogik eine endgültig definierbare *Monokultur* mit Allgemeingültigkeitsansprüchen. Vielmehr ist ihr ein offener, vielseitiger Aufforderungscharakter eigen. Wie in anderen Wissenschaften gibt

es auch in der Heilpädagogik – historisch, epochal und international/interkulturell – unvermeidlich unterschiedliche, aber nicht scharf getrennte, sondern miteinander verflochtene *Positionen* und Orientierungen, was als wertvolle Vielfalt betrachtet werden kann. Genauso wie es – entgegen monistischen Vorstellungen – nicht nur *einen* Typus von Mensch oder von Kultur (z.B. derjenige der „Weißen") gibt, auch genauso wie – entgegen dualistischer Schematik – nicht nur zwei Sorten von Menschen und Kulturen (z.B. die eigene und die fremde, diejenige der behinderten und der nicht behinderten Menschen) unterschieden bzw. toleriert werden können, existiert eine *Vielfalt* von Menschen, Positionen und Kulturen, welche Wertschätzung verdienen. Wer die Pluralität und Heterogenität akzeptiert und sich möglichst angstfrei und vorbehaltlos auf das Fremde einzulassen vermag, kommt in den Genuss der eigenen Erweiterung und Bereicherung. Dabei geht es nicht darum, einfach das Eigene durch das Fremde zu ersetzen, sondern darum, dass das Fremde im Eigenen zu einer neuen Stellung und Einstellung führt. Dies bedingt auch, sich der eigenen Geschichte und Identität, der persönlichen Normen und Werte bewusst zu werden und deren Stärken, Schwächen und Begrenztheiten zu reflektieren.

Keine der unterschiedlichen theoretischen bzw. praktischen Ausrichtungen in der Heilpädagogik kann die ausschließliche und vollumfängliche „*Wahrheit*" für sich in Anspruch nehmen. Wissenschaftliche Paradigmen sind (nach KUHN 1967) nicht richtig oder falsch, sondern sie bieten für bestimmte Fragestellungen gewisse Lösungen an. Jeder Unwahrheit ist auch ein Moment der Wahrheit zuzugestehen. Fremdes, Unbekanntes, Unverständliches ist nicht zum Schweigen zu bringen, sondern dient als Bausteine der Wahrheit (s. PRENGEL 2006, 17). Auszugehen ist von einer Bandbreite, von einem polyphonen Konzert (WALDENFELS 1997, 66 ff) von untereinander verflochtenen, sich ergänzenden, plausiblen, teilrichtigen bzw. teilunrichtigen heilpädagogischen Auffassungen und Vorgehensweisen. Nicht von beliebig vielen, aber de facto von immer mehr als einer! Wo die *endgültige* und *alleinige* Lösung eines Problems proklamiert wird, ist Skepsis und Vorsicht am Platz!

In der Konsequenz ist in der Heilpädagogik ferner eine Neuorientierung der professionellen *Umgangsformen* angezeigt. Die veränderte Art des Miteinander-Umgehens soll zu einem Dialog von Lernenden und Suchenden – im Gegensatz zu von die Wahrheit Besitzenden versus Unwissenden, von Gesalbten (anointed) versus Umnachteten (benighted) führen (KAVALE & FORNESS 2000). Die Zeiten des Blockdenkens und der Lagermentalität, der Rechthaberei und Scharfmacherei sollten sich auch in der Heilpädagogik – ähnlich wie in der Weltpolitik – zu Ende neigen.

Analog zum Frieden unter den Religionen (vgl. Weltethos nach H. KÜNG 1990) ist auch in der Heilpädagogik keine „*Einheitskonfession*" zu postulie-

ren, sondern ein friedlicher Minimalkonsens. In unvoreingenommener Offenheit und gegenseitigem Respekt könnten sich die unterschiedlichen Vertreter auf die Suche nach einer gemeinsamen Wertebasis machen, ohne die Differenzen zu ignorieren, sondern um sie deutlich zu machen und sie ernst zu nehmen. Anstelle des Trennenden würde damit vermehrt das *gemeinsame* Grundanliegen gesucht und gestärkt, auch hinsichtlich Integration/Inklusion (BÜRLI 2009, 35 ff.). Statt viel Zeit und Energie für die Rechtfertigung ihrer Differenzen zu verschwenden, konzentrierten sich Heilpädagoginnen und Heilpädagogen aller Ausrichtungen vermehrt gemeinsam und solidarisch auf das Wohl behinderter Menschen.
Dieser Bewusstseinswandel führt zum partnerschaftlichen *Dialog*, zum wechselseitigen Zuhören und Mitbedenken; er ermöglicht auf diese Weise gegenseitige Bereicherung, Erweiterung und Verständigung.

Literatur

ALBRECHT, F./ BÜRLI, A./ ERDÉLYI, A. (Hrsg.) (2006): Internationale und vergleichende Heil- und Sonderpädagogik. Aktuelle Diskussionen, Ergebnisse und Herausforderungen. Bad Heilbrunn

BAUMANN, Z. (2000): Vereint in Verschiedenheit. In: BERGHOLD, J./ MENASSE, K. (Hrsg.): Trennlinien. Klagenfurt, S. 35-46

BHP (Berufsverband der Heilpädagoginnen und Heilpädagogen / Fachverband für Heilpädagogik e.V.) (Hrsg.) (2009): Heilpädagogik und das Fremde. Für Menschen. MitMenschen. Tagungsbericht 2008. Berlin

BÜRLI, A. (2003): Heil-/Sonderpädagogik und Interkulturelle Pädagogik. Geschwister – Verwandte – Bekannte? In: EDK: Schul- und Bildungslaufbahn von immigrierten „leistungsschwachen" Schülerinnen und Schülern. Bern

BÜRLI, A. (2006): Internationale und vergleichende Heil- und Sonderpädagogik zwischen Naivität, Objektivismus und Skeptizismus. In: ALBRECHT, F./ BÜRLI, A./ ERDÉLYI, A. (Hrsg.): Internationale und vergleichende Heil- und Sonderpädagogik. Aktuelle Diskussionen, Ergebnisse und Herausforderungen. Bad Heilbrunn, S. 25-46

BÜRLI, A. (2007): Europäische Heilpädagogik. In: GREVING, H. (2007): Kompendium der Heilpädagogik. Band 1. Troisdorf, S. 228-240

BÜRLI, A. (2009): Integration/Inklusion aus internationaler Sicht – einer facettenreichen Thematik auf der Spur. In: BÜRLI, A./ STRASSER, U./ STEIN, A.-D. (Hrsg.) (2009): Integration/ Inklusion aus internationaler Sicht. Bad Heilbrunn, S. 15-61

BÜRLI, A./ STRASSER, U./ STEIN, A.-D. (Hrsg.) (2009): Integration/Inklusion aus internationaler Sicht. Bad Heilbrunn

BÜRLI, A. (2011): Behinderung als Fremdheit. In: Zeitschrift für Heilpädagogik, Nr. 1, S. 27-37

FRAGNER, J. (1995): Das Bild des Fremden in uns: In: Behinderte, Nr. 6, S. 11-20

GREINER, U. (1995): Das Bild des Fremden. In: Behinderte, Nr. 6, S. 21-30

KAVALE, K. A./ FORNESS, St. R. (2000): History, Rhetoric, and Reality. Analysis of the Inclusion Debate. In: Remedial and Special Education. Vol. 21, Nr. 5, p. 279-296

KUHN, Th. (1967): Die Struktur wissenschaftlicher Revolutionen. Frankfurt a.M. (engl. Original 1962)

KÜNG, H. (1990): Projekt Weltethos. München

KÜNG, H. (1999): Spurensuche. Die Weltreligionen auf dem Weg. München

LAUBENSTEIN, D. (2006): Sonderpädagogik und Konstruktivismus: Der Spiegel meiner Selbst im Angesicht des Anderen. Inauguraldissertation Universität Köln (448 S.; unveröffentlicht)

MOSER, V./ SASSE A. (2008): Theorien der Behindertenpädagogik. München/Basel

NIETSCHE, F. (1954): Jenseits von Gut und Böse. Werke in drei Bänden. München

PRENGEL, A. (2006): Pädagogik der Vielfalt. Verschiedenheit und Gleichberechtigung in Interkultureller, Feministischer und Integrativer Pädagogik. Wiesbaden (3. Aufl.)

SIMMEL, G. (1993): Exkurs über den Fremden. In: Soziologie. Untersuchungen über die Formen der Vergesellschaftung. Berlin, S. 509-512

STICHWEH, R. (2010): Der Fremde. Studien zu Soziologie und Sozialgeschichte. Berlin

STINKES, U. (1993): Spuren eines Fremden in der Nähe. Das „geistigbehinderte“ Kind aus phänomenologischer Sicht. Würzburg

WALDENFELS, B. (1997): Topographie des Fremden. Studien zur Phänomenologie des Fremden Band 1. Frankfurt a.M.

Andrea Erdélyi

Leben mit dem Anderssein im internationalen Kontext – auf der Suche nach methodischen Zugängen

1 Gegenstand

1.1 Anderssein – Verschiedensein

Warum ist es von Bedeutung, sich mit dem Begriff des „Andersseins" auseinander zu setzen? Weil es bis heute zahlreiche Menschen gibt, die aufgrund ihrer Beeinträchtigung, ihrer Herkunft und aus vielen anderen Gründen als anders wahrgenommen und ausgegrenzt werden. Es wäre falsch, sich von sog. professioneller Seite den Problemen dieser Menschen zu verschließen in einem falsch verstandenen Ringen um Vermeidung stigmatisierender Begriffe aus der Distanz des universitären „Elfenbeinturms", das dazu führt, dass vorhandene Situationen nicht mehr benannt werden.

Zu Beginn der neunziger Jahre gab es Versuche, die Ausgrenzung des Anderen zu überwinden, durch den Appell von Richard von WEIZSÄCKER: „Es ist normal, verschieden zu sein" (WEIZSÄCKER 1993). Er führt hierzu aus: „Es gibt keine Norm für das Menschsein. Manche Menschen sind blind oder taub, andere haben Lernschwierigkeiten, eine geistige oder körperliche Behinderung – aber es gibt auch Menschen ohne Humor, ewige Pessimisten, unsoziale oder sogar gewalttätige Männer und Frauen. Daß Behinderung nur als Verschiedenheit aufgefaßt wird, das ist ein Ziel, um das es uns gehen muß. In der Wirklichkeit freilich ist Behinderung nach wie vor die Art von Verschiedenheit, die benachteiligt, ja die bestraft wird. Es ist eine schwere, aber notwendige, eine gemeinsame Aufgabe für uns alle, diese Benachteiligung zu überwinden."

Dieser Ausspruch WEIZSÄCKERS bei der Eröffnungsveranstaltung der Tagung der Bundesarbeitsgemeinschaft Hilfe für Behinderte am 1. Juli 1993 wurde zu einer gängigen Formulierung in der Pädagogik bei Menschen mit Beeinträchtigungen. Laut EBERWEIN (2003) hat sich die Integrationspädagogik dieses Wort von Richard von WEIZSÄCKER zur Maxime gemacht.

Aber auch in zahlreichen anderen Zusammenhängen trifft man mittlerweile auf diese Floskel. Bis dahin, dass Roland HARTIG im August 2006 im Kontext psychischer Erkrankungen beklagt: „Was wird nicht alles unter dem Motto ‚Es ist normal, verschieden zu sein' veranstaltet, während sich fern ab davon Menschen ins Elend stürzen. Die meisten leben völlig zurückgezogen oder schlafen längst als Obdachlose in Abbruchhäusern oder Wäldern. Viele darunter sind zu krank, um zu begreifen, dass sie krank sind. Für die Angehörigen eine Katastrophe. Andere versuchen darüber hinwegzutrösten: ‚Einfach in Ruhe lassen!' – ‚Duldet ihre Lebensweise!' " (HARTIG 2006) Aus dem anfänglichen Ringen um Toleranz wurde ein bequemer neoliberaler Mainstream, der die Menschen letztlich im Stich lässt.
Damit will HARTIG die Aussage WEIZSÄCKERS in keiner Weise schmälern. Er schreibt weiter: „Die Aussage von Richard von Weizsäcker, ‚Es ist normal, verschieden zu sein', stellt eine zutiefst menschliche Haltung dar, um das Anderssein anderer Menschen verstehen und respektieren zu können. Damit ist auch gemeint, Menschen mit einer chronischen Erkrankung bzw. einer Behinderung nicht auszugrenzen. Das alles ist zu begrüßen, wie auch das neue Gleichbehandlungsgesetz. Aber ein Dilemma bleibt: Psychische Erkrankungen können Menschen völlig aus der Bahn werfen, oft mit gravierenden Folgen. Das alleinige Einlassen auf ‚Es ist normal, verschieden zu sein' könnte sich dann als Hindernis erweisen."
Damit bleibt also die Aufgabe, Anderssein zu verstehen, zu respektieren und Menschen nicht auszugrenzen. Darüberhinaus kam durch den inflationären Missbrauch der Formulierung und ihrer Nivellierung eine zweite Aufgabe hinzu: den – wie so oft, auch hier – einst eindeutig gemeinten Appell wieder zu schärfen.

1.2 Anderssein durch Beeinträchtigung

Selbst, wenn man akzeptiert, dass es normal ist, verschieden zu sein, ist es auch normal, anders zu sein? Welchen qualitativen Unterschied haben diese zwei Begriffe Verschiedensein und Anderssein? Der Begriff Verschiedensein eröffnet eher die Chance einer Gleichwertigkeit, während es von der Bezeichnung des Andersseins nicht weit ist bis zur Ausgrenzung, selbst wenn dies ursprünglich nicht so gemeint war. Vielleicht ist das der Grund, warum Versuche, in der Sonderpädagogik vom Anderssein zu sprechen, sich letztlich nicht etablierten. Oder wollte man genau damit den Finger in die Wunde legen? Hierzu zwei Beispiele:
1977 stellte THALHAMMER zusammen mit SPECK in der Sonderpädagogik den Versuch an, einen neuen Begriff für geistige Behinderung einzuführen. Auf

der Suche nach einem noch nicht durch ein Stigma belegten Begriff „jenseits vorurteilsfreier, negativer, monozentrischer Rationalität“ schlug er vor, statt von geistiger Behinderung von „kognitivem Anderssein“ zu sprechen und sagt: „Geistige Behinderung bezeichnet die gesamte Seinsweise und Ordnungsform menschlichen Erlebens, die durch kognitives Anderssein bedingt ist und die besondere lebenslange mitmenschliche Hilfe zur Selbstverwirklichung in individuellen Dimensionen und kommunikativen Prozessen notwendig macht“ (SPECK/ THALHAMMER 1977, 39).

STINKES greift 1993 in ihrer phänomenologischen Analyse des Fremden mit ihrer Frage nach der „Wahrung der Andersheit des Andern“ (S. 84) u.a. auch THALHAMMERS anthropologisch-existenzphilosophischen Ansatz auf. Sie schildert das geistig behinderte Kind als einen in zweifacher Hinsicht Fremden, fremd durch das Kindsein im Gegensatz zu Erwachsenenbewusstsein und fremd durch die eingeschränkten Selbst- und Weltauslegungsmöglichkeiten aufgrund der Behinderung. Es scheint, als blieben letztlich nur zwei Möglichkeiten, mit dem Fremden, dem Andersartigen umzugehen: Entweder nimmt man das Andersartige mit der eigenen Rationalität auf und empfindet es gleichzeitig womöglich als bedrohlich, hält sich ängstlich an dem fest, was „normal“ erscheint, reagiert mit Ablehnung oder Hass. Oder man versucht, das als anders Wahrgenommene durch Ignoranz oder Verherrlichung aufzulösen. In diesem Dilemma zeigt STINKES einen dritten Weg auf: Mit der Einführung des Begriffs der Leiblichkeit in Anlehnung an MERLEAU-PONTY fordert sie dazu auf sich einzugestehen, dass man letztlich auch immer sich selbst ein Stück weit fremd bleibt. Diese ursprüngliche Gemeinsamkeit mit dem äußeren Fremden birgt die Chance, sich dem anderen Fremden zu öffnen und das Andere anzuerkennen.

FORNEFELD, die die Problematik des Fremdseins ebenfalls aus phänomenologischer Sicht diskutiert, zeigt als Ausweg auf die Welt als das Dritte, auf das wir uns in der Begegnung mit dem anderen Fremden beziehen, eine Welt, „die wir beide teilen und über die wir uns verständigen können“ (FORNEFELD 1999, 36).

1.3 Anderssein im internationalen Kontext

Im internationalen Kontext kann man grundsätzlich zwei Arten von Anderssein erleben, je nach der eigenen Position, von der aus man das Anderssein betrachtet, und so primär sich selbst als anders wahrnimmt oder das Gegenüber. Dies hängt nicht zuletzt von der sog. Mehrheit und deren Projektion auf die eigene Wahrnehmung ab.

Oder anders formuliert: Bei der einen Variante hält man sich als Einzelperson oder zusammen mit einer Minderheit in einem „anderen Land" auf und erlebt sich dort als anders gegenüber der Mehrheit der Bevölkerung. Bei der anderen Variante lebt man in seinem „Ursprungsland" und zählt dort zur Mehrheit, und nimmt aus dieser Perspektive bestimmte „fremdländische" Personen als anders wahr.

Allein hier schon ergibt sich aber das Problem zu bestimmen, was als „anderes Land", als „Ursprungsland" oder als „fremdländisch" gemeint ist. Ist das „andere Land" jenes, in dem man nicht geboren wurde? – Dies würde diejenigen Menschen aus dem Blick verlieren, die Kinder oder Kindeskinder von Einwanderern sind, und sich noch immer in ihrer Andersartigkeit erleben. Das Land, das man nicht als Heimat betrachtet? – Auch ein Land, in das man einwanderte, kann zu einer gefühlten Heimat werden. Oder erfolgt die Bestimmung dessen, was das „andere Land" meint, letztlich über die subjektive Konstruktion der Einzelperson, die jenes Land für sich als „anders" bestimmt, oder die Zuschreibung der Umwelt? Spätestens hier wird deutlich, dass die Wahrnehmung von „Anderssein" eine zweigerichtete ist, sowohl der Umwelt gegenüber dem Individuum als auch des Individuums gegenüber der Umwelt. Letztlich verschwimmen die Grenzen zwischen diesen hier benannten Variationen und können nicht eindeutig gezogen werden.

Diese Fragwürdigkeit der Einteilung in zwei Grundvarianten verstärkt sich noch, wenn man die zahlreichen weiteren Rahmenbedingungen und mögliche Reaktionen betrachtet, zum Beispiel:

- Bin ich alleine in dem fremden Land oder Teil einer Gruppe?
- Spreche ich die Landessprache, kann ich mich verständigen?
- Weicht mein Äußeres von dem der Landesbevölkerung ab, und wenn ja, wie stark?
- In welchem Verhältnis stehen die Länder politisch zueinander, wie standen sie im Laufe der Geschichte zueinander?
- Mit welchem Ziel reise ich in ein anderes Land, welche Aufgabe will ich dort erfüllen?
- Habe ich vor, mich kurzfristig als Tourist oder für einen festen Zeitraum z.B. einem Studienaufenthalt oder gar langfristig bis dauerhaft dort aufhalten?
- Welchen Status nehme ich ein: bin ich Reisender, Student, Entwicklungshelfer, Arbeitssuchender, Asylsuchender ...
- Welche Rolle spielt die Gastfreundschaft in einem Land?

- Wie weit bin ich bereit, mich auf die landesüblichen Gewohnheiten einzulassen? Wie weit ist mir der Erhalt gewohnter Traditionen wichtig?
- usw.

Die Einflussfaktoren sind so zahlreich, dass rasch deutlich wird, dass das Erleben als „andersartig“ je individuell spezifisch ist, und nur bedingt im Voraus abschätzbar ist.

Dennoch ist es gerade auch für Studierende der Sonderpädagogik wichtig, solche Fremdheitserfahrungen zu machen, um Menschen besser verstehen und unterstützen zu können, die sich in Deutschland als „Fremde“ erleben.

Das Anderssein wahrzunehmen und dennoch offen zu bleiben für das Fremde, ist eine Herausforderung. Auch wenn STINKES (1993) in ihrer Abhandlung nicht an national bedingtes Anderssein dachte, hat sie doch Überlegungen angestellt, die übertragbar sind. Auch hier ist es die Erkenntnis des Fremden in mir selbst, dass mir womöglich helfen kann, Angst und daraus erwachsende Aggression und Abgrenzung zu überwinden, Gemeinsamkeiten und damit Verständnis und Akzeptanz zu entwickeln.

1.4 Anderssein durch Beeinträchtigung im internationalen Kontext

STINKES (ebd.) sprach in Bezug auf ein Kind mit geistiger Behinderung vom zweifachen Anderssein. So gesehen bedeutet das Zusammentreffen der Faktoren Kindheit, Behinderung und Internationalität ein dreifaches Anderssein.

Die möglichen Folgen sollen an folgendem Beispiel verdeutlicht werden:

Amina[1] kam im Alter von ca. zweieinhalb Jahren mit ihren Eltern auf der Flucht vor dem Bürgerkrieg aus Bosnien nach Deutschland. Sie ist die Älteste von fünf Geschwistern. Die Mutter spricht nur Bosnisch, der Vater gebrochen Deutsch. Amina besuchte einen deutschen Kindergarten, kam später in die Grundschule – über einen kurzfristigen Aufenthalt in einer sogenannten Diagnose-Förder-Klasse. Als ich als Mitarbeiterin im Sonderpädagogischen Mobiler Dienst zu ihr gerufen wurde, besuchte sie die dritte Klasse der Grundschule. Die Kind-Umfeld-Analyse ergab folgendes Bild:

- Ihre schulischen Leistungen im Fach Deutsch waren permanent gefallen, ebenso in sprachabhängigen Proben in anderen Fächern. Auf den ersten Anschein unauffällig, hatte sie doch Probleme beim Verstehen und Ausdruck in der deutschen Sprache, Probleme, die sie im Alltag teilweise kompensieren oder überspielen konnte, so dass ihre Sprachproblematik von der Umwelt nicht als solche wahrgenommen wurde.

---

[1] Der Originalname wurde zur Anonymisierung durch diesen fiktiven Namen ersetzt.

- Nach vielfachem Lehrerwechsel hatte sie schließlich eine Lehramtsanwärterin als Klassenlehrerin, die unter dem Druck stand, in absehbarer Zeit ihr zweites Examen ablegen zu müssen und um die beste Note ringen zu müssen, um überhaupt eine Chance auf eine anschließende Anstellung zu haben.
- Die Klasse selbst umfasste 32 Schüler. Amina wurde von ihren Mitschülern ausgegrenzt.
- Für die Familie hatte sie als Älteste und als Mädchen zuvorderst auf die jüngeren Geschwister aufzupassen. Sie hatte kein eigenes Zimmer oder einen eigenen Arbeitsplatz, keine Unterstützung für die Schule, keinen Schutz davor, dass kleine Geschwister ihre Schulsachen zerstörten.
- Eine Kommunikation zwischen Elternhaus und Schule fand nicht statt. Dies lag nicht nur an der Sprachbarriere, zu deren Überbrückung Amina als Dolmetscherin fungierte. Die junge – weibliche – Lehrerin bestellte den patriarchalisch geprägten Vater vormittags in die Schule – ohne Erfolg, und mit entsprechender Empörung. Selbst wenn die Rollenverständnisse nicht so different gewesen wären, hätte die Begegnung nicht stattfinden können, denn der Vater arbeitete vormittags, um die große Familie zu ernähren. Danach fragte aber niemand in dem sonst eher mittelständisch-bürgerlichen Stadtteil.
- Amina selbst war ein eher zurückhaltendes, nach Zuwendung suchendes, verängstigtes Mädchen ohne jegliches Selbstzutrauen.
- Im Rahmen des Mobilen Dienstes gab es verschiedene Untersuchungen und Hilfeversuche:
  - Diese ergaben, dass Amina durch die Kriegserlebnisse traumatisiert war.
  - Sie hatte eine massive auditive Wahrnehmungsverarbeitungsstörung.
  - Dennoch war die Klassenlehrerin erst nach einem halben Jahr wiederholter Bitten dazu zu bewegen, Amina von der letzten in eine vordere Reihe zu setzen.
  - Therapeutische Maßnahmen scheiterten am fehlenden Geld und der Möglichkeit, dass sie jemand hinbringen könnte.
  - Nachmittagsbetreuungen waren in dem ländlichen Umfeld rar, die wenigen Plätze, die es gab, reichten bei weitem nicht aus, und waren zu weit entfernt.
- Zum Ende der vierten Klasse hatte sich der Teufelskreis von schlechten schulischen Leistungen einerseits und Angst vor weiterem Versagen und mangelndem Selbstzutrauen andererseits, von Ausgrenzung durch die Lehrerin und die Klassengemeinschaft einerseits und dem Bewusstsein des Anders- und Weniger-Wert-Seins andererseits, soweit hochgeschaukelt,

dass ich – wider meiner tiefsten Überzeugung – den Wechsel an eine Förderschule empfahl, um Amina aus der „Schusslinie" zu nehmen und ihr eine Chance zu geben, sich als fähig und wertvoll zu erleben.

Was kann getan werden, damit es nicht so weit kommt?

Dies ist eine der verschiedenen Varianten „Anderssein durch Beeinträchtigung im internationalen Kontext". Ein Kind nicht deutscher Herkunft, das an einer deutschen Schule behindert gemacht wird. Welche Varianten gibt es noch? Hier der erste Versuch einer Systematisierung, der für die weiteren methodischen Überlegungen zur internationalen und interkulturellen Heil- und Sonderpädagogik von Bedeutung ist:

Tabelle 1: Variationen interkultureller Begegnung

Variante 1	**Variante 2**	**Variante 3**	**Variante 4**
Pädagoge im eigenen Land		**Pädagoge im „fremden" Land**	
Mensch mit Beeinträchtigung kommt aus einem anderen Land	**Mensch mit Beeinträchtigung geht in ein anderes Land**	**Mensch mit Beeinträchtigung stammt aus dem gleichen fremden Land**	**Mensch mit Beeinträchtigung stammt aus einem anderen Land**
Menschen mit fremdländischem Hintergrund + beeinträchtigten Körperfunktionen/-strukturen (z.B. schwer beeinträchtigtes türkisches Mädchen)	Menschen mit Beeinträchtigung aus dem Ursprungsland, die kurzfristig in ein fremdes Land gehen, um dort bestimmte Therapien zu erhalten (z.B. Delphin-Therapie)	Menschen mit Beeinträchtigung in einem fremden Land, zu denen ich aus meinem Ursprungsland gehe, um sie zu unterstützen (z.B. Auslandspraktikum, Entwicklungshelfer)	Mensch mit Beeinträchtigung stammt aus dem gleichen Land wie der Betrachter (z.B. Deutsche Petö-Besucher in Ungarn, gemeinsame Begegnungsprogramme)
Menschen mit fremdländischem Hintergrund + hier erfahrenen Beeinträchtigungen durch Umweltfaktoren (z.B. Amina)	Menschen mit Beeinträchtigung aus dem Ursprungsland, die an internationalen Programmen der Begegnung teilnehmen (z.B. Special Olympics)	Menschen mit Beeinträchtigung in einem fremden Land, die ich aus der Warte meines Heimatlandes erforsche	Mensch mit Beeinträchtigung stammt aus einem dritten Land (z.B. Rumänen in Ungarn)
Menschen mit fremdländischem Hintergrund, die wegen ihrer Beeinträchtigung kommen, um Hilfe zu erhalten	Menschen mit Beeinträchtigung aus dem Ursprungsland, die in einem anderen Land Ferien machen		

Hinzu kommen die verschiedenen Betrachtungsvarianten des Forschers, die Alois BÜRLI bereits 1994 sehr viel genauer entwickelt hat. Hier geht es um die Varianten der Begegnung.
Bevor man sich also der weiteren Frage nach methodischen Zugängen für die internationale und vergleichende Heil- und Sonderpädagogik stellt, sollte man sich bewusst machen, dass man zu Beginn jeglichen Agierens im sonderpädagogischen internationalen Kontext nicht nur die Perspektive des Betrachters, sondern auch die Art der Begegnung von Pädagoge und beeinträchtigtem Menschen klären muss, da davon die Art des Zugangs abhängt.
Des Weiteren muss man sich bewusst machen, dass es sich immer um eine Begegnung mit dem Anderen handelt. Es ist also im Vorfeld eine bewusste Selbstreflexion angebracht, um die eigene Wahrnehmung und Haltung gegenüber der „Andersheit des Andern" für sich zu klären.

2 Methodischer Zugang

Wie in jeder Forschung, so auch hier, sollte der Ausgangspunkt für die Entscheidung für ein bestimmtes Methodendesign die Forschungsfrage und das Ziel der Forschung sein. Hinzu kommen beim internationalen Vergleich zahlreiche Fragen und Probleme, die Alois BÜRLI (1994, 1997, 2006) immer wieder anschaulich aufzeigte, und mittels der nachfolgend verwendeten Formalobjekte strukturierte. Zum Beispiel wird die Methodenwahl stark davon abhängen, inwiefern Zugangsmöglichkeiten zu Informationen gegeben sind oder die Möglichkeit einer direkten Begegnung mit dem Forschungsfeld bzw. den Personen in diesem Feld besteht.

2.1 Einbettung der Methodologie in das Modell der Formalobjekte

Ausgehend von den vier Formalobjekten und den schon 1987 von KLAUER und MITTER benannten Zielen der Vergleichenden Sonderpädagogik soll hier versucht werden, Frage, Ziel und Formalobjekt aufeinander abzustimmen. Die nachfolgende Abbildung 1 soll dies verdeutlichen.
Stellt man die Frage „Wie gestaltet sich die Situation in Bezug auf Thema X in einem bestimmten Land?", so zielt dies auf Erkenntnisgewinn, der Zugang ist ein deskriptiver.
Fragt man nach Gemeinsamkeiten und Unterschieden, dient auch dies letztlich dem Erkenntnisgewinn, allerdings mit einem komparativen Zugang.

Internationale und vergleichende Heil- und Sonderpädagogik

Inhaltliche Fragestellung	Ziel	Formalobjekt Methoden
Wie gestaltet sich die Situation in Bezug auf Thema X in einem bestimmten Land?	Erkenntniserweiterung	deskriptiv
Was ist gleich, was ist anders?	Erkenntniserweiterung	komparativ
Wie soll sich die Situation in Bezug auf Thema X aufgrund der internationalen Erfahrungen gestalten?	Praxis-/Politikberatung	normativ
Wie können wir zusammen kooperieren?	Internationale Verständigung	kooperativ
Formale Fragestellung	**Ziel**	**Formalobjekt Methoden**
Mit welcher/welchen Methoden kann ich die Frage(n) am besten beantworten?	Methodologie	Reflexion auf Metaebene

Abb. 1: Systematisierung zur Methodologie der internationalen und vergleichenden Heil- und Sonderpädagogik

Die Frage danach, wie sich eine Situation aufgrund der internationalen Erfahrungen in Bezug auf ein bestimmtes Thema gestalten soll, führt zu Ergebnissen, die der Praxis- oder Politikberatung dienen können, und normativer Art sind.
Die Frage nach Möglichkeiten der Kooperation kann letztlich natürlich auch zu Erkenntnisgewinn und Normen führen, der erste Schritt jedoch ist der der Verständigung über Grenzen hinweg, ohne die weder Erkenntnisse noch Normen gemeinsam entwickelt werden können.
Bei allen vier Zugängen stellt sich jedoch eine übergeordnete, grundsätzliche Frage, nämlich die nach dem methodischen Zugang. Sie ist quasi das Fundament für jedes weitere Agieren im Rahmen der internationalen und vergleichenden Heil- und Sonderpädagogik.
Wenn man diese Wissenschaftsdisziplin als ein Haus betrachtet, sollte man es auf ein methodologisches Fundament stellen. Die Frage nach dem jeweils angemessenen methodischen Zugang zielt auf die Entwicklung einer Methodologie, die alle Formalobjekte auf einer Metaebene reflektiert.

2.2 Methodologische Zugänge im Kontext internationaler und vergleichender Heil- und Sonderpädagogik

Das bedeutet nicht, dass neue Methoden entwickelt werden müssten. Es stehen zahlreiche methodologische Zugänge zur Verfügung, die nur jeweils entsprechend der Fragestellung und Zielstellung sowie dem entsprechenden Formalobjekt auf ihre Geeignetheit hin überprüft werden müssen. Gerade bei internationalen und vergleichenden Untersuchungen auf der Makroebene ist ein gemischtes Methodendesign nicht unüblich.
Zu den am häufigsten verwendeten methodologischen und wissenschaftstheoretischen Zugängen zählen:

- die Hermeneutik
- die Empirie
- der systemische Ansatz
- der konstruktivistische Ansatz
- der phänomenologische Ansatz.

Nachfolgend werden diese Zugänge darauf hin geprüft, inwiefern sie für die vier Formalobjekte geeignet sind.

2.2.1 Deskription

Da die Deskription das am häufigsten verwendete Formalobjekt darstellt, werden die genannten Zugänge hier ausführlich diskutiert und im weiteren Verlauf nur noch kurz erläutert.

Hermeneutik: Die Hermeneutik gilt als eine der ältesten Forschungsmethoden. Kaum eine Untersuchung lässt sich beginnen ohne eine einführende Quellenanalyse – selbst eine empirische nicht, da auch sie einer theoretischen Grundlegung und Prüfung früherer Forschungsergebnisse bedarf. Diese Quellenanalyse wird oft genug durchgeführt, ohne sich dessen bewusst zu sein, dass man hier im Grunde genommen hermeneutisch arbeitet. Entsprechend werden auch nicht unbedingt immer alle Regeln der Hermeneutik in vollem Umfang berücksichtigt.
Bei einer rein hermeneutischen Arbeit sollten die Regeln der Hermeneutik in jedem Fall Berücksichtigung finden. Hierzu zählt z.B. die Analyse der eigenen Ausgangsposition und des eigenen Verhältnisses zum Untersuchungsgegenstand, sowohl auf subjektiver Ebene als auch auf der Ebene der von GADAMER (1965) als solches benannten „objektiven Befangenheit“. Hinzu kommt das Element der Applikation, d.h. ein über reines Wiedergeben von Quellen hinaus reichendes Analysieren der Anwendungsmöglichkeiten dessen, was man den Quellen entnommen hat. Erst dann, wenn beides berücksichtigt wird, kann man von einer „hermeneutischen Situation“ im engeren Sinne sprechen. Auf die Prüfung der Quellen als „kritische Texte“ im hermeneutischen Sinne sei hier nur am Rande verwiesen, ebenso wie auf die Prozesse der zwei hermeneutischen Zirkel, die DILTHEY entwickelte (nach DANNER 2006) und KLAFKI (1971) zusammen mit neun weiteren Gesichtspunkten exemplarisch für ein hermeneutisches Arbeiten zusammenstellte.
Wenn man nun die Heil- bzw. Sonderpädagogik eines Landes oder Teilaspekte dessen beschreiben möchte, kann man dies tun, indem man Quellen sammelt und sie im hermeneutischen Sinne analysiert. Gerade das Element der objektiven Befangenheit spielt bei der Betrachtung der Sonderpädagogik eines Landes eine große Rolle. Hermeneutik kann somit helfen, den Blickwinkel, aus dem man auf jene Sonderpädagogik schaut, offen zu legen.
Fazit: Hermeneutik ist ein geeigneter methodischer Zugang – vorausgesetzt, dass die Quellen zur Verfügung stehen.

Empirie: Was aber, wenn Quellen nur bedingt zur Verfügung stehen? In diesem Fall kann die Empirie gegebenenfalls weiterhelfen. Mit diesem Zugang ist es möglich, neue Daten zu erheben, die noch nicht als Quellen vorliegen, bzw. zu aktualisieren. In Frage kommen quantitative und qualitative Erhebungen, z.B. Befragungen über Fragebögen oder Interviews, Tests oder Beobachtungen unterschiedlicher Art. Selbst Einzelfallstudien sind denkbar. Diese mögen nicht repräsentativ sein, dafür aber den tieferen Einblick in die

Situation einzelner Menschen in einem bestimmten Land und System eröffnen.
Ein häufiges Problem bei grenzüberschreitenden Befragungen ist das der Terminologie und Eindeutigkeit. Es genügt in der Regel nicht, Begriffe einfach in die andere Landessprache zu übersetzen, da diese womöglich an andere Inhalte und Assoziationen geknüpft sind, so dass das Ergebnis verfälscht wird. Dies beginnt bereits mit der Bezeichnung und dem zugehörigen Verständnis von Behinderung oder den Schweregraden.
Fazit: Empirie ist ein weiterer geeigneter Zugang, bedarf bei internationalen Erhebungen jedoch noch mehr als schon in nationalen einer klaren Terminologie.

Systemischer Ansatz: BÜRLI wies bereits ab 1994 in seinen Publikationen darauf hin, dass die Analyse eines heil- bzw. sonderpädagogischen Systems eines Landes stets der Berücksichtigung der Kontextdimensionen bedarf. Diese stehen in permanenter Wechselwirkung sowohl untereinander als auch mit der Sonderpädagogik eines Landes und der einzelnen sich darin befindenden Personen. Ein Verständnis für die Sonderpädagogik eines Landes ist im Grunde genommen ohne die Berücksichtigung dieser Wechselwirkungen gar nicht möglich. Hier kann insbesondere die ökologische Systemtheorie BRONFENBRENNERS (1981) weiterhelfen, Systeme auf der Mikro-, Meso-, Exo- und Makroebene zu erkennen, Wechselwirkungen aufzudecken und Perspektiven zu eröffnen. Gleichzeitig macht dieser Ansatz deutlich, dass der Ausgangspunkt der Forschung das Mikrosystem Mensch sein sollte, und man nicht Gefahr laufen darf, bei der Betrachtung eines Landes die Individuen zu übersehen, die den vielfältigen Wechselwirkungen ausgesetzt sind.
Fazit: Geht es darum, insbesondere Wechselwirkungen in einem Land deutlich zu machen, kann der systemische Ansatz hilfreich sein.

Konstruktivismus: Eine der Grundannahmen ist, dass es keine Eins-zu-Eins-Übertragung zwischen Umweltereignissen und Hirnzuständen gibt, die einem Menschen das unverfälschte Erkennen der objektiven Realität ermöglichen würde. Man kann elektromagnetische Wellen, Schallwellen usw. nicht direkt importieren, sondern nur über die Umwandlung in Neurotransmitter, -peptide usw. über die Sinnesorgane wahrnehmen. Diese Wahrnehmung und Verarbeitung ist stets individuell abhängig von biologischen, kognitiven, sozialen Entwicklungsprozessen.
Wie ist es dann trotzdem möglich, sich darüber zu verständigen, dass dieser Stuhl ein Stuhl ist? Zum einen gibt es Regelhaftigkeiten bei den Verarbei-

tungsprozessen, zum anderen einen „konsensuellen Bereich" bei gemeinsamen sozialen Wirklichkeiten.

Die Regelhaftigkeiten helfen bei der Rekonstruktion der Realität. So strukturiert der Mensch nach RIEDL (1988) seine Umwelt nach unterschiedlichen Kriterien, ermöglicht durch folgende vier vorbewusste Hypothesen:

1. der Hypothese „vom anscheinend Wahren", die durch Wiederholung gestärkt wird,
2. der Hypothese „vom Ver-Gleichbaren", durch den Vergleich mit früher gewonnenen Erkenntnissen sowie
3. der Hypothese „von der Ursache" und
4. der Hypothese „vom Zweckvollen", entstanden durch die Entwicklung von Kausalbeziehungen zwischen Ereignissen und Ereignisfolgen.

Für die internationale Heil- und Sonderpädagogik bedeutet dies vor allem, dass der Komparatist sich diese Regelhaftigkeiten bewusst machen muss, die auch bei der Wahrnehmung der Sonderpädagogik eines anderen Landes ablaufen. So lebt man häufig mit „Voraus-Urteilen" im Sinne von Erwartungen gegenüber bestimmten Erfahrungen und betrachtet als „wahr", was die Erwartungen bestätigt (und nimmt womöglich gar nicht wahr oder als falsch war, was nicht den Erwartungen entspricht). Man vergleicht Erfahrungen in einem fremden Land mit denen im eigenen Land, wobei Wertungen vorgenommen werden, derer man sich oft gar nicht bewusst ist.

Zum Aspekt der sozialen Wirklichkeiten: MATURANA und VARELA (1987) sowie ROTH (1996, 2001) gehen davon aus, dass der Mensch im Laufe seiner Ontogenese Erfahrungen in einer sozialen Umwelt macht, die seine Konstruktion der Wirklichkeit beeinflussen. Die Erfahrungen beeinflussen die Hirnfunktionen ebenso wie die Hirnfunktionen die Einwirkung von Umweltereignissen auf das Gehirn bestimmen. Davon ausgehend könnte man für die internationale Heil- und Sonderpädagogik annehmen, dass die Chance, sich über Verhältnisse im gleichen Land zu verständigen größer ist als wenn es sich um die Verhältnisse eines fremden Landes handelt, da man sich in letzterem Fall in unterschiedlichen sozialen Wirklichkeiten bewegt. Um Missverständnisse zu überwinden, ist daher eine bewusste Selbstreflexion über die eigenen Vorerfahrungen und ein Austausch über die Vorerfahrungen der Menschen des anderen Landes notwendig, sowie die Offenheit, sich stets irren zu können.

Fazit: Der konstruktivistische Ansatz kann bei der Deskription der Sonderpädagogik eines Landes helfen, unbewusste Wertungen bewusst zu machen und Vorurteile und Missverständnisse abzubauen.

Phänomenologischer Ansatz: Hierzu gab es zu Beginn dieses Artikels schon weiterreichende Ausführungen, so dass an dieser Stelle darauf verzichtet werden kann. Diese Ausführungen zeigten, dass die Phänomenologie helfen kann, das Fremde zu überwinden, die Andersheit des Anderen zu wahren und Menschen für die Akzeptanz des Anderen zu öffnen. Darüber hinaus ist die Phänomenologie vor allem dann hilfreich, wenn es darum geht, intensive Erfahrungen in einem engen Kontext oder mit wenigen Personen auf Allgemeingültiges hin zu analysieren.
Fazit: Für die internationale und vergleichende Heil- und Sonderpädagogik ist der phänomenologische Ansatz dann von Interesse, wenn jemand intensive Erfahrungen in einem eingegrenzten Kontext machte, z.B. in einem längeren Auslandspraktikum eine Einzelförderung einer beeinträchtigten Person übernahm, oder in einem bestimmten Projekt im Ausland arbeitete, und die dort gemachten Erfahrungen aufarbeiten möchte.

2.2.2 Komparation

Betrachtet man die fünf methodologischen Zugänge unter dem Blickwinkel der Komparation, so kann man feststellen, dass die Hermeneutik für die Komparation ebenso von Nutzen ist wie für die Deskription. Das Verfahren ist im Grunde das Gleiche, nur dass es sich nun auf die Sonderpädagogik mindestens zweier Länder bezieht.
Ebenso können die verschiedenen empirischen Verfahren für die Komparation eingesetzt werden. Hier ist in besonderem Maße zu berücksichtigen, dass erstens im Vorfeld die Terminologie und deren Semantik geklärt wurde, zum anderen, dass die Untersuchungsbedingungen in den verschiedenen Ländern genau abgeklärt werden, um auch nur die Chance einer echten Vergleichbarkeit zu erhalten.
Will man systemisch und gleichzeitig komparativ arbeiten, ist es für die Vergleichbarkeit sehr wichtig, genau zu klären, welche Systeme in Wechselwirkung zu welchen anderen Systemen in den zu untersuchenden Ländern stehen. Dabei ergibt sich das Dilemma, dass in verschiedenen Ländern womöglich ganz andere Wechselbeziehungen bestehen, so dass die Vergleichsmerkmale differieren.
Was in Bezug auf den Konstruktivismus für die Deskription gilt, gilt für die Komparation in gleichem Maße. Hinzu kommt, dass man sich seiner Erwartungen und Konstruktionen nicht nur in Bezug auf ein Land, sondern mehrerer Länder bewusst werden muss sowie des Verhältnisses zwischen den beiden Ländern.

Wenn man phänomenologisch arbeitet, ist es wichtig, die Rahmenbedingungen genau im Blick zu halten. Denn sonst könnte es leicht passieren, dass man etwas für gleich – besser – schlechter hält, ohne zu erkennen, warum es Differenzen gibt.

2.2.3 Normen

Normen lassen sich aus der hermeneutischen Analyse ableiten, aber auch aus empirischen Untersuchungsergebnissen.
Der systemische Ansatz birgt die große Chance, dass die entwickelten Normen nicht ohne Rücksicht auf die je unterschiedlichen Systeme in verschiedenen Ländern einheitlich verordnet werden, wie es leider all zu oft geschieht. Ein Beispiel hierfür ist der Bologna-Prozess, bei dem keine Rücksicht auf bestehende Systeme, Traditionen, Schulwesen, Arbeitsmärkte, Sozialstrukturen usw. in verschiedenen Ländern genommen wurde.
Die konstruktivistische Sichtweise kann helfen, Normen vorsichtiger zu formulieren und kritisch zu hinterfragen. Allzu leicht kommt es gerade in der internationalen und vergleichenden Heil- und Sonderpädagogik vor, dass z.B. die Heilpädagogik eines Landes aus der subjektiven Sicht des Betrachters heraus verherrlicht wird und als Norm für ein anderes Land empfohlen wird, ohne dass sich der Betrachter seiner Subjektivität und der Einflussgrößen bewusst ist.
Auch die Phänomenologie wird stets vorsichtig mit dem Entwickeln von Normen umgehen, eher die persönliche Begegnung und individuellen Erfahrungen vor Augen führen und kritisch hinterfragen. Genau diese dialogische Sichtweise ist es, die Möglichkeiten jenseits der Starre von Normen eröffnet.

2.2.4 Kooperation

Kooperation kann in vielen verschiedenen Zusammenhängen erfolgen. Daher sollte vorweg geklärt werden, welche Arten von Kooperation denkbar sind. Kooperation in der internationalen und vergleichenden Heil- und Sonderpädagogik ist denkbar auf den Ebenen

- der Forschung,
- der Lehre und
- der Entwicklung von Normen.

Doch gleich, auf welcher Ebene man sich befindet, wird man auch hier feststellen, dass jeder methodologische Zugang seine Berechtigung und Funktion hat. Um hier nicht weitere 15 Variationen ausführen zu müssen, nur einige Beispiele:

Vergleichende Forschung bedient sich aller ihr zur Verfügung stehenden Forschungsmethoden, also auch aller aufgeführten Zugänge.
Ist das Ziel beispielsweise die Entwicklung eines transnationalen Studiengangs, wird man womöglich die bisherigen Studien und deren Hintergründe in den beteiligten Ländern mittels hermeneutischer Analyse kennen lernen, vielleicht Statistiken vergleichen, systemische Zusammenhänge betrachten, über Konstruktionen von Behinderung in den verschiedenen Ländern reflektieren oder Praktika für die Ermöglichung individueller Erfahrungen im phänomenologischen Sinne einbauen.
Bei der gemeinsamen Entwicklung von Normen sollte unbedingt eine kritische Analyse der Voraussetzungen und Folgen mit jedweder zur Verfügung stehenden Methode durchgeführt werden, um eben nicht wie in Bologna ein europaweites universitäres Chaos hervorzurufen.

3 Konklusion

Bevor wir uns der Frage nach methodischen Zugängen stellen können, müssen wir uns bewusst machen, dass wir uns in der internationalen und vergleichenden Heil- und Sonderpädagogik in besonderer Weise dem Umgang mit dem Anderssein stellen. Vor uns steht die Herausforderung des doppelten Vergleichs – zum einen von Ländern, zum anderen von Menschen mit Beeinträchtigungen gegenüber Menschen ohne Beeinträchtigung – auf dem Hintergrund je subjektiver und objektiver Befangenheit. Daher sollte der international komparativen Forschung stets das Bewusstsein dieser Begegnung mit dem Anderssein zugrunde liegen.
Methodologische Zugänge wie der Konstruktivismus, aber auch die Systemtheorie, die Phänomenologie und die Hermeneutik, führen uns die Gefahren und die Herausforderung im sorgsamen Umgang mit dem Anderssein in besonderer Weise vor Augen. Damit ergänzen sie sich gegenseitig und mit der Empirie, die zwar Daten erhebt, ohne die kritische Hinterfragung aber nur allzu leicht dazu verführen kann, „Äpfel mit Birnen" zu vergleichen. Genau das sollte nicht geschehen. Nutzen wir also alle methodischen Zugänge, die sich uns bieten, nicht nur einzeln, sondern auch in ihrer Verbindung.
Wie man sehen kann, steht uns ein breites Repertoire zur Verfügung. Wir müssen für uns nur klären, was wir genau erforschen wollen, und werden passende Mittel zur Beantwortung unserer Fragen finden. Und – vielleicht neue Fragen formulieren.

Literatur

BRONFENBRENNER, U. (1981): Die Ökologie der menschlichen Entwicklung. Stuttgart

BÜRLI, A. (1994): Sonderpädagogik in Europa oder europäische Sonderpädagogik? Zu einem Vergleich des Unvergleichbaren. In: AMREIN, Ch./ ZÁSZKALICZKY, P. (Hrsg.): Die Sonderpädagogik im Prozess der europäischen Integration. VHN. 63 (1994) 2, S. 235-252

BÜRLI, A. (1997): Sonderpädagogik international. Vergleiche, Tendenzen, Perspektiven. Lucern

BÜRLI, A. (2006): Internationale und vergleichende Heil- und Sonderpädagogik zwischen Naivität, Objektivismus und Skeptizismus. In: ALBRECHT, F./ BÜRLI, A./ ERDÉLYI, A. (Hrsg.): Internationale und vergleichende Heil- und Sonderpädagogik. Bad Heilbrunn

DANNER, H. (2006): Methoden geisteswissenschaftlicher Pädagogik. München (5. Aufl.)

EBERWEIN (2003): Was ist aus dem Ziel des gemeinsamen Lernens geworden? Ein Erziehungswissenschaftler plädiert für die Integration Behinderter und die individuelle Förderung aller Kinder. In: Behinderung Menschenrecht, Lfd. Nr. 23, Mai/ Juni 2003. http://www.netzwerk-artikel-3.de/netzinfo02-03/032.php. Download 29.8.2008

FORNEFELD, B. (1999): Vom Besonderen zum Allgemeinmenschlichen. Behinderte 22 (1999) 1, S. 29-38

HARTIG, R. (2006): Es ist normal verschieden zu sein. In: Nachrichten aus Psychiatrie und Selbsthilfe maps. Kommentar von Roland Hartig am 21.8.2006. http://www.lichtblick99.de/ticker2160_06.html. Download 10.1.2011

GADAMER, H.-G. (1965): Wahrheit und Methode. Grundzüge einer philosophischen Hermeneutik. Tübingen (2. Aufl.)

KLAFKI, W. (1971): Hermeneutische Verfahren in der Erziehungswissenschaft. In: KLAFKI, W. et al. (Hrsg.): Funk-Kolleg Erziehungswissenschaft. Erziehungswissenschaft 3. Eine Einführung. Weinheim

KLAUER, K. J./ MITTER, W. (Hrsg.) (1987): Handbuch der Sonderpädagogik Band 11: Vergleichende Sonderpädagogik. Berlin

MATURANA, H.R./ VARELA, F.J. (1987): Der Baum der Erkenntnis. Die biologischen Wurzeln des Erkennens. München

RIEDL, R. (1988): Biologie der Erkenntnis. Die stammesgeschichtlichen Grundlagen der Vernunft. München

ROTH, G. (1996): Das Gehirn und seine Wirklichkeit. Frankfurt (2. Aufl.)

ROTH, G. (2001): Fühlen, Denken, Handeln. Wie das Gehirn unser Verhalten steuert. Frankfurt.

SPECK, O./ THALHAMMER, M. (1977): Die Rehabilitation der Geistigbehinderten. München/ Basel (2. Aufl.)

STINKES, U. (1993): Spuren eines Fremden in der Nähe. Würzburg

WEIZSÄCKER, R. v. (1993): Institut Mensch, Ethik und Wissenschaft gGmbH Berlin: Ansprache von Bundespräsident a.D. Richard von Weizsäcker bei der Eröffnungsveranstaltung der Tagung der Bundesarbeitsgemeinschaft Hilfe für Behinderte 1. Juli 1993, Gustav-Heinemann-Haus in Bonn. In: http://deposit.ddb.de/ep/netpub/86/78/13/973137886/_data_stat/Weizaecker_Ansprache.html. Download 29.8.2008

Hans-Peter Schmidtke

Leben mit dem Anderssein im internationalen Kontext – der Beitrag der Interkulturellen Pädagogik zur Vergleichenden Heil- und Sonderpädagogik

1 Einleitung

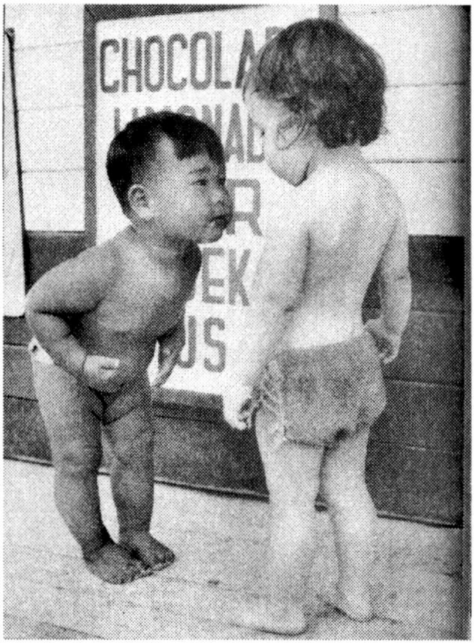

Foto 1 (REICH 1958, 104)

Die Kinder auf diesem ersten Foto haben beide etwas sehr Spannendes zu betrachten, ein anderes Kind. Aber was ist das eigentlich, das sie so an ihrem Gegenüber fasziniert? Ist es das „Fremde“ am anderen? Das eine Kind ist offensichtlich asiatischer Abstammung und das andere eher europäischer. Ist es das? Oder vielleicht ist der Eine ein Junge und das Gegenüber ein Mäd-

chen? Das Kind links ist deutlich dunkelhäutiger als das rechte, zudem hat das eine lange und das andere kurze Haare...
Ein derartiges Foto könnte überall dort gemacht werden, wo sich Kinder begegnen. Sie treten einander mit bloßer Neugier gegenüber; und dieses Interesse am anderen Kind erwächst dabei sicher nicht aus den Differenzlinien, die die Erwachsenen sich ausgedacht haben, um die unendlich große Vielfalt, die die Gesamtheit der Menschen ausmacht, zu reduzieren und handhabbar zu machen:
Derzeit leben auf der Erde gut 6,7 Milliarden Menschen, die alle unterschiedlich voneinander sind, und die in ihrer Gesamtheit das ausmachen, was menschliche Kultur bedeutet. Diese Komplexität ist von niemandem zu begreifen. Denn nicht genug mit der großen Zahl, sekündlich werden neue Menschen geboren, andere sterben, wenn auch nicht in der gleichen Anzahl, so dass sich schon allein die Grundmenge der kulturellen Basis stetig wandelt. Hinzu kommt, dass alle Menschen älter werden, fast unmerklich für den einzelnen selbst. Erst in der Veränderung der Kinder von Bekannten, die man lange nicht gesehen hat, wird einem wieder bewusst, wie die Zeit vergangen ist, und dieser Lauf der Zeit bringt zusätzlich eine häufig ebenso unbemerkte, aber dennoch permanente Umgestaltung der eigenen Vorstellung von Welt und auch der eigenen Bewertungen mit sich. Man wird ja klüger und weiser. Was ist es doch für ein Tiefschlag, wenn einem jemand, den man nach 20 Jahren erstmals wieder sieht, gut meinend, aber höchstgradig unsensibel das Kompliment macht: „Du hast dich überhaupt nicht verändert!"
Das Thema „Leben mit dem Anderssein im internationalen Kontext" verzichtet auf einen Terminus, der bei interkulturellen Fragestellungen häufig und gern benutzt wird, den Begriff „Fremdheit". Dieser deutet auf Grenzen, Abgrenzungen, Differenzlinien, Kategorien von Menschen hin, obgleich jeder im Grunde weiß, dass letztlich jeder einzelne sich nicht nur oberflächlich oder physiognomisch selbst in der eigenen Familie von den anderen unterscheidet. Eine Einteilung nach mehr oder weniger beobachtbaren Kennzeichen, Merkmalen, Eigenschaften in spezifische Gruppen ist vor allem unterschiedlichen Interessen machtpolitischer, ökonomischer oder auch wissenschaftlicher Art geschuldet, um die unfassbare Komplexität menschlicher Vielfalt handhabbar zu machen. Die Art der Kategorien richtet sich dabei nach den jeweiligen Interessen derjenigen, die die Macht haben, für den oder die einzelnen bedeutsame Einteilungen vorzunehmen und daraus spezifische Maßnahmen abzuleiten, z.B. regeln Politiker die Zugehörigkeit zu einem Staat mit all ihren daraus abgeleiteten Rechten und Pflichten über das Staatsbürgerschaftrecht, oder die Schulbehörden über ihre Kategorisierung nach

Lebensalter oder der Art einer Behinderung eines Schüler oder einer Schülerin. Klassifiziert wird in nahezu allen Lebenszusammenhängen, wobei allerdings oft die Einzigartigkeit eines und einer jeden Einzelnen übersehen wird oder nur eine untergeordnete Rolle spielt, obgleich etwa die Schulen zu deren Respektierung sogar gesetzlich verpflichtet sind.
Viele dieser Kategorien haben im Laufe der Zeit und durch immer wiederkehrende Anwendung im alltäglichen Gebrauch einen solchen Grad der Selbstverständlichkeit erreicht, dass sie als quasi von der Natur vorgegebene Einteilung von Menschen erscheinen. Die Sonderpädagogik kann sich mit ihren Kategorien der Behinderungen davon ebenso wenig freimachen, wie die Interkulturelle Pädagogik mit ihren immer noch weit verbreiteten Zuschreibungen national begründeter Kulturen oder ethnischer Unterschiedlichkeiten. Auch deshalb sind die Probleme mit den eingewanderten Menschen in Deutschland noch immer nicht gelöst, blühen Rassismus und Vorurteile und sind die Kinder mit Migrationshintergrund die großen Verlierer im deutschen Bildungssystem. Diese Gruppe weist die höchste Schulversagerquote, die höchste Anzahl der Schulabbrecher, den höchsten Prozentsatz in den Förderschulen und gleichzeitig den niedrigsten in den Realschulen und Gymnasien auf – trotz intensivster, aber weitgehend vergeblicher Bemühungen der Interkulturellen Pädagogik, daran etwas zu ändern. Kann unter solchen Prämissen überhaupt ein sinnvoller Beitrag von der Interkulturellen Pädagogik zur Vergleichenden Heil- und Sonderpädagogik erwartet werden?

2 Anderssein im sonderpädagogischen Verständnis

Wenn auf einem sonderpädagogischen Symposium vom „Anderssein" die Rede ist, ist damit nicht das gemeint, was die beiden Kinder auf dem ersten Bild so beeindruckt hat, dass jeder Mensch anders ist und dass jeder allein schon deshalb eine besondere Beachtung seiner Person und Rücksichtnahme auf seine Individualität und Persönlichkeit verdient. Anderssein meint hier all das, was mit der Kategorie „Behinderung" erfasst wird. Für Kinder spielt eine solche Kategorie zunächst so lange keine Rolle, wie sie von der Übernahme von Wertesystemen in der Familie, in der Schule, in der Gesellschaft verschont geblieben sind. Bei ihnen geht es darum zu sehen, welche Möglichkeiten sich für gemeinsames Spiel ergeben. Eine sensorielle, körperliche oder geistige Beeinträchtigung als solche muss das gemeinsame Spiel ebenso wenig stören, wie eine andere Hautfarbe oder eine fremde Sprache. Sie sind zunächst nicht mehr als Varianten der unendlichen Vielfalt des menschlichen Seins, das sie noch entdecken können. Das Erlernen der Bedeutung der Klassifizierung „behindert“ oder „Ausländer“ ist späterem Lernen im Rahmen des Sozialisationsprozesses vorbehalten.

Foto 2 (Reich 1958, 75)

Die Kategorien der Beeinträchtigung oder der Behinderung sind allerdings längst nicht eindeutig, nicht im nationalen, geschweige denn im internationalen Feld. Psychische oder physische Merkmale einer Person lassen sich bei genauer Beobachtung sicher beschreiben: Der Junge auf Foto 2 hat zwei Krücken, weil er möglicherweise eine Lähmung in den Gliedmaßen hat oder aus anderen Gründen einer Gehhilfe bedarf. Je nach der Interpretation des Bildes ist er aber vollständig in das Spiel mit den anderen Kindern einbezogen. Wo liegt dann seine Besonderheit? Im Spiel mit den anderen hat der Junge die Möglichkeit, sich selbst zu realisieren, teilzuhaben wie die anderen auch. Bei anderer Interpretation des Bildes lachen die Kinder im Hintergrund nicht mit ihm, sondern über ihn. Sein eigenes Gesicht drückt kein Lachen aus, sondern es ist verzerrt, weil er aus der Gemeinschaft ausgestoßen wird. Seine Beeinträchtigung macht ihn durch die Diskriminierung in seinem Umfeld zu einem behinderten Jungen.

Vor der Frage, welche Formen das Leben mit einer Behinderung im internationalen Kontext hat oder haben kann, muss zunächst geklärt werden, ob das hiesige Kategoriensystem in anderen Lebenszusammenhängen, in anderen soziokulturellen Umfeldern überhaupt die gleiche Bedeutung hat. Uns allen sind Fälle bekannt, dass in wenig strukturierten dörflichen Agrarregionen Menschen mit geistiger Beeinträchtigung oder gehörlose Menschen voll in das dörfliche Leben und die Arbeitsprozesse integriert sind, in anderen Dorfgemeinschaften stehen solche Kinder oft als Dorftrottel außen vor, schlimmstenfalls werden sie ausgesetzt oder gar getötet, wenn durch sie, durch die Notwendigkeit beispielsweise einer zusätzlichen Betreuung oder kostenträchtiger Medikamente das Überleben einer ganzen Familie infrage gestellt wird – Überlebensangst aller wegen des Andersseins eines Einzelnen.

3 Anderssein im interkulturellen Verständnis

Im interkulturellen Verständnis bedeutet „Anderssein“ in aller Regel „Fremdsein“, eine Fremdheit, die sich aufgrund zumeist internationaler Wanderung im ausländischen Pass, in der Physiognomie, der Sprache, der Kleidung, der Gewohnheiten, oft auch in den Normen und Werten der Einwandernden niederschlägt. (Die Internationalität einer Wanderung ist dabei jedoch von untergeordneter Bedeutung, die Umsiedlung in eine andere Region kann bereits ausreichen: etwa vom Bayerischen Wald nach Berlin). Wenn die damaligen „Gastarbeiter“ denn alle in einem Alter gekommen wären, wie die beiden Kinder auf dem ersten Bild, dann wäre die Situation vollkommen problemlos gewesen: Wenn sie miteinander hätten spielen wollen, hätten sie aufeinander zugehen, voneinander lernen, auf ihre jeweiligen Besonderheiten eingehen müssen. Aber die Situation in der Aufnahmegesellschaft sah anders aus.

In den neunzehnhundertfünfziger bis siebziger Jahren wurden verstärkt Arbeitskräfte in den südlichen Ländern Europas angeworben, deren Aufenthalt zunächst von Wirtschaft und Politik zwar nur für einen begrenzten Zeitraum eingeplant war, die sich aber im Laufe der folgenden Jahrzehnte in Deutschland niederließen und ihre Familien und Kinder, soweit noch nicht geschehen nachholten, insbesondere nach dem offiziellen Anwerbestopp 1973. Dennoch waren ihre Position und rechtliche Stellung in Deutschland weitgehend ungewiss, so dass ein vollständiges Sich-Einlassen auf das Aufnahmeland von Seiten der Einwandernden kaum geboten schien und von Seiten der politischen und administrativen deutschen Institutionen auch nicht gefördert wurde. Ganz im Gegenteil, schon kurz nach den ersten Einwanderungen begannen negative Zuschreibungen und Stigmatisierungen der Eingewanderten zunächst in der Sammelkategorie „Italiener", später dann „Türken", obgleich sich die zugeschriebenen Defizite und Andersartigkeiten im Verhältnis zu deutschen Wohnbevölkerung kaum voneinander unterschieden. Ich werde dies hier nicht weiter ausführen.

Die prekäre Situation der Kinder der eingewanderten Menschen in den deutschen Schulen begann bereits, als die ersten in die Bundesrepublik kamen und für sie erst einmal rechtlich geklärt werden musste, ob sie überhaupt in Deutschland schulpflichtig waren. Das schloss die Frage ein, ob letztlich der deutsche Staat für die Bildung dieser Kinder aufkommen müsse. Der verstärkte Familiennachzug führte Ende der sechziger Jahre dazu, dass sich auch die Pädagogik intensiver mit den Problemen dieser Kinder auseinandersetzte, was zur Geburt der sog. Ausländerpädagogik führte. Ziel dieser pädagogischen Richtung war es zunächst, den Lehrerinnen und Lehrern, die verstärkt ausländische Kinder zu unterrichten hatten, Hilfestellungen an die Hand zu geben, um den Kindern im damaligen Verständnis gerecht zu werden. Offensichtlich war, dass diese Kinder nicht hinreichend Deutsch sprachen, hier also ein klares Defizit aufwiesen, das sie daran hinderte, dem deutschen Unterricht zu folgen.

Sehr bald wurde ebenso deutlich, dass mit zusätzlichen Sprachkursen allein die gewünschte schnelle Integration der Kinder nicht erreicht werden konnte. Dies führte verbreitet zu der Auffassung, dass über die sprachlichen Defizite hinaus zusätzlich kulturelle und sozialisatorische Defizite durch die pädagogische Intervention aufgearbeitet werden müssten. Die theoretische Basis dafür lieferte der Ansatz der kulturellen Differenz, die an den unterschiedlichen Herkunftsländern festgemacht wurde. Die schulischen Probleme ließen sich auf diese Weise durch die Defizite der ausländischen Schülerinnen und Schüler schlüssig erklären, ohne dass die Angemessenheit von Schule und Unterricht, die Struktur der Schule weiter hätten hinterfragt werden müssen. Die Gesellschaft wurde auf diese Weise von ihrer Verantwortung für die schulischen Misserfolge bei diesen Kindern entlastet.

Ein Blick über den Tellerrand hin zur Sonderpädagogik hätte auch andere Erklärungsansätze ins Blickfeld zu bringen vermocht: BEGEMANN hatte 1968 in seiner Untersuchung mit dem Konzept der soziokulturellen Benachteiligung von „Hilfsschülern" die gesellschaftliche Verantwortung für Schulerfolg und -misserfolg unterstrichen, und auch durch die Publikationen des Deutschen Bildungsrates wurde das bis dahin auch in der Sonderpädagogik weit verbreitete individualtheoretische Paradigma sehr stark in Zweifel gezogen und zugunsten eines gesellschaftlich orientierten abgelöst

Die Kulturalisierung der Einwandernden, die in weiten Teilen der Ausländerpädagogik gepflegt wurde, ist dem individualtheoretischen Paradigma deshalb artverwandt, weil auch hier ein einzelnes Merkmal als für eine Person bestimmendes definiert wird. Selbst heute noch werden besondere Problemlagen von Kindern mit Migrationshintergrund in den Schulen dieses Landes aus deren spezifischer Kulturzugehörigkeit erklärt. Doch schon Mitte der siebziger Jahre war ich in einer Untersuchung zu Verhaltensauffälligkeiten spanischer Schülerinnen und Schüler in Schulen des Ruhrgebiets zu einem anderen Schluss gekommen, nämlich dass ein großer Teil dieser Schülerinnen und Schüler systemimmanent so massiv in ihren Schulen und Klassen benachteiligt wurden, dass es darüber hinaus keiner weiteren Theorieansätze mehr bedurfte, um den Misserfolg in den Schulen zu begründen. Diese Situation hat sich, wie die Pisa-Untersuchungen zeigen, bis heute so gut wie nicht verbessert.

Damals ging es mir um die Frage, inwieweit die sog. Ausländerpädagogik von den theoretischen Ansätzen der Sonderpädagogik lernen konnte, was sich in meinem Vortrag auf der 20. Arbeitstagung der Dozentinnen und Dozenten für Sonderpädagogik 1983 in Basel niederschlug. Er trug den Titel „Der Stand der Ausländerpädagogik aus sonderpädagogischer Sicht – Wiederbelebung überwundener Positionen?" (SCHMIDTKE 1984). Ich zitiere aus meinem damaligen Vortrag in Anlehnung an HAMBURGER et al. (1981): „Während die Sonderpädagogik mehr und mehr von einer individual-psychologischen Heilpädagogik zu einer sozial ausgerichteten Erziehungswissenschaft übergeht, verbleibt die Ausländerpädagogik bei ihrem wohl hartnäckigsten Versuch, den ‚Ursachen' des Ausländerproblems zu Leibe zu rücken...dem perfiden Mechanismus der Stigmatisierung, nämlich der Unterstellung prinzipieller Andersartigkeit und Inferiorität ein gleichsam objektivierendes Fundament zu schaffen, bei der konsequenten Weigerung des Schul- und Berufsbildungssystems, ausländische Schüler als ‚normal' und ‚Normale' zur Kenntnis zu nehmen."

Der Begriff der Ausländerpädagogik findet in der Interkulturellen Pädagogik heute nur noch im Zusammenhang mit geschichtlichen Darstellungen der Disziplin Verwendung, aber mir scheint, dass auch der Begriff „Interkulturell" durch seine Zusammensetzung aus den beiden Teilen „inter" und „kulturell" auf die Interaktion zwischen Kulturen, die im allgemeinen Verständnis zumeist als national geprägt verstanden werden, nicht aber auf die Interaktion zweier Menschen oder Menschengruppen abzielt und so letztlich die überwunden geglaubte Kulturalisierung des Fremden wieder neu auflebt. Eine neue, ausführliche Diskussion der Problematik um den Begriff der Interkulturellen Pädagogik findet sich in Heft 2 (2010) der Zeitschrift Erwägen – Wissen – Ethik.

Wir kommen damit nicht umhin, einen Blick auf die Konzepte zu werfen, die sich mit dem Begriff „Kultur“ verbinden. Hier findet sich dann auch die Schnittstelle zwischen Interkultureller Pädagogik und Vergleichender Heil- und Sonderpädagogik, dem Leben mit dem Anderssein im internationalen Kontext. Eine Reflexion des Kulturbegriffs hat auf der Arbeitstagung in Wien vor zwei Jahren auch Sven SAUTTER in seinem Vortrag „Vielfalt, Heterogenität und Differenz – Das Bildungs- und Erziehungssystem als kultureller Raum“ gefordert. Die Reflektionen sollten seiner Meinung nach in eine Richtung gehen, die auch von den Cultural Studies in Großbritannien und den USA verfolgt wird. Es mag dabei zwar unterschiedliche Nuancen im Verständnis geben, klar aber ist, es sollte Abschied von einer Auffassung genommen werden, die Kultur als „stabil, homogen oder fest gefügt“ beschreibt, sie ist ganz im Gegensatz dazu durch Dynamik durch „Widersprüche, Aushandlungen, Konflikte und Widerstand“ geprägt (SAUTTER 2008, 304).

4 Anderssein – ein Blick auf den Kulturbegriff

Eine Abhandlung des Kulturbegriffs in seinen verschiedenen Facetten würde den Rahmen dieses Beitrags bei weitem sprengen. Allein bei google sind unter „Kultur“, „culture“ und „cultura“ gut 2,5 Milliarden Seiten aufgeführt, die einmal eher das in den Vordergrund stellen, was eine Gesellschaft an sog. Kulturgütern hervorgebracht hat, und ein anderes Mal stärker betonen, wie sich die Normen und Werte im Zusammenhang von Kosmovisionen oder Religionen entwickelt haben und welchen Einfluss dies heute auf das zwischenmenschliche Zusammenleben in einer konkreten Gesellschaft oder im internationalen Miteinander hat. Die gravierenden Unterschiede im Verständnis sind darin begründet, wie groß der Spielraum anzusetzen ist, der den Menschen nach einer Phase der Enkulturation im Umgang mit seinen Mitmenschen, mit der Umwelt und in seiner Selbstgestaltung als freier Gestaltungsraum zugemutet wird.

Ich möchte mit Alexander THOMAS (2003), Forschungsschwerpunkt Interkulturelle Psychologie, und der Kulturanthropologin Ina-Maria GREVERUS (z.B. 1999), zwei unterschiedliche Konzepte von der Bewertung menschlicher Möglichkeiten in der Auseinandersetzung mit ihrer Kultur gegenüberstellen. Alexander THOMAS, der insbesondere in der Vorbereitung für Auslandsaufenthalte gern rezipiert wird, geht von sog. Kulturstandards aus, die man vor

einem Auslandaufenthalt studiert haben sollte, damit eine erfolgreiche Verhandlung mit den Geschäftspartnerinnen und Gesprächspartnern zustande kommen kann. Folgende Kulturkonzeption liegt dem zugrunde:
„Kultur ist ein universelles, für eine Gesellschaft, Organisation und Gruppe aber ein sehr typisches Orientierungssystem. Dieses Orientierungssystem wird aus spezifischen Symbolen gebildet und in der jeweiligen Gesellschaft usw. tradiert. Es beeinflusst das Wahrnehmen, Denken, Werten und Handeln aller ihrer Mitglieder und definiert somit ihre Zugehörigkeit zur Gesellschaft. Kultur als Orientierungssystem strukturiert ein spezifisches Handlungsfeld für alle sich der Gesellschaft zugehörig fühlenden Individuen und schafft damit die Voraussetzungen zur Entwicklung eigenständiger Formen der Umweltbewältigung.“ (THOMAS 2003, 80)
Dieser Vorstellung steht die von Maria GREVERUS gegenüber, die davon ausgeht, dass der Mensch nicht eine bestimmte Reife oder einen gewissen Grad von Zugehörigkeit zu einer Gesellschaft oder Gruppe erreicht haben muss, um kulturell handeln zu können, sondern Menschsein beinhaltet per se kulturelle Kompetenz, weil der Mensch aufgrund seiner biologischen Beschaffenheit zu seinem eigenen Überleben aufgefordert ist, sich mit seiner Umgebung auseinanderzusetzen. Die Gemeinschaft, die Familie, die Umwelt können dabei Richtungen oder Hilfestellungen anbieten und z.B. durch ihr Modellverhalten vorgeben. Die Auseinandersetzung damit, die Interpretation dieser Vorgaben, schließlich ihre Übernahme, Teilübernahme oder Ablehnung verbunden mit dem Aufbau eines anderen Systems oder anderer Standards können aber dem Individuum nicht abgenommen werden. Dies macht letztendlich die Freiheit des Menschen nicht als kulturabhängiges, sondern als Kultur schaffendes Wesen aus, wodurch er letztlich auch für sein eigenes Handeln verantwortlich wird.
Daraus ergibt sich die folgende Definition von Kultur:

- Die Sichtweise von Welt, die Interpretation der wahrgenommenen Wirklichkeiten, d.h. das (kulturelle) Selbstverständnis eines jeden Menschen ist abhängig von den Bedingungen, Lernmöglichkeiten, Interpretationsmustern des je konkreten Umfeldes einer Person mit seinen personalen Zuwendungen und in seiner zeitlichen und räumlichen Begrenztheit.
- Jeder Zuwachs an Wissen, jede räumliche Veränderung oder solche in den zwischenmenschlichen Beziehungen und schon allein der biologische Alterungsprozess eines jeden Menschen führen zu ständigen Neuinterpretationen der eigenen subjektiv erlebten Wirklichkeit. Der Mensch und sein durch seine Umwelt geprägtes (Selbst-)Verständnis verändern sich damit selbst permanent wie auch ihre eigene Stellung im gemeinsamen Umfeld,

wenn dies auch für andere und auch für die Person selbst zumeist kaum feststellbar ist. (Größere Umbrüche im Leben sind etwa die Ablösungsprozesse in der Pubertät, der Verlust geliebter Menschen, Flucht, Emigration oder ähnlich nachhaltige Erlebnisse, die zu plötzlichen Erschütterungen des Selbstverständnisses einer Person führen können und ein erneutes Finden der eigenen Stellung in der Gesellschaft, eine Neuinterpretation des eigenen kulturellen Backgrounds mit sich bringen können.)

- Menschen in anderen Räumen und zu anderen Zeiten kamen und kommen aufgrund der unterschiedlichen Lebens-, Lern- und Arbeitsbedingungen zwangsläufig zu anderen Vorstellungen und Verhaltensweisen, die zwar in vielerlei Hinsicht mit denen der anderen Menschen im gleichen Umfeld übereinstimmen können, die aber dennoch so unterschiedlich sind, dass von einer gänzlich eigenen kulturellen Orientierung zu sprechen ist, solange einzelnen Menschen die Befähigung zur Ausbildung eines Ich, einer Persönlichkeit nicht abgesprochen wird. Dazu liefern selbst schwerste Behinderungen keine nachvollziehbaren Gründe.
- Unterschiedliche Traditionen, religiöse Orientierungen oder Verhaltensmuster von Menschen aus scheinbar fest gefügten Gemeinschaften, ethnischen Gruppierungen oder unterschiedlichen Lebensräumen stellen die generelle Offenheit aller Menschen für alles menschenmögliche Verhalten nicht infrage. Sie sind damit kein Indiz für zukünftiges Verhalten, sondern lassen nur Rückschlüsse auf bisherige Lernmöglichkeiten zu. (Letztendlich ist mir selbst das Eigene fremd, denn ich kann keine Gewähr dafür geben, wie ich mich morgen oder in bestimmten auf mich zukommenden Situationen verhalten werde).
- Da im Sinne GREVERUS Menschen immer mit kultureller Kompetenz ausgestattet sind, trägt auch ein jeder auf seine Weise und je nach seinen eigenen Erfahrungen zur Veränderung seines personellen und räumlichen Umfeldes, seiner Welt bei. Kultur kann aus diesem Grund nur als ein dynamischer Prozess verstanden werden. Kulturelle Kreativität ist dann gegeben, wenn Menschen aus den unterschiedlichen Erfahrungen, die sie aufgrund ihrer je besonderen Situation gemacht haben, neue, auch für andere bedeutsame Formen menschlichen Zusammenlebens entwickeln können.
- Da nicht alles menschenmögliche Verhalten, d.h. nicht alle kulturellen Ausdrucksformen, die Menschen zur Organisation ihres Zusammenlebens und zur Lösung ihrer Probleme z.B. mit ihrer Umwelt entwickelt haben, wünschenswertes Verhalten im Sinne der Menschenrechte darstellt, kann die Behauptung einer grundsätzlichen Gleichwertigkeit aller Kulturen und kulturellen Ausdrucksformen nicht aufrechterhalten werden (dem entgegen

stehen z.B. Kulturen der Unterdrückung, der Ausbeutung, des Rassismus etc.). Selbst der Erhalt kultureller Vielfalt, der so oft gefordert wird, ist solange äußerst fragwürdig, solange nicht geklärt ist, was es dabei letztlich in dem dynamischen Prozess sich wandelnder Werte zu bewahren gilt.

Das Dilemma mit dem Schlagwort „interkulturell" wird durch einen solchen Kulturbegriff weiter vergrößert, der sich am Lern- und Erfahrungshorizont jedes einzelnen Menschen orientiert. Das Mosaik der menschlichen Kultur, das, was die Besonderheit der menschlichen Ausdrucksformen ausmacht, umfasst mehr als sechs Milliarden sich stetig wandelnder Mosaiksteinchen mit der Eigenheit, dass jeder Teilbereich, den ich davon untersuche, den gleichen sich stetig verändernden Reichtum an Formen und Farben aufweist, wie jedes andere zufällig ausgewählte Teilstück.

Ein solch radikales Verständnis kultureller Dynamik legt es nahe, jede zwischenmenschliche Interaktion per se aufgrund des je einzigartigen Hintergrundes der handelnden Personen als interkulturelles Handeln zu verstehen. Warum hält man dann noch am Begriff „interkulturell" fest, wenn eigentlich „zwischenmenschlich" die Problemlage viel genauer beschreibt? Der Terminus „interkulturell" wird – den gängigen Theorien folgend – wohl auch erst dann bemüht, wenn die Unterscheidungskriterien nicht an individuellen Unterschieden festgemacht werden, sondern an konstruierten Differenzlinien zwischen Gruppen wie z.B. ihrer Nationalität, ihrer ethnischen Zugehörigkeit, ihrer Religion oder ihrer biologischen oder physiognomischen Merkmale, denen die einzelnen zugeordnet werden oder denen sie sich selbst zuordnen. Das scheint dann die Auflistung und Beschreibung kategorialer Unterschiede zu rechtfertigen. Damit befinden wir uns wieder am Anfang der Diskussion, mit der gerade die Gruppenzugehörigkeit als Basis der eigenen Kultur infrage gestellt wurde.

Auch in der International Vergleichenden Sonderpädagogik kann unter der Prämisse eines sich wesentlich am einzelnen Menschen orientierenden Kulturbegriffs nicht mehr unvoreingenommen von einem interkulturellen Vergleich gesprochen werden, wenn als Hauptunterscheidungsmerkmal der zu vergleichenden Gruppen lediglich ihre Nationalität, die ethnische oder bloße geographische Zuordnung eine Rolle spielt. Die Vergleichende Sonderpädagogik ist jetzt gefordert, sehr viel genauer zu beschreiben, wo die Forscherinnen, die Forscher oder anderweitig Interessierte sich selbst verorten, in welchen Strukturen und Zusammenhängen ihre eigenen Vorstellungen verankert sind, welches die interagierenden Menschen, Menschengruppen sind, wie sie zueinander stehen und worauf ihre Interaktionen beruhen und worauf sie zielen. Eine unreflektierte Verwendung auch des modern erscheinenden und nach gemeinsamem Verständnis heischenden Begriffs „interkulturell“ für jeden international angelegten Vergleich oder für jedes internationale Meeting trägt sonst letztlich zur Festigung von Vorurteilen und Rassismus bei.

5 Kategorien für das Anderssein

Schon 1985 hat sich Alfred SANDER in seinem Aufsatz „Zum Problem der Klassifikation in der Sonderpädagogik – ein ökologischer Ansatz“ mit der Frage sonderpädagogischer Kategorienbildung auseinander gesetzt und eine konsequente Dekategorisierung von Menschen in der Behindertenpädagogik gefordert. Er stellt in seinem Beitrag heraus, dass es eigentlich schon aus dem Grunde keine befriedigende Klassifikation geben kann, weil die Unterschiede innerhalb der Klassen zumindest genau so groß sind, wie zwischen den Klassen, und er beklagt, dass die Sonderpädagogik letztlich dem aufgesessen sei, dass ihr Arbeitsgegenstand, „in der Alltagssprache bereits mehr oder weniger klassifiziert vorhanden war, bevor er wissenschaftlich durchdrungen werden konnte“ (SANDER 1985, 15). Etwas später schreibt er: „Das äußere Merkmal, nicht sehen zu können, imponierte so stark, dass darüber die sonstigen Merkmale, Fähigkeiten und Möglichkeiten, die bei jedem blinden Menschen ganz unterschiedlich ausgeprägt sind, vernachlässigt und verdrängt wurden“ (ebenda).

Der Artikel von SANDER lässt sich nahezu Zeile für Zeile auf die Interkulturelle Pädagogik übertragen. Ich habe in einem Kolloquium Studierende gebeten, sich den Artikel vorzunehmen und zu versuchen, ihn auf die interkulturellen Fragestellungen mit ihren Kategorien hin umzuschreiben. Das Ergebnis: Was SANDER für die sonderpädagogische Kategorienbildung kritisch angemerkt hatte, passt mit nur wenigen Umformulierungen auch auf die Interkulturelle Pädagogik, verständlich, denn SANDERS Anliegen war es, jede Form menschlicher Kategorisierungen kritisch zu hinterfragen. Einordnungen in Gruppen bekommen erst dadurch ihre Berechtigung, wenn zum einen die Notwendigkeit und die Ziele einer Kategorisierung genau beschrieben werden (z.B. die Einteilung von Pflegestufen allein zur Feststellung des Anspruchs, den eine Person an eine Pflegekasse hat, oder die Auflistung abgestufter Grade von Behinderung, mit denen bestimmte Leistungen verbunden sind). Zum anderen muss die Vorläufigkeit, Veränderbarkeit der Kategorien und ihre Einschränkung auf einzelne Attribute einer Person deutlich bleiben. Weder die sonderpädagogischen, noch die im internationalen Vergleich oder in interkulturellen Darstellungen gebräuchlichen Kategorien umfassen den ganzen Menschen und schon gar nicht die Spezifika ganzer Gruppen, sondern

sie geben lediglich Auskunft über sehr begrenzte und sich stetig verändernde Phänomene.
Gilt damit nur noch der einzelne Mensch? Haben die Gruppen, denen sie sich zugeordnet fühlen oder denen sie zugeordnet werden, keine reale Bedeutung für ihre Person und ihr Verhalten? Eine gezielte pädagogische Intervention kann sich in jedem Fall nur auf das einzelne Individuum beziehen, aber dazu gehören auch seine Biographie und sein Umfeld, z.B. ein türkischer Migrationshintergrund oder seine Beeinträchtigung, z.B. eine spastische Lähmung etc. Solche für die Sozialisation einer Person wichtigen Faktoren aus Bedenken der Zuschreibung eines Ausländer- oder Behindertenstatus außer Acht zu lassen, würde bedeuten, das Kind mit dem Bade auszuschütten.
Es ist wohl – von Einzelfällen einmal abgesehen – generell davon auszugehen, dass sich die Lehrkräfte in den Bildungseinrichtungen sehr wohl um die gezielte Förderung jeder einzelnen Schülerin und jedes einzelnen Schülers bemühen würden und weitgehend auch zurecht Vorwürfe bewusster Benachteiligung bestimmter Schülergruppen zurückweisen würden. Dennoch finden sich eklatante Differenzen bei den Bildungserfolgen von Jugendlichen mit oder ohne Migrationshintergrund, bzw. von Jugendlichen unterschiedlicher sozialen Herkunft. Der totale Verzicht auf Kategorisierungen würde in diesen Fällen bedeuten, dass nicht mehr zur Kenntnis genommen werden könnte, dass es sich beim Schulversagen insbesondere der Jugendlichen mit italienischem und türkischem Migrationshintergrund in erster Linie gerade nicht um das Problem des persönlichen Versagens eines einzelnen, sehr differenziert zu behandelnden und sicherlich auch behandelten Jugendlichen handelt (für ihn selbst liegt selbstverständlich genau dort sein größtes Problem), sondern um ein strukturelles, bei dem sehr wohl beschreibbare ganz spezifische Gruppen von Kindern und Jugendlichen in den Bildungseinrichtungen diskriminiert werden (GOMOLLA/ RADTKE 2002 haben dafür den Begriff der „Institutionellen Diskriminierung“ geprägt). Dies betrifft nicht nur die Kinder mit Migrationshintergrund, sondern ebenso Kinder mit Behinderungen, die in unserem System sonderbeschult, in anderen Ländern vollständig im Regelschulsystem integriert sind oder auch ausgestoßen werden oder denen sogar in wiederum anderen ihr Recht auf Leben abgesprochen wird.

6 Der Beitrag der Interkulturellen Pädagogik zur Vergleichenden Heil- und Sonderpädagogik

Die Interkulturelle Pädagogik befindet sich in einer Phase des Umbruchs: nach einer Überwindung der Ausländerpädagogik entwickelte sie sich über die Interkulturelle Pädagogik hin zu einer Pädagogik der Vielfalt und der Heterogenität (noch fehlt ein geeignetes, aussagekräftiges Label). Kann sie in dieser Situation überhaupt einen Beitrag zu einer Vergleichenden Heil- und Sonderpädagogik leisten außer der theoretischen Reflexion über Kategorien, über Konzepte von Kultur oder Interkulturalität, die allerdings in der neueren Vergleichenden Sonderpädagogik sehr häufig unreflektiert benutzt werden?
Am ehesten vermögen die Überlegungen Denkanstöße zu geben, die letztlich auch in der Interkulturellen Pädagogik zu einem Paradigmenwechsel beigetragen haben. Sie können hier nur kurz benannt, nicht aber in aller Breite ausgeführt werden:

- Die Abkehr von der Ethnisierung des Fremden:
- Ausländer- und Interkulturelle Pädagogik haben sich über Jahrzehnte von der Exotik des vermuteten Andersseins des Fremden so beeindrucken lassen, dass sie die Fähigkeiten und Möglichkeiten der Betroffenen als eigenständig Handelnde und Kulturschaffende dabei übersahen. Sie haben so zur Konstruktion des Andersseins von ethnischen Minderheiten und durch ihre Kategorien letztlich zum Aufbau von Vorurteilen und auch zu deren Selbstethnisierung beigetragen. Eine Vergleichende Heil- und Sonderpädagogik darf hier nicht in die gleiche Falle tappen.
- Der fragliche Wert nationaler Zuordnung:
- Wenn in der Politik und in weiten Teilen der pädagogischen Praxis über Fragen der Integration von Migrantinnen und Migranten nachgedacht wird, scheint nach wie vor auf die Aussagekraft der nationalen Herkunft, zur Einschätzung ihrer Integrationsfähigkeit und -bereitschaft vertraut zu werden. Das neue Paradigma der Interkulturellen Pädagogik zieht derartige Zuschreibungen in Zweifel. Allgemeine Kenntnisse über eine Nation oder selbst über eine Region können auf keinen Fall die Kenntnisse des konkreten Umfeldes, der Lebenszusammenhänge und der eigenen Interpretationen der Menschen ersetzen. Der Erkenntnisgewinn aus geographischen, klimatischen, statistischen, systemischen Darstellungen ist dann von nur geringem Wert, wenn diese Bedingungsfelder nicht das eigentliche Ziel einer Untersuchung darstellen (vgl. SCHMIDTKE 2001).
- Die Bedeutung von Sprache und Kommunikation:

- Einer der Grundpfeiler der Interkulturellen Pädagogik ist die zwischenmenschliche Kommunikation über alle konstruierten Differenzlinien hinweg, nicht nur im internationalen Kontext. Selbstverständlich sind die Kenntnisse der Muttersprache eines Gegenübers von grundlegender Bedeutung; aber gute Fremdsprachenkenntnisse sind allein nicht hinreichend. Genügt es beispielsweise, gut Spanisch zu sprechen, wenn ich die Situation der Indigenas in Guatemala untersuchen will? Zudem bedarf es schon im eigenen Sprachraum einer Annäherung im Verständnis der benutzten Begrifflichkeiten um sich untereinander zu verstehen. In anderen Sprachen und im Rahmen anderer Strukturen haben gleiche Begriffe oft unterschiedliche Bedeutungen. Darüber hinaus macht Sprache nur einen Teil der Kommunikation aus. Auch Mimik und Gestik in ihren persönlichen Formen und ihrer jeweils einzigartigen Bedeutungsfülle können zu Missverständnissen in der Kommunikation führen. Interkulturelle Kommunikation setzt in erster Linie Lernen vom Gegenüber, nicht Vorwissen voraus. Doch es geht nicht nur um das Verstehen des anderen. Von gleicher Bedeutung ist die Frage, ob ich überhaupt verstanden werde, stimmen meine Koordinaten mit denen des Gesprächspartners, der Partnerin überein?
- Sich der Mythen und der eigenen Vorurteile bewusst werden:
- Gewisse Indizien können bei oberflächlicher Beurteilung darauf schließen lassen, dass gerade in zugewanderten Familien Bildung und Schule nicht den gleichen Stellenwert haben, wie es bei Deutschstämmigen der Fall ist, z.B. häufiger Schulabsentismus der Kinder, fehlende Gesprächsbereitschaft mit den Lehrkräften, geringere Bildungserwartungen an Mädchen, Zurückhaltung der Mädchen zur Beaufsichtigung jüngerer Geschwister etc. Die Vorwurfshaltung, die häufig bei den Klagen oder selbst bei bloßer Beschreibung der Phänomene im Vordergrund steht, verdeckt strukturelle Erfordernisse bei den Familien, die trotz höchster Bildungserwartung ein solches Verhalten erklärbar machen. Die zentrale Frage darf nicht lauten: Wie müssen sich die Abnehmer von Bildung ändern, damit sie passend für die vorhandenen Bildungseinrichtungen werden, sondern: wie müssen sich die Bildungsinstitutionen verändern, damit all ihre unterschiedlichen Zielgruppen in ihnen zum Erfolg geführt werden können?
- Die Betroffenen als Experten ihrer eigenen Situation wahrnehmen:
- Die Zuordnung von Migrantenfamilien oder benachteiligten, armen oder indigen Bevölkerungsgruppen zu vorbestimmten Kategorien minimiert nicht die Komplexität der Gruppe. Nicht einmal aus der vollständigen Resignation gegenüber übermächtig erlebten Strukturen von Menschen lassen sich Rückschlüsse auf Lebenseinstellungen und Bildungserwartungen zie-

hen. Die eigentlichen Experten für die eigene Lebenssituation sind immer und ausschließlich die Betroffenen selbst.

7 Fazit

Auch wenn in der Interkulturellen Pädagogik derzeitig ein Paradigmenwechsel stattfindet, der sich von einem Verständnis der Interaktion zwischen verschiedenen Kulturen abwendet hin zu einer Pädagogik der menschlichen Vielfalt, kann ihre Auseinandersetzung mit dem Kulturbegriff wesentliche Denkanstöße für eine Vergleichende Heil- und Sonderpädagogik vermitteln. Die Interkulturelle Pädagogik hinterfragt einmal mehr die Berechtigung der Einteilung von Menschen in verschiedene, nicht nur nationale Kategorien, sowie es von Alfred SANDER bereits 1985 gefordert wurde. Eine Pädagogik, die sich an der menschlichen Diversität orientiert, kann dazu beitragen, dass Unterschiede zwischen Individuen und Gruppen, denen sie sich zuordnen oder denen sie zugeordnet werden, differenzierter betrachtet werden, als es zumeist in der Vergleichenden Heil- und Sonderpädagogik bisher geschieht.

Literatur

BEGEMANN, E. (1968): Die Bildungsfähigkeit der Hilfsschüler. Soziokulturelle Benachteiligung und unterrichtliche Förderung. Berlin

GREVERUS, I.-M. (1999): Menschsein ist kulturelle Kompetenz. In: SCHREIJÄCK T (Hrsg.): Menschwerden im Wandel der Kulturen. Kontexte kulturelle Identität als Wegmarken interkultureller Kompetenz. Luzern, S. 41-60

GOMOLLA, M./ RADTKE, F. O. (2002): Institutionelle Diskriminierung. Die Herstellung ethnischer Differenz in der Schule. Opladen

REICH, H. (1958): Kinder aus aller Welt. München

SANDER, A. (1985): Zum Problem der Klassifikationen in der Sonderpädagogik: Ein ökologischer Ansatz. In: VHN (54) 1, S. 15-31

SAUTER, S. (2008): Vielfalt, Heterogenität und Differenz – Das Bildungs- und Erziehungssystem als kultureller Raum. In: BIEWER, G./ LUCIAK, M./ SCHWINGE, M. (Hrsg.): Begegnung und Differenzen: Menschen – Länder – Kulturen. Bad Heilbrunn, S. 296-313

SCHMIDTKE, H.-P. (1984): Der Stand der Ausländerpädagogik aus sonderpädagogischer Sicht. Wiederbelebung überwundener Positionen? In: KOBI, E./ BÜRLI, A./ BROCH, E. (Hrsg.): Zum Verhältnis von Pädagogik und Sonderpädagogik. Luzern, S. 202-206

SCHMIDTKE, H.-P. (2001): Behinderung und Dritte Welt – Was muss ich über ein Land wissen, um Behinderung in ihrem Kontext zu verstehen? In: MÜLLER, A. (Hrsg.): Sonderpädagogik provokant, Luzern

THOMAS, A. (1993): Kulturvergleichende Psychologie, eine Einführung. Göttingen

THOMAS, A (2003): Interkulturelle Kompetenz – Grundlagen, Probleme und Konzepte. In: EWE (Erwägen Wissen Ethik) Heft 1, S. 1-14

Peter M. Sehrbrock

Fremdheitserfahrung und Alltag teilen – Mögliche Zugänge zur Sonderpädagogik Eine Welt/ Dritte Welt

1 Vorbemerkungen

„Leben mit dem Anders sein“ im internationalen Kontext als Thema dieses vierten Symposions zur Internationalen Heil- und Sonderpädagogik beinhaltet in unserer Organisation des Symposions drei Felder der Thematik: Behinderung und „Dritte Welt“, Behinderung und Migration, Internationale Heil- und Sonderpädagogik. Meine Ausführungen sind eingebettet in das Feld Behinderung und „Dritte Welt“, also zweimal Anders sein: Zum einen Anders sein im Sinne von behindert sein, zum anderen Anders sein im Sinne von unter ganz anderen Umständen, ganz anders zu leben als wir hier in Deutschland/Europa, also im doppelten Sinne „fremd“? Diesen Gedanken werde ich in meinen Ausführungen nachgehen.

2 Oldenburger Historien

Bereits vor 20 Jahren, als wir in der Sonderpädagogik hier in Oldenburg begannen, uns mit dem Themenfeld auseinander zu setzen, war klar, dass wir unter gar keinen Umständen auch nur zufällig neokolonialistisch oder imperialistisch (vgl. SENGHAAS/ GALTUNG 1972) denken oder uns äußern wollten, weshalb die Bezeichnung Arbeitsstelle „Behinderung und Dritte Welt“ erst das Ergebnis längerer Diskussionsprozesse war, in denen wir uns verdeutlichen konnten, dass „Dritte Welt“ als Bezeichnung für gleichsam ein Gegenmodell zu privat-, bzw. staatskapitalistischen Gesellschaftssystemen diente. Da aus meiner Sicht weder historisch noch aktuell ein stimmigerer Begriff zur Verfügung steht, behalten wir bis auf weiteres die Bezeichnung „Dritte Welt“ bei. Neben dieser mehr theoretischen Standortbestimmung war sehr rasch klar, dass praktische Erfahrungen in der „Dritten Welt“ zwingender Bestandteil der Arbeit sein würden, ja sein müssten. Wir ließen uns von den Vorstellungen leiten, dass nicht anders als durch praktische Erfahrungen

während eines Praktikums Fremdes, z.B. ein „unbekanntes“ Konzept von Sonderpädagogik erfahren werden kann, dass nur durch Erfahrungen im Lebensalltag von Menschen die Folie entsteht, vor der die Bedeutung von Behinderung sichtbar wird und, dass vor allem durch längerfristiges Teilen alltäglichen Lebens touristische Attitüde verloren gehen kann und substanzielle Lebenserfahrung möglich wird?
Wozu aber überhaupt „Sonderpädagogik Dritte Welt“, haben wir nicht genug in unserer „Ersten Welt“ mit der Thematik „Behinderung/Sonderpädagogik“ zu kämpfen?
Die Motive für die Beschäftigung mit dem Thema und das Weggehen in die „Dritte Welt“, um dort zu leben und zu arbeiten, um dort für uns fremde Lebensentwürfe, fremde Behindertenkonzepte, fremde Lebensrollen zu erfahren und gegebenenfalls zu verstehen, und alles auf eigene Kosten, waren bei den 170 PraktikantInnen während der letzten 15 Jahre immer sehr unterschiedlich. Sicher spielte ein gewisses Maß von Interesse an Neuem, von das Eigene im Fremden verstehen lernen, von ‚Helfersyndrom‘, von Exotismus, von Abenteuerlust eine Rolle! Ebenso sicher ist aber auch zu berücksichtigen das wissenschaftliche Interesse an eben diesen fremden Lebensbedingungen, Lebensentwürfen, Lebensrollen, Behindertenkonzepten und ihren Wirkungen auf uns. Viele wissenschaftliche Arbeiten, die in den letzten zwanzig Jahren an sehr verschiedenen Hochschulen im deutschsprachigen Raum geschrieben wurden, zeugen davon.
Ein weiterer, wichtiger Aspekt für das „Weggehen“ war neben den erwähnten der der eigenen Erfahrung von längerfristiger existenzieller, kultureller Fremdheit, um später als LehrerIn in der Arbeit mit Kindern und Jugendlichen mit Migrationshintergrund nicht nur *über* Fremdheitserfahrung *reden* zu müssen, sondern auf der Basis selbst erfahrener Verarbeitungsprozesse, im Ansatz um die Probleme der Kinder und Jugendlichen zu *wissen* und angemessen auf sie einzugehen.

3 Fremdheit

Fremdheitserfahrung war für uns damit sehr früh zu einem zentralen Begriff der Auseinandersetzung mit dem „Leben mit dem Anders sein“ geworden. Dieses Anders sein im Sinne von Behinderung hatten wir im deutschen Kontext überwiegend theoretisch erworben und wollten seine Tragfähigkeit auch in anderen Zusammenhängen überprüfen. Dass der fremde Kontext z.B. in der Dritten Welt auch unseren Behinderungsbegriff und unsere Vorstellungen

im Hinblick auf den Umgang mit Behinderung (Behinderten) verändern würde, war damals nicht so ganz klar. Doch dazu später.
Erfahrungen mit Fremdheit, mit Fremdem, mit Fremden müsste eigentlich Jedem von uns geläufig sein, sind doch fremd und vertraut, fremd und eigen jeweils zusammengehörige Begriffe. In unserem Lebensalltag taucht immer wieder Beides auf, wechselt sozusagen ständig den Platz. Wir lassen zu, dass Fremdes zum Eigenen wird und Eigenes wird uns fremd, weil wir in unserem Lebensvollzug die Relationen nicht weiter geschrieben haben, so dass Vertrautes nicht mehr passt und fremd wird. Manch einem von uns mag es im Leben begegnet sein, dass Fremdes im Eigenen existent ist, aber nicht zugelassen wird und es erheblicher Anstrengungen bedurfte, eine Integration des Abgespalteten zu leisten, so zu sagen eine neue Balance in der Identität zu schaffen (THOMAS 1997). Fremd ist also ein relationaler Begriff; nichts ist seinem Wesen nach fremd, sondern immer nur in Bezug auf etwas Zugehöriges, mir Zugehöriges, meiner Gruppe Zugehöriges, meiner Kultur Zugehöriges. MAURER (1981) formuliert, dass Aufgrund des Spannungsverhältnisses von Eigenem und Fremdem ein ständiger Abschied von Vertrautem erforderlich wird, um die neuen, als fremd wahrgenommenen Erfahrungen integrieren zu können. Für THOMAS ist mein Verhalten zum Fremden ambivalent, es beunruhigt und fasziniert zugleich. Ich schütze mich und bin neugierig zugleich. Das Fremde ist das Unvertraute, Beunruhigende und Interessante, wie eben das Praktikum „Dritte Welt“!
In meiner Zeit als Politikwissenschaftstudent in Freiburg finanzierte ich mein Studium u.a. mit Taxi fahren. Eines Tages sollte ich einen älteren Mann am Seniorenheim abholen und ihn zu seiner weiter entfernten Stammkneipe aus aktiven Tagen fahren. Dort wollte er wie immer an diesem Wochentag zu Mittag essen. Ein Verwandter begleitete ihn. Der ältere Mann hatte offensichtlich einen Schlaganfall erlitten, denn es war ihm nicht möglich, den Speichelfluss aus seinem Mund zu kontrollieren. Am Lokal angekommen bat mich der Verwandte, ihn und den alten Herrn zum Essen zu begleiten. Ich konnte mir auswählen, was ich essen wollte. Der alte Herr wählte wie immer einen Teller mit Rühreiern. Es machte mir ziemliche Mühe, ihm beim Essen zu zusehen. Ich verließ irgendwann das Lokal und wartete in meinem Taxi. Nach einiger Zeit kamen die beiden Männer mit einem wissenden Lächeln zum Taxi. Ich hatte damals noch nichts mit Behinderung zu tun, wusste nichts von den auch hierbei vorhandenen Selbstverständlichkeiten. Heute, nach meinem eigenen Schlaganfall (er war erkennbar moderat), kann ich das Bedürfnis nach Vertrautem, Dazugehörigem trotz Behinderung gut verstehen, es gehört zu mir.

Aber wie gelingt so eine Wandlung? Wie verstehe ich Fremdes, so dass es seinen Charakter des Fremden verliert, zumindest partiell? BREDELLA (2000, XII) verweist darauf, dass es durch das Einnehmen einer Innenperspektive möglich werden kann, den Blick von Außen zu relativieren, dass das Einnehmen dieser Innenperspektive eben Rückwirkungen auf das eigene Selbstverständnis hat. In meiner Geschichte war es die Ähnlichkeit der Situation des behindert Seins von ihm und mir, die zum Verstehen der Situation des alten Herrn geführt hat, zur Aufhebung des fremd Seins.
Jede menschliche Beziehung beginnt mit der Fremdheit und entwickelt sich im gelingenden Falle zur Vertrautheit, aus dem Fremden wird ein Freund oder mehr!? WIERLACHER (2000, 3) verwendet SCHÜTZ, dem zufolge unser Fremdverstehen auf Akten des Selbstverstehens aufbaut. KOLLER et al. (2007, 7) formulieren auf der Basis von KOKEMOHR, dass diese Akte sich als Transformationsprozess verstehen lassen, „in dem das Welt- und Selbstverhältnis eines Menschen durch die Konfrontation mit neuartigen Problemlagen eine weit reichende Veränderung erfährt".
Es ist Absicht, beide Fremdheitserfahrungen – „Dritte Welt" und Behinderung – in ihrer Wirkung auf mein Sosein zu parallelisieren.

4 Interkulturelles

Ich will noch weiter gehen und Sonderpädagogik und Interkulturalität miteinander verbinden. Rudi LEIPRECHT (2004) bestimmt Kultur als ein das Lebens- und Handlungsfeld von Menschen in einem eingegrenzten Feld interpretierendes und erklärendes System. Das kann alle möglichen Formen annehmen, z.B. Literatur, Musik, verbale und nonverbale Formen von Kommunikation, soziale Verhaltensweisen, Handlungsformen. Nehmen wir diese Bestimmung im Sinne des wissenschaftlichen Konzeptes der ‚Kulturstandards' von Alexander THOMAS (1988), liefern wir den Mitgliedern der jeweiligen Kultur eine Orientierung für ihr eigenes Verhalten im Sinne von z.B. normal oder abzulehnen, typisch oder abweichend. Zugleich transportieren wir aber das Risiko des ‚Marionettenmodells'; die Deutschen sind Krauts oder die Franzosen Gourmets, die Ossis können nicht arbeiten, die Afrikaner sind faul und die Muslime schlagen ihre Frauen. Dieser eher stereotype Gebrauch von möglichen Standards verdeckt den Umstand, dass Kulturen als für Veränderungen, Anpassungen und Überlagerungen offene Systeme zu betrachten sind. Zwar wirken kulturelle Kontexte auf den einzelnen Menschen, zugleich beeinflussen sie diese auch selbst und tragen so zu ihrer Veränderung und Erneuerung bei. Die einzelnen Menschen sind also durch ihren

jeweiligen kulturellen Kontext in ihrem Denken und Handeln nicht völlig festgelegt. SCHMIDTKE (2001, 113) fordert damit zu Recht, dass in entsprechenden Forschungsarbeiten die „subjektiven Sichtweisen aller Beteiligter" im Zentrum zu stehen haben und nicht vorrangig statistische Daten oder administrativ formulierte Standards.
Bedeutungsmuster und Zeichensysteme, also Kultur, können als Antworten auf spezifische Lebensbedingungen, die spezifische Orientierungsanforderungen setzen, verstanden werden (LEIPRECHT 2004, 14). Dies gilt für alle Menschen und so ergeben sich je nach Raum und Geschichte unterschiedliche Kulturen. Natürlich spielt die Art der Felder eine wesentliche Rolle. Wüste z.B. hat ihre eigenen Lebensbedingungen, die aus Hitze, Staub und Wasserlosigkeit sich speisen. Denen, die dort leben, also heimisch sind, sind die Antworten eigen, nicht fremd, Heimat. Sie können damit umgehen. Andere, die dort hineinkommen, aus welchen Gründen auch immer, ist diese Kultur fremd, da der Raum nicht Heimat ist. Alltag als Bestimmungsfeld von Verstehen und Interpretieren ist je spezifisch. Wenn ich als Forscher von außen komme und zu verstehen versuche, muss ich erst auf diese Relationen schauen und sie mit meinem eigenen Feld in respektvolle Verbindung bringen, die gelingende Wechselseitigkeit des Selbst- und Fremdverstehens.
Wie sehr dieser kulturelle Austausch, die je individuelle Identitätsbildung, einen Prozess darstellt, der immer wieder auf das Funktionieren des Äquilibrationsprinzips angewiesen ist, zeigt sich bei den Studierenden unserer Fakultät, insbesondere unseres Institutes Sonderpädagogik, die ein sechsmonatiges Praktikum in der „Dritten Welt" absolviert haben. Als zukünftige Professionelle einer Pädagogik für besondere Bedürfnisse sollen sie Fremdheitserfahrungen über längere Zeit u.a. dadurch machen, dass sie mit den Menschen vor Ort zusammen leben, ihren Alltag in Einrichtung und Familie teilen. Allein das Leben der Geschlechterrolle als Frau oder Mann bedarf einer permanenten Überprüfung, um eine zu weitgehende Grenzüberschreitung zu vermeiden. Da die meisten unserer Studierenden nicht verheiratet sind und oft auch keine Kinder haben, waren sie dann nicht Frau oder Mann, sondern Tochter in Gambia, Pakistan, Ecuador, Sohn in Nicaragua mit der Folge, dass sie diese Rolle als Tochter oder Sohn gambisch, pakistanisch, ecuadorianisch, nicaraguanisch verstehen lernten und das Verstandene für ihr Ich in eine Balance zu ihrer Rolleninterpretation in Deutschland bringen mussten. Als gambische Tochter hatte sie den Anordnungen ihres ‚Vaters' zu folgen; als pakistanische Tochter lebte sie überwiegend im Frauenhaus, war wie die Frauen dort gekleidet (trug auf der Straße auch die Burka) und spielte mit den Zwölfjährigen, denn die älteren waren schon verheiratet; als ecuadorianische

Tochter konnte sie ohne ihre ‚Brüder' nicht in die Disco, denn wer sonst kann ihre Ehre wahren und sicherstellen, dass sie nicht fünfmal mit demselben tollen Typen tanzt, denn das wäre ein Eheversprechen gewesen; als nicaraguanischer Sohn musste er die alles umsorgende Mutter erleben, die in der Totalität ihrer Sorge den Machismo mit ermöglicht. Dem Prinzip des autonomen Individuums in unserer Gesellschaft steht das Prinzip der Gemeinschaftsethik in vielen Regionen Afrikas gegenüber (BUJO 1993), der gemischtgeschlechtlichen Organisation des Lebensalltages in unserer Gesellschaft steht die getrennt geschlechtliche Organisation in islamischen Ländern entgegen.

5 Sonderpädagogik

Sonderpädagogik kümmert sich um Menschen mit Behinderung, sucht über Prävention das Entstehen von Behinderung zu vermeiden und/oder mit Hilfe von rehabilitativen Maßnahmen die Folgen von Behinderung zu minimieren. Sonderpädagogisch handeln Menschen in Verbindung mit Menschen mit Behinderung. Sie handeln in ihrem Feld, gemäß der dort als spezifische Lebensbedingungen erwarteten Lebensorganisation von behinderten Menschen in Verbindung mit moralischer Handlungsinterpretation. Wie aber, wenn die Sicht der Profis auf diese Lebensbedingungen sich als nicht verbindbar zeigt mit den Selbstbildern der behinderten Menschen, wenn z.B. das Normalisierungsprinzip (vgl. THIMM 2005) in seinen Konsequenzen für manche Menschen mit geistiger Beeinträchtigung als Bevormundung empfunden wird?

Es gibt einen alten Streit zwischen Vertreter(inne)n der Gehörlosenpädagogik und Vertreter(inne)n der Gehörlosenverbände darüber, ob Kinder, die keine oder eine verminderte Hörfähigkeit haben, in der Schule die Lautsprache erwerben sollen oder ob es richtiger/wichtiger ist, dass diese Kinder die Gebärdensprache lernen. Natürlich ist es sinnvoll, beide Fähigkeiten zu erwerben. Aber in unserem Zusammenhang ist es spannend, mit welchen Argumentationen die jeweiligen Positionen begründet werden. Viele Gehörlosenpädagog(inn)en postulieren den Vorrang der gesprochenen Sprache *vor* der Gebärdensprache (oft auch: an Stelle der Gebärdensprache) mit der Begründung, dass auch gehörlose Kinder in einer vorwiegend an Lauten orientierten Umwelt leben, weshalb sie sich entsprechend artikulieren können müssen. Bei einer hauptsächlich auf Gebärden zurückgreifenden sprachlichen Kommunikation würden sie für ihre Umwelt sehr auffällig in ihrem Verhalten (‚warum gestikulieren die so wild in der Luft herum'), was zur Etikettierung und damit Desintegration führen müsste.

Genau entgegengesetzt argumentieren Vertreter der Gehörlosenverbände. Durch die zwangsweise Orientierung an der lautsprachlichen Welt der Hörenden findet keine wirkliche Integration in die Gesellschaft statt, sondern eine bloße Anpassung an die Welt der Hörenden in Verbindung mit einer Desintegration aus der Welt der Gehörlosen, in der überwiegend eine Gebärdensprache benutzt wird. Gehörlose oder Hörbeeinträchtigte entwickeln eigene Umgangsweisen mit Lauten. Von vielen wird gesprochene Sprache durch überdeutliche Artikulation Sprechender in Verbindung mit Gebärden wahrgenommen (siehe die Nachrichtensendungen in Phoenix), Musik haptisch-taktil bzw. kinästhetisch empfunden, indem die Hand auf das Klavier oder die Lautsprecherbox des CD-Players gelegt wird oder der auf dem Fußboden liegende Köper die Schwingungen der Musik oder auch nur den Rhythmus aufnimmt.
Beeindruckend in dieser Hinsicht sowohl aus der Perspektive der Sonderpädagogik wie auch interkultureller Gesichtspunkte ist die Reportage des DDR-Rundfunks von vor nunmehr über 30 Jahren über das Lernen und Kommunizieren von taub-blinden Kindern in einer russischen sonderpädagogischen Einrichtung (Titel des Films: ‚taub, blind, stumm'). Das hier angedeutete Problem Sonderpädagogik unter dem Blickwinkel von Interkulturalität zu betrachten zeigt überdeutlich der Film ‚Jenseits der Stille', in dem es um die Lebensgeschichten und Lebensperspektiven von hörenden Kindern mit tauben Eltern geht. Die unterschiedlichen Lebensweisen von Gehörlosen und Nicht-Gehörlosen könnten in diesen Debatten auch als unterschiedliche kulturelle Formen von Leben und unterschiedliche Sprachen interpretiert werden, wobei es ein spezifisches Verhältnis von dominierenden und dominierten kulturellen Formen und Sprachen gibt.
Noch radikaler stellt sich die Frage, ob wir uns im Feld der Sonderpädagogik befinden oder dem der Interkulturalität, wenn wir uns der Lebensorganisation und moralischen Handlungsinterpretation von Menschen mit schwerer Dysartrie oder Athetose zuwenden. Menschen mit diesen körperlichen Beeinträchtigungen sitzen meist im Rollstuhl oder sind bettlägerig. Kommunikation findet oft in recht unkoordiniert wirkenden Schleuderbewegungen der Extremitäten statt, verbunden mit gutturalen, gepressten Lauten. Im üblichen sonderpädagogischen Sprachgebrauch gelten diese Kinder als schwerst behindert und auch nicht in die allgemeine Schule integrierbar. In aller Regel werden diese Kinder als nicht beschulbar definiert, weil keine Sprache vorhanden sei. Diese Position ist sehr problematisch, da sie unterstellt, dass mit der fehlenden Artikulationsfähigkeit auch ein intellektueller Ausfall einhergeht. Das ist denkbar, aber nicht zwingend. Beispielsweise berichten die Mütter solcher

Kinder, dass sie sehr wohl an der Köperreaktion ihrer Kinder ablesen könnten, was sie ausdrücken wollen: Heftigkeit oder Sanftheit von Bewegungen (speziell der Extremitäten), Lautheit oder Stille in der auditiven Artikulation als Kommunikationssystem. Könnten wir hier nicht von einer Kultur der haptisch-taktilen, kinesthetischen Wahrnehmung und Kommunikation, also einer besonderen Kultur der Körperlichkeit sprechen?

6 Alltag teilen

BREDELLA et al. (2000, XIII) postulieren: „Fremdverstehen geht nicht im Einnehmen einer Innenperspektive auf, sondern hat Rückwirkungen auf das eigene Selbstverständnis (auch) … in dem Sinne, … dass wir das Fremde zu verändern suchen, wenn wir glauben, dass wir die Fremden besser verstehen als diese sich selbst oder wenn wir das, was wir verstehen, nicht billigen können". Das dann einsetzende Wechselspiel zwischen Eigenem und Fremden bzw. zwischen Innen- und Außenperspektive gewinnt seine Qualität von den Möglichkeiten der Wahrnehmung des Fremden. Hans-Peter SCHMIDTKE (2001, 115) berichtet über eine solche Wahrnehmung von einer Exkursion nach Mexico. Sie ist einfach überzeugend erzählt.
„Gleich zu Beginn der Exkursion – wir genossen das mexikanische Flair in einem Straßencafe Tiaxcalas – gab mir eine Situation zu denken: An einem Nachbartisch hatte eine Familie mit einem Kleinkind im Kinderwagen Platz genommen. Arglos nahm ich zu der Kleinen Blickkontakt auf, winkte ihr zu, spielte mit den Händen, versteckte mich hinter der Speisekarte. Eltern hier zu Lande reagieren zumeist positiv auf solchen Verhalten, nicht so der Vater dieses Kindes. Zunächst beobachtete er missmutig, dass ich sein Kind ansah. Kurze Zeit darauf stand er auf, nahm das Kind aus dem Kinderwagen und kam mit nicht gerade freundlichem Gesicht auf mich zu. Mir war in dem Moment nicht sehr wohl in meiner Haut. Der fremde Mann übergab mir sein Baby und wies mich an, es auf den Arm zu nehmen, „para que no le entre el mal de ojo" („damit es nicht die Krankheit über das Auge erleide").
Ich war extrem überrascht. Wie mir meine mexikanische Kollegin später erläuterte, war ich durch meinen Blickkontakt zu einem möglichen Verursacher einer unbestimmten Krankheit geworden, die unterschiedliche Schweregrade erreichen kann. Nur durch einen direkten Körperkontakt mit dem Kind konnte ich präventiv tätig werden und den möglichen Ausbruch einer Krankheit verhindern. Auf Rat der Kollegin tat ich ein Übriges: Ich kaufte dem kleinen Mädchen ein Amulett gegen das „mal de ojo", was die Eltern des Kindes sichtlich erfreute und die gespannte Atmosphäre völlig bereinigte. Auch die

Kollegin nahm drei Amuletts für ihre Nichten und Neffen mit. Natürlich glaubte sie nicht an solchen Unfug, versicherte sie mir, sie sei schließlich Sonderpädagogin, aber es handele sich ja um recht schöne Schmuckstücke.
In meinen Arbeitsunterlagen über Mexiko und die dortige Behindertenarbeit suchte ich dieses Phänomen vergebens."
Die Möglichkeiten der Wahrnehmung des Fremden waren hier natürlich das Hingehen in die Fremde, das Sich-Einlassen auf eine Alltagssituation in einem Café und das hier bei uns unverfängliche Schäkern alter Männer mit kleinen Kindern. Diese Alltagssituationen hatten wir im Blick, als wir (Mamadou Bah, Mustapha Ouertani, Rao Sriram und ich) vor zwanzig Jahren die Idee des Alltagteilens für das Praktikum formulierten. Wir waren und sind der Meinung, dass das Leben des Alltages, wo auch immer, Fremdes zu Vertrautem wandeln kann in seiner Routine, in seiner Regelmäßigkeit, in seiner gelebten Unreflektiertheit. Dass Reflektion dennoch stattfindet, ist selbstverständlich, aber nicht alltäglich. Wörtlich äußerte sich Mamadou Bah: „Wie willst Du die Bedeutung von Behinderung in Mali verstehen, wenn Du den Lebensalltag der Menschen in Mali nicht verstehst, und wie willst Du ihn verstehen, wenn Du ihn nicht längerfristig gelebt hast?" Wir legten uns fest: Minimal ein halbes Jahr in einer Familie leben und den Alltag teilen, so wie eine Person von dort in der gleichen gesellschaftlich definierten Position diesen Alltag leben würde. Die Konsequenzen für unsere Studierenden habe ich oben skizziert.
Natürlich geht ein solches Prinzip der interkulturellen Begegnung sozialverträglich nur dann, wenn sich die PraktikantInnen in einer qualitativ hochwertigen Vorbereitung auf die Anforderungen einstellen können. ANTONOVSKY (1997) hebt die Bedeutung der Kohärenz- und Kontinuitätsgefühle in diesem Zusammenhang hervor. Dadurch, dass das Ich als etwas Ganzes und Sinnhaftes betrachtet wird, ist es möglich, unerwartete und fremde Elemente in das Selbst zu integrieren, das Ich gleichsam in eine neue Balance zu bringen (THOMAS 1997). Kohärenz ist das Gefühl, das Leben als stimmig und sinnvoll zu empfinden, hervorgehend aus einer tiefen und stabilen Empfindung der Sicherheit. Fremdes, das nicht balanciert werden kann, da es als nicht stimmig empfunden wird, wird auch als nicht sinnvoll empfunden. Falls jedoch keine sinnhaften Strukturen erkennbar sind, und dem Menschen das Kohärenzgefühl und eine gewisse Kontinuität verloren geht, können psychosomatische Störungen entstehen. Identitätsbalance als das ständig modifizierte kohärente Selbst bedingt und ermöglicht zugleich die Erfahrung von Kontinuität.

Alltag teilen, sei es in der kurzzeitigen Form der Exkursion oder der eines längerfristigen Aufenthaltes in einer Familie oder Institution erschwert zusätzlich das Entstehen eines Selbstverständnisses als Experte, Expertin oder das entsprechende Festlegen in diese Rolle durch die Menschen im Gastland. Vielmehr entsteht bei entsprechender Aufmerksamkeit und Zurückhaltung das Bewusstsein und die Situation des Lernens. Am deutlichsten zeigte sich das bei einer Studentin, die für ein halbes Jahr nach Pakistan ging und dort neben Ihrer Arbeit in unterschiedlichen Einrichtungen Ihren sonstigen Alltag in den Familien des Großclans lebte. Da zu den Aufgaben eines solchen Clans auch und gerade der Schutz eines Gastes mit allen Konsequenzen gehört, war andererseits die Forderung an die Kommilitonin, nicht alleine (ohne männliche Begleitung) das Haus zu verlassen und immer angemessen gekleidet zu sein (gelegentlich auch das Tragen der Burka). Die ersten vier Wochen sollte Sie das Haus nicht verlassen. Das, was Sie brauchte, wurde von den Männern besorgt. Sie bewältigte die Situationen durch ein aufmerksames Zuhören und Beobachten, um das System der Verhaltensregeln und deren Begründung zu verstehen. Nach vier Monaten hatte sie das System verstanden. Als sie die Familie wieder verlies, wurde ihr das Kompliment gemacht, sie habe sich wie eine gute pakistanische Tochter verhalten. Sicher ist es nicht jeder Frau's Sache, einen solchen Lebensalltag auch nur zeitlich begrenzt zu leben, aber darum geht es auch nicht. Es geht um das Prinzip Alltag teilen als Prozess der Wahrnehmung und Verarbeitung von Fremdheit. Und hier trägt das dialogische Prinzip nach FREIRE (1973), die Vermittlung und Überprüfung der Selbst- und Fremdwahrnehmung im Dialog. Gelegentlich verbleibt Verstehen beim Verständnis.

7 „Dritte Welt“ und Behinderung und Fremdverstehen

Nach BREDELLA et al. (2000, XII) ist alles Verstehen das Verstehen eines Fremden. „Fremdverstehen besagt, dass wir etwas nicht im eigenen, sondern im fremden Kontext zu verstehen suchen“. „Fremdverstehen bedeutet demnach, eine andere Perspektive einzunehmen und eine Distanz zum Eigenen zu gewinnen“.

Diese Position BREDELLAS scheint schlüssig im Zusammenhang mit z.B. „Dritte Welt“, aber Behinderung? Auch bei Behinderung und „Dritte Welt“ erscheint diese Position zum Fremdverstehen nicht abwegig, aber bei Behinderung in der Ersten Welt, bei uns in Deutschland, gar Niedersachsen oder Oldenburg?

Besonders nachdenklich hat mich in diesem Zusammenhang die Begegnung mit Franz CHRISTOPH gemacht, einem – wie er selbst von sich sagte –, Krüppel'. Im Gespräch über Selbstbestimmung und Fremdbestimmung von Menschen, insbesondere Menschen mit Beeinträchtigungen, lautete sein Statement sinngemäß: ‚Ihr Behindertenprofis bekommt viel Anerkennung dafür, was ihr alles aushaltet im Zusammenhang mit uns Behinderten. Habt ihr euch schon einmal gefragt, was wir Behinderten alles aushalten müssen im Zusammenhang mit euch Profis?'
Es war derselbe Franz CHRISTOPH, der auf der Dozententagung der Sonderpädagogen in deutschsprachigen Ländern in Dortmund 1980 uns versammelten Profis Sozialeuthanasie vorwarf, weil damals noch eher die separierte Beschulung von Kindern und Jugendlichen mit Behinderung und nicht Integration Konsens war. Ich fühlte mich ertappt. Krüppel, das ist etikettierend! Sagt man nicht, jetzt sagt es ein Behinderter selber. Franz CHRISTOPH provozierte noch weiter. Als im Jahr der Behinderten auf der zentralen Veranstaltung für Deutschland der damalige Bundespräsident Carl CARSTENS auf den Beginn der Veranstaltung wartete, kam ein „leibhaftiger" Behinderter an Krücken humpelnd auf ihn zu und begann ihn mit seinen Krücken zu verprügeln. Kein Bodyguard wusste zunächst wie einzugreifen war, es ist doch ein Behinderter.
Vor ca. einem Jahr nahm ich an einem Symposion der Special Olympics in Bremen teil, das sich mit Forschungsfragen im Zusammenhang mit Sport von Geistig Behinderten befasste. Verschiedene Projekte wurden vorgestellt. Unter anderen war da ein Projekt über die subjektiven Befindlichkeiten von Menschen mit geistiger Behinderung im Zusammenhang mit Sport. Es wurden die Eltern und die Trainer befragt und nicht die Behinderten selbst. „Wir wussten nicht, wie wir mit ihnen sprechen sollten und ob das, was sie sagen, auch so unmittelbar verstehbar ist.
Wie sicher können wir Profis sein, mit unseren Haltungen und unserem Wissen im Hinblick auf die Lebensbedürfnisse, Verstehensstrukturen und Handlungsabsichten von Menschen mit Behinderung, ihren Systemen nahe zu kommen? Ist unsere Professionalität, egal auf welchem Gebiet, hinreichend so ausentwickelt, dass wir dialogisch tendenziell nicht nur mit Menschen aus anderen Ländern und Kulturen kommunizieren, sondern auch Menschen mit Behinderung Selbstorganisation als ihr Menschenrecht zugestehen, indem wir ihnen die Fremdheit zugestehen, die wir für uns beanspruchen?
Kulturelle Divergenzen, ob in der Dritten Welt oder hier bei uns im Feld von Behinderung, bedürfen der Wertschätzung, wenn sie als bereichernde Ressourcen und Potentiale zur Wirkung kommen sollen. Dialogbereitschaft und

Dialogfähigkeit sind das Resultat von Lern- und Entwicklungsprozessen, die uns in die Lage versetzen können, sich wechselseitig auf etwas Gemeinsames zu verständigen, sowohl zwischen der Dritten und der Ersten Welt, als auch zwischen Behinderten und Nichtbehinderten.

Literatur

ANTONOVSKY, A. (1997): Salutogenese: zur Entmystifizierung der Gesundheit. Tübingen

BREDELLA, L./ MEIßNER, F.-J/ NÜNNING, A./ RÖSLER, D. (Hrsg.) (2000): Wie ist Fremdverstehen lehr- und lernbar? Vorträge aus dem Graduiertenkolleg „Didaktik des Fremdverstehens". Tübingen

BUJO, B. (1993): Die ethische Dimension der Gemeinschaft. Das afrikanische Modell im Nord – Süd – Dialog. Freiburg

FREIRE, P. (1973). pädagogik der unterdrückten. bildung als praxis der freiheit. Reinbek bei Hamburg

KOLLER, H.-CH./ MAROTZKI, W./ SANDERS, O. (Hrsg.) (2007): Bildungsprozesse und Fremdheitserfahrung. Beiträge zu einer Theorie transformatorischer Bildungsprozesse. Bielefeld

LEIPRECHT, R. (2004): Kultur – Was ist das eigentlich? Arbeitspapiere IBKM, Nr. 7 Univ. Oldenburg

MAURER, F. (1981): Lebensgeschichte und Identität. Frankfurt a. Main

SCHMIDTKE, H.-P. (2001): Behinderung und Dritte Welt – Was muss ich über ein Land wissen, um Behinderung in ihrem Kontext zu verstehen? In: Müller, A. (Hrsg.): Sonderpädagogik provokant. Luzern

SENGHAAS, D. (HRSG.)/ GALTUNG, J. (Mitverf.) (1972): Imperialismus und strukturelle Gewalt. Analysen über abhängige Reproduktion. Hrsg. von SENGHAAS, D. Frankfurt am Main (1. Aufl.)

THIMM, W. (2005): Das Normalisierungsprinzip. Marburg (1. Aufl.)

THOMAS, A. (1993): Kulturvergleichende Psychologie. Eine Einführung. Göttingen

THOMAS, A. (2008) (Hrsg.): Psychologie des interkulturellen Dialogs. Göttingen

THOMAS, K. (1997): Zugehörigkeit und Abgrenzung. Über Identitäten. Bodenheim

WIERLACHER, A. (Hrsg.) (2000): Das Fremde und das Eigene. Prolegomena zu einer interkulturellen Germanistik. München (Publikationen der Gesellschaft für Interkulturelle Germanistik Band 1)

Behinderung und „Dritte Welt“

Bénézet Bujo

Afrikanische Gemeinschaftsethik und Behinderung

Untersuchungen der letzten Jahrzehnte über afrikanische Ethik haben überzeugend nachgewiesen, dass man die sittlichen Handlungen der Menschen des schwarzen Kontinents nur im Rahmen einer ausgeprägten Gemeinschaftskonzeption richtig verstehen kann. Dies gilt freilich auch für den Umgang mit behinderten und schwachen Menschen der Gesellschaft. Daher wollen wir im Folgenden zuerst die anthropologischen Grundlagen der afrikanischen Ethik in den Blick nehmen, bevor das Problem der Menschen mit Behinderung zur Sprache kommt.

1 Die Artikulierung der afrikanischen Gemeinschaft

Man kann nicht genug betonen, dass sich die afrikanische Gemeinschaft nicht auf die sichtbaren Menschen beschränkt, sondern dass sie immer tridimensional ist, wenn man von der Gemeinschaft mit Gott und dem gesamten Kosmos absieht, die selbstverständlich vorausgesetzt werden muss. Hier wird beabsichtigt, die zwischenmenschliche Beziehung in besonderer Weise zu unterstreichen. Die Frage, die auch für das „Behinderungsproblem" grundlegend sein dürfte, lautet dann: Wer ist Person und wie wird man zur Person? Es ist schon oft betont worden, dass sich Schwarzafrikaner in ihrem Personverständnis nicht auf das bekannte abendländische, cartesianische Prinzip von „cogito ergo sum" berufen, sondern eher mit der zwischenmenschlichen „Beziehentlichkeit" zu tun haben, die man parallel zu Descartes wie folgt formulieren könnte: „cognatus sum, ergo sum". Um die Stellung der „Wir-Zugehörigkeit" im afrikanischen Denken und Handeln hervorzuheben, müsste auch hier das Ganze eigentlich im Plural stehen und lauten: „cognatus sumus, ergo sumus" (wir sind verwandt und deswegen existieren wir bzw. leben wir). Dieses Verwandtsein ist nicht statisch, sondern dynamisch. Es artikuliert sich mannigfaltig, und zwar geht es um einen Lebensstrom, der von oben nach unten und umgekehrt fließt. Andererseits zirkuliert derselbe

Lebensstrom ununterbrochen zwischen Lebenden und Verstorbenen, so wie zwischen diesen beiden Gruppen und den Noch-nicht-Geborenen.
Was die Gemeinschaft der noch irdisch Lebenden anbelangt, kann die sichtbare Gemeinschaft nur dann Bestand haben, wenn die Mitglieder sich in allem gegenseitig unterstützen. Dazu gehört ein friedliches Zusammenleben. Dies aber erfordert das Teilen des zum Leben Notwendigen. In diesem Zusammenhang ist etwa ein Chef nur dann legitim, wenn er die lebensfördernden Kräfte nicht für sich allein behält, sondern sie mit den Untergebenen, d. h. mit allen, über die er Autorität haben soll, teilt. Sollte dies nicht der Fall sein, so versündigt er sich gegen Gott und die Ahnen, die ihm die Sorge um alle Mitglieder der Gemeinschaft anvertraut haben. Das heißt aber zugleich, dass ein solcher Chef im Namen Gottes und der Vorfahren durch das Volk abgesetzt werden muss, weil er gegen das Lebensgesetz verstößt. In diesem Zusammenhang sind auch die Berater des Chefs oder des Königs zu erwähnen, die sich durch Tugenden auszeichnen sollen, welche zum Aufbau der Gemeinschaft beitragen. Am deutlichsten ist das Beispiel der so genannten *Bashingantahe* in Burundi. Um der Institution der *Bashingantahe* anzugehören, muss das Volk sicher sein, dass der Kandidat alle Qualitäten und Charismen besitzt, die ihn zum Wohltäter bzw. zum Vater aller Menschen machen. Er muss u. a. einer sein, der immer auf der Seite der Schwachen, Witwen, Waisen und dergleichen steht. Kurzum: Er muss einer sein, der das Leben in allem zum Wachstum bringt.
Was den Chef und seine Berater angeht, gilt *mutatis mutandis* auch für jedes Mitglied der Gemeinschaft. Alle werden angehalten, im Dienst am Leben in seinen mannigfaltigen Aspekten zu stehen. So sind beispielsweise die Eheleute nicht nur von ihrer biologischen Zeugungs- und Gebärkapazität her zu sehen, sondern lange bevor sie Kinder in die Welt setzen, müssen sie sich gegenseitig zeugen und gebären. Das heißt aber, dass das allererste Kind des Mannes seine Frau ist, so wie das erste Kind der Frau der Mann ist. Alles, was sie tun, um ein harmonisches Leben miteinander zu führen, schenkt ihnen selbst das *bumuntu* (Menschsein), und wenn sie sich selbst voll entfaltet haben, schenken sie dadurch der ganzen Gemeinschaft, deren Mitglieder sie sind, die Fülle des Lebens. Erst so sind sie in der Lage, auch ihren biologischen Nachwuchs in den Dienst an derselben Gemeinschaft zu stellen (vgl. BUJO 2007a, 37ff.). Was für die Eheleute von Bedeutung ist, lässt sich ähnlich auf andere Lebensbereiche übertragen. In der Tat betrifft das Lebenswachstum oder die Lebensverminderung jedes Mitglied. Daher war in der traditionellen Gemeinschaft etwa die Faulheit oder das Schmarotzertum verpönt, weil dadurch das Leben zugrunde gerichtet wird. Das Leben nach dem

afrikanischen Verständnis ist ein Geben und Empfangen. Niemand darf sich nur passiv verhalten und andere ausnützen. Wohlgemerkt: Wenn vom Lebenswachstum oder Lebensverminderung gesprochen wird, geht es in Afrika nicht nur um materielle Hilfen oder Unterlassungen. Gemeint ist jede Art von Unterstützung. So entschuldigt etwa eine materielle Armut nicht davon, sich um die Weitergabe des *bumuntu* zu bemühen. Dies kann allein schon durch das Teilen einer liebevollen Präsenz geschehen. Dass man etwa Menschen besucht, die hart geprüft wurden oder krank sind, gehört hierher. Selbst wenn man nichts Materielles anzubieten hat, teilt man sich selbst an die anderen.

Was von den irdisch Lebenden gesagt wird, ist auch ähnlich mit Blick auf die Verstorbenen zu sehen. Weil auch sie zur Gemeinschaft gehören, brauchen sie unsere Zuneigung und sind in unseren Alltag mit einzubeziehen. – Wie sich die Toten untereinander verhalten, wird in der afrikanischen Tradition nicht thematisiert. Vielmehr ist von deren Beziehung zu den irdisch Lebenden und umgekehrt zu sprechen. Genau dieser Zusammenhang wird ersichtlich, wenn von der Ahnenverehrung die Rede ist.

Worum handelt es sich aber konkret? Nach dem afrikanischen Verständnis sind die beiden Gemeinschaften in der Weise aufeinander angewiesen, dass sie nicht aneinander vorbei leben können. Der Grundsatz „ich bin verwandt, also existiere ich“ oder „wir sind verwandt, also existieren wir“ gilt auch hier. Das Personsein ist immer im Werden und hört auch mit dem Tod nicht auf. Daher können die Verstorbenen ihr Personsein nicht zur Entfaltung bringen, wenn die Nachfahren sie ignorieren. Diese müssen ihnen nach wie vor Ehre erweisen, Trank und Nahrung bringen, damit sie sorgenlos und glücklich im Jenseits leben können. Falls die Vorfahren vergessen werden, machen sie sich bemerkbar, indem sie den irdisch Lebenden ihren Segen entziehen. Dann können die Nachfahren von Krankheiten, Hungersnot und dergleichen betroffen werden. In diesem Fall müssen sie sich unbedingt mit ihren Ahnen versöhnen.

Auf der anderen Seite können auch die irdisch Lebenden die Ahnen zur Rechenschaft ziehen, falls sie der Ansicht sind, sie werden von ihren Vorfahren im Stich gelassen. Wenn beispielsweise die Frauen nur Totgeborene zur Welt bringen, wenn eine Dürrekatastrophe herrscht, oder wenn die Viehzucht nicht gedeiht, werden die Ahnen angerufen, um sie daran zu erinnern, dass sie etwas fürs Überleben ihrer Nachkommen unternehmen sollen. Schließlich sei dies in ihrem eigenen Interesse, denn sonst hätten die Nachfahren nichts, um ihnen zu essen zu geben. Wenn Frauen keine gesunden Kinder mehr gebären, wer wird dann dafür Sorge tragen, dass die Vorfahren selbst glücklich in

ihrem jenseitigen Dorf leben? Kurzum: Dadurch, dass die Verstorbenen ihre Nachkommen vernachlässigen, schaden sie sich selbst.
Damit begreift man, wie etwa die christliche Lehre, nach der die Gerechten, die im Jenseits sind, restlos bei Gott glücklich leben, weil sie diesen anschauen, im afrikanischen Kontext nicht akzeptabel sein kann: denn wer seiner irdischen Verwandten und Bekannten nicht gedenkt, verstößt gegen das Lebensgesetz und kann in keiner Weise glücklich sein.
Zu den bisher genannten Gemeinschaften der Lebenden und der Toten muss man eine dritte, nämlich die der Noch-nicht-Geborenen hinzufügen. Die kommende Generation ist von unermesslicher Bedeutung für die beiden Kategorien. Ohne Nachkommenschaft sind sowohl die irdisch Lebenden, als auch die Ahnen zum Auslöschen verurteilt. Gemeint ist eigentlich, dass die noch zu erwartenden Kinder Hoffnungsträger der beiden Gemeinschaften sind. Das bedeutet zugleich, dass Zeugen und Gebären ein Beitrag zur Unsterblichkeit sowohl des Individuums als auch der tridimensionalen Gemeinschaft sind. Wie schon angedeutet, kann das Leben nur dann weitergehen, und können Menschen sich nach dem Tod als Personen erst dann weiterentfalten, wenn es Nachkommen gibt, die weiterhin zu ihnen eine Beziehung pflegen. Nach dem afrikanischen Verständnis betrifft dies aber nicht nur eine bestimmte ethnische Gruppe, sondern die ganze Menschheit (BAHEMUKA 1982, 101ff.; vgl. auch MBITI 1992). Dadurch, dass Kinder gezeugt und geboren werden, wird die gesamte Menschheit vor dem totalen Auslöschen, sowohl auf biologischer als auch auf mystisch-spiritueller Ebene, bewahrt. Schließlich ist das Individuum, das zeugt oder gebärt, Mitarbeiter oder Mitarbeiterin Gottes, des höchsten Schöpfers, dessen Werk durch Menschen fortgeführt wird. So sind die Kinder im Allgemeinen willkommen. Sie werden von den Ahnen im Auftrag Gottes gesandt, damit sie die Menschheit perpetuieren. Das heißt aber auch, dass Kindern, die beispielsweise noch im Mutterschoß sind, das Personsein nicht abgesprochen werden darf. Wenn es stimmt, dass man durch „Beziehentlichkeit“ zur Person wird, dann sind diese noch nicht geborenen Kinder im höchsten Maß vom Beziehungsnetz umwoben. In der Tat werden sie von der ganzen irdischen Familie erwartet, und außerdem sind sie Gesandte der Vorfahren, in deren Gemeinschaft sie beheimatet sind. Wer also die dreidimensionale Gemeinschaft in puncto Lebensfülle unterstützen will, kann nicht umhin, die Noch-nicht-Geborenen willkommen zu heißen. Die irdisch Lebenden müssen ihnen stets einen Lebensraum vorbereiten, der lebensförderlich statt lebensfeindlich ist. Hierher ließe sich heute etwa das Problem der Ökologie ansiedeln.

Die Frage, die sich nun aufdrängt, ist, inwiefern die geschilderte Lebensanschauung der afrikanischen Ethik für die Frage der behinderten Menschen von Bedeutung sein kann.

2 Afrikanische Gemeinschaft und ihre „Behinderten"

Wenn man die bisherigen Ausführungen aufmerksam verfolgt, entsteht der Eindruck, dass Behinderungen in Schwarzafrika kein so großes Problem darstellen dürften. Hier muss man m. E. sehr differenziert urteilen. Die afrikanische Lebenskonzeption kann nämlich zweideutig sein in der Weise, dass man in ihr sowohl lebensfördernde, als auch lebensbedrohende Aspekte finden kann.

2.1 Der Umgang mit der Behinderung: das Negative

In Anbetracht des Lebenskonzepts in Afrika gibt es verschiedene Einstellungen zur Behinderungsfrage je nachdem, was als lebensförderlich und lebensbedrohend betrachtet wird. Es geht hier mit anderen Worten um die Lebensinterpretation, die je nach ethnischen Gruppen verschieden sein kann, obwohl alle dem Grundsatz zustimmen, dass das Leben in seinen mannigfaltigen Formen zu unterstützen ist. Die Meinungen gehen auseinander, sobald definiert werden soll, was Leben für die tridimensionale Gemeinschaft bedeutet, und was dieselbe Gemeinschaft zugrunde zu richten droht.
Wir können mit dem Zwillingsbeispiel anfangen. Es gibt afrikanische Gemeinschaften, die aufgrund ihrer Unkenntnis biologischer Gesetze die Geburt „zweier Kinder auf einmal" nicht verstehen. So etwas sei nur im Tierreich möglich. Oder aber glauben manche Gruppen, dass zwei Kinder auf einmal keineswegs denselben Vater haben können. Zwillinge seien daher ein Hinweis für die Untreue der Mutter. Noch schlimmer: Es wird manchmal angenommen, dass eine Zwillingsgeburt auf einen bösen Geist zurückzuführen sei, der sich in den Mutterschoß eingeschlossen hat. Dementsprechend kann es sich nur um etwas handeln, was unnormal ist und dem Leben der dreidimensionalen Gemeinschaft schadet. Das heißt aber schließlich, dass Zwillinge eine Bedrohung für die Gemeinschaft nicht nur der ethnischen Gruppe, sondern für die ganze Menschheit darstellen (MAGESA 2007, 137f.). Also sollen sie eliminiert werden. Wie man sieht, geht es dabei nicht um einen Behinderungsfall. Dennoch handelt es sich aus Sicht bestimmter afrikanischer Gruppen letztlich doch um ein behindertes Leben, denn die Geborenen werden hier als eine Art Monster angesehen. Hingegen muss zugleich darauf hingewiesen werden, dass manche andere ethnische Gruppen in Afrika die

Zwillingsgeburt als Lebensbereicherung begrüßen. Es wird mitunter angenommen, dass die Zwillinge eine besondere Macht zugunsten der gesamten Gemeinschaft besitzen. Ebenso schreibt man deren Eltern einen besonderen Segen zu, die dann eine einmalige Stellung in der Gemeinschaft einnehmen (ebd. 138f.).

Ein weiterer und ähnlicher Fall betrifft Albinos. Bei einigen afrikanischen Völkern werden sie entweder diskriminiert oder sogar beseitigt, weil man sie als unnormal betrachtet. Ihre Präsenz könnte der Gemeinschaft Unheil bringen. Andererseits gibt es Gegenden, in denen Albinokinder willkommen sind. So vergegenwärtigen Albinos bei den *Bakongo* (Demokratische Republik Kongo) die Ahnen. In ihnen kehren die Ahnen wieder zu uns zurück. Die weiße Farbe in Schwarzafrika symbolisiert generell die Verstorbenen. Es ist die Farbe des Jenseits und die *Bakongo* nehmen ihre realsymbolische Bedeutung sehr ernst.

Die beiden erwähnten Beispiele, die Zwillingsgeburt und Albinos, zeigen überdeutlich, dass auch in Schwarzafrika das Behinderungsproblem präsent ist, und dass die Kultur nicht immer zugunsten der betroffenen Menschen interpretiert wird. Dennoch gibt es Anhaltspunkte, die die Auswüchse der Tradition zurechtzubiegen in der Lage sind. Zunächst ist festzustellen, dass sich die genannten negativen Praktiken gerade im Namen des Lebens das Recht verschaffen. Würde es uns gelingen, den Widerspruch in der afrikanischen Praxis aufzudecken, dann könnte man jene Gruppen, die die Behinderung als Bedrohung für das Leben betrachten, leicht von ihrer Überzeugung abbringen.

Neben der negativen Seite, die dargestellt wurde, gibt es in der afrikanischen Kultur aber zweifellos auch Verhaltensweisen, die dazu beitragen, Menschen mit Behinderung zu schützen und voll in die Gemeinschaft einzugliedern.

2.2 Die Überwindung der behinderungsfeindlichen Einstellung

Es wurde schon kurz darauf hingewiesen, wie manche Phänomene von verschiedenen Gruppen angedeutet werden. Erinnert sei hier noch einmal an das Beispiel von Albinos.

Es gibt aber auch Erziehungsmethoden, die darauf aufmerksam machen, dass man Menschen mit Behinderung nicht diskriminieren solle, da jedes Mitglied der Gemeinschaft jeden Augenblick in dieselbe Lage geraten könnte. So wird beispielsweise den Kindern immer wieder gesagt, sie dürften behinderte Menschen nicht auslachen oder ihre Verhaltensweise nachahmen, da sonst ihnen selber eine ähnliche Behinderung zustoßen könnte. Dies gilt nicht nur für Kinder, sondern auch die Erwachsenen sollen Menschen mit physischer oder geistiger „Unvollkommenheit" respektieren. Ganz deutlich kommt dies zum Ausdruck in *Rundi*-Sprichwörtern. So heißt es etwa: „Wenn du dich über einen Buckligen lustig machst, wirst du morgen selber einen gebären" (*Useka inyozo, ejo ukayivyara*) (ROGEDEM 1983, Nr. 2369). Im Hinblick auf die Hinkenden sagen die *Barundi*: „Wenn du einen hinkenden Menschen auslachst, wirst du selber wie er" (*Useka Suneba ugasuneba nkawe*) (ebd. Nr. 2370). Was den Respekt der Toten anbelangt, betont ein Sprichwort: „Wenn du über einen Toten lachst, wirst auch du mit Sicherheit sterben" (*Utwenga uwapfuye ugapfa nkawe*) (ebd. Nr. 2371). In ähnlicher Weise wird die Würde des Armen verteidigt: „Zähne, die selber einem Unglück ausgesetzt werden, lachen über einen, der seine Tür zu früh zugemacht hat" (*Amenyo matindi aseka uruguye kare*) (ebd. Nr. 2374). Das will heißen: Wer sich über einen armen Menschen lustig macht, vergisst, dass auch er demselben Schicksal zum Opfer fallen kann. – Bei den *Gikuyu* (Kenya) findet man Sprichwörter, die eher dazu verleiten möchten, manche Behinderungen zum Anlass zu nehmen, um über das eigene Leben nachzudenken. Sie sollten zu mehr Demut und Menschenfreundlichkeit in allen Verhaltensweisen aufrufen, denn was Menschen mit Behinderung sind, werden auch wir sein, vor allem wo es sich um Altersgebrechlichkeit oder andere unvorhersehbare Krankheiten handelt. Demzufolge, sagen die *Gikuyu*: „Was immer aufrecht stand, muss nun kriechen" (*iruugamaga nikurumaga*) (WANJOHI 1997, 99). Man möchte hier in erster Linie jene Menschen ins Auge fassen, die solange sie mächtig, gesund oder reich waren, ihre Mitmenschen verachteten und nun durch ihren krankheitsbedingten Zustand entmachtet sind. Dies ist eine Lehre besonders für Gesunde, Mächtige und Reiche, alle Menschen, einschließlich derer mit einer Behinderung, in ihrer Würde zu respektieren, denn auch sie selbst könnten morgen auf andere angewiesen sein. Daher heißt es andererseits bei den *Gikuyu*: „Selbst ein Krieger wirkt stark nur für eine Jahreszeit" (*Njamba ndirumaga imegra igiri*) (ebd. 99). Irgendwann ist er verbraucht und verliert seine Macht. So verhält es sich auch mit der Gesundheit, denn sie ist den Menschen nicht unbegrenzt gewährt.

Nicht nur die Sprichwörter, sondern auch einige Märchen sind lehrreich in Bezug auf behinderte Menschen oder jene Menschen, die physisch anders aussehen. Bei den *Bahema* (Demokratische Republik Kongo) wird erzählt, wie ein Junge die Stimme eines Monsters nachahmte, das einen ungewöhnlich großen Kopf hatte. Das Monster verfolgte und enthauptete ihn. Es setzte dem Jungen seinen schwerwiegenden Kopf auf und nahm dafür dessen leichteren. Der freche Junge starb, weil er das Kopfgewicht des Monsters nicht aushalten konnte.

In einem anderen Märchen erzählen dieselben *Bahema*, wie man sich um die Schwachen oder physisch „entsetzlich aussehenden" Menschen kümmern soll. Das Märchen lehrt, wie zwei Heiratsantragsteller sich gegenüber einem alten, mit Schmutz bedeckten Mann verhielten. Der alte Mann namens *Liwango* bat die jungen Antragsteller, sein beschmutztes Gesicht abzulecken. Der erste lehnte dies entschieden ab, während der zweite es widerstandslos tat. Das Endergebnis war, dass der erste nicht die schöne begehrte Frau heiraten konnte, da er nicht wusste, was er dafür tun sollte. Der zweite bekam einen angemessenen Rat vom alten Mann, und es gelang ihm, die begehrte, schöne Frau zu heiraten. Gemäß dem Rat des alten schmutzigen Mannes sollte er einer Fliege folgen, die sich auf eine Frau setzt. Gerade diese sollte die beste und schönste Frau von allen sein. – Die Lehre, die sich daraus ergibt ist, dass man Menschen wegen ihrer Behinderung oder ihres Aussehens nicht verachten sollte, denn oft verbergen sie einen überaus kostbaren Schatz. Sie können für uns eine große Bereicherung im Leben bedeuten. Zudem sind sie nach der *luba*-Weisheit „Muntu-wa-Bende-wa-Mulopo", das heißt: Auch sie gehören schließlich dem höchsten Wesen, nämlich Gott. Und aufgrund ihrer Würde müssen sie in unsere Gemeinschaft von den Lebenden, Toten und Noch-nicht-Geborenen integriert und aufgenommen werden.

Mit all den Ausführungen ist eines deutlich geworden: In der afrikanischen Tradition werden Menschen mit Behinderung weder restlos gutgeheißen noch sind sie überall unerwünscht. Es geht vielmehr darum zu fragen, was der Grund für die Behinderung ist und wie es zu dieser kam.

3 Abschließende Überlegungen

Wo die afrikanische Tradition zur Debatte steht, tut man gut daran, sich zu fragen, was genauer verschiedene Sitten und Gebräuche bedeuten. Diese Sitten und Gebräuche dürfen nicht unabhängig von der gesamten Lebenskonzeption betrachtet werden. Eher ist immer wieder jede Sitte in ihren Kontext zu stellen. Mit anderen Worten: Worauf es ankommt, ist nicht der Buchstabe der Tradition, sondern ihr tief verborgener Sinn.

Um dies deutlich werden zu lassen, müssen wir unser obiges Beispiel bezüglich der Zwillingstötung in Erinnerung rufen. In diesem Zusammenhang beobachteten wir, dass die Eliminierung der Zwillinge gerade im Namen des Lebens geschah. Das bedeutet aber, dass unsere Vorfahren fälschlicherweise annahmen, eine Zwillingsgeburt verstoße gegen das Gesetz der Lebensfülle, da sie als Gefahr für die gesamte Gemeinschaft angesehen wurde. Würden dieselben Vorfahren heute leben, dann wären sie mit Sicherheit die allerersten, die eine solche Geburt im Namen der Fülle des Lebens willkommen hießen. Der Grund, aus dem ihnen die Zwillingsgeburt oft unheimlich war, kann zumeist in der Unwissenheit über den biologischen Vorgang gesehen werden. Mit dem modernen Wissen wären sie von einem solchen Ereignis ganz und gar begeistert und würden es sogar als die höchste Stufe der Lebenskraft betrachten, die einem Menschen von Gott und den Ahnen je verliehen wurde.

Eine ähnliche Überlegung betrifft die so genannten *Impenebere* im alten Rwanda. Es handelt sich um jene Mädchen, deren Busen sich nicht normal entwickelt hatten. In der Tradition mussten sie eliminiert werden, denn sie wurden für lebensunwürdig gehalten. Eher bedeuteten sie ein Unglück und stellten eine Bedrohung für die gesamte Gemeinschaft dar (MUJYNYA 1969, 57). Heute, da beispielsweise die Wissenschaft einen ungeheuren Fortschritt erzielt hat, lassen sich die biologischen Probleme leichter lösen als in der Vergangenheit. Zudem hat man aus afrikanischer Sicht das Lebenskonzept neu ausgelegt, so dass die Vorfahren diese Praxis nicht mehr gut heißen würden: Leben heißt ja nicht nur biologisch gebären, sondern es zeigt sich in mannigfaltiger Form. So schenken gerade auch Kinder, die nicht geheiratet haben oder durch biologische Ursachen nicht gebären können, der Gemeinschaft die Lebensfülle auf eine andere Art und Weise. Oft genießen sie eine gute schulische Ausbildung und unterstützen ihre Angehörigen sowohl moralisch als auch materiell. Dass „die Afrikaner“ dies verstanden haben, zeigt sich auch daran, dass die alte Praxis in Bezug auf die *Impenebere* kaum mehr auftaucht.

All dies heißt aber, dass die afrikanische Tradition sich durch ihre eigene innere Dynamik korrigieren kann. Die widersprüchlichen Verhaltensweisen können dadurch aufzeigt werden, dass das Negative mit dem Positiven konfrontiert wird. Darüber hinaus erweist sich der Dialog innerhalb verschiedener afrikanischer Sitten und Gebräuche als unerlässlich. So werden sie sich gegenseitig bereichern und das Negative endgültig zurückweisen. Selbstverständlich ist auch der Dialog mit der westlichen Denkweise notwendig, ohne dass man aber die euro-amerikanische Rationalität blindlings übernimmt. Erst wenn die beiden Rationalitäten, die westliche und die afrikanische, sich vorurteilsfrei begegnen, wird ein fruchtbarer Dialog möglich sein, der in der Lage ist, allen das Leben in Fülle zu schenken.

Nicht vergessen werden dürfen die positiven Elemente der Tradition, die so wichtig für Erziehung und Einschärfung des Moralbewusstseins, nicht zuletzt im Blick auf die Menschenwürde, waren. Wir haben hervorgehoben, wie die Volksweisheit durch Sprichwörter, Legenden und Märchen dafür sorgte, dass schwache Menschen in der Gemeinschaft voll respektiert und angenommen wurden. Das Problem, mit dem die moderne Gesellschaft in Schwarzafrika konfrontiert wird, ist der heute herrschende Lebensstil, der vom Westen verbreitet wird. Zu nennen ist vor allem die Erziehungsmethode, die sich durch Schule und moderne Massenmedien vollzieht. Haben die Eltern früher ihre Kinder durch die von den Vorfahren vorgesehene Methode zum Leben initiiert, so wird dieser Weg heute verunmöglicht oder zumindest erheblich erschwert. Denn Kinder, die von der Schule nach Hause zurückkommen, haben kein Interesse und keine Zeit sich die traditionellen Märchen und Legenden anzuhören. Auch viele Eltern selbst kümmern sich nicht mehr um die traditionellen Werte, da für sie allein die westliche Lebensweise von Bedeutung ist. Andererseits gibt es freilich auch Eltern, die ihre eigene Tradition nicht mehr genau kennen. So ist festzustellen, dass manche so genannte Intellektuelle ihren Kindern sogar ihre Muttersprache verbieten. Damit aber wird der Kulturverlust für immer besiegelt. In der Tat, es ist die Sprache, die den Kern der Kultur vermittelt. Märchen, Legenden und Sprichwörter prägen die Kinder erst dann tiefer, wenn sie ihre sprachlichen Feinheiten nicht verlieren (BUJO 2007b, 778-780).

Damit die afrikanischen Erziehungsinstrumente nicht völlig untergehen, wäre es heute m. E. notwendig, etwa die Erzähltradition durch Massenmedien neu zu beleben: Radio, Fernsehen und andere Kommunikationsorgane könnten hier eine wichtige Hilfe leisten. Es wäre denkbar, diese Medien so auszustatten, dass wichtige afrikanische Sprachen wieder in den Dienst der Wertvermittlung gestellt werden. Darüber hinaus aber müsste man das ganze Wirtschaftsproblem ins Auge fassen. Auf diese Weise kann Menschen ein würdiges Leben ermöglicht werden, das sie in die Lage versetzt, ihre Kinder richtig und nicht zuletzt nach ihrer eigenen, afrikanischen Tradition zu erziehen. Diese in der afrikanischen Kultur verwurzelte Erziehung wird sicher allen zugute kommen, einschließlich der Menschen mit Behinderung innerhalb der Gemeinschaft. Hier wäre es mehr als wünschenswert, dass Kirche und Staat in Afrika sich zusammen tun, um diese, für die Zukunft der Gesellschaft entscheidende Aufgabe, gemeinsam zu meistern.

Literatur

BAHEMUKA, J. M. (1982): Our Religious Heritage. Nairobi

BUJO, B. (2007a): Plädoyer für ein neues Modell von Ehe und Sexualität. Afrikanische Anfragen an das westliche Christentum (QD 223). Freiburg i. Br.

BUJO, B. (2007b): Le Sida dans le contexte de l'éthique africaine. In: Congo-Afrique 420 (2007), S. 765-781

MAGESA, L. (2007): African Religion. The Moral Traditions of Abundant Life, Nairobi 1998. Inzwischen auch deutsch: Ethik des Lebens. Die afrikanische Kultur der Gemeinschaft. Freiburg i. Br.

MBITI, J. S. (1992): African Religions and Philosophy. London

MUJYNYA, E. N. (1969): Le mal et le fondement dernier de la morale chez les bantu Interlacustres. In: Cahier des Religions Africaines 3 (1969), S. 55-78

RODEGEM, F. (1983): Paroles de sagesse au Burundi. Leuve

WANJOHI, G. J. (1997): The Wisdom and Philosophy of the Gikuyu Proverbs. The Kihooto World-View. Nairobi

Kateřina Hádková, Vanda Hájková, Lea Květoňová, Iva Strnadová

Behinderung – gesehen mit den Augen von Studierenden aus der sogenannten „Dritten Welt"

1 Einleitung

Zwischen den Kulturen der westlichen Zivilisation und denen der östlichen Zivilisationen sind markante Unterschiede zu sehen. Diese kulturellen Unterschiede beeinflussen die Bevölkerung, die sich an die sozialen Normen und Gesetze der jeweiligen Gemeinschaft anpasst und sich nach diesen richtet. Die Werteorientierung jeder Zivilisation findet Ausdruck in der Präferenz der relativ beständigen Kulturwerte. Die Gesellschaft gewährt den Kulturträgern – wenn sie sich in Übereinstimmung mit diesen Werteorientierungen verhalten – außer Moralunterstützung auch noch universelle Prinzipien und basale Werte. POLIŠENSKÝ (2004) führt z.B. an, dass zu den universellen Prinzipien der westlichen Kulturen wie *Wahrheit, Recht, Selbstberechtigung* in den Kulturen der östlichen Zivilisationen Bedeutungsäquivalente wie *Glaube (offenbarte Wahrheit), Recht der höheren Macht, Konformität, Hochachtung (religiösen Types) und erlaubte Freiheit* zu finden sind. Entsprechende westliche basale Werte wie *bewiesene Wahrhaftigkeit (und Wahrheitstreue), Gerechtigkeit, Selbstachtung, authentische Echtheit, Menschenwürde und Toleranz* finden im Osten ihr Gegenüber in *Treue* (Loyalität), *Gunst der höheren Macht* (guter Wille), *Gesichtsbewahren* (Selbstachtung im persönlichen Kontakt mit den anderen), *und in kollektiver Zugehörigkeit.*
Soziale Normen der jeweiligen Gemeinschaft spiegeln sich auch im Bereich der Förderung von Menschen mit sonderpädagogischem Förderbedarf und ihren Familien wider. Die Ausbildung von angehenden Fachleuten auf dem Gebiet der Sonderpädagogik sollte sich deren – aus ihrem Leben und ihren Erfahrungen entspringende – Motivation zunutze machen. Dadurch würde man von ihrem individuellen Annähern an die Problematik der Integration profitieren, wie auch ihre individuellen Voraussetzungen und individuelles Talent fördern können. Erwünschte integrative und interaktive Vorgehensweisen könnten dann diesen Experten so nahe gebracht werden, dass sie für

diese zu allgemein einsetzbaren humanen und demokratischen Handlungsweisen bei der Lösung von allgemeinen gesellschaftlichen Problemen werden, die über den Rahmen der Bildung hinausgehen (HÁJKOVÁ 2005).
Die Ausbildung von Fachleuten, die Menschen mit sonderpädagogischem Förderbedarf unterstützen und sich an dem Aufbau einer inklusiven Gesellschaft beteiligen, stellt eine der Schlüsselrollen der Universitäten wie auch weiterer Institutionen im Bereich der tertiären Bildung dar. Zu den Programmen, die sich die Erfüllung dieser Prinzipien zum Ziel setzen, gehört auch das Programm Erasmus Mundus MA Special Education Needs. (STRNADOVÁ 2007)

2 Magisterprogramm Erasmus Mundus MA SEN

Das Programm Erasmus Mundus soll die Zusammenarbeit und Mobilität im Bereich der universitären Ausbildung fördern. Im Rahmen dieses Programms werden ein- bis zweijährige Magisterprogramme verwirklicht. Die zu erfüllenden Bedingungen sind nicht nur ein gemeinsames Curriculum, sondern auch die Teilnahme von Studierenden und akademischen Kräften aus dritten Ländern. Das Programm müssen mindestens drei Hochschulen aus drei europäischen Ländern anbieten, die ein sogenanntes Konsortium bilden.
Die Erfolgsrate bei der Annahme von Magisterprogrammen im Rahmen einzelner Aufrufe der EU kann man folgendermaßen in Zahlen zum Ausdruck bringen:

- 2004/2005 von 128 Entwürfen 19 angenommen, davon keines mit tschechischer Beteiligung (3 Ersatzentwürfe)
- 2005/2006 von 139 Entwürfen 17 angenommen, davon 3 mit tschechischer Beteiligung
- 2006/2007 von 150 Entwürfen 21 angenommen, davon 2 mit tschechischer Beteiligung
- 2007/2008 von 156 Entwürfen 23 angenommen, davon 4 mit tschechischer Beteiligung

(EUROPEAN UNION PROGRAMME ERASMUS MUNDUS 2007).
Das Programm Erasmus Mundus (2005–2009) unterstützt den Magisterkurs Master in Special Education Needs und gewährt Stipendien für Studierende und akademische Kräfte aus „dritten Ländern". Es handelt sich um einen einjährigen Kurs (90 ECTS) mit einheitlichem Curriculum. Der Magisterkurs wird von drei Hochschulen angeboten: Roehampton University (England), Karlsuniversität (Tschechische Republik), Fontys University (Holland). An

der Karlsuniversität wird der Kurs von der Pädagogischen Fakultät durchgeführt. Das Studienprogramm zielt auf den Erwerb eines „joint-degrees" (gegenseitig anerkanntes gemeinsames Diplom) ab. (ROSE/ VAN SWET/ ŠIŠKA 2005)

Das Magisterprogramm Erasmus Mundus „Special Education Needs" ist bestimmt für Schulabsolventen im Bereich der Bildung, Lehrer und Professoren auf allen Stufen, und zwar sowohl in Europa als auch in der ganzen Welt. Das Studium dauert ein Jahr und zwei Monate. Das Programm MA SEN reflektiert gegenwärtige Veränderungen auf dem Gebiet der Sonderpädagogik.

3 Professionelles Interesse der MA SEN Studenten und seine Widerspiegelung in Diplomarbeiten

Das Studienprogramm MA SEN wird mit der Staatsprüfung und Verteidigung einer Diplomarbeit abgeschlossen. Beim Schreiben der Diplomarbeit werden die Studenten zu kritischen Forschern, die ihre Untersuchungen sehr sorgfältig planen und ihre Ergebnisse im Kontext der Praxis auf dem Gebiet der Bildung von Menschen mit sonderpädagogischem Förderbedarf in Europa und der ganzen Welt bewerten. Die Fähigkeit, Erfahrung aus den Heimatländern mit der im Laufe des Studiums und der Praxis in dritten Ländern der EU erworbenen Erfahrung zu verbinden, verleiht den Diplomarbeiten der Erasmus-Mundus-Studenten eine ungewöhnliche Qualität. Die Ergebnisse der im Rahmen der Diplomarbeit durchgeführten Untersuchungen tragen dazu bei (STRNADOVÁ 2007).

Die Studenten bearbeiten in ihren Diplomarbeiten aktuelle Themen aus dem Gebiet der Sonder- und inklusiven Pädagogik. Bei der qualitativen Evaluierung der Themen von Diplomarbeiten, die von den MA SEN Studenten in den Jahren 2006–2008 an der Pädagogischen Fakultät der Karlsuniversität verteidigt wurden, ging hervor, dass sich die meisten Arbeiten auf das Schulmilieu konzentrieren. Studiert werden vor allem:

1. mit einer erfolgreichen Inklusion verbundene Faktoren: Rolle der Diagnostik, individuelle Förderpläne, Rolle von Sonderschulen im Bezug auf erfolgreiche Integration des Kindes
2. Rolle der Pädagogen: ihre Einstellungen, Kompetenzen, Zusammenarbeit mit anderen Pädagogen, wie auch mit weiteren Fachleuten und Eltern
3. Schüler mit sonderpädagogischem Förderbedarf: kooperatives Lernen, Lernstile, Selbstauffassung.

Weitere Diplomarbeiten widmen sich der Problematik der erwachsenen Menschen mit Behinderung und ihres möglichst unabhängigen Lebens.
Menschen mit geistiger Behinderung, Autismus, Dyslexie, Hörbehinderung, ihre Eltern und Lehrer sowohl in üblichen als auch in Sonderschulen stellen eine oft thematisierte Gruppe dar.
Was die Altersgruppen anbetrifft, sind Erwachsene und Schulkinder die am häufigsten partizipierenden Gruppen (siehe Grafik 1). Dies hängt nicht nur mit dem Fachinteresse der Studenten zusammen, die ihr Praktikum häufig an Schulen oder in den die Erwerbstätigkeit und das autonome Wohnen von Menschen mit Behinderung fördernden gemeinnützigen Organisationen durchführen.

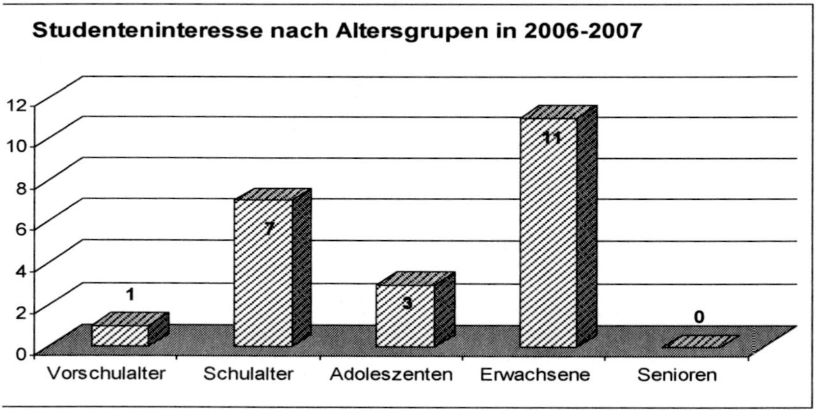

Abb. 1: Studenteninteresse nach Altersgruppen in den Jahren 2006 – 2008

4 Vorerfahrung von Studenten des Programms Erasmus Mundus MA Special Education Needs in inklusiver Bildung

MA SEN Absolventen und gegenwärtige Studenten, die an unserer Fragebogenuntersuchung teilgenommen haben, stammen aus den folgenden Ländern: Albanien, Bangladesch, Bhutan, China, Indien, Kambodscha, Macau/ Portugal, Malaysia, Neuseeland, Pakistan, Taiwan, Thailand und Uganda. In den meisten Ländern ist die Integration von Menschen mit sonderpädagogischem

Förderbedarf legislativ verankert, in der Praxis wird sie jedoch nicht im vollen Ausmaß erfüllt. Das führt eine der Studentinnen aus Indien an:
„Während meiner fünfjährigen Praxis im Bereich der Sonderpädagogik in Indien habe ich inklusive Bildung nirgendwo gesehen. Um unserer Politik der Förderung von inklusiver Bildung zu folgen, haben wir (als Personal) versucht, Kinder mit Behinderung in traditionelle Schulen zu integrieren, indem wir der Schule technische und materielle Unterstützung gewährt haben. Aber in der Praxis haben die Schulen fast nichts verändert, um den Kindern mit Behinderung entgegenzukommen. Das war ein Musterbeispiel von Integration. Die Schulen haben solche Kinder als ein großes Problem für die Lehrer, Mitschüler und das ganze Schulsystem betrachtet."
In afrikanischen Ländern wird Behinderung weiterhin als schlechtes Omen oder Strafe für vergangene Taten gesehen. Dazu ein Student aus Ghana:
„In Ghana werden mit Behinderung geborene Kinder immer noch als schlechtes Omen für ihre Familie und die ganze Gesellschaft wahrgenommen. Solche Kinder kommen bei der Geburt unter mysteriösen Umständen um. Diejenigen, die doch überleben, werden als leistungsunfähig und daher als unproduktiv betrachtet. Ihre Bildung bedeutet dann unnütze Verschwendung."
Ähnlich ist auch die Erfahrung einer Studentin aus Papua-Neuguinea:
„Bei Menschen oder geborenen Kindern mit Behinderung sind manchmal andere Mitglieder der Kommunität sehr schnell auf der Suche danach, was die Eltern oder andere Schlechtes getan haben. Auf diese Art und Weise versuchen sie die Präsenz der Behinderung zu erklären. Solche Überzeugung kann dazu führen, dass den Eltern oder anderen Personen Schuld zugeschrieben wird. Innerhalb der Kommunität wie auch zwischen verschiedenen Kommunitäten kommen negative Gefühle auf, die Eltern werden in Verlegenheit gebracht. Aus diesen Gründen werden manchmal Kinder und Erwachsene mit Behinderung versteckt, Zugang zum üblichen Dorf- und Kommunitätsleben wie auch Bildung bleiben ihnen versagt."
Von Mythen umwobene Vorstellungen von Behinderung können für die Mutter und ihr Kind fatal werden:
„Wird ein behindertes Kind geboren, wird das üblicherweise als etwas Negatives empfunden. Vor allem die Mutter fühlt sich verantwortlich dafür und wird von den anderen beschuldigt. Man glaubt zum Beispiel, dass zu den Ursachen gehören: Kontakt mit behinderten Menschen während der Schwangerschaft, Hexerei oder böse Geister. Behinderung erschreckt die Bevölkerung insbesondere auf dem Lande. Ein behindertes Kind wird versteckt, von den Frauen, die behinderte Kinder zur Welt bringen, oder die

behindert werden, lassen sich ihre Männer scheiden. Also hinterlassen sie sie ohne ein Dach über dem Kopf, ohne Familie und jegliche Finanzhilfe," so ein Student aus Bangladesch.

Zu den häufig erwähnten Barrieren in der Bildung von Kindern mit Behinderung gehören innerhalb des regulären Schulsystems architektonische Barrieren.

„Die meisten Lernzentren sind für Menschen mit Behinderung unzugänglich. Dies gilt vor allem für Menschen mit Körperbehinderung. In ärmeren, ländlichen Gegenden ist diese Tatsache auf den desolaten Zustand, bzw. schlechte Wartung zurückzuführen. Diese Zentren bieten eine ungesunde und unsichere Umgebung für alle Lernenden. Viele Schulen sind nicht so ausgestattet, dass sie soziale Bedürfnisse befriedigen könnten. Seitens der lokalen Kommunität gibt's eine Unterstützung. Barrieren in der Umgebung schließen Türen, Korridore, Treppen und Rampen wie auch einen unpassenden Erholungsplatz ein. (Student aus Bangladesch)

Ein weiteres Problem ist eine zu hohe Anzahl von Schülern in der Klasse (z.B. in Ghana beträgt die durchschnittliche Zahl 65 Schüler pro Klasse) oder negative Einstellung von Lehrern gegenüber Inklusion.

„Lehrer in regulären Schulen behaupten, dass Inklusion von Lernenden mit Behinderung einen schädlichen Einfluss auf die Fortschritte der anderen – sogenannten nicht behinderten – Kinder ausübt."

Die Problematik der Behinderung ist in der Regel verbunden mit anderen Erscheinungen, unter denen am deutlichsten die Armut auffällt. Eine der Studentinnen aus Indien sagt dazu folgendes:

„Viele behinderte Kinder werden zu Straßenkindern. In einigen Fällen wird den Kindern Behinderung absichtlich zugefügt, damit sie besser betteln können."

„Behinderte Kinder sind die letzten, die Zugang zum Essen und anderen lebenswichtigen Quellen bekommen. Wenn behinderte Kinder erkranken, werden sie oft nicht behandelt, sondern „der Hand des Gottes" überlassen. Es ist weniger wahrscheinlich, dass sie zur Schule geschickt werden (auch wenn es möglich wäre). Man hat nämlich Angst, dass sie die Schule nicht meistern würden, dass ihre Enthüllung im Ausstoßen der Familie resultieren und sich negativ auf die Heiratsaussichten der Geschwister auswirken würde. Oder man ist überzeugt, dass ihre Bildung keine gute Investition ist und dass anderen Vorzug gegeben werden sollte."

Die Studenten des Programms MA SEN bilden eine einmalige Gruppe von Fachleuten aus Ländern der dritten Welt, die helfen wollen, Inklusion in ihren Heimatländern zu verwirklichen. Deshalb haben sie sich entschlossen, das Programm MA SEN in drei europäischen Ländern zu studieren. Mit ihrer Motivation zum Studium der Sonder- und inklusiven Pädagogik vertreten sie auch klar definierte Einstellungen. Wir haben daher erwartet, dass auch die Fragebogenuntersuchung diese Tatsache widerspiegeln wird.

5 Fragebogenuntersuchung mit den Studenten

Für die Fragebogenuntersuchung haben wir „The survey Opinion Relating to the Integration of Students with Disabilities (ORI)“ verwendet. Dieses Instrument wurde von EVANS et al. (2007) aufgrund der Studie von ANTONAK und LARRIVEE (1995) adaptiert. Mit Hilfe des Fragebogens kann man eine ganze Reihe an Themen untersuchen, die mit der Bildung von Kindern mit Behinderung zu tun haben (z.B. Verhalten in der Klasse, Einstellung der Lehrer im regulären Schulsystem zur Bildung von Kindern mit Behinderung u.ä.m.) (EVANS et al. 2007). An der Fragebogenuntersuchung haben 18 Befragte aus drei geografischen Regionen teilgenommen: aus Asien, Afrika und Ozeanien. Alle Befragten haben das Programm Erasmus Mundus MA Special Needs an der Pädagogischen Fakultät der Karlsuniversität absolviert und arbeiten jetzt in ihren Heimatländern als graduierte Fachkräfte im Bereich der Förderung von unterprivilegierten Menschen.
Überwogen haben Teilnehmer aus Asien (82% der untersuchten Gruppe). Einer der Fragebögen enthielt lediglich eine umfassendere ablehnende Äußerung und wurde daher aus der Statistik ausgeschlossen. Altersgruppen waren ungleichmäßig vertreten. Am zahlreichsten war die Altersgruppe der 30-39-jährigen Teilnehmer (47,1%). Zweit zahlreichste Gruppe stellten Befragte im Alter von über 40 Jahren dar (35,3%). Die Altersgruppe 21-29 Jahre war mit 17,6% der untersuchten Gruppe vertreten. 70% der Befragten waren weiblichen, 30% männlichen Geschlechts.
Der an ehemalige Studenten versendete Fragebogen enthielt 25 Fragen mit einer Bewertungsskala von minus drei bis plus drei Punkte mit den folgenden Varianten von Antworten: ich bin absolut nicht einverstanden (-3), eher nicht einverstanden (-2), teilweise nicht einverstanden (-1), teilweise einverstanden (1), eher einverstanden (2), absolut einverstanden (3). Bei der Kontrolle der Antworten bei einzelnen Befragten haben wir festgestellt, dass lediglich 2 Befragte bei ihrer Bewertung die Skala nur im Umfang von -2 bis 2 Punkten verwendet haben, also die Extremwerte ausgelassen haben. Alle Anderen haben im Fragebogen mindestens einmal einen Extremwert benutzt.

Aus den Antworten auf die Frage, ob Eingliederung von Schülern mit Behinderung unter nicht behinderte Schüler nützlich ist, ergibt sich eindeutig, dass befragte Studenten mit dieser Eingliederung einverstanden sind. Durchschnittlicher, den Antworten zugeordneter, Wert belief sich auf 2,3, wobei der Zentralwert wie auch der am häufigsten gebrauchte Wert bei der Bewertungsskala 3 lag (gewählt von 50% der Befragten). Nur ein Befragter hat eine negative Bewertung abgegeben. Alle Befragten bis auf eine Ausnahme (ein Absolvent hat die jeweilige Frage nicht beantwortet) nehmen an, dass Integration von Schülern mit Behinderung helfen kann, ihre soziale Abhängigkeit zu überwinden. Zustimmende Antworten brachte auch die Frage, ob Integration hilft – mittels Interaktion in heterogenen Gruppen – Verständnis aufzubauen und Unterschiede zwischen den Schülern zu akzeptieren. Befragte aus Indien, Pakistan und Bangladesch stimmen der Behauptung, dass Eingliederung von behinderten Kindern in reguläre Klassen für die Kinder eine Herausforderung sein wird, nicht zu. Ganze 80% der Befragten sind jedoch der Überzeugung, dass die Bildung von Schülern mit Behinderung in einer regulären Klasse einen schnelleren Verlauf nimmt als in einer Sonderklasse.

Mit der Behauptung, dass Isolierung in spezieller Lernumgebung im Gegenteil auf Schüler mit Behinderung fördernd wirken kann, waren nur drei Befragte eher oder teilweise einverstanden. Der durchschnittliche Wert lag bei den Antworten auf diese Frage bei -1,6 und die häufigste Antwort hatte einen Wert von -3. Aus den Antworten auf die Frage danach, ob Integration auch für nicht behinderte Schüler nützlich ist, geht eindeutig hervor, dass die Befragten Integration auch für nicht behinderte Schüler für nützlich halten.

Als durchschnittlicher Wert ergab sich 2,3, wobei der Zentralwert und gleichzeitig auch der meistgewählte Wert der Bewertungsskala 3 war – für diese Antwort hat sich die Hälfte entschieden. Nur ein einziger Befragter hat eine negative Bewertung angegeben.

Die nächste Frage war darauf gerichtet, ob eine größere Öffnung von regulären Schulen behinderten Schülern gegenüber möglich ist. 65% der Befragten waren durchaus einverstanden damit, dass Menschen mit Behinderung mehr Gelegenheit zur Teilhabe an Bildung in regulären Schulen haben sollten, 35% waren eher einverstanden. Zwischen Frauen und Männern gab es keine signifikanten Unterschiede. Nur vier von allen Befragten waren der Meinung, dass die Integration wahrscheinlich einen negativen Einfluss auf die emotionale Entwicklung von Schülern mit Behinderung haben wird. Eine weitere Frage betraf Disziplin und Ordnung in Klassen mit integrierten Schülern. In der Reaktion auf die Frage nach dem „Chaos in der Klasse“, das durch die Anwesenheit der integrierten Schüler verursacht würde, haben sich unter den Befragten Gruppen herausgebildet. Für ihre Bewertung wurde die Skala in der ganzen Breite herangezogen. Der Durchschnitt der Antworten beläuft sich auf -0,8%, was eher Nichtzustimmung des ganzen Musters andeutet. Antworten zu dieser Frage wurden durch die darauffolgende Frage ergänzt und präzisiert. Die nächste Frage bezog sich auf die Rolle des Lehrers und lautete: „Ist es schwieriger, in einer regulären Klasse, in der auch ein Schüler mit Behinderung lernt, Ordnung aufrechtzuerhalten als in der gleichen Klasse ohne einen solchen Schüler?“ Diese Frage „spaltete“ die Gesamtheit der Befragten in zwei Gruppen – diejenigen, die damit einverstanden waren, und diejenigen, die das Gegenteil annahmen. Aus dem durchschnittlichen Wert (0,6) ist zu erkennen, dass Zustimmung leicht überwog, was auch der Zentralwert bestätigt. Drei Befragte aus Indien sind der Meinung, dass Ordnung im Falle der Integration schwieriger aufrechtzuerhalten ist. Dieselbe Ansicht vertraten Befragte aus Pakistan, Nepal, Bhutan – im Gegensatz zu Befragten aus Malaysia, Taiwan und Uganda. Durchaus nicht einverstanden war auch ein Befragter aus Indien. 60% der Befragten waren überzeugt, dass der Lehrer im Unterricht Schülern mit Behinderung nicht mehr Zeit widmen muss. Der meistangeführte Wert in den Aussagen war 2 – teilweise einverstanden. Der durchschnittliche Wert der Antwort war 0,8. Was das Geschlecht betrifft, konnte man konstatieren, dass bei männlichen Befragten relative Übereinstimmung herrschte. Die meisten Befragten waren nicht der Meinung, dass besondere Aufmerksamkeit des Lehrers, derer ein Schüler mit Behinderung bedarf, zur Benachteiligung von anderen Schülern führen kann. Bei der Frage, ob es wahrscheinlich ist, dass wir in einer regulären Klasse beim Schüler mit Behinderung mit Verhaltensproblemen konfrontiert werden, gab es dagegen Unterschiede. Zwei Befragte waren durchaus nicht einverstanden und zwei andere Befragte waren eher einverstanden. Der Durchschnitt der Antworten stand im Zeichen milder Nichtzustimmung (0,4), wobei der meistangegebene Wert 1 war. Der Zentralwert von Antworten belief sich auf -1. Bei der Frage nach dem Einfluss des Verhaltens von Schülern mit Behinderung auf andere Schüler grenzten sich von der ganzen untersuchten Gruppe drei Befragte ab, die teilweise einverstanden waren (17%). Die häufigste Antwort war durchaus einverstanden (59%). Angesichts des Geschlechts war zu sehen, dass bei Männern relative Übereinstimmung herrschte. In ihren Antworten unterschieden sie sich teilweise von weiblichen Befragten. Ansichten zur sozialen Eingliederung und Adaptation eines behinderten Schülers untersuchte die Frage danach, ob dieser im regulären Schulmilieu doch nicht isoliert wird. Nur drei Befragte ließen mögliche Isolation zu, während die anderen mit der Voraussetzung einverstanden waren, dass es dazu nicht käme. Interessant waren die Ansichten der Befragten zur Frage danach, ob Lehrkräfte in ihrem Heimatland für schulische Integration ausreichend ausgebildet werden. Bis zu 60% der Befragten verneinten diese Frage. Ansichten über Fähigkeiten dieser Lehrkräfte unterschieden sich quer durch die ganze Bewertungsskala. Über 50% der Befragten setzten nicht voraus, dass Schülern mit Behinderung unter Leitung von Sonderpädagogen qualitativ bessere Bildung zukommen würde als unter der Leitung von regulären Lehrern. Der meistangegebene Wert war -3, was ein deutliches Misstrauen in die Fähigkeiten der Lehrkräfte zum Ausdruck bringt. Eine Hälfte der Befragten ist eher einverstanden damit, dass schulische Integration einen Grund für eine Intensivierung der Bildungsarbeit von den an regulären Schulen wirkenden Pädagogen darstellt. Sechs Befragte waren damit absolut, zwei Befragte teilweise einverstanden. Gleichzeitig gaben die Befragten zu 43% zu, dass Integration von Schülern mit Behinderung grundsätzliche Veränderungen in den in regulären Klassen angewandten Arbeitsweisen erfordern wird (8).

Schlussfolgerung: In der Fragebogenuntersuchung hat sich eindeutig bestätigt: es bestehen pro-integrative bis inklusive Einstellungen von Fachkräften, die in Europa im Programm Erasmus Mundus MA Special Education Needs auf ihr Wirken auf dem Gebiet der Förderung von benachteiligten Menschen in den „Ländern der dritten Welt“ vorbereitet wurden. Mit Zufriedenheit können wir konstatieren, dass trotz des permanenten Einflusses von kulturell und religiös bedingten gesellschaftlichen Stereotypen, denen manche dieser Absolventen bei ihrem späteren Wirken im Heimatland ausgesetzt sind, ihre integrativ und inklusiv ausgerichteten Einstellungen, die sie im Laufe ihres Studiums in Europa eingenommen haben, auch mit einjährigem, bzw. zweijährigem Abstand unangetastet bleiben. Auf eine Einstellung, die uns zwingt, nachzudenken, sind wir bei einer aus Neuseeland stammenden Absolventin gestoßen: *„Beim Ausfüllen dieser Untersuchung habe ich kein gutes Gefühl, da ich nicht imstande bin, den meisten Fragen zuzustimmen oder sie zu verneinen, weil Integration nicht definiert ist. Generell kann ich sagen, dass ich mit Integration nicht einverstanden bin, ich unterstütze eher inklusive Vorgehensweisen. Viele von den Aussagen hängen von der Qualität der inklusiven Schule und des Klassenmilieus ab.“*

Literatur

ANTONAK, R.F./ LARRIVEE, B. (1995): Psychometric analysis and revision of the opinions relative. In: Exceptional Children. Oct. 1995; 62, 2; p. 139-149

EUROPEAN UNION PROGRAMME ERASMUS MUNDUS (2007): Dům zahraničních služeb MŠMT. Národní agentura pro evropské vzdělávací programy (NAEP)

ŠVAND, D. et al. (2007): Project Beliefs and Attitudes of Students and Teachers Towards Students with a Disability: International Perspectives

HÁDKOVÁ, K. (2007): Životní situace studentů se sluchovým postižením při studiu na vysoké škole. p. 34-58. In: KVĚTOŇOVÁ, L. (Ed.): Vysokoškolské studium se zajištěním speciálně-pedagogických potřeb. Brno: Paido

HÁJKOVÁ, V. (2005): Integrativní pedagogika. Praha: IPPP ČR

HÁJKOVÁ, V. (2007): Potřeby studentů s tělesným postižením při studiu na vysoké škole a formy jejich podpory. In: KVĚTOŇOVÁ, L. (Ed.): Vysokoškolské studium se zajištěním speciálně pedagogických potřeb. Brno: Paido

KVĚTOŇOVÁ, L. (Ed.) (2007): Vysokoškolské studium se zajištěním speciálně pedagogických potřeb. Paido: Brno, p. 73-90

POLISENSKY, M. (2004): Změny poslání a cílů organizací v pseudo-konkurenčním prostředí. Referát na Mezinárodní vědecké konferenci „Firma a konkurenční prostředí 2004. Změny konkurenčního prostředí před vstupem ČR do EU“. Mendelova zemědělská a lesnická universita v Brně 10.-11.3.2004

ROSE, D./ VAN SWET, J./ ŠIŠKA, J. (2005): Erasmus Mundus Special Education Needs. London: Roehampton University

STRNADOVÁ, I. (2007): Role mezinárodního magisterského programu Erasmus Mundus při přípravě odborníků v oblasti speciálně pedagogických potřeb. In: Sborník příspěvků Mezinárodní konference SLUNEČNICE aneb Zkvalitnění přístupu akademických pracovníků k handicapovaným studentům. VŠB-TU Ostrava: Ostrava

STRNADOVÁ, I. (2007): Studenti se specifickými poruchami učení na vysokých školách. (in English: University Students with Additional Learning Needs in Literacy). In: KVĚTOŇOVÁ, L. (Ed.): Vysokoškolské studium se zajištěním speciálně pedagogických potřeb. Paido: Brno, p. 73-90

Mohamed Mostafa Taha Mohamed, Matthias Grünke

Schulische Sonderpädagogik bei Kindern und Jugendlichen mit gravierenden Lernschwierigkeiten in der Bundesrepublik Deutschland und in der Arabischen Republik Ägypten

1 Einführung

Wie schwer dürfte es wohl sein, einem Fisch zu erklären, was Wasser ist? Abgesehen davon, dass Fische uns Menschen generell nicht verstehen können, bleibt anzumerken, dass der Fisch sein Leben lang im Wasser verbracht hat. Er kennt nichts anderes. Um ihm die Besonderheiten dieses Elements vor Augen zu führen, müsste man ihm ermöglichen, Einblick in die Welt über der Wasseroberfläche zu nehmen. Erst dann könnten ihm die Besonderheiten seines eigenen Umfeldes deutlich werden. Auch wir Menschen benötigen oft Kontraste, um uns die charakteristischen Merkmale unserer gewohnten Umgebung bewusst zu machen. SCHRÖDER (2005) bezieht diesen Gedanken auf unser Schulwesen. Für ihn stellt der Vergleich mit den Gepflogenheiten in anderen Gesellschaften ein „... bewährtes Erkenntnismittel ... [dar], um das eigene Bildungssystem besser ... einschätzen zu können“ (S. 43f.). Auch (und gerade) im Zusammenhang mit der Beschreibung und Bewertung unserer speziellen schulischen Sonderpädagogik bei Kindern und Jugendlichen mit gravierenden Lernschwierigkeiten scheint es sinnvoll, den Blick über den Tellerrand zu wagen und zu ergründen, wie mit diesen jungen Menschen in Ländern umgegangen wird, deren Kulturen sich von der unsrigen merklich unterscheiden. Die Gruppe der Mädchen und Jungen, „... die in ihren Bildungs-, Entwicklungs- und Lernmöglichkeiten so beeinträchtigt sind, dass sie im Unterricht der allgemeinbildenden Schulen nicht hinreichend gefördert werden können“ (KULTUSMINISTERKONFERENZ 1994, 5), stellt vermutlich fast überall auf der Welt die größte sonderpädagogisch relevante Population dar.

Dass unser Umgang mit dieser Klientel in mancher Hinsicht recht eigentümlich ist, dürfte unstrittig sein. Es gibt kaum ein Land, in dem heute anteilsmäßig mehr Kinder und Jugendliche mit langwierigen und tiefgreifenden Schulproblemen separat in eigenen Förderschulen unterrichtet werden als bei uns. Den entsprechenden Mädchen und Jungen attestiert man hierzulande nach wie vor häufig eine unscharf definierte „Lernbehinderung" (siehe unten). Diese Bezeichnung ist eng an das deutsche Schulsystem gekoppelt (SCHRÖDER 2005). Eine oft angeführte Umschreibung von BLEIDICK (1995), „lernbehindert ist, wer die Schule für Lernbehinderte besucht" (S. 106), bringt diesen Umstand treffend zum Ausdruck. Der Terminus findet sich „... weder in einem der gängigen Klassifikationssysteme, noch existiert im internationalen Sprachgebrauch ein entsprechender Parallelbegriff" (GRÜNKE 2004, 66). Im Zusammenhang mit der schulischen Förderung dieser Kinder und Jugendlichen lässt sich anführen, dass gemäß internationaler Metaanalysen über die Wirksamkeit sonderpädagogischer Interventionen bislang kein Konzept so häufig evaluiert worden ist wie die so genannte direkte Instruktion (GRÜNKE 2006). Sie ist hierzulande jedoch so gut wie völlig unbekannt. KLAUER (2000) beklagt die Isolierung der deutschsprachigen Sonderpädagogik im Bereich der Entwicklung von Theorien und Methoden sowie der empirischen Wissenschaft. Unumwunden stellt er fest, dass „... die internationale Forschung ohne deutsche Beteiligung statt[findet]" (S. 994f.). Im Folgenden soll nun eine Charakterisierung unserer schulischen Sonderpädagogik bei Kindern und Jugendlichen mit gravierenden Lernschwierigkeiten in Abgrenzung zu den entsprechenden Gepflogenheiten in einem Land vorgenommen werden, das sich in vielerlei Hinsicht von der Bundesrepublik Deutschland unterscheidet: Ägypten. Ein Vergleich gerade dieser beiden sonderpädagogischen Bildungskulturen bot sich an, da die Autoren des vorliegenden Artikels für zwei Jahre an derselben Hochschule eng zusammenarbeiten werden und jeweils aus einer der beiden genannten Nationen stammen.

2 Allgemeine Merkmale der Länder

Deutschland: Die Bundesrepublik Deutschland ist ein Staat in Mitteleuropa. Sie umfasst eine Fläche von ca. 357.104 km^2 und beherbergt etwa 82 Millionen Einwohner (demnach beträgt die Bevölkerungsdichte 230 Personen pro km^2). Deutschland ist damit die bevölkerungsreichste Nation Europas. Etwa 14% aller dort lebenden Menschen sind unter 15 Jahre alt. Gemessen am Bruttoinlandsprodukt ist Deutschland nach den USA und Japan die drittgrößte Volkswirtschaft der Welt. Der Lebensstandard kann als vergleichsweise sehr hoch bezeichnet werden (BROCKHAUS-LEXIKONREDAKTION 2003). Während nach dem Ende des zweiten Weltkrieges fast ausschließlich Menschen deutscher Herkunft in der Bundesrepublik lebten, gehört die hiesige Migrationsdichte bei einer Quote von 12% heute zu den höchsten in Europa. Allerdings ist die Auswanderung in den letzten Jahren so stark angestiegen, dass die „Netto-Zuwanderung“ noch nicht einmal die „demographische Schrumpfung“ der hiesigen Bevölkerung ausgleichen kann (BADE/ MÜNZ 2002; ROHR 2006). Die größten Gruppen von ausländischen Migrantinnen und Migranten in der Bundesrepublik sind im Sinne der amtlichen Statistik Menschen mit türkischer und italienischer Staatsangehörigkeit sowie Mitbürgerinnen und Mitbürger aus dem ehemaligen Jugoslawien (WITTIG/ MERBACH/ BRÄHLER/ STIEFEN 2004). Der überwiegende Teil der Bevölkerung ist entweder katholisch (rund 26,7 Millionen Mitglieder) oder gehört einer der verschiedenen Gliedkirchen der evangelischen Kirche in Deutschland (EKD) an (ca. 26,3 Millionen Mitglieder). Etwa 3,2 Millionen Menschen in der Bundesrepublik sind Musliminnen bzw. Muslime. Für die meisten Personen hat die Bedeutung der institutionalisierten Religion im Verlauf der letzten Jahrzehnte stark abgenommen. Die Staatsform ist eine parlamentarische Republik. Das Bildungswesen unterliegt der Kulturhoheit der 16 Bundesländer. Die allgemeine Schulpflicht beträgt 9 bis 10 Jahre. An die Grundschule (4 Jahre) schließen sich entweder die Hauptschule (5 bis 6 Jahre), die Realschule (6 Jahre) bzw. das Gymnasium (8 bis 9 Jahre) oder die Gesamtschule an. Daneben existiert ein System an speziellen Förderschulen. Die Zahl der Hochschulen liegt gegenwärtig bei über 330 (BROCKHAUS-LEXIKONREDAKTION 2003; OPP 1992).

Die deutsche Geschichte reicht bis in das erste Jahrtausend v. Chr. zurück. Damals siedelten sich germanische Stämme auf dem Gebiet der heutigen Bundesrepublik an. Als Beginn der deutschen staatlichen Tradition wird oft der 2. Februar 962 angegeben, an dem Otto I. in Rom zum römisch-deutschen Kaiser gekrönt wurde. Das Heilige Römische Reich hatte bis zum Jahr 1806 Bestand und wurde im Zuge der Eroberungskriege von Napoléon I. zum Einsturz gebracht. Mit der Gründung des Deutschen Kaiserreiches im Jahr 1871 entstand auf kleindeutscher Grundlage und unter der Herrschaft der preußischen Hohenzollern erstmals ein deutscher Nationalstaat. Mit der deutschen Kapitulation 1918 und der Novemberrevolution endete nicht nur der Erste Weltkrieg, sondern auch das Kaisertum. Im Jahr 1933 geschah die Machtergreifung durch das Hitler-Regime, dessen Herrschaft bis zum Ende des zweiten Weltkrieges im Jahr 1945 andauerte. Der Zeit der alliierten Besatzung folgte 1949 die Gründung der Bundesrepublik Deutschland in den drei westlichen Besatzungszonen sowie die Gründung der Deutschen Demokratischen Republik in der Sowjetischen Besatzungszone. Die Wiedervereinigung beider Staaten wurde 1990 vollzogen (DORLING KINDERSLAY 2004).

Ägypten: Die Arabische Republik Ägypten liegt im nordöstlichen Trockengürtel Afrikas. Sie umfasst eine Fläche von etwas über 1.000.000 km^2 und ist damit fast dreimal so groß wie die Bundesrepublik Deutschland. Ägypten hat ungefähr 72 Millionen Einwohnerinnen und Einwohner (demnach beträgt die Bevölkerungsdichte ca. 72 Personen pro km^2). Ein Großteil der Menschen wohnt in den Ballungsgebieten in und um eine der 41 Großstädte, die meist nahe am Nil errichtet wurden. Eine Besiedelung der unfruchtbaren Wüstengebiete ist nach wie vor nur bedingt möglich. Etwa 32% der Einwohnerinnen und Einwohner sind unter 15 Jahre alt (also mehr als doppelt so viele wie in Deutschland). Ägypten ist heute nach Südafrika die am stärksten industrialisierte Nation Afrikas, gilt jedoch als Schwellenland. Das Bruttoinlandsprodukt ist gemessen an der Bevölkerungszahl um 7,6 Mal geringer als in der Bundesrepublik. Fast die gesamte Bevölkerung (ca. 97%) besteht aus Ägypterinnen und Ägyptern. Der Islam ist Staatsreligion und prägt das alltägliche Leben stark. Etwa 90 % der Einwohnerinnen und Einwohner sind sunnitische Musliminnen bzw. Muslime. Die Staatsform ist eine Präsidialrepublik. In Ägypten beträgt die Schulpflicht 9 Jahre. Nach Abschluss der Grundschule (6 Jahre) und einer „Vorbereitungsschule" (3 Jahre) besuchen die meisten Mädchen und Jungen entweder eine allgemeinbildende oder berufsbildende Sekundarschule (jeweils 3 Jahre). Erstere soll zur Aufnahme eines Hochschulstudiums qualifizieren, letztere soll auf einen technischen bzw. landwirtschaftlichen Berufsabschluss vorbereiten. Obwohl der Besuch kostenlos ist und eine Schulpflicht besteht, müssen einige Kinder und Jugendliche durch Arbeit zum Familienunterhalt beitragen. Sie besuchen deswegen meist keinen Unterricht. Der Alphabetisierungsgrad beträgt infolgedessen unter Frauen nur etwa 60% und unter Männern ca. 83%. Ägypten unterhält 18 staatliche und 25 private Universitäten, darunter die alteingesessene American University in Kairo (BROCKHAUS-LEXIKONREDAKTION 2003; MOHAMED 2008).

Die Geschichte Ägyptens reicht deutlich weiter in die Vergangenheit zurück als die Deutschlands. Schon um 3000 v. Chr. wurde die politische Einigung des Landes durch oberägyptische Könige vollzogen. Die Schrift war damals bereits erfunden, so dass die erhaltenen Dokumente z.T. recht detailliert Aufschluss über die damaligen Lebensumstände geben können. Eine auf den Gelehrten Manetho zurückgehende Systematik teilt die frühe Geschichte Ägyptens ab der Reichsgründung in 31 Dynastien ein: Frühdynastische Zeit (ca. 3032–2707 v. Chr., 1. bis 2. Dynastie), Altes Reich (ca. 2707–2216 v. Chr., 3. bis 6. Dynastie), Erste Zwischenzeit (ca. 2216–2025 v. Chr., 7. bis 11. Dynastie), Mittleres Reich (ca. 2010–1793 v. Chr., 11. bis 12. Dynastie), Zweite Zwischenzeit (ca. 1648–1550 v. Chr., 13. bis 17. Dynastie), Neues

Reich (ca. 1550–1070 v. Chr., 18. bis 20. Dynastie), Dritte Zwischenzeit (ca. 1070–664 v. Chr., 21. bis 25. Dynastie), Spätzeit (ca. 664–332 v. Chr., 26. bis 30. Dynastie) und griechisch-römische Zeit (332 v. Chr. bis 395 n. Chr., 31. Dynastie). Die Kultur und die Errungenschaften dieser Epoche sind in vielerlei Hinsicht beeindruckend. GRÜNKE (2005) schreibt hierzu: „So ist die Zeitspanne zwischen der Fertigstellung der bekannten Cheopspyramide und der Regentschaft von Königin Kleopatra VII. länger als die Zeitspanne zwischen der Regentschaft von Kleopatra VII. und heute. Die besagte Pyramide besteht aus 2,3 Millionen Steinblöcken, das Gewicht dieser Quader schwankt zwischen 2 und 80 Tonnen. Faszinierend ist auch der Prozess der Mumifizierung mit Hilfe von Natriumhydroxid. Die Körper vieler großer ägyptischer Pharaonen sind dadurch bis heute erhalten. Man kann z.B. den Leichnam von Ramses dem I., der etwa 1.300 vor Christus lebte, im ägyptologischen Museum in Kairo besichtigten" (S. 1). Mit der Teilung des Römischen Reiches 395 n. Chr. kam das Land unter byzantinische Herrschaft. Es verlor durch die Verlagerung der Fernhandelswege nach Konstantinopel einen Großteil seiner bisherigen wirtschaftlichen Bedeutung. Ägypten wurde ca. 640 vom islamischen Arabien, und 1517 von Osmanien erobert. Die Entdeckung des Seeweges nach Indien im Jahr 1498 war eine Ursache dafür, dass das Land zu einer der ärmsten Provinzen des Osmanischen Reiches wurde. Die Landung des französischen Expeditionskorps unter Napoléon I. 1798 beendete die osmanische Herrschaft. Im Jahr 1882 besetzte Großbritannien das Land. Nach dem ersten Weltkrieg wurde Ägypten in eine weitgehende Unabhängigkeit entlassen. Britische Truppen waren jedoch bis 1946 präsent. Seit 1952 ist Ägypten eine Republik (HORNUNG 1996; MANN/ HEUß 1961).

3 Begriffsbestimmung

Deutschland: Wie oben bereits erwähnt wurde, bezeichnet man Kinder und Jugendliche, die in der allgemeinbildenden Schule nicht hinreichend gefördert werden können und die damit einen besonderen Förderbedarf im Lernen aufweisen, in der Bundesrepublik Deutschland häufig als lernbehindert. In der Fachwelt versteht man den Begriff der Lernbehinderung unterschiedlich: Oftmals steht er als Synonym für umfassendes Schulversagen oder dient als Label für Kinder und Jugendliche, die eine besondere Förderschule mit dem Schwerpunkt Lernen besuchen. Demgegenüber enthält eine etwas wissenschaftlichere und konkretere Definition des Phänomens relativ operationale Kriterien: (1) Es liegen Rückstände in verschiedenen Unterrichtsfächern (v.a. Deutsch und Mathematik) in der Größenordnung von zwei bis drei Schuljahren vor, (2) die Probleme persistieren über mehrere Jahre, (3) die Allgemeinintelligenz ist reduziert und (4) spezifische Förderbemühungen in der allgemeinen Schule haben keine zureichenden Lernfortschritte zur Folge (LAUTH/ GRÜNKE 2005). Beide Beschreibungen charakterisieren zu einem wesentlichen Teil verschiedene Gruppen von Mädchen und Jungen. In der „Mittelschichtsinstitution Schule" kann man den Bedürfnissen vieler Kinder und Jugendlicher aus einem sozial randständigen Milieu oder mit mangelnden deutschen Sprachkenntnissen wegen ihres Migrationshintergrundes häufig nicht in ausreichendem Maße entsprechen. Diese Mädchen und Jungen werden nicht selten in eine Förderschule mit dem Schwerpunkt Lernen überwiesen, obwohl sie über eine mindestens durchschnittliche Allgemeinintelligenz und eine hinreichende Lernfähigkeit verfügen. Im Sinne der zweiten Umschreibung gelten sie somit nicht als lernbehindert. Mit Blick auf die oben erwähnte Bedingung, dass Lernstörungen im Allgemeinen nicht auf eine unangemessene Beschulung zurückgeführt werden dürfen, ist diese Bezeichnung folglich für den Großteil dieser Gruppe ebenfalls unzutreffend (LINDERKAMP/ GRÜNKE 2007). Aufgrund dieser Begriffsdiffusion ist es schwer, verlässliche Prävalenzangaben für Kinder und Jugendliche anzuführen, die man hierzulande häufig mit dem Label „lernbehindert" belegt. GRÜNKE (2004) behilft sich in diesem Kontext mit dem Verweis auf den Umstand, dass etwa 2,5% aller schulpflichtigen Kinder und Jugendlichen mit Lernproblemen eine spezielle Förderschule besuchen und ca. 6,5% aller Absolventinnen und Absolventen die allgemeinbildenden Schulen ohne Hauptschulabschluss verlassen.

Ägypten: Die arabische Übersetzung des Wortes „Lernbehinderung" kennzeichnet in Ägypten ein Versagen in der allgemeinen Schule auf „breiter Front". Allerdings muss das allgemeine intellektuelle Niveau mindestens im Durchschnittsbereich liegen. Außerdem dürfen die unzureichenden Leistungen nicht auf eine Sinnesschädigung oder eine unzureichende häusliche Förderung zurückzuführen sein. Etwa 1% aller Mädchen und Jungen gelten nach dieser Definition in Ägypten als lernbehindert. Schulschwachen Kindern und Jugendlichen mit einer unterdurchschnittlichen Intelligenz wird hingegen eine leichte geistige Behinderung attestiert. Von dieser Auffälligkeit sind etwa 2,5% aller Kinder und Jugendlichen betroffen. In der ägyptischen Fachwelt wird somit in etwas anderen Kategorien gedacht als in Deutschland. Junge Menschen, die hierzulande im weitesten Sinne als lernbehindert bezeichnet werden, umfassen somit Schülerinnen und Schüler, die nach ägyptischem Verständnis entweder eine Lernbehinderung oder eine leichte geistige Behinderung aufweisen. Es muss an dieser Stelle allerdings erwähnt werden, dass in der arabischen Welt so gut wie keine standardisierten Intelligenz- und Schulleistungstests existieren. Die Diagnose einer bestimmten Form einer Lernauffälligkeit ist in der Praxis somit häufig mehr oder minder ins Belieben gestellt (FAYEZ 1987; MOHAMED 2008).

4 Entwicklung der schulischen Sonderpädagogik

Deutschland: Die Einführung der ersten Hilfsschulen (später Sonderschulen und Förderschulen genannt) gegen Ende des 19. Jahrhunderts sollte u.a. den Zweck erfüllen, die allgemeinen „... Schulen von dem Bleigewichte der Unbegabten und Zurückgebliebenen ..." zu befreien, wie es im Geleitwort eines Buches von Leopold LAQUER (1901, S. 3) heißt. Daneben sollte sie dazu beitragen, junge Menschen mit schweren Lern- und Leistungsdefiziten zur Erwerbsfähigkeit zu erziehen. Der „Vater" der Lernbehindertenpädagogik, Heinrich Ernst STÖTZNER, betont diese Funktion bereits in seiner 1864 erschienen Schrift „Schulen für Schwachbefähigte: Erster Entwurf und Begründung derselben". Nach der Gründung der ersten Hilfsschulen in Wuppertal-Elberfeld (1879), in Braunschweig (1881) und in Leipzig (1881) entstanden immer mehr entsprechende Einrichtungen. Parallel dazu existierten in Berlin so genannte „Nebenklassen", in denen „zurückgebliebenen" Schülerinnen und Schülern in speziellen Gruppen ein eigener Stützunterricht angeboten wurde, ohne sie hierbei aus der Volksschule auszugliedern (MÖCKEL 2001). Während der Zeit des Nazi-Regimes wurden Menschen mit Behinderungen in großer Anzahl deportiert und umgebracht. Kinder und Jugendliche in Hilfsschulen blieben von diesem Schicksal verschont, allerdings ist die Zahl der (ehemaligen) Hilfsschülerinnen und Hilfsschüler, die zur Verhinderung „erbkranken Nachwuchses" sterilisiert wurden, beträchtlich (MYSCHKER 1983). Nach dem Sturz der Diktatur war man hierzulande sehr darum bemüht, den Gräueltaten, die an diesen Menschen begangen wurden, ein ausgeprägtes Bemühen um ihr Wohl entgegen zu setzen. Dies äußerte sich u. a. im Bildungssektor. Durch eine rapide Expansion des Sonderschulwesens sollte es möglichst vielen Kindern und Jugendlichen mit Behinderungen ermöglicht werden, im beschützten Rahmen einer speziellen Einrichtung und in relativ kleinen Gruppen durch einschlägig qualifiziertes Personal unterrichtet zu werden – trotz relativ hoher Kosten (SPECK 1991). Heute besuchen in der Bundesrepublik Deutschland über 400.000 junge Menschen eine von neun verschiedenen Förderschulformen. Die weitaus meisten betroffenen Jungen und Mädchen (knapp 50%) gelten als „lernbehindert" (BORCHERT 2007). Den Umstand, dass Kinder und Jugendliche mit gravierenden Lernschwierigkeiten heute nach wie vor zum überwiegenden Teil separat in eigenen Förderschulen unterrichtet werden, nimmt man mittlerweile jedoch kaum noch mit stolzer Zufriedenheit zur Kenntnis. Seit dem Beginn der 70er Jahre besteht hierzulande ein zunehmendes Bestreben, behinderte und nichtbehinderte junge Menschen gemeinsam in allgemeinen Schulen zu unterrichten. Man betrachtet die Zuweisung zu einer separaten Einrichtung inzwischen immer seltener als hilfreiche und immer häufiger als diskriminierende Maßnahme. Die Stimmen aus der Öffentlichkeit und aus verschiedenen Parteien, Kirchen, Gewerkschaften und Verbänden für einen Systemwechsel von den Förderschulen zum gemeinsamen Unterricht in allgemeinen Schulen werden in den letzten Jahren zunehmend lauter. Eine so genannte „volle Inklusion" (gemeinsame Sozialisation und Partizipation aller Kinder und Jugendlichen) gilt inzwischen weitgehend als flächendeckend anzustrebender Zielzustand (vgl. BÜRLI 2003).

Bei der alltäglichen schulischen Arbeit mit lernbeeinträchtigten Mädchen und Jungen wird überwiegend ein „offenes" Vorgehen bevorzugt: Die Lehrkraft nimmt hierbei lediglich eine begleitende Rolle ein und hilft den Kindern und Jugendlichen dabei, ihre individuellen Lernwege mittels authentischer, lebensnaher Aufgaben zu entdecken und ihr Wissen unter Rückgriff auf ihre persönlichen Vorerfahrungen zu konstruieren. Allerdings muss auf Grundlage der empirischen Forschungslage an dieser Stelle darauf verwiesen werden, dass Schülerinnen und Schüler mit Lernproblemen zunächst notwendige Grundfertigkeiten flüssig und sicher beherrschen müssen, bevor sie sich in offenen Unterrichtssituationen erfolgreich mit komplexen Aufgaben beschäftigen können, zu deren Lösung diese basalen Skills unumgänglich sind (GRÜNKE/ WILBERT 2008). Insgesamt ist in diesem Zusammenhang zu konstatieren, dass die Kluft zwischen wissenschaftlichem Erkenntnisstand und sonderpädagogischer schulischer Praxis relativ breit ist (RUNOW/ BORCHERT 2003).

Ägypten: Die Kultur einer Gesellschaft zeigt sich nicht nur am Niveau und an der Bandbreite ihrer kulturellen Angebote. Sie wird auch gerade daran deutlich, wie mit ihren schwächsten Mitgliedern umgegangen wird. Menschen mit Behinderungen gehören sicherlich zu dieser Gruppe. Schon in der frühen Hochkultur des alten Ägypten zeigte sich in der Bevölkerung diesbezüglich oft eine recht „fortschrittliche" Einstellung. So wurden Menschen mit Behinderungen im Zeitalter der Pharaoninnen und Pharaonen vielfach speziell für sie geeignete Tätigkeiten übertragen (z.B. Falten von Kleidung, Perlenarbeiten), anstatt ihnen die Teilhabe am Arbeitsleben zu verwehren. Muslimische Kalifen boten den Betroffenen später sogar Sozialdienste, finanzielle

Unterstützung und ärztliche Behandlungsmöglichkeiten an. Oftmals wurden Personen mit körperlichen Gebrechen oder Sinnesschädigungen als Lehrkräfte oder Gelehrte eingesetzt. Diese Tradition ist z.T. bis heute erhalten geblieben. So erwählt jede Gemeinde der Koptischen Kirche in Ägypten einen blinden Mann aus, der „Arif" genannt wird und als Lehrer fungiert. Durch freiwillige, religiöse Vereine und durch das Ministerium für religiöse Angelegenheiten (Al-Awkaf) erlebte die Wohlfahrt in einigen Bereichen zu Beginn des 19. Jahrhunderts einen bedeutenden Aufschwung.

Die Schulpflicht in Ägypten besteht seit 1923, aber bereits 1874 wurde die erste staatliche Schule für die Bildung und Erziehung von Mädchen und Jungen mit Behinderungen gegründet. Es handelte sich um eine Grundschule für blinde und taube Kinder, die ca. 60 Schülerinnen und Schüler aufnahm. In der Folge kam es zu Eröffnungen weiterer Einrichtungen für junge Menschen mit Sinnesschädigungen. Im Jahr 1956 gründete das ägyptische Erziehungsministerium die erste Schule für intellektuell beeinträchtigte Kinder mit einem Intelligenzquotienten zwischen 50 und 70 (FAYEZ 1987; MOHAMED 2008). Heute existieren in Ägypten sowohl Bildungseinrichtungen für Schülerinnen und Schüler mit einem sonderpädagogischen Förderbedarf, als auch verschiedene Versorgungsangebote für so genannte „Straßenkinder" (lernschwache Mädchen und Jungen mit einer durchschnittlichen Intelligenz besuchen allerdings allgemeine Schulen) (NATIONAL CENTER FOR EDUCATIONAL RESEARCH & DEVELOPMENT 2009). Die Anzahl der an besonderen Schulen tätigen Psychologinnen und Psychologen sowie der Sozialarbeiterinnen und Sozialarbeiter ist in der Zeit von 1990 bis 2000 rapide gestiegen (im ersten Fall von 181 auf 302, im zweiten Fall von 302 auf 548) (MOHAMED 2008). Im Jahr 2001 wurde auf einem Treffen der UNESCO in Beirut jedoch ein Bekenntnis zur inklusiven Beschulung von Kindern und Jugendlichen mit und ohne Behinderung formuliert, zu dem sich fortan auch das ägyptische Erziehungsministerium bekannte. Seitdem bemüht man sich von politischer Seite verstärkt, alle Schülerinnen und Schüler gemeinsam zu unterrichten. Verlässliche Zahlen über die Erfolge dieser Anstrengungen liegen jedoch nicht vor. Das ägyptische Erziehungsministerium verweist in diesem Zusammenhang lediglich auf den Umstand, dass die derzeitigen Angebote für Kinder und Jugendliche mit Behinderungen, in einem inklusiven Setting unterrichtet zu werden, nur etwa 20% des tatsächlichen Bedarfs decken (NATIONAL CENTER FOR EDUCATIONAL RESEARCH & DEVELOPMENT 2009). Allerdings weisen viele Schulen, die bei dieser Berechnung als zur Verfügung stehende Einrichtungen gezählt werden, eklatante räumliche und sächliche Mängel auf. Die verbleibenden Bildungsinstitutionen sind auf die Aufnahme der betroffenen Mädchen und Jungen oft gänzlich unvorbereitet. Inwieweit dies in der Praxis allerdings tatsächlich zu Engpässen führt, lässt sich nicht genau bestimmen. Denn auch unter jungen Menschen mit gravierenden Lernschwierigkeiten und anderen Beeinträchtigungen befinden sich zahlreiche Kinder und Jugendliche, die aufgrund der Notwendigkeit, durch Erwerbsarbeit zum Unterhalt ihrer Familien beizutragen, überhaupt keine Schule besuchen.

Es mangelt in Ägypten nach wie vor am Einsatz fundierter Konzepte zur Umsetzung von Inklusion und zur Unterrichtung von Schülerinnen und Schülern mit schweren Lernrückständen oder anderen Auffälligkeiten. Eingangs wurde auf die internationale Isolierung der deutschsprachigen Sonderpädagogik als Wissenschaft hingewiesen. In Ägypten ist die Situation in dieser Hinsicht keinesfalls besser. Man bemüht sich jedoch in den letzten Jahren allenthalben verstärkt um eine Anhebung des wissenschaftlichen Standards. Es existieren nur sehr wenige sonderpädagogische Fachjournale in der Landessprache, um die vorhandenen Forschungsarbeiten der Scientific Community in der arabischen Welt zugänglich zu machen (psychologische Publikationsorgane, in denen zuweilen auch Beiträge über Kinder und Jugendliche mit gravierenden Lernschwierigkeiten erscheinen, gibt es hingegen etwas häufiger). In den vorhandenen Publikationen verweisen die Autorinnen und Autoren in ihren Literaturverzeichnissen nur selten auf nichtarabische Texte. Das Niveau der wissenschaftlichen Sonderpädagogik ist in Ägypten insgesamt relativ niedrig. Somit fehlt es in der Praxis auch weitgehend an verlässlichen Sollvorgaben für die Auswahl von Methoden zur sachkundigen Umsetzung von Erziehungs- und Bildungszielen. Das Vorgehen der Lehrkräfte im Unterricht ist weitgehend ins Belieben gestellt. Vor diesem Hintergrund greifen sie meist auf einen wenig systematischen Frontalunterricht zurück (MOHAMED 2008).

5 Sonderpädagogische Lehramtsausbildung

Deutschland: Die Lehrkräfte an den ersten deutschen Hilfsschulen am Ende des 19. Jahrhunderts waren seminaristisch ausgebildete Volksschullehrkräfte (MÖCKEL 2001). BLÖMEKE (2009) schreibt über deren Qualifikation: „Die Revolution von 1848/49 ließ Forderungen nach einer Universitätsausbildung auch der [Lehrerinnen und] Lehrer für das niedere Schulwesen aufkommen. Zu strukturellen Änderungen kam es aber erst in der Weimarer Republik“ (S. 485). Im Jahr 1922 wurde ein „heilpädagogisches Studienjahr“ in München eingerichtet, dessen Teilnehmende aus dem Schuldienst unter Fortzahlung der Bezüge beurlaubt und zudem an der Universität eingeschrieben waren. Im Laufe der folgenden Jahre gelang es immer besser, sonderpädagogische Studieninhalte an Universitäten zu etablieren. Mit dem Beginn der nationalsozialistischen Herrschaft wurde die universitäre Ausbildung zur Sonderschullehrkraft fast völlig eingestellt. Nach 1945 fand ihre Qualifizierung in Form von wenige Tage umfassenden Vollzeitkursen oder mittels berufsbegleitender Lehrgänge über größere Zeiträume hinweg statt. Nach und nach entstanden immer mehr Möglichkeiten, ein universitäres Aufbaustudium an Hochschulen zu absolvieren, bevor dann schließlich Anfang der 1970er Jahre in beiden Teilen Deutschlands die Einrichtung grundständiger Studiengänge mit dem Abschlussziel „Lehramt an Sonderschulen“ bzw. „Diplomlehrerin und -erzieherin“ oder „Diplomlehrer und -erzieher“ vollzogen wurde (VERBAND SONDERPÄDAGOGIK 2009). Auch heute ist das Lehramtsstudium in Sonderpädagogik in der Regel grundständig. Man beginnt die eigene Hochschulausbildung also normalerweise bereits als Studentin bzw. als Student der Sonderpädagogik. Es ist hierzulande jedoch mancherorts auch möglich, ein einschlägiges Aufbaustudium zu absolvieren. Das Studium der Sonderpädagogik findet in der Bundesrepublik Deutschland an Universitäten oder – im Falle von Baden-Württemberg – an Pädagogischen Hochschulen statt (ELLINGER/ STEIN 2006). Die Ausbildung an den verschiedenen Studienorten in den einzelnen Bundesländern ist nicht einheitlich. Daran konnte auch die Umstellung der traditionellen Lehramts- in Bachelor- und Masterstudiengänge nicht viel ändern (GRÜNKE/ CONNELLY 2008). Üblich an bundesdeutschen Hochschulen ist eine Einteilung der Fächer und Lehrstühle in „Behinderungsformen“. Es existieren also zahlreiche Arbeitseinheiten, die sich speziell mit Kindern und Jugendlichen befassen, die gravierende Lernschwierigkeiten aufweisen. „Diese kategoriale Sonderpädagogik an den Universitäten entspricht der historisch begründeten sonderschulpädagogischen Segregation von Kindern und Jugendlichen in einem differenzierten Sonderschulwesen in Deutschland“, stellt HERZ (2007) treffend fest. Das Studium besteht üblicherweise aus zwei sonderpädagogischen Fachrichtungen, allgemein erziehungswissenschaftlichen Anteilen und der Didaktik bestimmter Unterrichtsfächer. Die Regelstudienzeit beträgt neun Semester (ELLINGER/ STEIN 2006). Die meisten Bundesländer erheben mittlerweile Studiengebühren, die bei ca. 500 Euro pro Semester liegen. Wer die Erste Staatsprüfung für das Lehramt in Sonderpädagogik ablegt oder anerkannt bekommen hat, kann sich bei einer Bezirksregierung um die Einstellung in den Vorbereitungsdienst bewerben. Dieser wird gemeinhin als Referendariat bezeichnet, dauert in der Regel 24 Monate und schließt mit der Zweiten Staatsprüfung ab. In dieser Zeit soll das im Studium erworbene Wissen um berufspraktische Kenntnisse und Erfahrungen ergänzt werden. Das Referendariat findet an speziellen Ausbildungsstätten, den Studienseminaren und an der Schule statt. In Studienseminaren werden pädagogische, didaktische und weitere berufsbezogene Inhalte vermittelt. Parallel dazu erfolgt die schulpraktische Ausbildung, die Hospitationen, Unterricht unter Anleitung, selbstständigen Unterricht und außerunterrichtliche Veranstaltungen umfasst (SCHULMINISTERIUM NORDRHEIN-WESTFALEN 2009).

Ägypten: In Ägypten begann die Ausbildung von Lehrkräften für Kinder und Jugendliche mit Behinderungen in den 1930er Jahren. Zunächst bezogen sich die Inhalte auf blinde Mädchen und Jungen, später wurden auch sonderpädagogische Aspekte von jungen Menschen ohne Gehör sowie mit Lernverzögerungen berücksichtigt. Es gibt derzeit zwei wichtige Lehramtsausbildungsprogramme: eines für den Primar- sowie eines für den kombinierten „Vorbereitungs-“ und Sekundarschulbereich. Absolventinnen und Absolventen der allgemeinbildenden Sekundarschule, die lernschwache Kinder und Jugendliche unterrichten, und dafür eine sonderpädagogische Hochschulausbildung absolvieren wollen, durchlaufen in Ägypten zunächst ein allgemeines universitäres Studium der Erziehungswissenschaften. Die Dauer beträgt üblicherweise vier Jahre. Daran schließt sich eine zweijährige Spezialisierung in Sonderpädagogik an, die im erfolgreichen Fall in der Verleihung eines einschlägigen Diploms endet. Teil dieser Ausbildung sind verschiedene Hospitationen und Praktika an Schulen. Mit der Erlangung des Diploms sind die Absolventinnen und Absolventen befugt, Mädchen und Jungen mit allen Behinderungsformen zu unterrichten (inklusive solchen mit unterdurchschnittlicher intellektueller Leistungsfähigkeit). Die Studiengebühren an den staatlichen Universitäten Ägyptens sind im Übrigen sehr niedrig und betragen oft nur 100 Pfund pro Jahr (das entspricht weniger als 15 Euro) (FAYEZ 1987; MOHAMED 2008).

6 Zusammenfassender Vergleich und Resümee

Die Bundesrepublik Deutschland und die arabische Republik Ägypten stellen zwei in vielerlei Hinsicht sehr verschiedene Staaten dar. Es geht einerseits um eine der reichsten Nationen der Erde mit einer weitgehend säkularisierten Gesellschaft, einem hohen Migrationsanteil und einer schweren geschichtlichen Hypothek. Neben seinem dreigliedrigen Schulsystem (plus Gesamtschule) unterhält Deutschland ein paralleles Netz an verschiedenen Förderschulen. Entstanden ist es u.a. vor dem Hintergrund eines schlechten nationalen Gewissens wegen der an Menschen mit Behinderungen begangenen Verbrechen während der NS-Diktatur. In den heutigen Förderschulen werden anteilsmäßig mehr Kinder und Jugendliche mit Leistungsproblemen segregiert unterrichtet als fast überall sonst auf der Welt. Die Kriterien für die Zuweisung zu einer solchen besonderen Bildungseinrichtung sind nicht sonderlich operational. In Förderschulen finden sich heutzutage überwiegend junge Menschen aus sozial randständigen Verhältnissen. Ihre Schwierigkeiten, mit dem Lerntempo in allgemeinen Schulen Schritt zu halten, sind oftmals nicht auf unzureichende intellektuelle Voraussetzungen, sondern auf ein Aufwachsen in einem nicht-deutschsprachigen Umfeld, eine unzureichende häusliche Förderung oder andere Risikofaktoren zurückzuführen (WOCKEN 2000). Wissenschaftliche Diagnosekriterien zur Identifikation einer Lernbehinderung im Sinne von LAUTH/ GRÜNKE (2005) finden in der Praxis kaum Berücksichtigung. Allerdings bieten sowohl besondere als auch allgemeine Schulen Kindern und Jugendlichen mit Leistungsproblemen im übertragenen und wörtlichen Sinne „ein Dach über dem Kopf". Diese Mädchen und Jungen können zumindest den Unterricht besuchen und haben vergleichsweise gut qualifizierte Lehrkräfte an ihrer Seite, die sich meist in relativ ansprechender Umgebung der Bildung und Erziehung ihrer „Schützlinge" widmen. Trotz Wirtschaftskrise ist ihre schulische „Versorgung" gesichert und das Fernbleiben vom Unterricht aufgrund der Notwendigkeit, durch Erwerbsarbeit zum Unterhalt der Familie beitragen zu müssen, ist hierzulande für fast keinen jungen Menschen ein Thema. Darüber hinaus können wir auf ein nachschulisches Qualifizierungsangebot für leistungsschwache Jugendliche verweisen, das international seinesgleichen sucht (GRÜNKE/ KETZINGER/ CASTELLO 2008).

Auf der anderen Seite steht ein Land mit einer sehr langen und beeindruckenden Vergangenheit, mit einer vergleichsweise jungen Bevölkerung, mit einem extrem geringen Migrationsanteil, mit einer starken religiösen Verwurzelung im Islam und mit einer relativ schwachen Wirtschaft. Die Herausforderung, junge Angehörige ethnischer Minderheiten mit einer nichtarabischen Muttersprache in Schulklassen zu integrieren, existiert in Ägypten so gut wie überhaupt nicht. Während man in Deutschland voll Abscheu und Scham auf die Freveltaten gegen Menschen mit Behinderungen während des Nationalsozialismus zurückblickt, hat ein verhältnismäßig humaner Umgang mit dieser Personengruppe in Ägypten Tradition. Die Kriterien für sonderpädagogische Diagnosen werden unvoreingenommener formuliert und die entsprechenden Labels leichter vergeben als bei uns. Bildungspolitische Probleme liegen in Ägypten v.a. im Unterrichtsabsentismus und in der mangelnden Ausstattung der Schulen im räumlichen und sächlichen Bereich. Außerdem ist die wissenschaftliche Fundierung der Förderung oftmals fragwürdig. Was die Bildungschancen jüngerer Ägypterinnen und Ägypter mit massiven Leistungsproblemen nach Abschluss der Schule angeht, so ist die Situation sehr ernüchternd. Es existieren keine erwerbsarbeitsbezogenen Rehabilitationshilfen, so dass die entsprechenden Jugendlichen „... ohne berufliche Qualifikation oder irgendeine entsprechende Ausbildung nach Hause zurückkehren“ (HUSSEIN 1986, 40).

Der eingangs erwähnte Fisch wird vermutlich sehr froh sein, wenn er nach einem kurzen Ausflug über die Wasseroberfläche wieder zurück in seine gewohnte Umgebung darf. Zu seinen gewonnen Erkenntnissen gehört möglicherweise auch die Gewissheit, dass es „zu Hause am schönsten ist“. Man kann u.U. einer ähnlichen Neigung unterliegen, wenn man die schulische Sonderpädagogik in einer der reichsten Nationen der Erde mit der in einem Schwellenland vergleicht, dessen Bruttoinlandsprodukt pro Einwohner 7,6 Mal niedriger ist als bei uns. „It is well known all over the world that poor, disadvantaged and remote areas and slums in developing countries including Egypt suffer from some educational problems and socio-economic hardships”, konstatiert etwa der ägyptische Erziehungsminister YOSRI EL GAMAL (2008). Vielleicht hat es sogar sein Gutes, wenn man die Art des eigenen Umgangs mit sonderpädagogisch relevanten Kindern und Jugendlichen nach einem Vergleich mit den Gepflogenheiten andernorts nicht zwangsläufig und unisono verurteilen muss. Dies würde ein Gegengewicht zu dem nach SCHRÖDER (2005) ansonsten bei uns üblichen Reflex darstellen, Unterschiede in den Bildungssystemen als Indiz für das eigene Versagen zu interpretieren: „Zuweilen artet diese Haltung auch aus zu der Übertreibung, die gesamte Sonderpädagogik und ihre Praxis in Deutschland schlecht zu finden, im Ausland dagegen – mal sind es die skandinavischen Länder, mal ist es Italien, wiederum ein andermal England – das ‚Heil‘ zu erkennen“ (S. 43).

Doch auch wenn unsere hiesigen ökonomischen Bedingungen insgesamt deutlich besser sind als in Ägypten und dies u.a. Auswirkungen auf die schulische Sonderpädagogik hat, so ist dies kein Grund für ein zufriedenes Zurücklehnen. Es gibt wahrlich genug Anlass, vor der eigenen Haustüre zu kehren und den Zustand der Versorgung unserer Kinder und Jugendlichen mit gravierenden Lernschwierigkeiten zu verbessern. Ein Vergleich mit den ägyptischen Realitäten mahnt hierbei in vielerlei Hinsicht dazu, die vorhandenen Möglichkeiten besser zu nutzen. So sollte etwa die Funktion unserer eigentümlichen Förderschulen als Auffangbecken für gescheiterte Bildungsbiographien kritisch überdacht werden. In Ägypten unterscheidet man klar zwischen lernbeeinträchtigten und so genannten „Straßenkindern“. Bei uns werden sowohl leistungsschwache als auch sozial benachteiligte Mädchen und Jungen in der Praxis nach wie vor häufig als lernbehindert bezeichnet und speziellen Schulen zugewiesen. Selbst Kinder und Jugendliche mit einem Migrationshintergrund, die lediglich gravierende Schwierigkeiten in der deutschen Sprache aufweisen, finden sich oftmals gemeinsam mit solchen jungen Menschen in Förderschulen wieder, die wegen völlig anderer Gründe an den allgemeinen Bildungsanforderungen scheiterten (z.B. wegen einer geringen intellektuellen Leistungsfähigkeit). Auch die recht frühe Aufteilung von Kindern in solche, die eine Hauptschule, solche, die eine Realschule und solche, die ein Gymnasium besuchen, sollte hinterfragt werden. Ein Einblick in die ägyptischen Gepflogenheiten zeigt uns zumindest, dass es auch anders geht.

Konkrete Handlungsempfehlungen für die schulische Sonderpädagogik bei Kindern und Jugendlichen mit gravierenden Lernschwierigkeiten in Deutschland lassen sich auf der Grundlage der hier vorgenommenen Gegenüberstellung mit Ägypten und dem dortigen Schulwesen nicht formulieren. Dies war auch nicht der Anspruch der vorliegenden Ausführungen. Um jedoch sinnvolle Überlegungen anstellen zu können, wie der eigene Umgang mit leistungsschwachen Kindern und Jugendlichen optimiert werden könnte, ist es notwendig, sich die Besonderheiten der derzeitigen Praxis vor dem Hintergrund geschichtlicher Entwicklungen und gesellschaftlicher Gegebenheiten bewusst zu machen. Und ein Einblick in die Art und Weise, wie mit den diesbezüglichen Herausforderungen in Kulturen verfahren wird, die sich von der unsrigen hinsichtlich sehr vieler Aspekte unterscheidet, ermöglicht erst entsprechende Erkenntnisse.

Literatur

BADE, K. J./ MÜNZ, R. (Hrsg.) (2002): Migrationsreport 2002: Fakten, Analysen, Perspektiven. Frankfurt/M.

BIDICLEK, U. (1995): Lernbehindertenpädagogik. In: BLEIDICK, U./ HAGEMEISTER, U./ RATH, W. (Hrsg.): Einführung in die Behindertenpädagogik. Band 2. Stuttgart, S. 106-131

BLÖMEKE, S. (2009): Lehrerausbildung. In: BLÖMEKE, S./ BOHL, T./ HAAG, L./ LANG-WOJTASIK, G./ SACHER, W. (Hrsg.): Handbuch Schule. Bad Heilbrunn, S. 483-490

BORCHERT, J. (2007): Sonderpädagogische Grundfragen. In: BORCHERT, J. (Hrsg.): Einführung in die Sonderpädagogik. München, S. 1-38

BROCKHAUS-LEXIKONREDAKTION (2003): Brockhaus Universallexikon. Leipzig

BÜRLI, A. (2003): Normalisierung und Integration aus internationaler Sicht. In: LEONHARDT, A./ WEMBER, F.B. (Hrsg.): Grundfragen der Sonderpädagogik. Weinheim, S. 128-164

DORLING KINDERSLAY (2004): Europa. München

ELLINGER, S./ STEIN, R. (2006): Heil- und Sonderpädagogik in Studium und Beruf. In: ELLINGER S./ R. STEIN, R. (Hrsg.): Grundstudium Sonderpädagogik. Oberhausen, S. 9-25

FAYEZ, M.M. (1987): Ägypten. In: KLAUER, K.J./ MITTAG, W. (Hrsg.): Handbuch der Sonderpädagogik. Band 11: Vergleichende Sonderpädagogik. Berlin, S. 499-510

GAMAL, Y.E. (2008): Inclusive Education in Egypt: Equity and Quality. Presentation delivered at the International Conference on Education. Presentation given at the International Conference on Education in Geneva, Switzerland, November 25-28

GRÜNKE, M. (2004): Lernbehinderung. In: LAUTH, G./ GRÜNKE, M./ BRUNSTEIN, J. (Hrsg.): Interventionen bei Lernstörungen: Förderung, Training und Therapie in der Praxis. Göttingen, S. 65-77

GRÜNKE, M. (2005): Forschung und Förderung des Leseverständnisses. SAL-Bulletin, 118, S. 1-14

GRÜNKE, M. (2006): Zur Effektivität von Fördermethoden bei Kindern und Jugendlichen mit Lernstörungen: Eine Synopse vorliegender Metaanalysen. Kindheit und Entwicklung, 15, S. 238-253

GRÜNKE, M./ CONNELLY, V. (2008): What should university training in special education focus on? Paper presented at the 17th Annual World Congress on Learning Disabilities in Burlington/Massachusetts (USA), November 6.-8. 2008

GRÜNKE, M./ WILBERT, J. (2008): Offener Unterricht und Projektunterricht. In: FINGERLE, M./ ELLINGER, S. (Hrsg.): Sonderpädagogische Förderprogramme in Vergleich. Stuttgart, S. 13-33

HERZ, B. (2007): BA/MA-Umstrukturierung in der Sonderpädagogik. Erziehungswissenschaft, 35, S. 63-72

HORNUNG, E. (1996): Einführung in die Ägyptologie. Darmstadt

HUSSEIN, A.M. (1986): Rehabilitation im Ausland: Fakten und Probleme des ägyptischen Sonderschulwesens. Rehabilitation, 25, S. 38-40

KLAUER, K.J. (2000): Forschungsperspektiven der Sonderpädagogischen Psychologie. In: BORCHERT, J. (Hrsg.): Handbuch der Sonderpädagogischen Psychologie. Göttingen, S. 993-999

KULTUSMINISTERKONFERENZ (1994): Empfehlungen zur sonderpädagogischen Förderung in den Schulen der Bundesrepublik Deutschland. Bonn

LAQUER, L. (1901): Die Hilfsschule für schwachbefähigte Kinder. Wiesbaden

LAUTH, G./ GRÜNKE, M. (2005): Interventionen bei Lernstörungen. Monatsschrift Kinderheilkunde. 153, S. 640-648

LINDERKAMP, F./ GRÜNKE, M. (2007): Lern- und Verhaltensstörungen: Klassifikation, Epidemiologie, Prognostik. In: LINDERKAMP, F./ GRÜNKE, M. (Hrsg.): Lern- und Verhaltensstörungen: Genese, Diagnostik & Intervention. Weinheim, S. 13-28

MANN, G./ HEUß, A. (1961): Weltgeschichte. Band 1: Frühe Hochkulturen. Berlin

MÖCKEL, A. (2001): Geschichte der besonderen Haupt- und Grundschule. Heidelberg

MOHAMED, M.M.T. (2008): Special Education in Egypt. Presentation given at the lecture series "Introduction to Learning Disabilities" of the University of Cologne, April 30.

MYSCHKER, N. (1983): Lernbehindertenpädagogik. In: SOLAROVÁ, S. (Hrsg.): Geschichte der Sonderpädagogik. Stuttgart, S. 120-166

NATIONAL CENTER FOR EDUCATIONAL RESEARCH & DEVELOPMENT (2009): The Development of Education in Egypt 2004-2008: A National Report. Cairo, ET: Arab Republic of Egypt, Ministry of Education

OPP, G. (1992): A German perspective on learning disabilities. Journal of Learning. Disabilities, 25, S. 351-360

ROHR, E. (2006): Scham und Individuation in der Migration. Gruppenanalyse, 16, S.10-28

RUNOW, V./ BORCHERT, J. (2003): Effektive Interventionen im sonderpädagogischen Arbeitsfeld. Heilpädagogische Forschung, 29, S. 189-203

SCHRÖDER, U. (2005): Lernbehindertenpädagogik: Grundlagen und Perspektiven sonderpädagogischer Lernhilfe. Stuttgart

SCHULMINISTERIUM NORDRHEIN-WESTFALEN (2009): Vorbereitungsdienst (Referendariat). http://www.schulministerium.nrw.de/ZBL/Wege/Vorbereitunsdienst/index.html

SPECK, O. (1991): System Heilpädagogik. München

VERBAND SONDERPÄDAGOGIK (2009): Sonderpädagogische Kompetenz – unverzichtbar! Würzburg. http://www.vds-sachsen.de/images/Positionspapiere/memorandum.pdf

WITTIG, U./ MERBACH, M./ BRÄHLER, E./ STIEFEN, R. (2004): Migration, Gesundheit und medizinisches System. Psychosozial, 27, S. 71-79

WOCKEN, H. (2000): Leistung, Intelligenz und Soziallage von Schülern mit Lernbehinderungen. Zeitschrift für Heilpädagogik, 47, S. 266-276

Sewalem Tsega, Annette Leonhardt

Sonderpädagogische Erziehung in Entwicklungsländern – dargestellt am Beispiel Äthiopien[1]

1 Einführung

Äthiopien ist eines der ältesten Länder der Erde im Osten (Horn) von Afrika. Seine Bevölkerung beträgt 78.254.090 Personen (CIA, THE WORLD FACTBOOK 2008). Dies macht es – nach Nigeria – zum meistbevölkerten Land in Afrika in der Sub-Sahara. Formell sind 64 unterschiedliche ethnische Gruppierungen und 250 verschiedene Sprachen bekannt. Die bekanntesten ethnischen Gruppen sind die Oromo und Amhara. Amharic ist die Verkehrssprache, Englisch die zweite Sprache des Landes. Äthiopien ist ein Entwicklungsland und bekannt für seine Athleten, den Marathon, historische Stätten usw.

Das Ziel dieser Ausführungen liegt nicht darin, einzelne Details sonderpädagogischer Erziehung in Entwicklungsländern aufzuzeigen, sondern darin, den interessierten Lesern einen Einblick in die sonderpädagogische Erziehung in Entwicklungsländern am Beispiel Äthiopiens zu verschaffen.

2 Zur historischen Entwicklung sonderpädagogischer Erziehung in Äthiopien

Die traditionelle Erziehung in Äthiopien begann bereits vor der „modernen Erziehung“ des 20. Jahrhunderts. Dies trifft auch für die sonderpädagogische Erziehung zu, da auch Menschen mit Behinderungen an der traditionellen Erziehung teilhatten, gleichwohl es sich hier nur um eine geringe Anzahl handelte. In Obhut der Kirchen und Moscheen gab es z.B. blinde Menschen und solche mit Kinderlähmung. Die Unterrichtung dieser Menschen erfolgte in mündlicher Form (Weitergabe von Informationen aus der Bibel oder dem

[1] Für die Übersetzung der englischsprachigen Anteile ins Deutsche danken wir Dr. Astrid Siebeck, Lehrstuhl für Gehörlosen- und Schwerhörigenpädagogik der Ludwig-Maximilians-Universität München.

Koran, Aufsagen von Gedichten, Vortragen rhythmisch-religiöser Gesänge) und war von Erfolg geprägt.
Anfang des 20. Jahrhunderts kamen ausländische Missionare mit dem vorrangigen Ziel, ihre Religion zu predigen, nach Äthiopien. Von da an spielten die Missionare sowie staatliche und nicht-staatliche Organisationen eine Ausschlag gebende Rolle bei der Errichtung von Sonder(Förder-)schulen und Ausbildungszentren für behinderte Menschen. Ab diesem Zeitabschnitt spricht man von „moderner Erziehung".
Mit dem Beginn der „modernen Erziehung" verlief die Entwicklung der sonderpädagogischen Erziehung wie folgt:

- Die erste zeitgemäße Sonder(Förder-)schule für Blinde wurde 1924 in Dembi dolo von persischen Kirchenanhängern gegründet.
- Die zweite zeitgemäße Schule für Blinde entstand 1943 in der Gegend von Kazanchis (Stadtteil von Addis Abeba). Sie wurde 1957 von Kaiser Haile Selassie I. als „Sebeta Boarding School for the Blind" übernommen.
- 1963 wurde die „Mekanisa Special Day School" für Gehörlose durch Anhänger des christlichen Glaubens eröffnet.
- 1966 wurde die „Alpha Special Day School for the Deaf" von amerikanischen Missionaren in der Gegend von Bole (damals Stadtrand von Addis Abeba, heute Zentrum der Stadt) gegründet.
- 1987 wurde von Anhängern der Mekaneyesus-Kirche in der Gegend von Kazanchis eine Sonderschule für Geistigbehinderte eröffnet.
- Von 1994 an, mit Beginn der neuen Erziehungs- und Ausbildungspolitik, entstanden an Allgemeinen Schulen viele Sonderklassen für Blinde, Hörgeschädigte und Geistigbehinderte.

Auch heute noch bilden die soeben genannten und andere Sonder(Förder-) schulen nur bis zur achten Klasse aus. Ab dem neunten Schuljahr müssen die Schüler mit individuellem Förderbedarf in Allgemeinen Schulen lernen. Dort stehen sie auf Grund der mangelnden Sensibilisierung von Lehrern, Mitschülern und der Schulgemeinschaft sowie wegen der fehlenden sonderpädagogisch ausgebildeten Professionellen verschiedenen Problemen gegenüber (SEWALEM 2005).

3 Gesetzliche und politische Bestimmungen

Nachdem Äthiopien ein Mitgliedstaat der Vereinten Nationen ist, gelten auch hier viele gesetzliche und politische Bestimmungen wie:

- die Konvention der Rechte des Kindes
- die Weltdeklaration EFA

- die üblichen UN-Bestimmungen bezüglich der Chancengleichheit für Behinderte sowie die
- Salamanca Framework for Action, Inclusion etc.

Hierin eingeschlossen sind Menschenrechte wie:
- das Recht auf Bildung
- das Recht auf Chancengleichheit
- das Recht auf Teilnahme in der Gesellschaft.

Die Erziehungs- und Ausbildungspolitik von 1994 hat eine Grundbildung für alle, also auch für Menschen mit Behinderungen, festgelegt. Darüber hinaus hat die Regierung Bekanntmachungen herausgegeben, wie die Bekanntmachung Nr. 101 von 1994, die sich auf die Vermeidung von Diskriminierung konzentriert und die Rechte von Menschen mit Behinderung bei der Bewerbung um und beim Antreten von Arbeitsstellen auf der Basis ihrer Qualifikationen schützt. Oder die Bekanntmachung Nr. 1 von 1995, die die Zusammensetzung der Regierung Äthiopiens auf der Grundlage des demokratischen Rechts jedes Bürgers, eingeschlossen derjenigen mit Behinderungen, unter den Artikeln 11, 14, 16, 18, 20, 25, 28 und 31, verfügt (vgl. JAPAN INTERNATIONAL COOPERATION AGENCY 2002).

Obwohl Äthiopien über die genannten und noch über weitere gesetzlichen und politischen Bestimmungen verfügt, kann man nicht leugnen, dass es bei deren Umsetzung viele Probleme gibt.

4 Wer sind die Menschen mit individuellem Förderbedarf in Äthiopien?

Menschen mit individuellem Förderbedarf können in zwei hauptsächliche Gruppen eingeteilt werden. Zum einen sind es diejenigen mit sichtbaren, für gewöhnlich allgemein bekannten Behinderungen, wie Sehbehinderungen, und zum anderen diejenigen mit unsichtbaren, unbekannteren Behinderungen, wie Lernbehinderungen. Im Speziellen sind die Personen mit individuellem Förderbedarf

- Menschen mit Sehschädigungen, was Restsehen und totale Blindheit einschließt
- Menschen mit Hörschädigung, was Schwerhörigkeit und Gehörlosigkeit einschließt
- Menschen mit geistiger Behinderung
- Menschen mit motorischen Behinderungen, was körperliche und gesundheitliche Behinderungen einschließt
- Menschen mit Mehrfachbehinderungen
- Menschen mit Lernbehinderungen/-schwierigkeiten

- Menschen mit sprachlichen und kommunikativen Beeinträchtigungen und
- kulturell und milieubedingt sozial Benachteiligte wie:
  - Waisen (besonders viele HIV-/AIDS-Waisen)
  - Menschen mit HIV/AIDS
  - Menschen aus abgelehnten ethnischen Gruppen
  - sehr arme Menschen/Menschen mit wenig angesehenen Berufen
  - Menschen aus nomadischen Gebieten
  - Menschen ohne angenehmes äußeres Erscheinungsbild
  - Frauen etc.
- Menschen, die begabt und talentiert sind

5 Aktuelle Strömungen sonderpädagogischer Erziehung in Äthiopien

„Grundbildung für alle" ist seit 1994 das erklärte Ziel der nationalen Erziehungs- und Ausbildungspolitik in Äthiopien. Der Schwerpunkt liegt darauf, dem individuellen Förderbedarf in der Allgemeinen Schule gerecht zu werden. Einem Bericht zur Situation der Sonderpädagogik in Äthiopien des Ministry of Education (in Zusammenarbeit mit der Regierung Finnlands und der UNESCO, siehe A REPORT ON SITUATION OF SPECIAL NEEDS EDUCATION IN ETHIOPIA 2005) ist folgendes zu entnehmen:

- Die allgemeine Erziehung im Primarbereich schließt (formal) Kinder mit Behinderungen mit ein. Im Alltag gibt es jedoch keine konsequente spezielle Unterstützung, so dass viele in der Schule angemeldete Kinder mit Behinderungen oft wiederholen oder abbrechen.
- Insgesamt gibt es
  - 15 Sonder(Förder-)schulen (hauptsächlich unter Leitung von NGOs)
  - 285 Sonderklassen als Bestandteil des staatlichen Schulsystems. Die Bedingungen der Sonderklassen variieren zwischen ärmlich und zufrieden stellend. Die Dienstaufsicht tendiert dazu, diese Klassen zu ignorieren.
  - Es gibt etwa 1,5 bis 3 Millionen Kinder im Schulalter (7-16 Jahre) mit individuellem Förderbedarf (Education Sector Development 2005).
  - Die Schuleinschreibungsrate von Kindern mit Sehbehinderungen liegt unter 1% und ist extrem niedrig, wenn man sie mit dem momentanen Anteil von 80% nicht behinderten Kindern vergleicht.
- Sonderpädagogische Erziehungsinitiativen sind nicht systematisch im allgemeinen Erziehungssystem integriert. So werden Fragen der sonderpädagogischen Betreuung nicht in den regionalen und „Woreda"-Plänen, -budgets und -berichten berücksichtigt. Der Mangel an sonderpädagogischen Betreuungsangeboten, das Unvermögen individuellen Förderbedarf

zu diagnostizieren sowie der Mangel an entsprechend ausgebildeten Lehrern u.ä. beeinflussen sowohl den Erfolg als auch die Qualität der Erziehung.

In Äthiopien gibt es ungefähr 17.000 Schulen für die Jahrgangsstufe 1 bis 10 und mehr als 650 weiterführende Schulen. Die neue organisatorische und personelle Struktur verlangt nach deutlich mehr Sonderpädagogen. Im Moment gibt es einen Bedarf von schätzungsweise 34.000 Sonderpädagogen, von denen 90% ein Diplom haben sollten. Es gibt jedoch weniger als 400 minimal in Sonderpädagogik ausgebildete Grundschullehrer (beispielsweise mit einem Zertifikat der „Sebeta Boarding School for the Blind").
Vor 1980 gab es keine ausgebildeten Lehrer im Bereich der Sonderpädagogik. In den frühen 80er Jahren wurden mit Unterstützung der finnischen Regierung sechs Lehrer auf Diplomniveau in Finnland ausgebildet. Von ihnen schlossen fünf mit dem Master-Degree und einer mit einer Promotion an der Universität von Joensuu, Finnland, ab.
1998 wurde in Kooperation mit der Universität von Oslo ein Master-Studiengang an der „Addis Ababa University" eingeführt. Diesen haben bis jetzt etwa 100 Studenten absolviert.
Seit September 2003 wird Sonderpädagogik als Einführungskurs an allen Einrichtungen der Lehrerbildung (Institute, Hochschulen) abgehalten, die zu einer Sensibilisierung der Lehrer beitragen sollen. Dies befähigt jedoch nicht zur Lösung der Probleme der Kinder mit individuellem Förderbedarf an den Schulen (TIRUSSEW 2006).
Im November 2006 hat die „Addis Ababa University" ein neues und in seiner Art einzigartiges „Disability and Career Development Centre" gegründet, welches von herausragender Bedeutung für Studenten mit Behinderung ist. SEWALEM war der „pioneer assisstant dean" für die behinderten Studenten, die sich an das Zentrum wandten. Das Zentrum bietet Beratungs- und Internetservice an, veranstaltet Workshops zur Sensibilisierung bzw. zum Aufbau vertrauensbildender Maßnahmen, informiert Universitätsangestellte, organisiert finanzielle Unterstützung für behinderte Studenten usw.
2007 startete die „Addis Ababa University" erstmals einen Bachelor-Studiengang in Sonderpädagogik. Im gleichen Jahr begann auch das „Kotebe College of Teacher Education" eine Diplom-Ausbildung. Auch andere regionale Universitäten und Colleges haben inzwischen Studiengänge zur Sonderpädagogik eingeführt.

6 Stellung des Menschen mit Behinderung in der Gesellschaft

Eine Studie zur Einstellung der Öffentlichkeit gegenüber Menschen mit Behinderungen (TIRUSSEW 1989 zitiert in TIRUSSEW 2005) hat stereotype, abfällige und symbolische Ausdrücke der Bevölkerung gegenüber behinderten Menschen festgestellt und gesammelt. Diese Ausdrücke werden für gewöhnlich benutzt, um Menschen mit Behinderung anzusprechen oder um Unzufriedenheit oder Unfähigkeit auszudrücken, bestimmte Dinge mit kognitiven, kommunikativen und motorischen Fertigkeiten zu verrichten. Zum Beispiel werden Hörgeschädigte als „Donkoro and Duda" bezeichnet, was jemanden beschreibt, der nichts versteht und nicht spricht, die Sehgeschädigten werden als „Ewir, Denbara" genannt, was unorganisiert und unklar bedeutet, und Körperbehinderte als „Dewey, Komata", was hochgradig entstellt oder verstümmelt meint oder „Shiba, Ankasa", was lahm, gebogen oder gekrümmt bedeutet. Darüber hinaus wurden Kinder mit geistigen Behinderungen als „von 44 teuflischen Geistern besetzt" bezeichnet und „Fuzo, Kilo, Dedeb" genannt, was soviel bedeutet wie „versteht nichts, geistig krank und dumm". Diese nach TIRUSSEW (2005) entwürdigenden und irreführenden Ausdrücke charakterisieren die betroffenen Persönlichkeiten falsch und definieren Menschen mit Behinderungen.

Die hier angeführten (und andere bildhafte) Ausdrücke rühren aus der falschen Sichtweise her, worin die Gründe für eine Behinderung zu sehen sind. Als Ursache für eine Behinderung sieht man noch heute:

1. einen Fluch,
2. eine Folge von sündigen oder falschen Handlungen oder bösen Taten der Eltern, Ahnen oder der behinderten Menschen selbst oder
3. andere übernatürliche Kräfte.

Dieses irrige Verständnis von Behinderung ist der Hauptgrund dafür, dass Menschen mit Behinderungen den ärmsten Teil der Gesellschaft darstellen. Sie haben Probleme, die Dienstleistungen zu erhalten, die ihnen zustehen – das betrifft alle Bereiche, wie den erzieherischen, sozialen, medizinischen oder gesellschaftlichen etc.

Dazu ein Beispiel von Eltern, die ein behindertes Kind haben (vgl. RAHAMET/ METASEBIA 2000). Der Ehemann macht seine Frau für die Behinderung des Sohnes verantwortlich. Er sagte,

„*... meine Frau ist Schuld an der Behinderung unseres Kindes. Ich erinnere mich daran, dass meine Frau, als sie im fünften Monat schwanger war, total aufgeregt und wütend nach Hause kam. Sie beschwerte sich darüber, dass sie auf ihrem Heimweg eine entstellte und hässliche Person die Straße entlang-*

gehen sah. Der Anblick dieser Person brachte meine Frau dazu, böse Dinge über sie zu sagen. Dann wurde sie für ihr Benehmen bestraft.“
Zusammenfassend kann man sagen, dass eine generelle Tendenz besteht, Personen mit Behinderungen als schwach, hoffnungslos, abhängig, lernunfähig, angewiesen auf Mildtätigkeit, u.ä. zu begreifen.

6.1 Überlieferte Praktiken der Frühförderung

Nach SEWALEM/ DEMEKE (2007) orientieren sich über 80% der äthiopischen Bevölkerung an der traditionellen Medizin (SERTO ADER, Yekatit 13: 1978 EC, vom 20. Februar 1986, Äthiopien). Die Ursachen dafür liegen vor allem bei der ländlichen Bevölkerung darin, dass diese erschwinglich und leicht zu organisieren ist und sie auch kaum Zugang zu einer modernen medizinischen Versorgung haben. Die im Vergleich zu den modernen medizinischen Möglichkeiten hohe gesellschaftliche Akzeptanz, Effizienz in Bezug auf bestimmte Krankheiten, leichte Beschaffung und wirtschaftliche Erschwinglichkeit machen die traditionelle Medizin sowohl bei der ländlichen als auch der städtischen Bevölkerung zweckmäßiger und nutzbarer (SIKKERVEER 1990, VICCHIATO 1991 in SEWALEM/ DEMEKE 2007).
Traditionelle „Frühförder“-praktiken können der traditionellen Medizin zugeordnet werden. Die WHO definiert traditionelle Medizin als „diverse Gesundheitspraktiken, Annäherungen, Wissen und Glauben, die in eine Medizin auf pflanzlicher, tierischer, und/oder mineralischer Basis einfließen, spirituelle Therapien, handwerkliche Techniken und Übungen, die einzeln oder in Kombination angewandt werden, um Gesundheit zu erhalten sowie um Krankheiten zu behandeln, diagnostizieren oder zu vermeiden“ (BUSHMAN PATWARDHAN, WHO-CIPIH, 2005 in SEWALEM/ DEMEKE 2007). Diese Praktiken können in weltliche und religiöse unterschieden werden.

Weltliche Praktiken:

- Traditionelle Kräuterheilkundige im Land erhalten ihre Medikamente hauptsächlich aus natürlichen Substanzen, die Pflanzen, Tiere und Mineralien enthalten. Die unterschiedlichen Medikamente werden zu verschiedenen Dosierungsarten wie Flüssigkeiten, Salben, Puder und Pillen verarbeitet (ABEBE 1984 in SEWALEM/ DEMEKE 2007)
- Die *kalichas* dagegen benutzen ekstatische Rituale, um die Ursachen des Problems zu erforschen und geben dem Patienten Ratschläge, was er tun soll. Geistige Behinderungen werden im Allgemeinen als Resultat einer Störung der Beziehung zwischen dem Menschen und dem Göttlichen erklärt. Die *kalichas* führen spezielle Zeremonien durch, bei denen es zum Einsatz von viel Rauch durch das Verbrennen von Räuchermitteln wie

Myrrhe und freien Räuchermitteln (etan) kommt. Ähnlich wie die *debteras* (s.u.) preparieren auch die *kalichas* eigene *kitabs* (Amulette), die von ihren Klienten getragen werden (JACOBSON/ MERDASA 1991 in SEWALEM/ DEMEKE 2007).

- *Cupping* ist eine Behandlungsmethode, bei der auf der Hautoberfläche ein Gefäß angebracht wird, um lokale Blockierung durch den Unterdruck zu lösen, der dadurch erzeugt wird, dass Hitze in die Form eines angezündeten Materials hineingegeben wird. Die Anwendung dieser Methode verursacht bei jungen Kindern nicht nur sofort eintretende Angst und Schmerzen, sondern auch lang andauernde psychische Traumata.
- *Uvulectomy* ist eine traditionelle Behandlungsmethode, die überall in Äthiopien und in anderen afrikanischen Ländern bei Säuglingen und Kindern angewendet wird. Sie gilt als eine traditionelle Behandlung, um Halsentzündungen zu vermeiden und wird normalerweise im Säuglingsalter oder im ersten oder zweiten Lebensalter durchgeführt. Die Prozedur besteht in einer teilweisen oder völligen Entfernung des Gaumenzäpfchens. Es sind viele Komplikationen bekannt, die dieser Behandlungsmethode folgen, z.B. das Auftreten von Tetanus, schweren Blutungen und Infektionen.
- *Cauterization* ist das Anzünden des Körpers, um einen Teil davon zu entfernen oder zu verschließen. Durch diese Praxis entsteht eine Narbe auf dem Körper des Kindes, die später, wenn es älter wird, psychische Traumata verursachen kann. Wenn das Kind Probleme mit den Ohren hat, wird das Fett eines Huhns auf das betroffene Ohr gestrichen. Die Dosierung des aufgetragenen Fetts hängt vom Ausmaß des Ohrenproblems ab, ist das Ausmaß schwerwiegender, steigt auch die Dosierung.

Religiöse Praktiken:

- *Debteras* sehen geistige Behinderungen für gewöhnlich als ein Besetztsein von bösen Geistern. Sie werden daher meistens durch Beten, den Gebrauch von heiligem Wasser oder unter Umständen durch das Austreiben des bösen Geistes behandelt. Die *Debteras* sind bekannt für ihr Gebet (*degmit* genannt), das sie bei der Hälfte der Klienten anwenden. Daneben stellen sie heiliges Wasser (*tsebel*) und *kitab* Amulette her, die eine geschriebene Nachricht enthalten. Durch das Lesen/Rezitieren von *degmit* geben die Debteras vor, die Fähigkeit zu haben, Wunder zu bewirken, die sich in den Reaktionen der Klienten zeigen sollen. *Kitabs* (Amulette) werden getragen, um sich gegen den bösen Blick zu schützen, genauso wie gegen Schlangen- und Skorpionbisse bzw. -stiche (TEFERI/ HEINZ 2002 in SEWALEM/ DEMEKE 2007).

- Heiliges Wasser *(tsebel)* wird für gewöhnlich benutzt, um böse Geister von Patienten abzuwehren, die für vom Teufel besetzt gehalten werden.
- Religiöse Praktiken, Beten und der Besuch der Kirche spielen für Äthiopier eine größere Rolle im Heilungsprozess. Heiliges Wasser (in Äthiopien von den orthodoxen Christen *tsebel* oder von den Moslimen *zezem* genannt) wird auch regelmäßig für eine große Anzahl unterschiedlicher Krankheiten benutzt. Äthiopier glauben, dass heiliges Wasser heilt, wenn es getrunken oder in ihm gebadet wird (PAPADOPOULOS/ LAY/ GEBERHIWOT 2002 in SEWALEM/ DEMEKE 2007).

Eine nationale Basisuntersuchung zu „Behinderung" berichtet, dass die meisten Eltern behinderter Kinder diese Kinder einige Male zu traditionellen Heilern bringen (TIRUSSEW et al. 1996, zitiert in TIRUSSEW 2005). Dabei gibt es erkennbare Praktiken, die sich auf junge Kinder beziehen, da die Art der Krankheit für gewöhnlich mit jungem Alter verbunden wird und die Eltern auch glauben, dass eine frühzeitige Behandlung dieser Art den Eltern helfen wird, Komplikationen bei ihren Kindern in späteren Jahren zu vermeiden.
Vom Gebrauch und der Anwendung traditioneller Medizin wird berichtet, dass sie heilsam sei, aber es gibt auch tödliche Fälle. Einige Pflanzen, die in der traditionellen Medizin benutzt werden, wie Taeniciden, sind bekanntermaßen giftig. Zum Beispiel wurde bei Personen, die eine Überdosis von Hagenia abyssincia („kosso") verabreicht bekamen, wiederholt Blindheit und Veränderungen im zentralen Nervensystem beobachtet (SEWALEM/ DEMEKE 2007).

6.2 Moderne Praktiken der Frühförderung

Unter den modernen Praktiken der Frühförderung sind folgende von Wert, erwähnt zu werden:

- Community Based Rehabilitation Centers (CBR), z.B. das Menagesha Rehabilitation Center für Körperbehinderte (u.a. für von Kinderlähmung Geschädigte): Sie bieten Dienstleistungen, wie die Reittherapie, an. Oder die Ceshire Home Foundation, eine der ältesten nicht-staatlichen CBR. Sie wurde 1962 gegründet, um sich um geistig behinderte Kinder zu kümmern. Inzwischen steht sie aber auch Kindern mit anderen Beeinträchtigungen zur Verfügung.
- Production and Rehabilitation Centers, z.B. Misrach Eye glass and Umbrella factory: Hier werden gezielt Menschen mit Sehbehinderungen eingestellt, um Produkte für das Unternehmen herzustellen.
- Ethio craft centers: In diesen werden Handarbeitsprodukte hergestellt. Diese sichern den behinderten Frauen das Einkommen.

- Health centers: Sie bieten sowohl präventive als auch medizinische Dienstleistungen, gewöhnlich unter staatlicher Leitung, an.
- Mobile health services: Sie verabreichen Vitamine wie Vitamin A und Polio Schutzimpfungen an Kinder unter fünf Jahren, um Blindheit und Polio zu verhindern.
- Voluntary Counseling and Testing (VCT) Centers: Sie bieten freiwillige Beratung und Tests bei HIV/AIDS an.
- Andere staatliche und nicht-staatliche Einrichtungen.

7 Geschlecht und Behinderung in Äthiopien

Menschen mit Behinderungen im Allgemeinen und Frauen mit Behinderungen im Besonderen stehen auf dem gesamten afrikanischen Kontinent ernstzunehmenden Problemen gegenüber. Die Mehrzahl von ihnen wird zu Schulabbrechern und verdingt sich an den Straßenecken, werden Opfer von Raubüberfällen, ungewollter Schwangerschaft und sexuell übertragbaren Krankheiten wie HIV/AIDS.

Die Probleme behinderter Frauen und die Bedingungen, unter denen sie in Äthiopien leben, sind oftmals menschenunwürdig. In der Tat werden sie von ihrer Gemeinschaft doppelt benachteiligt (AMARE/ DANIEL/ TIRUSSEW/ WANA 2001). Nachdem geschlechtsspezifische negative Haltungen gegenüber Frauen in einer traditionellen Gesellschaft wie Äthiopien äußerst verbreitet sind, gilt diese negative Einstellung auch (oder ganz besonders) gegenüber Frauen mit Behinderungen. Studien belegen, dass, obwohl sowohl Männer als auch Frauen mit Behinderungen Opfer von Diskriminierung sind, Frauen wegen der kombinierten, geschlechts- und behinderungsbedingten Diskriminierung weitere Nachteile erfahren (TIRUSSEW 2005). Diese geschlechts- und behinderungsbedingte Diskriminierung führt zu einer „doppelten Behinderung" für Frauen mit Behinderung (ABU HABIB 1997).

Abschließend sollen die Probleme behinderter Studentinnen an der Universität Addis Ababa betrachtet werden. Ihre Situation unterscheidet sich nicht sehr von der anderer Frauen in der Gesellschaft. Obwohl diese behinderten Studentinnen allen sozialen Barrieren getrotzt haben und einer höheren Bildungseinrichtung angehören, haben sie verschiedene, auf ihr Geschlecht und ihre Behinderung zurückzuführende Probleme. Ihr Anteil ist im Vergleich zu männlichen behinderten Studenten sehr gering. Z.B. sind unter den 182 blinden Studenten nur 52 Frauen, unter den 88 körperbehinderten Studenten nur 21 Frauen und unter den fünf gehörlosen Studenten gab es nur eine weibliche Studentin, die schließlich das Studium aufgab, nachdem sie mit den universitären Bedingungen nicht zurechtkam. Die Mehrheit dieser weiblichen Studierenden mit Behinderung verlässt die Universität mit einem niedrigeren akademischen Abschluss als männliche Studierende mit Behinderung (SEWALEM 2007). Es gibt einen großen Bedarf an Forschung und Sensibilisierung in Bezug auf die Thematik „Geschlecht und Behinderung" in Äthiopien.

Literatur

A REPORT ON SITUATION OF SPECIAL NEEDS EDUCATION IN ETHIOPIA (2005): Ministry of Education. Ethiopia in Collaboration with the Finland Goverment

ABU HABIB, L. (1997): Gender and Disability: Women's Experience in the Middle East. Oxford: Oxfam print unit

AMARE/ DANIEL/ TIRUSSEW/ WANA (2001): Education of Girls with Disabilities. Addis Ababa University Printing Press

CIA, THE WORLD FACTBOOK – ETHIOPIA (2008): www.cia.gov/library/publications/the-world-factbook/goes/et.html (14.05.2008)

EDUCATION SECTOR DEVELOPMENT (ESDP III) (2005): Ministry of Education, Ethiopia, Addis Ababa

JAPAN INTERNATIONAL COOPERATION AGENCY (2002): Country profile on Disability, Federal Democratic of Republic of Ethiopia, Addis Ababa

RAHAMAT/ METASEBIA (2000): Early Intervention Strategies on Children with Cerebral Palsy. Unpublished Paper, Addis Ababa University

SERTO ADER, YEKATIT (1986): (Ausgabe) 13: 1978 EC (Ethiopien Calander) vom 20. Februar 1986, Äthiopien

SEWALEM (2005): Special Needs Education, a Module for Degree students at Kotebe college of Teacher Education

SEWALEM (2007): Gender and Disability at Addis Ababa University, Female Educators Research Grant, College of Education

SEWALEM/ DEMEKE (2007): Traditional Early Intervention Practices in Ethiopia, Addis Ababa. Addis Ababa University

TIRUSSEW (2005): Disability in Ethiopia: Issues, Insights and Implications. Addis Ababa University printing press

TIRUSSEW (2006): Need Assessment of Special Need Educators at Diploma level

Marianne Irmler

Therapeutisches Reiten in Nicaragua: Chancen für eine gemeinwesenorientierte Rehabilitation

1 Einleitung

In Nicaragua leben gegenwärtig etwa 593.880 Menschen mit Behinderung, dies entspricht ca. 12,12% der Gesamtbevölkerung (VÁSQUEZ 2003, 12). Besonders in den ländlichen Regionen steigt die Zahl der Häufigkeit von Behinderungen im Vergleich zu den Städten rapide an. Die in diesem Vorhaben ausgesuchte Zielgruppe von Familien mit Kindern mit Behinderung ist durch infrastrukturelle Schwierigkeiten bei nationalen Entwicklungsprogrammen eher unbeachtet. Die mangelhafte Infrastruktur äußert sich in unregelmäßigen bis nicht vorhandenen Busverbindungen, die sehr stark vom Wetter abhängig sind. Hinzu kommen schlecht ausgebaute bis teilweise nicht befahrbare Straßen. Es erscheint demnach notwendig, den betroffenen Familien aufgrund der ökonomischen und infrastrukturellen Probleme eine Alternative zur zentralisierten und institutionellen Rehabilitation zu bieten.
Im Rahmen eines Pilotprojektes von September bis Dezember 2007 wurden fünf Schulungen im Bereich des Therapeutischen Reitens mit insgesamt 46 TeilnehmerInnen von ASA-Stipendiatinnen und der nicaraguanischen Elterninitiative Los Pipitos durchgeführt. Es konnte gezeigt werden, dass betroffene Eltern unter den infrastrukturellen Mängeln der Region leiden, gerade deshalb aber häufig im Besitz von Lasttieren wie Pferden, Maultieren oder Eseln sind. Zudem konnte herausgestellt werden, dass die Ursachen für eine mangelnde rehabilitative Versorgung dieser Familien nicht nur in der schlechten Infrastruktur liegen, sondern auch in den familiären ökonomischen Problemen. Die Familien sind häufig weder in der Lage, eine rehabilitative Versorgung noch den Transport zum jeweiligen Zentrum zu bezahlen.

2 Gemeinwesenorientierte Rehabilitation

In den 1950er Jahren wurde die „Institution Based Rehabilitation“ (IBR) in die Länder der Dritten Welt exportiert. Man baute, meist in den größeren Städten, zentrale und große Institutionen, in denen nach westlichem Vorbild Menschen mit Behinderungen gefördert und „verwahrt“ werden sollten (TÜSCHENBÖNNER 2001, 74f.). Durch die wenig ausgebaute Infrastruktur, die finanzielle Situation der Betroffenen und die geringe Unterstützung durch die Regierungen konnten jedoch nur sehr wenige Menschen mit Behinderung erreicht werden. ALBRECHT (1993, 385f.) schätzt, dass im Rahmen der IBR in Regionen, in denen etwa über 400 Millionen Menschen mit Behinderung lebten, höchstens 1000 Menschen durch die vorhandenen Maßnahmen und Dienste erreicht wurden. Nach ARISTIZÁBAL (2004, 53) können bis heute in Lateinamerika nur 2-3% aller Menschen mit Behinderung von entsprechenden Institutionen profitieren.
In den 1970er und 1980er Jahren zeichnete sich schließlich ein Paradigmenwechsel in der sonderpädagogischen Entwicklungszusammenarbeit ab. Beteiligte Fachkräfte wendeten sich einer partizipativen und interdisziplinären Strategie zu. Um eine Lösung für die extremen Missverhältnisse in den betroffenen Ländern zu finden, orientierte man sich nun an den Rahmenbedingungen der Länder sowie an einem integrativen und gemeinwesenbasierten Paradigma (vgl. ALBRECHT 1996, 17). Die bekanntesten Ansätze bilden die „Community Based Rehabilitation“ (CBR) der Weltgesundheitsorganisation (WHO) und das „Resource“ oder „Village Based Rehabilitation Center“ nach WERNER (1996). Diese dienten als Grundlage für das Projekt „Therapeutisches Reiten in Nicaragua“ und werden im Folgenden kurz beschrieben.

2.1 Community Based Rehabilitation

Die Community Based Rehabilitation (CBR) wurde in den 1970er Jahren von der WHO entwickelt (vgl. ZIMMERMANN-ERLACH 1993, 46).
Die CBR widmet sich der ländlichen Bevölkerung in kleineren Gemeinden. Durch die Verbindung unterschiedlicher organisatorischer und fachlicher Ebenen entsteht im Idealfall eine interdisziplinäre Arbeit mit Bezug zur nationalen Ebene, zur Distriktebene und zur Gemeindeebene (vgl. TÜSCHENBÖNNER 2001, 85f.). Auf diese Weise stellt die CBR ein Konzept dar, welches sich sowohl an medizinische, soziale, politische und pädagogische Fragen der Gemeindeentwicklung richten kann.
HELANDER (1989) erstellte im Auftrag der World Health Organisation (WHO) ein Manual für den Ansatz. Weiterhin veröffentlichten WHO,

UNESCO und die International Labour Organisation (ILO) 1994 das „Joint Position Paper“ (Neuauflage 2004), wodurch die CBR eine konkrete Basis und Ausrichtung erhielt. Das „Joint Position Paper“ fasst folgende Ziele für ein CBR-Projekt zusammen: Prävention und Rehabilitation von Behinderung, die Integration in Bildungseinrichtungen, Maßnahmen zur Einkommenssicherung sowie die Vertretung der Rechte für Menschen mit Behinderung (vgl. WHO et al. 2004). Den Menschen soll neben der Sicherung ihrer Gesundheit ein Leben in der Gemeinde ermöglicht werden, wodurch sie an sozialen, kulturellen, religiösen, wirtschaftlichen und politischen Aktivitäten teilnehmen können (vgl. GEISER 1998, 75).

In Bezug auf die Dezentralisierung verdeutlichen WHO et al. (2004), dass ein CBR-Projekt nur dann erfolgreich sein kann, wenn die jeweilige Gemeinde Interesse an dem Projekt und seiner Umsetzung zeigt. Dennoch betonen WHO et al. (2004), dass auch die jeweiligen Regierungen von der Durchsetzung des Ansatzes überzeugt sein müssen, um langfristig positive Entwicklungen zu erreichen.

Durch Evaluationen bestehender Projekte zeigte sich, dass auf der Gemeindeebene 70% der Bedürfnisse von Menschen mit Behinderung gedeckt werden können, 20% müssen an die Distriktebene, die professionelle Grundversorgung bietet, weitergeleitet werden und für nur 10% werden spezielle, meist medizinische Dienste von Institutionen auf nationaler Ebene benötigt (vgl. ALBRECHT 1997, 151). Das Modell kann nach über zwanzig Jahren laut einer allgemeinen Bilanz bestehender Projekte „[...] insgesamt als ein erfolgreiches Konzept der Gemeindeentwicklung zugunsten von behinderten Menschen betrachtet werden“ (BIEWER 2006, 143f.).

Eine ausführliche Kritik zum CBR-Ansatz findet sich unter anderem bei MILES (1994) und TÜSCHENBÖNNER (2001). CHAUDHURY et al. (1995, 167) betonen zudem, dass angesichts der Situation vieler Gemeinden in der sogenannten Dritten Welt diese nicht immer allein mit der Verantwortung für die beeinträchtigten Menschen belastet werden können. Wesentliche Verantwortungsbereiche sollten, so weit es geht, an die Regierungen übertragen werden.

2.2 Das Resource oder Village Based Rehabilitation Center

Das Resource oder Village Based Rehabilitation Center[1] ist in einem zentralen Ort mit kleineren Sub-Zentren in der näheren Umgebung angelegt, in denen es Dienste für Menschen mit Behinderung anbietet. Es kooperiert in der Regel mit einem städtischen Zentrum, um spezielle medizinische Bedürf-

[1] Im Weiteren: Resource Center

nisse erfüllen zu können. Insbesondere den kleinen Standorten wird sehr viel Bedeutung beigemessen. In diesen Sub-Zentren werden ebenso wie im Hauptzentrum rehabilitative Hilfsmittel in Eigenproduktion hergestellt und Menschen mit Behinderung ausgebildet (vgl. ALBRECHT 1993, 387f.). Die Ausbildung der beeinträchtigten Menschen stellt einen zentralen Aspekt dar. Die Projekte sollen nach und nach von den Betroffenen selbst geleitet und verwaltet werden. Sie erlernen Methoden und Techniken der Rehabilitation, sowohl von Fachpersonen als auch durch traditionelle Methoden und eigene Erfahrungen (vgl. CHAUDHURY et al. 1995, 154). Ein großer Vorteil dieses Ansatzes bildet die Vernetzung der einzelnen kleineren Standorte und die Möglichkeit des Informations- und Erfahrungsaustausches (vgl. ALBRECHT 1997, 152f.). David WERNER veröffentlichte 1987 die erste Auflage des Handbuchs „Disabled Village Children“, welches auf dem erläuterten Ansatz beruht.

3 Bezug zum Projekt

Aus den eben erläuterten Ansätzen der gemeinwesenorientierten Rehabilitation wurden Aspekte für die Organisation und Durchführung des Projekts ausgewählt. In diesem Sinne ist das Ziel der Implementierung, einen Beitrag zu den 70% aller Rehabilitationsmaßnahmen zu leisten, die nach ALBRECHT (1997, 151) auf Gemeindeebene erbracht werden können.
Mit der Kooperation zwischen Eltern, Fachkräften der Los Pipitos Zentren und Fachkräften des zentralen Instituts „**I**nstituto **m**édico **p**edagógico Los **P**ipitos“ (IMPP) in Managua besteht die interdisziplinäre Arbeit als Verbindung zwischen nationaler Ebene, Distriktebene und Gemeindeebene (vgl. Abschnitt: Community Based Rehabilitation) beziehungsweise die Verbindung von städtischem Zentrum zum Resource Center zu den kleineren Sub-Zentren (vgl. Abschnitt: Das Resource Center). Die Ausbildung der Eltern versteht sich als Ausbildung der Betroffenen in Bezug auf den Ansatz nach David WERNER. David WERNER betont die Ausbildung von Menschen mit Behinderung, was im diskutierten Projekt zunächst nicht der Fall ist. Dennoch sehen wir die Eltern aufgrund ihrer Betreuungsaufgabe gegenüber ihren Kindern in diesem Fall als Betroffene an. Gleichzeitig ist nicht auszuschließen, dass bei einer kontinuierlichen Fortführung des Projektes auch Menschen mit Behinderung ausgebildet werden. Dies würde auch im Sinne von Los Pipitos geschehen, die beispielsweise im IMPP einen gehörlosen Audiologen beschäftigen. Insgesamt sehen wir das Anknüpfen und die Kombination dieser beiden Ansätze als gelungene Basis für das beschriebene Projekt.

4 Die Pferd gestützte Therapie

Die Pferd gestützte Therapie[2] bezieht sich in ihren verschiedenen Formen auf Bereiche der Psychologie, Pädagogik, Medizin, des Sports, der Rehabilitation und Freizeitgestaltung. Die Therapie kann den Menschen auf einer neuromotorischen, sensomotorischen, psychomotorischen und soziomotorischen Ebene beeinflussen (vgl. THE PEGASUS PROJECT 2005, 5ff.). Zentraler Wirkungsmechanismus auf funktioneller Ebene ist eine vom Pferd auf den Menschen übertragene Rotation. Zudem werden die Beschleunigungs- und die Zentrifugalkraft als Wirkungsmechanismen genutzt (vgl. HEINE 2006). Das Therapeutische Reiten ist eine ganzheitliche Therapieform, die alle Bereiche des Menschen einschließt: Geist, Körper und Seele. So zeigt sich durch die besondere Beziehung zwischen Mensch und Tier eine erhöhte Therapiemotivation seitens des Patienten/ der Patientin und auf diese Weise weitere Wirkungsmechanismen auf einer affektiven und sozialen Ebene. Zudem stellt die Konstellation „TherapeutIn-Pferd-PatientIn" eine Alternative zu den Zweier-Beziehungen in den meisten anderen Therapieformen dar. Es existiert ein/e Ko-TherapeutIn, der Schutz und Intimität des Patienten/ der Patientin wahren kann und Möglichkeiten der nonverbalen Kommunikation bietet (vgl. THE PEGASUS PROJECT 2005, 7ff.).

Das Therapeutische Reiten wird bei vielen unterschiedlichen Beeinträchtigungen eingesetzt: physische und sensorische ebenso wie kognitive, psychische und emotionale Beeinträchtigungen. Erfolge zeigen sich in den unterschiedlichsten Entwicklungsbereichen: Bewegung (Gleichgewicht, Fein- und Grobmotorik, Tonusregulierung, Koordination), Sprache (verbal und nonverbal), Emotionen (Gefühlsregulation, Verringern von Ängsten), Kognition (Verbesserung von Aufmerksamkeit und Gedächtnis) und Psyche (Erhöhen des Selbstvertrauens und des Selbstbewusstseins) (vgl. ebd., 3).

Neben den möglichen aus Europa bekannten Erfolgen einer Förderung bietet das Therapeutische Reiten innerhalb einer häuslichen Therapie in Nicaragua eine weitere bedeutende Möglichkeit: Das Pferd als Nutztier ist in den Alltag der Familien eingebunden. Wenn das beeinträchtigte Kind eine besondere Verbindung zu diesem Nutztier bekommt, erhält es auch eine weitere Möglichkeit, in den familiären Alltag integriert zu werden.

Das Therapeutische Reiten ist in Nicaragua noch weitgehend unbekannt. Wir haben während unseres Projektes eine Therapeutin kennengelernt, die in

[2] Im Weiteren: Therapeutisches Reiten

Nicaragua ausgebildet wurde und von zwei TherapeutInnen gehört, die in Spanien und den USA ihre Ausbildungen absolvierten.
In Nicaragua gelten Pferde als Überträger von Krankheiten und werden deshalb nicht in Kontakt mit kranken oder beeinträchtigten Menschen gebracht. Generell besteht eine andere Beziehung zu Tieren allgemein als in Deutschland (vgl. Abschnitt: Pferde in Nicaragua).

4 Projektentstehung

4.1 Ausgangslage

In den ländlichen Regionen Nicaraguas haben viele Familien abgesehen von Pferden oder anderen Lasttieren keine Transportmöglichkeiten. Häufig besteht deshalb keine Möglichkeit zum Besuch eines meist entfernter gelegenen Rehabilitationszentrums. Viele der betroffenen Familien leben von Subsistenzwirtschaft und können auch kleine Summen an das Rehabilitationszentrum nicht zahlen. Des Weiteren fehlt ihnen das Busgeld, um zu den jeweiligen Zentren zu gelangen.
Deshalb hatte Gladys OBREGON, eine Physiotherapeutin von Los Pipitos, die Idee, das Therapeutische Reiten in Form von gemeinwesenorientierter Rehabilitation in Nicaragua zu implementieren. Die Projektidee entstand 2006 durch ihren Besuch beim „Nicaragua-Forum Heidelberg" in Deutschland, wo sie das Therapeutische Reiten erstmals kennenlernte (vgl. Nicaragua-Forum Heidelberg 2007). Das Hauptziel des Projekts sollte die Ausbildung der betroffenen Familien sein. Dadurch sollte ihnen eine Möglichkeit für eine selbständige und kostengünstige Methode der Rehabilitation geboten werden, wobei natürliche und vorhandene Ressourcen genutzt und die gegebenen Bedingungen beachtet bleiben.

4.2 Kooperationen und Zeitrahmen

Nachdem im Jahr 2006 durch zwei ASA-Stipendiatinnen und eine Teilnehmende des Nachwuchsförderungsprogramms des DED das Pilotprojekt vorbereitet wurde, konnte das Projekt von September bis Dezember 2007 in Zusammenarbeit von ASA und Los Pipitos durchgeführt werden.

Abb. 1: Teilnehmerin eines Seminars

ASA ermöglicht jährlich ca. 240 StipendiatInnen einen dreimonatigen Aufenthalt in einer entwicklungspolitischen Organisation. Die TeilnehmerInnen des Programms sind StudentInnen, Bachelor-AbsolventInnen oder Personen mit einer abgeschlossenen nicht-akademischen Berufsausbildung.
Los Pipitos arbeitet bereits seit über zwanzig Jahren als Elterninitiative mit über achtzig Zentren in Nicaragua, wobei das IMPP in Managua die Zentrale der Organisation darstellt. Es besteht ein Netzwerk zwischen den Zentren, um den Wissensaustausch über Bedürfnisse und Bedingungen in den unterschiedlichen Regionen und Zentren zu ermöglichen. Die Organisation setzt sich zusammen aus Fachpersonal sowie angelernten Eltern und HelferInnen. Der jährliche Spendenmarathon „Teletón“ finanziert die Organisation hauptsächlich. In den meisten Zentren arbeiten kaum Fachkräfte und ein Großteil der Organisation wird von betroffenen Eltern getragen. Zudem ist Los Pipitos im gesamten Land nahezu der einzige Anbieter für Rehabilitation.

4.3 Pferde in Nicaragua

Pferde gibt es in allen Regionen Nicaraguas. Sie werden als Arbeitstiere für Transport und Feldarbeit genutzt. Die Arbeit mit Pferden ist in Nicaragua Männersache. Auf dem Land besitzen und benutzen meist mehrere Familien gemeinsam ein Pferd und helfen sich so gegenseitig. Allerdings behält eine Familie ein Pferd in der Regel nicht länger als ca. fünf Jahre. Die Pferde werden immer wieder verkauft und neu gekauft. Ein Arbeitspferd kostet zwischen 3000 und 4000 Cordobas, dies entspricht ca. 105 bis 139 Euro. Tierärzte werden auf dem Land kaum genutzt, stattdessen werden eigene Heilmethoden angewendet und die Lebenserwartung eines Arbeitspferdes beträgt hier ca. 18 Jahre. Neben den Arbeitspferden existieren Rassepferde für die Pferdeparaden, sogenannte “Hípicas”, die in fast jeder Stadt jährlich durchgeführt werden.

5 Das Projekt

5.1 Ablauf und Inhalte

Unsere Tätigkeiten bestanden hauptsächlich in der Planung, Organisation, Durchführung und Evaluation von Ausbildungsseminaren. Insgesamt wurden vier Ausbildungsseminare, zwei in Managua mit Los Pipitos-MitarbeiterInnen aus verschiedenen Regionen, eines in Condega und eines in Somoto durchgeführt. Außerdem fand ein Elternseminar in Zusammenarbeit mit dem CBR-Programm und Los Pipitos Estelí in Estelí/ Miraflór statt.

Abgesehen davon führten wir Besuche in einem reittherapeutischen Zentrum in Managua durch, um eine Kooperation mit Los Pipitos zu initiieren. Ebenso wurde ein Besuch bei einer Familie im ländlichen Gebiet Miraflór gemacht, um Dokumentationsmaterial zu sammeln und Interviews zu führen. Zum Abschluss erstellten wir ein Archiv im IMPP mit allen genutzten Materialien, um den MitarbeiterInnen weiterhin eine Arbeit in dem Bereich zu ermöglichen.

5.2 Die Seminare

An den Seminaren, mit Ausnahme des Elternseminars in Miraflór, nahmen 46 Fachkräfte, Eltern und sonstige Interessierte aus zwanzig verschiedenen Gemeinden Nicaraguas teil. Davon waren 35 Frauen und elf Männer. Der Fachkräfteanteil war in den Seminaren in Managua deutlich höher als in den beiden Seminaren in den ländlichen Regionen (vgl. Abb. 2). Hierbei zeigte sich jedoch, dass die Effektivität der Seminare in den ländlichen Regionen wesentlich höher war als in der Hauptstadt, da die TeilnehmerInnen dort wesentliche Voraussetzungen mitbrachten: gute reiterliche Fähigkeiten, gewohnter Umgang mit Reittieren sowie eine höhere Motivation.

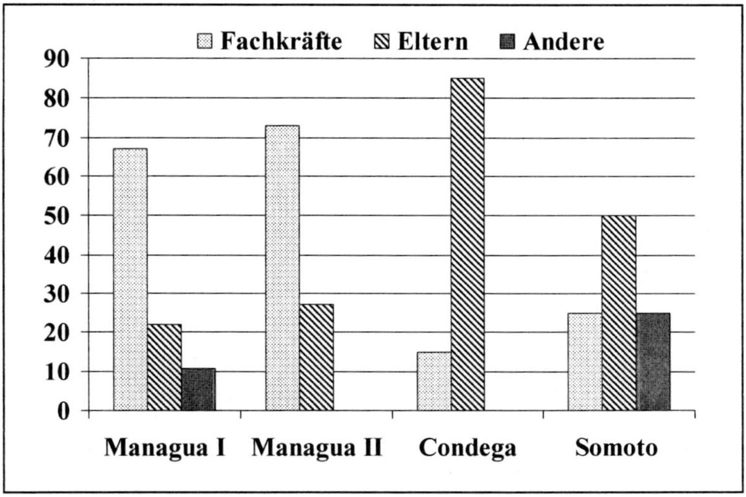

Abb. 2: Teilnehmerstruktur der Seminare

In den Seminaren wurden sowohl theoretisches Basiswissen wie auch praktische Fertigkeiten vermittelt. Zudem nahmen Selbsterfahrungsübungen mit dem „co-terapéuta", dem Pferd, einen großen Teil der Seminare ein. Das Elternseminar in Miraflór nimmt eine gesonderte Stellung ein, da wir in diesem Fall den Seminarinhalt auf einen Tag kürzen mussten und aufgrund der gegebenen Umstände fast ausschließlich praktische Arbeit durchführten (vgl. NICARAGUA-FORUM HEIDELBERG 2007). Während und zum Ende der Seminare führten wir gemeinsam mit den TeilnehmerInnen qualitative und quantitative Evaluationen durch, die wir in der Planung weiterer Seminare berücksichtigt haben.

6 Ergebnisse und Schwierigkeiten

Schwierigkeiten des Projekts entstanden vor allem durch den geringen zeitlichen Rahmen. Dadurch bestand nicht genügend Zeit für eine intensive Eingewöhnung auf unterschiedliche Arbeits- und Kommunikationsweisen zwischen den beteiligten Personen und uns. Folge waren Fehlkommunikation, verschiedene Zielvorstellungen und eine Stagnation im Informationsfluss. Trotz einer sechsmonatigen Vorbereitungsphase in Deutschland unsererseits

und einer einjährigen Vorbereitungsphase von Seiten der Organisation Los Pipitos entstanden derartige Schwierigkeiten.
Etwa vier bis sechs Wochen nach den Seminaren führten wir Umfragen unter den Teilnehmenden durch, um die bisherige Umsetzung des Gelernten festzuhalten. Wir erhielten elf von neunzehn Evaluationsbögen zurück. Es stellte sich heraus, dass alle elf Gemeinden in irgendeiner Form ihr Wissen verarbeitet haben: Es wurde von Informationsveranstaltungen, Planungen für das kommende Jahr, der Suche nach Unterstützungsmöglichkeiten bis zu begonnenen Therapien berichtet.

Abb. 3: Teilnehmerin eines Seminars mit ihrer Tochter

6.1 Öffentlichkeitsarbeit und Follow-Up

Die bisherige projektbezogene Öffentlichkeitsarbeit begann im Februar 2008 mit einem Vortrag bei einer Sektionssitzung der Städtepartnerschaft Herne-Ometepe. Im Herner Projekt stehen gesundheitliche und bauliche Maßnahmen im Vordergrund. Im März und April 2008 folgten dann zwei weitere

Projektvorstellungen auf Seminaren des ASA-Programms. Im April 2008 veröffentlichten wir einen Artikel auf dem Internetportal „www.menschen-international.de“ und Ende Mai eröffneten wir schließlich unsere Ausstellung über das Projekt in der RehaNova Klinik Köln.
Im Juni und Juli 2008 führten wir ein Follow-Up einiger ausgewählter Gemeinden durch, um uns durch Interviews und Besuche der Zentren über die weitere Entwicklung des Projekts zu informieren. Die Besuche, beziehungsweise Interviews wurden mit sechs Gemeinden durchgeführt: Condega, Somoto, Estelí, Miraflór, Managua und Rivas. Es stellte sich heraus, dass es in zwei Gemeinden, Somoto und Estelí, nach dem Beginn der Therapien durch Leitungswechsel u.ä. zu Problemen in der Organisation der Zentren gekommen war. Ein neues Zentrum in Ocotál wird von Los Pipitos geplant und in die Planung soll das Therapeutische Reiten als kontinuierliches Angebot eingeschlossen werden. In Condega besucht eine Therapeutin dreimal im Monat die Familien der drei zugehörigen Sektoren, um vor Ort mit den Familien und ihren eigenen Pferden Therapeutisches Reiten zu praktizieren. Von denen zu Miraflór zugehörigen Gemeinden haben zwei Therapeutinnen (aus Yalí und San Nicolás) begonnen, mit ihren Pferden in die Familien zu reiten und dort gemeinsam Therapien durchzuführen.
In Managua gab es keine Fortsetzung, da die städtischen Bedingungen nicht für diese Projektform geeignet sind. Dennoch hat ein Physiotherapeut des Instituts eine Elterninformationsveranstaltung in Masaya angeboten, um sein Wissen weiterzutragen und zur Eigentätigkeit zu ermuntern. In Rivas wurde durch ein geliehenes Pferd auf dem Zentrum eigenen Gelände mit Therapien begonnen, die jedoch im April 2008 beendet werden mussten, da das Pferd erkrankte. Das Zentrum ist nun auf der Suche nach einem weiteren Pferd.

6.2 Nachhaltigkeit und Fortführung

Die abschließende Evaluation und das Follow-Up zeigen, dass vor allem Eltern aus den ländlichen Regionen in dieser Therapieform ausgebildet werden sollten, um die Ressourcen des Landes zu nutzen und die geeignete Zielgruppe zu erreichen. Dies würde einen größeren Erfolg und eine höhere Effektivität bei weniger Aufwand und weniger Kosten bedeuten. Ein ressourcenorientierter Ansatz im Sinne von HELANDER und WERNER wird durch die bisherigen Ergebnisse des Projekts bestätigt. Ein wichtiger Faktor für die Fortführung des Projekts kann die Kooperation mit dem nationalen CBR-Programm sein. Ein Finanzierungsantrag für eine Fortführung des Projekts wurde von Los Pipitos Managua erarbeitet. Die Organisation strebte eine Zusammenarbeit mit der Christoffel-Blindenmission (CBM) an. Zum jetzigen Zeitpunkt steht jedoch auf Initiative von Los Pipitos Condega eine mögliche Förderung durch den United Nationas Voluntary Fund on Disability im Vordergrund. Hierbei wird die Gemeinde von der Fundación Am-En aus Quito/ Ecuador unterstützt.

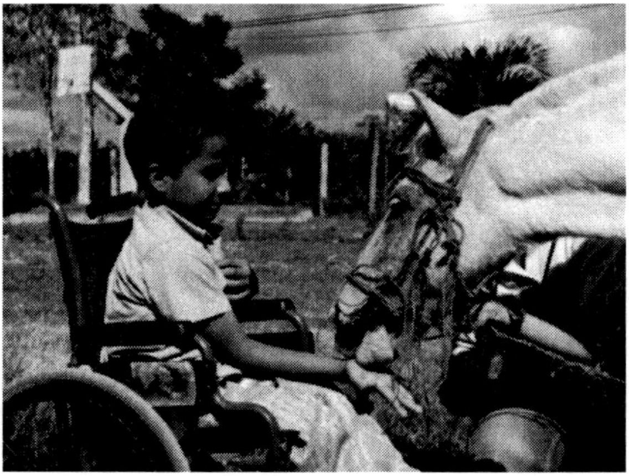

Abb. 4: Kind in einem Seminar nach der Therapie

Literatur

ALBRECHT, F. (1993): „Sonderpädagogik Dritte Welt" – Ausgangslagen, Selbstverständnis und Zielsetzungen. In: Behindertenpädagogik. Heft 4/1993, S. 371-391

ALBRECHT, F. (1996): Wissenschaftlicher Modetrend oder notwendiger Beitrag zur Interkulturellen Verständigung – einige Reflexionen zur Verankerung der Thematik „Behinderung und Dritte Welt" in Forschung und Lehre an Hochschulen in deutschsprachigen Ländern. In: Bericht des Symposiums der Bundesarbeitsgemeinschaft „Behinderung und Dritte Welt". 14.-16. Juni 1996. Cursdorf/ Thüringen, S. 9-23

ALBRECHT, F. (1997): Am Gemeinwesen könnte die Sonderpädagogik genesen. Die Gemeinschaft und ihre Bedeutung für eine soziokulturell angepasste Prävention und Rehabilitation in den Ländern der Dritten Welt. In: ALBRECHT, F./ MEISER, U. (Hrsg.): Krankheit, Behinderung und Kultur. IKO. Frankfurt/ M., S. 141-180

ARISTIZÁBAL, M. (2004): Probleme und Herausforderungen für die Integration von Menschen mit Beeinträchtigung in Lateinamerika. In: Zeitschrift Behinderung und Dritte Welt. 2/2004, S. 52-55

BIEWER, G. (2006): Community-Based Rehabilitation aus heilpädagogischer Sicht. Eine konstruktive Auseinandersetzung mit dem Rehabilitationsmodell der WHO. In: ALBRECHT, F./

BÜRLI, A./ ERDÉLYI, A. (Hrsg.): Internationale und Vergleichende Heil- und Sonderpädagogik. Aktuelle Diskussionen, Ergebnisse und Herausforderungen. Bad Heilbrunn, S. 139-147

CHAUDHURY, G./ MENON.SEN, K./ ZINKIN, P.(1995): Disability Programmes in the Community. In: Zinkin, P./ McConachine, H. (Hrsg.): Disabled Children & Developing Countries. Cambridge University Press. Institute of Child Health. Mac Keith. London, S. 152-182

GEISER, A. (1998): Aus Fehlern wird man klug. Wenn man sie erkennt! Eine empirische Untersuchung bestehender Entwicklungshilfeprojekte im Bereich der Behindertenarbeit unter Berücksichtigung des Ansatzes der Community-Based-Rehabilitation am Beispiel Kenia. Aachen.

HEINE, B. (2006): Movement and posture – understand movement of man and horse. Vortrag bei: 2nd International Clinic of Therapeutic Riding. 23.-26.05.2006. Kürten-Biesfeld

HELANDER, E. (Hrsg.) (1989): Training in the Community for people with disabilities. Programme for the United Nations Decade of Disabled Persons. WHO. Geneva

IRMLER, M./ JANSEN, H. (2008): El Co-terapéuta. Therapeutisches Reiten in Nicaragua. Auf: http://www.menschen-international.de/?m=interaktiv&t=laendertexte&l=27. Download 11.11.2008

MILES, M. (1994): The „Community Base" in Rehabilitation Planning: Key or Gimmick? In: MARFO, K./ THORBURN, M. J. (Hrsg.): Practical Approaches to Childhood Disability in Developing Countries. Insights from Experience and Research. Global Age Publishing. Tampa/ Florida, S. 287-302

NICARAGUA-FORUM HEIDELBERG (Hrsg.) (2007): Los Pipitos: Zwischen Hurrikan und Regenbogen. http://www.nicaragua-forum.de/projekte/lospipitos02-2007.shtml. Download 11.11.2008

THE PEGASUS PROJECT (Hrsg.) (2005): Examples of Good Practice in Equine Assisted Therapy. George Mann Publications. Hampshire

TÜSCHENBÖNNER, H. (2001): Behinderung in Afrika. Zur Situation und Rehabilitation behinderter Menschen im östlichen und südlichen Afrika mit besonderem Schwerpunkt der CBR. Bochum. Schriftenreihe der Ev. Fachhochschule Rheinland-Westfalen-Lippe

VÁSQUEZ, A. (2003): La discapacidad en América Latina. Organización Panamericana de Salud. Washington

WERNER, D. (1996): Disabled Village Children. A Guide for community health workers, rehabilitation workers and families. The Hesperian Foundation. Palo Alto

WHO, UNESCO, ILO (2004): CBR. A Strategy for Rehabilitation, Equalization of Opportunities, Poverty Reduction and Social Inclusion of People with Disabilities. Joint Position Paper. http://www.dinf.ne.jp/doc/english/intl/cbr/cbr_e.html#startreading. Download 19.1.2007

ZIMMERMANN-ERLACH, M. (1993): Gemeindenahe Rehabilitation und Integration Behinderter Kinder in Nicaragua – Kommunikations- und Entwicklungsförderung im Bezirk III von Managua. Unveröffentlichte Diplomarbeit. Universität Dortmund

Annabel Raphaela Haas, Kathrin Koch, Judith Kurz

Zum Verständnis von Behinderung in unterschiedlichen Ländern und daraus resultierenden Handlungskonzepten

1 Einleitung

Die Verfasserinnen dieses Artikels sind Studentinnen des Studiengangs Integrative Heilpädagogik/ Inclusive Education an der Evangelischen Fachhochschule in Darmstadt. Es handelt sich hierbei um einen internationalen Studiengang, der in Kooperation mit der Bárczi Gusztáv Hochschule in Budapest und der Diakoniefachhochschule in Finnland entwickelt wurde. Inhaltlich geht es im Studiengang um die Herstellung nicht aussondernder Lern- und Lebensverhältnisse und deren fach- und gesellschaftswissenschaftliche Begründung. Innerhalb des Studiums sind zwei Praxissemester vorgesehen. Ein Teil der Internationalität des Studiengangs besteht darin, dass ein Praktikum von fünf Monaten im 6. Semester im Ausland absolviert wird. Inhalt dieses Praktikums ist die pädagogisch-didaktische Umsetzung eines Projektes. Ein zweites Praktikum im 7. Semester von mindestens 11 Wochen, das wahlweise ebenfalls im Ausland erbracht werden kann, hat Gemeinwesenarbeit als Schwerpunkt. Wesentliches Ziel der Praktika ist es, Praxiserfahrungen vor einem entsprechenden theoretischen Hintergrund reflektieren und abbilden zu können.
Im Folgenden möchten wir unsere Erfahrungen und Erkenntnisse reflektieren. Die Inhalte der Berichte aus Nepal zum pädagogisch-didaktischen Projekt von J. Kurz und K. Koch und aus Ecuador zu einem Projekt im Gemeinwesen von A. Haas werden durch die verschiedenen Schwerpunkte zwar unterschiedlich aussehen, da es sich aber um ähnliche Lernprozesse handelt, wird abschließend eine gemeinsame Reflexion vorgenommen.

2 Nepal

Nachdem zunächst eine theoretisch-fachliche Einordnung des Projektvorhabens vorgenommen wird, folgt ein kurzer Einblick in das Land Nepal und anschließend in die Praxisstelle, eine Sonderschule für Kinder mit geistiger

Behinderung. Damit sollen die Bedingungen, unter denen unser Projekt umgesetzt wurde, deutlich werden. Wir erheben dabei nicht den Anspruch, grundsätzlich verallgemeinerbare Tatsachen darzustellen. Es handelt sich vielmehr um eine Reflexion subjektiver Einschätzungen über Verhaltensweisen und Einstellungen, denen wir in Nepal begegnet sind. Das pädagogische Projekt, von dem die Rede sein wird, hatte die gemeinsame Umgestaltung des Morgenprogramms für alle Kinder der Schule zum Inhalt. Aufgrund der von uns als problematisch eingeschätzten Situation (starke Unausgeglichenheit der Kinder; Gleichgültigkeit und Resignation der Lehrer/innen) war das Hauptanliegen, eine positive Ausrichtung auf den Tag zu erreichen und Bedingungen zu ermöglichen, durch welche den individuellen Bedürfnissen der Kinder Rechnung getragen wird. Durch ein Programm, das den momentanen Handlungskompetenzen der Kinder entspricht, sollte neue Motivation und Freude entstehen (vgl. KOCH/ KURZ 2007, S. 35).

2.1 Theoretisches Fundament

Die Planung und Umsetzung des Projekts erfolgte auf Grundlage der Kritisch-konstruktiven Didaktik von Wolfgang Klafki (vgl. KLAFKI 1996) und der Entwicklungslogischen Didaktik von Georg Feuser (vgl. FEUSER 1995), mit dem Ziel, kooperative, dialogisch-kommunikative Erziehungs- und Bildungsprozesse aufzubauen, an denen alle Lernenden beteiligt sind und gemeinsam tätig werden können. Dies sollte unter Berücksichtigung von Subjektorientierung, innerer Differenzierung (d.h. Differenzierung der Methoden und Medien, die für den Lernerfolg eingesetzt werden) und Individualisierung von Lernzielen umgesetzt werden. Lernziele sollten sich dabei an den aktuellen Kompetenzen jedes Einzelnen orientieren.
Der Lernschwerpunkt für uns als Studierende lag neben der Umsetzung eines eigenen Projekts in der Einbeziehung und Beachtung der kulturellen Gegebenheiten und der Rahmenbedingungen, sowohl des Landes, als auch der Praxisstelle.

2.2 Informationen zu Nepal

Mit 147.181 km² ist Nepal ca. doppelt so groß wie das Bundesland Bayern. Es liegt zwischen den beiden bevölkerungsreichsten Ländern der Erde: Indien und China. Die 25 Mio. Einwohner unterteilen sich in 60 verschiedene ethnische Gruppen und Kasten. Amtssprache ist Nepali, es werden aber über 100 Lokalsprachen gesprochen. Nach seinen Entwicklungsindikatoren ist Nepal eines der ärmsten und am wenigsten entwickelten Länder der Erde. Die Armutsrate liegt bei 42%, die Lebenserwartung bei 60 Jahren, die Alphabeti-

sierung bei 48% (davon mehrheitlich die männliche Bevölkerung) und das BIP bei 1.310 US-$/Person/Jahr (vgl. BUNDESMINISTERIUM FÜR WIRTSCHAFTLICHE ZUSAMMENARBEIT UND ENTWICKLUNG 2007).
Nepal verfügt über ein klar strukturiertes Bildungssystem. Es besteht eine gesetzliche Verpflichtung zu mindestens fünf Jahren Schulbildung. Den Abschluss der Grundschule erreichen im Durchschnitt nur 51% der Schülerinnen und Schüler. Die Erfolgsrate der nationalen Abschlussprüfungen nach der 10. Klasse liegt bei 20% (vgl. PHASE worldwide 2005).
Bezüglich des Gesundheitswesens kann folgendes zusammengefasst werden: In Nepal erfolgt keine finanzielle Versorgung oder soziale Versicherung durch den Staat. 47% der Kinder leiden an Mangelernährung, im Durchschnitt ist ein Arzt für 15.000 Menschen zuständig und im ländlichen Bereich werden hauptsächlich traditionelle Anbieter wie Schamanen, tibetische Medizin und Aryuveda genutzt (vgl. ebd.).

2.3 Menschen mit Behinderung

Armut und Behinderung sind in einem Entwicklungsland wie Nepal eng miteinander verbunden und beeinflussen sich gegenseitig. Die gesundheitliche und soziale Versorgung der Menschen ist in den meisten Fällen nicht ausreichend gewährleistet. Schlechte Lebensbedingungen, Mangel an Hygiene, unsauberes Trinkwasser, Mangel an sanitären Anlagen und unzureichende Nahrungszufuhr tragen dazu bei, dass Erkrankungen begünstigt werden. Diese können wiederum zur Entstehung von Behinderungen führen (vgl. UNICEF 2001, 44).
Bildung für Menschen mit Behinderung stellt ein absolutes Privileg dar. 68,2% aller Menschen mit Behinderung in Nepal erhalten keine Bildung. Die Mehrheit der Kinder und Jugendlichen mit Behinderung, die Schulbildung erhalten, nehmen am Unterricht in den Regelschulen teil. Viele von ihnen kommen jedoch mit den Leistungsanforderungen nicht zurecht, so dass ungefähr 30% die Schule frühzeitig wieder abbrechen müssen (vgl. ebd., 132). Ebenso haben die meisten Menschen mit Behinderungen keinen Zugang zum Arbeitsleben und sind aufgrund dessen nicht in der Lage, zum Lebensunterhalt der Familie beizutragen. Aufgrund der fehlenden Unterstützung durch den Staat sind sie darauf angewiesen, von ihren Familien versorgt und finanziell unterstützt zu werden. Dies stellt für die Familie eine zusätzliche Belastung dar und für den Menschen mit Behinderung ein Leben in der Abhängigkeit von anderen.
Die Wahrnehmung von Menschen mit Behinderung ist stark geprägt von der vorherrschenden Religion, dem Hinduismus. Danach gilt das eigene Schick-

sal als Resultat des jetzigen und vorherigen Lebens. Behinderung wird somit oftmals als Strafe der Götter angesehen, welche die Betroffenen durch schlechte Taten selbst verschuldet haben. Aufgrund dieses Glaubens ist die Akzeptanz von Menschen mit Behinderung in der Gesellschaft gering. Mit zunehmender Bildung der Bevölkerung verändert sich diese Sichtweise zwar, aber vorwiegend in ländlichen Gebieten halten sich überkommene religiöse und kulturelle Sichtweisen lange (vgl. UNICEF 2001, 87).

2.4 Die Praxiseinrichtung

Die Sonderschule, in die unser Projekt eingebettet war, gehört zu einer freiwilligen nationalen und sozialen Organisation, der „Association For The Welfare Of Mentally Retarded“ (AWMR). Die Organisation wurde 1981, im Internationalen Jahr der Behinderten, ins Leben gerufen, um umfassende Dienstleistungen zur Fürsorge von Menschen mit geistiger Entwicklungsverzögerung und deren Familien anzubieten. AWMR ist seit 1984 staatlich anerkannt als Nepals nationale Schirmorganisation für die Betreuung, Bildung, Schulung und Rehabilitation von Menschen mit geistiger Entwicklungsverzögerung. Derzeit gibt es landesweit über 32 Standorte mit Beratungsstellen und Schulen. Einer der Arbeitszweige von AWMR ist die Sonderschule mit Familienberatungsstelle in Sinamangal, einem Stadtteil von Kathmandu, in der wir als Praktikantinnen unser Projekt durchführten.

In den drei Klassen der Schule, die von Montag bis Freitag zwischen 10:30 und 14:30 angeboten werden, wurden während unserer Praktikumszeit durchschnittlich 17 Kinder zwischen 6 und 14 Jahren unterrichtet. Die Klassen sind bezüglich des Alters der Schülerinnen und Schüler gemischt. Sie sind nach verschiedenen Entwicklungsstufen bzw. Behinderungsarten der Kinder unterteilt. In der Einrichtung arbeiten ein Direktor, fünf Lehrerinnen und Lehrer, ein Busfahrer, ein Helfer für den Fahrservice, zwei Helferinnen für Aufgaben, welche die körperliche Pflege der Kinder und die Haushygiene betreffen und zwei Freiwillige der beiden Entwicklungszusammenarbeitsorganisationen JIKA aus Japan und KOIKA aus Korea.

2.5 Rahmenbedingungen

Wir möchten nun bestimmte Rahmenbedingungen aufzeigen, die wir während unseres Praktikums beobachten konnten und die sowohl die Wahl als auch die Durchführung unseres Projektes maßgeblich beeinflusst haben. Dabei ist jedoch zu berücksichtigen, dass die Wahrnehmung dieser Rahmenbedingungen von unserem Werte- und Normensystem beeinflusst ist.

Während unseres Aufenthaltes konnten wir des Öfteren durch eigene Beobachtungen und Gespräche mit unterschiedlichen Personengruppen erfahren, dass Arbeit als solches in Nepal in vielen Fällen einen anderen Stellenwert einnimmt als in unserer westlichen Kultur. Da es keine sozialen Sicherungssysteme gibt, geht es vor allem darum, einen Lohn zu erhalten, um damit das Überleben und die anfallenden Lebenskosten für sich und die Familie zu sichern. Der Wunsch nach Identifikation bzw. Erfüllung durch Arbeit stellt sich in vielen Fällen nicht. In der Folge wirkt sich dies oft auch auf die Berufswahl aus. So wählte die Mehrzahl der Lehrkräfte unserer Praxisstelle ihren Beruf nicht aus Interesse an der Arbeit mit behinderten Kindern, sondern vielmehr aus pragmatischen Gründen. Dazu zählten beispielsweise die Nähe zum Wohnhaus, geringe Einstiegsqualifikationen und der geringe Arbeitsaufwand.

Die theoretische Ausbildung der Lehrkräfte ist gerade im heil- und sonderpädagogischen Bereich ungenügend. In der Regel ist Voraussetzung für die Arbeit in der Sonderschule lediglich eine zweiwöchige Fortbildung. Dies hat zur Folge, dass das Lehrpersonal nicht ausreichend über Kenntnisse verfügt, welche Förderung Kinder ihrem Entwicklungsniveau entsprechend benötigen und wie auf die Bedürfnisse der einzelnen Kinder adäquat eingegangen werden kann. Demzufolge wirkt sich das fehlende Fachwissen auf den Umgang mit den Kindern und auf die Wahl der Lernangebote aus.

Die Konzepte, die der Gestaltung des Unterrichts in der Schule zugrunde liegen, sind vor allem durch Organisationen der Entwicklungszusammenarbeit z.B. aus Dänemark, Japan und Korea geprägt. Diese wurden von den Lehrern übernommen und seit Jahren ohne größere Veränderungen und Abweichungen durchgeführt. Veränderungen im Schulalltag wurden erst dann vorgenommen, wenn neuer Input von ausländischen Entwicklungszusammenarbeitsorganisationen kam und vorangetrieben wurde. Insofern bestand die Erwartung der Lehrerinnen und Lehrer in Bezug auf unsere Tätigkeit darin, dass wir den Unterricht übernehmen und für Veränderungen verantwortlich sein sollten. Ebenso erhofften sich die Lehrkräfte in vielen Fällen von uns Patentlösungen für Schwierigkeiten, die sie mit bestimmten Kindern hatten.

2.6 Das Projektvorhaben

Vor dem Hintergrund der genannten Rahmenbedingungen stellte sich uns die Frage, wie ein pädagogisches Projekt, dass auf der Grundlage der Entwicklungslogischen Didaktik basiert, auf ein anderes Land mit anderen Strukturen, Normen und Wertvorstellungen übertragen werden kann. Die Beantwortung dieser Frage ist unserer Ansicht nach in der Beachtung von folgenden Gesichtspunkten zu verorten: Kooperation mit den Beteiligten ist eine wesentliche Voraussetzung für die Umsetzung eines nachhaltigen Projektes. Deshalb war es uns wichtig, dass sich die Lehrerinnen und Lehrer von Anfang an mit dem Projekt identifizieren konnten, indem wir die Planung und Durchführung gerade nicht allein übernahmen, sondern regelmäßige gemeinsame Besprechungen einführten und die Lehrkräfte durch praktische Einbindung in neue Aktivitäten, in denen sie ihre Ideen zur Entwicklung des Projektes einbrachten, zur Zusammenarbeit motivierten. Auch wenn wir versuchten, das pädagogisch-didaktische Konzept der Projektarbeit mit dem Ziel der Einbeziehung aller Kinder verständlich zu machen, war es uns ein Anliegen, dies nicht in der Rolle der selbst ernannten „Wohltäter“ aus dem Westen zu tun, die ihre Vorstellungen von pädagogischem Handeln als etwas „Besseres“ überbringen. Vielmehr haben wir versucht, durch das Offenlegen unseres wissenschaftstheoretischen Verständnisses zu erklären, wie vor dem Hintergrund eines bestimmten Menschenbildes, das jede Person als selbstorganisierendes Individuum sieht, unser pädagogisches Handeln zu begründen ist (vgl. STEIN 2007, 10). Praktisch haben wir dies anhand der einzelnen Elemente unseres Projektes aufgezeigt, durch welche die Lehrkräfte konkret erfahren konnten, dass sich jedes Kind weiterentwickeln kann, wenn es seinem Entwicklungsstand angemessene Lernangebote und Möglichkeiten zum aktiven Handeln erhält (vgl. KOCH/ KURZ 2007). Dies kann aber nur vor dem Hintergrund der Anerkennung und Wertschätzung des Fremden geschehen und der Offenheit, sich auf Fremdes einzulassen und dies in die Planung und Umsetzung eines Projektes einzubeziehen.

3 Ecuador

Im Rahmen des zweiten Praxissemesters ging ich für vier Monate in den Kanton Playas in Ecuador. Kooperationspartner dieses Praktikums war v.a. das Kinderhilfswerk Plan International und die Gemeindeverwaltung vor Ort, die miteinander und mit dem nationalen Institut für Familie und Kinder (INNFA) ein Netzwerk bilden. Ziel unserer Kooperation war es, die Bevölkerung hinsichtlich eines Community Based Rehabilitation (CBR)-Projekts zu sensibilisieren.
Im folgenden Text wird zunächst das Land Ecuador und Playas vorgestellt, um die Rahmenbedingungen aufzuzeigen, unter denen die Menschen dort leben und in dem das Projekt stattfand. Anschließend wird das theoretische Konzept der CBR dargestellt, um zum Schluss die Tätigkeitsfelder des Prak-

tikums genau zu beschreiben. Der Leser sollte berücksichtigen, dass hier von Erfahrungen, die in Playas gemacht wurden, berichtet wird und dass insofern keine verallgemeinernden Aussagen für ganz Ecuador gemacht werden können.

3.1 Informationen zu Ecuador und Playas

Ecuador, das kleinste andine Land in Lateinamerika, zählt ca. 13,5 Mio. Einwohner, wovon die meisten in den Städten Guayaquil oder Quito leben (Stand 2005). Die Armut in der Bevölkerung liegt bei 71%, wovon 31% von extremer Armut betroffen sind. Der Anteil der Analphabeten liegt bei 14% auf dem Land und bei 5% in der Stadt. Die Erwerbslosigkeit liegt bei 10,7%, wobei die meisten Menschen im informellen Sektor arbeiten. Rund 81% der Bevölkerung haben keine gesundheitliche Versorgung. Das BIP liegt bei 2777 $/Person/Jahr, während es z.B. in Deutschland bei 32.000 $ liegt (vgl. INWENT 2009, o.S.).

Der Kanton Playas, am Pazifik gelegen, zählt ca. 30.600 Einwohner, wovon ca. 1000-1500 Menschen eine Beeinträchtigung haben. Laut ALBRECHT (2005, 4) ist davon auszugehen, dass ca. 90% der Beeinträchtigungen exogen verursacht sind. Gründe dafür sind fehlende staatliche Hilfeleistungen, die wiederum für Unterernährung und unzureichende medizinische Versorgung oder verseuchtes Trinkwasser verantwortlich sind. Die meisten Bewohner leben in sehr einfachen Verhältnissen, in Häusern, die aus Palmenblättern gebaut sind, die aus einem einzigen Raum für oftmals mindestens sechs Familienmitglieder bestehen, für die es eine Mahlzeit pro Tag gibt. In manchen Vierteln gibt es weder Strom noch Wasser noch Infrastruktur. Die meisten Menschen arbeiten hier im Fischfang oder im Tourismusbetrieb (vgl. HAAS 2008, 3ff.).

Grundsätzlich besteht Schulpflicht für alle Kinder zwischen sechs und elf Jahren. Es gibt viele staatliche und private Schulen in Playas, doch viele Kinder, v.a. die mit Beeinträchtigungen, besuchen sie nicht, denn es bestehen überhaupt keine Sonderschulen und obwohl im Gesetz geregelt ist, dass Kinder mit Beeinträchtigungen in das Regelschulsystem integriert werden sollen, werden sie nur im seltensten Fall beschult. Außerdem fehlt es an Spezialisten und bei einer durchschnittlichen Klassenstärke von 40 bis 50 Kindern pro Lehrer weigern sich viele Schulen, beeinträchtigte Kinder aufzunehmen. Auch kommt es oft vor, dass viele Eltern ihre beeinträchtigten Kinder gar nicht erst in die Schule schicken bzw. zurücknehmen und diese ohne weitere Förderung in ihren Familien verbleiben, da es oft an Geldmitteln fehlt. Häufig erfahren Familien mit beeinträchtigten Mitgliedern eine hohe Zurückweisung seitens der Gesellschaft, in der sie leben. Daher sind Menschen mit Beeinträchtigungen an ihre Familie und ihr Zuhause gebunden und es kommt nicht selten vor, dass beeinträchtigte Mitglieder versteckt werden. Deutlich wird daran, wie Menschen mit Beeinträchtigungen vom regulären Gesellschaftssystem ausgeschlossen werden. Es gibt „kaum aufnehmende und unbefangene Orte und Gelegenheiten außerhalb dieses geschützten Bereiches (...). Das Sich-hinaus-Begeben mit dem beeinträchtigten Kind bedeutet insofern immer eine Überwindung, einerseits ist da die Angst vor der (unglücklichen) Reaktion des Umfelds – es geht hier darum, sein Kind vor der schlechten Erfahrung zu bewahren – andererseits ist da die Angst vor der Projektion des Umfelds, d.h. vor den insgeheimen Befürchtungen und Unterstellungen der Anderen, moralisches Fehlverhalten sei für die Schädigung des Kindes verantwortlich" (ALBRECHT 2004, 60). Diese Beobachtung habe ich sehr oft gemacht: Einerseits wurde mir von Seiten des Netzwerkes immer wieder erklärt, dass es viele Menschen mit Beeinträchtigung gibt, die ‚incognito' leben, weil deren Familienmitglieder sie aus Scham nicht aus den Häusern lassen. Andererseits erklärten mir Mütter von beeinträchtigten Kindern, dass die Beeinträchtigung entstanden sei, weil sie von Gott bestraft oder geprüft würden, oder dass die eigene Wut auf den Ehemann das Kind beeinträchtigt hätte. Eine weitere Erklärungsweise für Behinderungen ist das Dilemma zwischen dem Unwissen der breiten Bevölkerung und die stark individuumszentrierte Sichtweise auf Beeinträchtigung, aber auch die fehlende Unterstützung von Seiten der Regierung, der öffentlichen Institutionen usw., um das Unwissen aufzulösen und die Bedürfnisse der beeinträchtigten Personen zu stillen.

3.2 Community Based Rehabilitation (CBR)

CBR ist ein gemeinwesenorientiertes Konzept, das sich auf Entwicklungsländer bezieht. Es ist eine Strategie für Rehabilitation, Chancengleichheit, Armutsbekämpfung und soziale Integration von Menschen mit Beeinträchtigungen, unabhängig von ihrem Alter, Geschlecht, Beeinträchtigung und dem sozial-ökonomischen Niveau. Es beinhaltet die Kooperation innerhalb aller Gruppen einer Gesellschaft bzw. eines Ortes, also der Präsidenten der Stadtviertel, der beeinträchtigten Personen selbst, deren Familien und anderen Bürgern, aber auch der Behörden (z.B. Ämter für Soziales, Erziehung, Gesundheit etc.) und Nichtregierungsorganisationen, die miteinbezogen werden. Das Konzept der CBR verfolgt das Ziel einer Gesellschaft für alle, also Inklusion, die durch die folgenden Aspekte gewährleistet werden soll: Zum Einen die Versicherung, dass alle Menschen mit Beeinträchtigungen ihre maximalen physischen und mentalen Fähigkeiten entwickeln können, dass sie Zugang bekommen zu den Diensten und den alltäglichen Angeboten und dass sie aktive Teilnehmer innerhalb der Gemeinde und der Gesellschaft im Allgemeinen sein können. Zum Anderen soll die Gemeinde unterstützt und angetrieben werden, dass sie die Rechte der Menschen mit Beeinträchtigungen, z.B. auf Barrierefreiheit, fördert und schützt, um Partizipation an dem gesamten Umfeld des Menschen zu gewährleisten. Zu diesen Bereichen zählen z.B. Technologie, Umwelt, Beziehungen und die Politik (vgl. CBR 2004, 3ff.).

Als Strategie zur Umsetzung der CBR-Arbeit ist zuerst die Kooperation zwischen der Gemeinde und den Personen mit Beeinträchtigungen und ihren Familien zu nennen und dass alles nie als einzelner Bestandteil zu betrachten ist. Hinzu kommt die Zusammenarbeit mit Vertretern der jeweiligen Regierungs- bzw. Nichtregierungsorganisationen, die die Bereiche Erziehung, Bildung, Gesundheit, Arbeit und Soziales miteinbeziehen. Laut HELANDER et al. ist es nicht möglich, mit Rehabilitationsmaßnahmen alleine auf der Gemeindeebene alle Bedürfnisse der Menschen mit Beeinträchtigungen zu stillen, wenn auch bis zu 70% der Bedürfnisse durch sie gedeckt werden können (vgl. HELANDER et al. 1989, 15).

Um ein CBR-Projekt nachhaltig und effektiv gestalten und erhalten zu können, ist es von Bedeutung, dass die im nachfolgenden erklärten drei Ebenen kooperieren. Zunächst ist da die Gemeindeebene, die zuerst für die CBR bzw. die Bedürfnisse von Menschen mit Beeinträchtigungen sensibilisiert werden muss, indem in der Gemeinde erläutert wird, was dieses Konzept bedeutet und welche Möglichkeiten es für sie mit sich bringt. Dadurch wird ein Bewusstsein für die Belange von Menschen mit Beeinträchtigungen in der Gemeinde geschaffen. Eine Möglichkeit, CBR zu übernehmen besteht darin, ein Rehabilitationskomitee zu gründen, das die Menschen mit Beeinträchtigungen und ihre Bedürfnisse vertritt und das in Kollaboration zu anderen Institutionen steht. So kann sich das Komitee zusammensetzen aus Menschen mit Beeinträchtigungen selbst, aus einflussreichen Vertretern der Gemeinde, oder aus interessierten und engagierten Mitbürgern. Wichtig für das Konzept der CBR ist außerdem das Ernennen von sogenannten ‚CBR-Workers', die als Freiwillige Menschen mit Beeinträchtigungen und deren Angehörige unterstützen, z.B. um deren Selbständigkeit zu verbessern. Jeder kann als CBR-Worker ausgebildet werden, aber es sollten auch immer beeinträchtigte Personen selbst und ihre Angehörigen dabei sein. Neben CBR-Workers und dem Rehabilitationskomitee sollten auch die sogenannten Organisationen beeinträchtigter Menschen eine aktive und zentrale Rolle im

Gemeinwesen darstellen. Sie unterrichten als ‚Experten in eigener Sache' z.B. durch Aktionen ihre Mitbürger über ihre Rechte und gewährleisten somit, dass das Konzept der CBR nicht auf Institutionen basiert, sondern auf der Grundlage der Selbst- und Mitbestimmung beeinträchtigter Menschen.
Als zweite Ebene ist die Zwischenebene zu erläutern, die eine Schlüsselfunktion zwischen der Gemeinde und der nationalen Ebene einnimmt. Die Zwischenebene vermittelt z.B. zwischen verschiedenen Gemeinden, dient als Supervisor der CBR-Worker und deren Arbeit und auch als Koordinator zwischen verschiedenen Komitees innerhalb derselben oder mehreren Gemeinden. Diese Ebene wird meistens durch Ministerien gestellt (vgl. CBR 2004, 13ff.).
Die dritte, die nationale Ebene, ist in der Hinsicht wichtig für die CBR, als sie an den Prioritäten im globalen Zusammenhang orientiert ist und über die Zusammenarbeit der einzelnen Ministerien koordiniert wird. Es liegt in der Verantwortung der Regierung und der Politik, Normen für Rehabilitation, Chancengleichheit und soziale bzw. ökonomische Integration von Menschen mit Beeinträchtigungen zu schaffen. Eine Möglichkeit dafür ist, sich als Regierung an dem Konzept der CBR oder an den Bedürfnissen der beeinträchtigten Menschen zu orientieren, wie es z.B. in der Salamanca-Erklärung getan wurde. Um Effektivität zu erreichen, ist es wichtig, dass die CBR-Programme national verortet sind (vgl. ebd., 10ff.). Wie die Gemeindeebene mit der nationalen Ebene verbunden ist, hängt von der administrativen Beschaffenheit des Landes selbst und von dem Ministerium ab, das das CBR-Projekt unterstützt.
Durch das CBR-Programm kann der sogenannte Teufelskreis zwischen Armut und Behinderung beeinflusst werden: Davon, dass durch die Einbindung von Vertretern der Sektoren Erziehung, Bildung, Gesundheit, Arbeit und Soziales deren Wissen in die Gemeinde eingebracht und wiederum mit den Vertretern von Ministerien zusammen gearbeitet wird, profitiert die Gemeinde. Außerdem kommt die Hilfe für benachteiligte Personengruppen direkt in ihre Lebenswelt. Somit ist automatisch deren Umfeld mit in die Arbeit einbezogen. Dadurch können die Personen, die z.B. kein Geld oder kein Auto haben, um einen Arzt aufzusuchen, trotzdem medizinisch versorgt werden, weil die Hilfe zu ihnen kommt. Dies gilt für alle Bereiche. Somit ergibt sich das Problem des Zugangs zu Hilfen gar nicht erst.
Das dargestellte Konzept der CBR ist kein universelles Konzept, da in jedem Land andere Bedingungen, wie z.B. sozialpolitische oder kulturelle Faktoren wirksam sind. Dementsprechend gestalten sich die Bedürfnisse der Menschen mit Beeinträchtigungen unterschiedlich. Vor allem ist CBR als Prozess zu

verstehen, der viel Zeit in Anspruch nimmt und in dem auf jeden Fall die Belange der Betroffenen berücksichtigt werden müssen. Damit CBR gelingen kann, müssen sich aber nicht nur die Betroffenen selbstbestimmt an dem Prozess beteiligen, sondern sie benötigen fachliche Unterstützung ebenso wie eine für ihre Belange sensibilisierte Gemeinschaft. „Eine Strategie bleibt aber eine Strategie – CBR ist weder vor konzeptionellen Fehlplanungen und -interpretationen gefeit, ebenso wenig vor halbherzigen Umsetzungen, noch ist sie eine rehabilitationspädagogische ‚Effizienz-Revolution', die sich alleinig über das Vertrauen in die ‚selbstheilenden Kräfte' der Gemeinschaft bewerkstelligen ließe" (ALBRECHT 2007, o.S.).

3.3 Tätigkeitsfelder und Schwierigkeiten in der praktischen Arbeit vor Ort

In Abstimmung mit Plan International waren meine Aufgaben während des Praktikums v.a. die Sensibilisierung des Personals, der Angehörigen, Lehrer und Bewohner hinsichtlich der Bedürfnisse von Menschen mit Beeinträchtigung. Aufgabe war vor allem zu klären, was Beeinträchtigung eigentlich ist und zu versuchen, Handlungsweisen zu erarbeiten, wie Menschen mit Beeinträchtigung integriert werden können. Weiter trat ich als Vermittlerin zwischen verschiedenen Ebenen auf, da ich zum Einen zwischen den Betroffenen und der Organisation Plan vermittelte, aber auch zwischen dem Personal von Plan und dem INNFA, das Weiterbildungen für das Personal der Gemeindeverwaltung anbot. Auch die Universität in Guayaquil kooperierte mit dem CBR-Projektvorhaben, indem sie Studenten des Studiengangs Physiotherapie anbot, ihr Praktikum in dem Kanton absolvieren zu können. Dies war besonders wichtig, da so die Arbeit personenunabhängig und damit nachhaltig weitergeführt werden konnte. So stellten die Studenten dann mit dem von mir entwickelten Fragebogen Erhebungen an, um herauszufinden, wie viele Menschen mit Beeinträchtigung in Playas leben, um dann die Mittel und Maßnahmen in der weiteren Arbeit daran anzupassen. Des weiteren stand ich im Austausch mit Leitern anderer Projekte und versuchte zwischen diesen und dem Personal von Plan International Kontakt herzustellen.

Die Arbeit war von Kooperations- und Kommunikationsschwierigkeiten unter den einzelnen Akteuren geprägt, so dass ich viel Zeit zur Klärung verwenden musste. Außerdem wurde deutlich, dass sich Eltern von beeinträchtigten Kindern Sonderschulen wünschten, weil sie sich davon eine optimale Förderung ihrer Kinder erhofften. Daher war es eine Aufgabe, sie über die Vorteile integrativer Beschulung aufzuklären, da ja eine Finanzierung von einer

Sonderschule unter den gegebenen Umständen unmöglich war. Es bestand zwar Interesse an CBR, aber nicht genug, damit es ohne Hilfen von außen, nur durch die Gemeindemitglieder umgesetzt werden konnte.

4 Reflexion

Mit den Auslandssemestern hat sich in vielerlei Hinsicht das eigene Denken verändert. Die Herausforderung, sich in einem fremden Land und einer fremden Kultur neu orientieren zu müssen und sich mit dem Fremden auseinander zu setzen, hat zu einer neuen Offenheit geführt. Die Konfrontation hat einerseits das Bewusstsein über die eigenen kulturellen und fachlichen Prägungen geschärft, die maßgeblich unser Verständnis vom Menschen, von Entwicklung, Bildung und Lernen und damit unser Handeln beeinflusst. Zum anderen konnte ein Perspektivenwechsel in dem Sinne entwickelt werden, dass die Menschen, die wir in Ecuador und Nepal trafen, über ein anderes Verständnis verfügen, dass durch ihre Kultur, ihre Erfahrungen und ihr Menschenbild geprägt ist. Die Wahrnehmung, Reflexion und Anerkennung dieser Verschiedenheit führte dazu, dass Unterstützung kein einseitiger und belehrender Akt war, sondern auf der Beziehung zwischen uns und den Beteiligten beruhte, welche die Verschiedenheit des anderen wertschätzte (vgl. BÜRLI 2006, 43). Dies bedeutete für uns nicht, dass wir bestimmte Handlungsweisen und Ansichten unserer Kollegen vor Ort unhinterfragt ließen. Vielmehr ging es darum, das Fremde nicht zu verurteilen, sondern es im Kontext verstehen zu lernen und aus diesem Verständnis heraus Unterstützung und Hilfestellung zu leisten.

Literatur

ALBRECHT, F. (2004): Zwischen familiärem Aufgenommensein und Stigmatisierung durch das Gemeinwesen. In: Zeitschrift Behinderung und dritte Welt, 02/2004, S. 56-63

ALBRECHT, F. (2005): Die Spritze gegen Taubheit – Heilungsphantasien und ihre symbolische Logik. Erfahrungen aus der Küstenregion Ecuadors. In: http://www.f-albrecht.eu/zuerich/spritaub.pdf. Download am 09.10.2007, S. 1 – 17

ALBRECHT, F.: Community Based Rehabilitation (CBR). In: http://www.hs-zigr.de/~albrecht/fa-spezial/fa-glossar.html#CBR. Download am 09.10.2007

BUNDESMINISTERIUM FÜR WIRTSCHAFTLICHE ZUSAMMENARBEIT (2007): http://www.bmz.de/de/laender/partnerlaender/nepal/zusammenarbeit.html. Download am 13.08.2007

BÜRLI, A. (2006): Internationale und vergleichende Heil- und Sonderpädagogik zwischen Naivität, Objektivismus und Skeptizismus. In: ALBRECHT, F./ BÜRLI, A./ ERDÉLYI, A. (Hrsg.): Internationale und vergleichende Heil- und Sonderpädagogik. Aktuelle Diskussionen, Ergebnisse und Herausforderungen. Bad Heilbronn, S. 25-46

CBR (2004): estrategia para la rehabilitación, la igualdad de oportunidades, la reducción de la pobreza y la integración social de las personas con discapacidad: Documento conjunto de posición. Oficina Internacional del Trabajo, Organización de las Naciones Unidas para la Educación, la Ciencia y la Cultura y la Organización Mundial de la Salud. In: http://whqlibdoc.who.int/publications/2005/9243592386_spa.pdf. Download am 12.09.2007

INWENT: Ecuador: Landesüberblick & Naturraum. In: http://www.inwent.org/vez/lis/ecuador/seite1.htm. Download am 21.01.2009

FEUSER, G. (1995): Behinderte Kinder und Jugendliche. Zwischen Integration und Aussonderung. Darmstadt

HAAS, A.R. (2008): Studien-Praxis-Forschungsbericht 2. Unveröffentlichtes Manuskript

HELANDER, E./ MENDIS, P./ NELSON, G./ GOERDT, A. (1989): Training in the community for people with disabilities. WHO, Geneva

KLAFKI, W. (1996): Neue Studien zur Bildungstheorie und Didaktik, zeitgemäße Allgemeinbildung und kritisch-konstruktive Didaktik. 5. Auflage. Weinheim/Basel

KOCH, K./ KURZ, J. (2007/2008): Studien-Praxis-Forschungsbericht 1. Unveröffentlichtes Manuskript

PHASE Worldwide 2005. In: http://german.phaseworldwide.com/nepal.php. Download am 13.08.2007

STEIN, A. D. (2007): Exemplarisches Lernen als bildendes Lernen. Erfahrungen mit Inklusion in Studien-Praxis-Projekten in anderen Ländern. In: Jahrbuch für Heilpädagogik, S. 1-14

UNITED NATIONS CHILDREN'S FUND (UNICEF) Nepal. (2001): A Situation Analysis of Disability in Nepal. National Planning Commission. Kathmandu

Behinderung und Migration

Erich Otto Graf

Globalisierung, Migration und Behinderung

dea sic adfata vetantis:
Quid prohibetis aquis? Usus communis aquarum est.
Nec solem proprium natura nec aera fecit
nec tenues undas: ad publica munera veni.
(Ovid, Metamorphosen)

Ich suche meine Heimat dort,
wo man die Vielfalt schätzt,
ohne sie auseinander zu dividieren.
Ich suche meine Heimat dort,
wo man Menschen nicht zerstückelt.
(Diome, Fatou. Der Bauch des Ozeans)

1 »Usus communis aquarum est«

„Usus communis aquarum est“. Das sagt die durstige Göttin in Ovids Metamorphosen, als die lykischen Bauern ihr es verwehren, den Durst zu stillen, weil sie ihr das Wasser aus ihrer Quelle nicht geben wollen. Und sie fährt mit den folgenden Worten fort: „Nec solem proprium natura nec aera fecit nec tenues undas: ad publica munera veni“.

Was etwa heisst: „Die Natur hat weder die Sonne noch die Luft noch die klaren Wellen für jemanden gemacht, ich bin zu Geschenken (oder Gaben) gekommen, die für alle sind“. Und als die Bauern ihr das Trinken noch immer verwehren, verwandelt sie sie in Frösche, wo sie unter dem Wasser „sub aqua, sub aqua“ weiter schimpfen, was dann im lateinischen Vers wie das Quaken der Frösche tönt.

Das waren noch Zeiten, als man noch der Ansicht sein konnte, Wasser, Sonne und Luft würden allen gehören. Tempora mutantur, nos et mutamur in illis, möchte man sagen, oder auch „o tempora, o mores!“, um damit die Klage Ciceros über die Zeiten und die Sitten aus den catilinarischen Reden wieder aufzunehmen.

Es scheint so, als hätte sich wirklich etwas verändert. Wenn wir heute vom Phänomen der Globalisierung sprechen, so sehen die einen darin den Teufel, der alles kaputt macht, die anderen das Weihwasser, das uns die Lösung aller Probleme bringen wird. Nüchterner wird man feststellen, dass sich einige Aspekte der Produktion verändert haben, weil Wissen eine zentrale Produktivkraft geworden ist. Und dass auf dem Hintergrund dieser Veränderung sich neue Möglichkeiten der Allokation von Ressourcen ergeben haben, die eine kapitalistisch ausgerichtete Wirtschaft auch ausnützen muss. Verändert haben sich dadurch allerdings auch die Bedingungen und Möglichkeiten, die wir gewohnt sind, um über das Phänomen von Behinderung zu diskutieren. Die sozialpolitischen und sonderpädagogischen Dispositive, worin wir dies tun, sind historisch entstanden in der Arbeitsgesellschaft des Industriezeitalters. Sie sind gewachsen im Kontext der sozialen Kämpfe jener Zeit und sind im Rahmen des Sozialstaates implementiert und institutionalisiert worden. Als Dispositive sind sie bisher lokal begrenzt gewesen. Sie entstammen noch aus einer Zeit, in der Arbeit Sinnstiftung und Lebensinhalt vorzugeben schien – wenigstens der Ideologie nach – und Herstellung, respektive Wiederherstellung von Arbeitsfähigkeit, selbst um den Preis einer Arbeitskraft minderer Güte (JANTZEN 1982, 30).

Die durch die Globalisierungsprozesse sich verändernden Kontexte, verändern aber auch den Diskurs über Phänomene von Behinderung. Die bisherigen sozialstaatlichen Dispositive und sonderpädagogischen Diskurse werden ihres Sinns beraubt. Die Sonderpädagogik scheint sich dessen häufig noch nicht bewusst geworden zu sein.

Allokationen von Ressourcen sind heute und vermutlich auch in Zukunft immer weniger nicht mehr stark an die Geographie sozialer Räume gebunden, sondern an die Verfügbarkeit und die immer prekäre Kontrolle von Wissen. Die Raumkomponente scheint demgegenüber an strategischer Bedeutung zu verlieren. Die bewohnte Welt, die Ökumene, hat sich in der Zeit ständig verändert und seit rund 100 Jahren gibt es kaum noch Orte auf dem Planeten, die nicht durch menschliche Handlungszusammenhänge miteinander verbunden sind. Viele Phänomene sind uns oft deshalb neu, weil wir uns der Geschichte nicht erinnern. Ihre Neuheit verweist oft mehr, als wir ahnen, darauf, wie viel wir ständig vergessen müssen, um so weiterfahren zu können wie bisher.

Diese Verbindung aller mit allen hat weitreichende Folgen gehabt für die Art und Weise, wie Menschen miteinander leben können. Sie ist einerseits verbunden mit Massakern, Massenmorden, Genoziden und der Etablierung ausbeuterischer Strukturen, die in der europäischen Geschichte euphemistisch als Kolonialisierung beschrieben wird, sowie mit riesigen Populationsverschiebungen querweltein und andererseits hat sie einer Minderheit der Men-

schen, jenen, die in den so genannten reichen Ländern leben, den Zugang zu bisher ungeahntem Wohlstand ermöglicht.
Eine Weltgesellschaft ist entstanden.
Die postindustrielle Gesellschaft hat mit dem ihr eigenen Zynismus festgestellt, dass sie mittels sozialstaatlicher Dispositive die soziale Frage, die das ganze 19. Jahrhundert und die erste Hälfte des 20. Jahrhunderts umgetrieben hat, weitgehend gelöst hat. Indem sie allerdings einen Teil der Problematik, der mit der Allokation ihrer Ressourcen zu tun hat, ganz einfach lokal verschiebt, vergisst sie dabei, dass Elend einfach exportiert werden kann und exportiert wird.

2 Soziale Probleme

Soziale Probleme sind Wahrnehmungsdifferenzen bei gesellschaftlichen Akteuren zwischen der Vorstellung, wie Gesellschaft sein sollte, und der Erfahrung, wie sie ist (vgl. dazu MERTON/ NISBET 1976).
Wer denkt daran, dass die schönen spanischen Erdbeeren im April aus Spanien von einem aus illegal sich in dort aufhaltenden meist maghrebinischen oder aus Ländern südlich des Sahel stammenden Menschen angebaut werden, die einer unendlichen Ausbeutung, Qual, durch Pestizide bedrohter Gesundheit und großer Fremdenfeindlichkeit sich gegenübersehen?
Das schöne T-Shirt für 8,99 Euro in der Schnäppchenecke wurde in Bangla Desh von einer Frau mit einer Staublunge genäht, die sie sich in der Textilfabrik geholt hat, als sie in der Appretur gearbeitet hat. Sie verdient vielleicht inzwischen 1 Euro pro Tag.
Die Computerplatine meiner alten Kiste wird gerade auf einer Müllhalde in Lagos von einem kleinen Kind „entsorgt". Zwar habe ich meine Entsorgungsgebühr schon ganz richtig entrichtet, aber zwischendurch ist wohl etwas leicht schief gelaufen, jedenfalls hantiert jetzt dieses Kind mit dem Computersondermüll herum. Seine Hände sind noch klein, sie eignen sich gut, um Computer auszuschlachten. Dass es sich dabei sehr schwer vergiften wird, das weiss ich nicht, irgendwann fallen ihm die Finger ganz einfach ab.
Von meinen realen Antipoden der Weltgesellschaft weiß ich nichts und oft möchte ich davon auch nichts wissen. Unser Wohlstand erzeugt Leiden, gesundheitliche Katastrophen und stellt für Abertausende von Menschen einen Zustand der Behinderung her, aus welchem sie sich aus eigener Kraft kaum mehr zu befreien vermögen.
Alle sozialen Probleme, die wir heute unter dem Niveau der Weltgesellschaft als Bezugsrahmen analysieren, sind notorisch zu kurzsichtig analysiert. Das

heißt, wir produzieren durch das Leben in unserer eigenen Normalität mit ihren normativen Vorstellungen und Mustern von Selbstverständlichkeit, einen Überhang an struktureller Spannung, den wir in seinen Auswirkungen nicht bedenken – oft nicht bedenken können, weil uns die diesbezüglichen Informationen fehlen, oft nicht bedenken wollen, weil uns die diesbezüglichen Informationen stören. Wir abstrahieren von solchen Zusammenhängen, wie günstigen Produktionsfaktoren, die auf einmal als eine Art Unverschämtheit zurückkehren, wenn wir im Jahresbericht einer Behinderteneinrichtung lesen, dass die Werkstätte einen Großauftrag einer Luftfahrtgesellschaft verloren hat, die nun die Kopfhörer ihrer Businessclass-Kunden nicht mehr durch Menschen mit einer Behinderung in der Schweiz reinigen lässt, sondern durch eine Firma im Hinterland einer Großstadt in der VR China. Die Erdbeere, das Baumwoll-T-Shirt, die Computerplatine, aber auch die Kopfhörer sind dann vergessen. Sie bedeuten für uns nicht unsere Probleme. Es sind Probleme, die nicht „hier", sondern „dort" anfallen. Und dieses „dort" ist eines, das geographisch sowohl „hier" als „dort" sein kann.

In unserer Vergesslichkeit argumentieren wir manchmal so, dass doch jeder vor der eigenen Tür kehren soll, vergessend, dass die Welt eine einzige ist, und es bloß noch eine einzige Türe zu ihr gibt, vor der allenfalls zu kehren wäre.

Wir leben heute in einer einzigen Weltgesellschaft, und wir sollten uns darüber im Klaren sein, wenn wir über Migration oder Behinderung sprechen, dass es für die einen Menschen überhaupt nicht gleichgültig sein kann, wie andere Menschen leben, dies zum einen, und zum anderen, dass es für alle Menschen nicht gleichgültig ist, wie ein Teil von ihnen lebt. Ob wir es wollen, ob wir es wünschen, ob wir es verleugnen, das „Hier" und das „Dort", sie sind inzwischen alle am selben Ort.

Das hat Folgen für alle Vorstellungen, die wir uns heute darüber machen, wie wir uns im Rahmen der Weltgesellschaft organisieren können, um anstehende soziale Probleme zu bearbeiten. Damit kehrt aber die entsorgte soziale Frage wieder zu uns zurück. Phänomene von Behinderung stellen sich in der Wahrnehmung unserer Kultur immer dort ein, wo eine Normalarbeitskraft aufgrund einer bestimmten Ausprägung menschlicher Heterogenität nicht herstellbar ist.

Die bisher verfolgten wirtschaftlichen Wege sind alle so gewesen, dass sie nicht im ökologischen Sinne nachhaltig sind. Das heißt nichts anderes, als dass die jeweilige Gegenwart als Hypothek, als Schuld auf die Zukunft, aufgenommen wird.

Wir leben also teilweise nur so, wie wir leben, auf Kosten unserer Nachkommen.
Das ist der eine Teil der schlechten Geschichte und der zweite Teil der schlechten Geschichte lautet, dass so, wie wir heute in der so genannten reichen Welt leben, ein relevanter anderer Teil der Menschheit – etwa rund Zweidrittel – an Mangel an Zugängen zu jenen selbstverständlichen Selbstverständlichkeiten, von denen aus hier unhinterfragt, an sozialen Problemen herumgedacht wird, wie sauberes Wasser, Zugang zu Nahrung, zu Gesundheitsversorgung, zu Bildung, zu Arbeit, usw.
Dies ist eine Situation, die auf die Länge nicht nur nicht gut geht, sondern zu schweren gesellschaftlichen Verwerfungen führt.
Als grundsätzliches Problem stellt sich dabei, dass alle bisherigen Selbstbeschreibungen von Gesellschaften, von denen wir Kenntnis haben, mit dieser Art von Problem bislang noch nicht gelernt haben umzugehen.
Wir haben also insgesamt in den reichen Ländern der Welt eine Strategie eingeschlagen, welche die soziale Frage für uns lokal und temporal „entsorgt" hat. In Sinne des Wortes bereiten sie uns keine Sorge mehr, da die soziale Frage als soziales Problem anderswo stattfindet und wir sie allenfalls durch den katastrophistischen Filter der tagesschaulichen Infotainments und den karitativen Filter der unmittelbar zuvor eingeblendeten Werbespots für Hilfswerke noch zur Kenntnis nehmen, nicht aber in unserem Alltag, dem sie sich verdanken, aus diesem sind sie verschwunden, oder „ent-sorgt".
Die Trennung von „hier" und „dort" im Hinblick auf soziale Probleme – Phänomene der Behinderung subsumiere ich unter diesen Begriff – verliert unter diesen veränderten Bedingungen der Produktion in der Weltgesellschaft zunehmend an Sinn. Sie wird sinnlos, da die Möglichkeiten auf sie einzuwirken im Rahmen lokaler Kontexte abnimmt. Wir können auch so sagen, dass wir immer weniger darüber wissen, weil Wissen nichts anderes als Handlungsvermögen ist (vgl. STEHR 2001, 62 ff.). Dadurch aber laufen wir zusehends Gefahr, dass jenes Handlungswissen, das wir aus unseren verkürzten Orientierungskontexten heraus als rational ansehen, vollständig irrational wird.

3 Behinderung

WEISSER (2005) definiert Behinderung als jenen Zustand, in dem etwas, von dem wir erwarten, dass es geht, nicht geht. Es handelt sich also um einen Konflikt zwischen Fähigkeiten und Erwartungen. Dadurch entstehen soziale Ordnungen von Behinderung, durch welche Zughörigkeiten und Nichtzugehörigkeiten bestimmt werden. Behinderung wird jeweils über ein Dispositiv, das auf naturalisierende Zuschreibungen zurückgreift, als politische Unterdrückung realisiert. Dieser Mechanismus ist bei WEISSER (2007, 243) beschrieben. Wie auch immer Behinderungssituationen sozial konstruiert sind, immer haben sie zur Folge, dass sie zu differentiellen Ausschlüssen von gesellschaftlicher Teilhabe führen. Diese Ausschlüsse nehmen die Gestalt an, dass die Zugehörigkeitskategorie der »Nicht-Behinderten« die Zugehörigkeitskategorie der »Behinderten« bestimmt. Diese wird damit innerhalb der Gesamtgesellschaft zu einer disponiblen Menge, die an bestimmte soziale Orte migriert wird. Was bei WEISSER (2007, 243) als Behinderung 2 bezeichnet wird, ist das jeweilige gesellschaftliche Konfliktlösungswissen um Behinderung 1 (den Konflikt zwischen Fähigkeiten und Erwartungen). „Wenn Behinderung in der Sprache des Konflikts konzipiert ist und der Begriff zur Optik wird, welche die soziale Welt der Behinderung sichtbar macht, so wird die Frage der Betroffenheit zu einer Frage der Zugehörigkeit, oder, in ihrer aktiven Form, zu einer Frage der subjektiven und kollektiven Positionierung“ (WEISSER 2007, 244). WEISSER beschreibt damit ein soziales Phänomen, das MERTON und NISBET (1976) als soziales Problem definieren. Entscheidend dabei ist, dass die sozialen Probleme unabhängig ihrer Kausalitäten als solche dort bestehen, wo sie wahrgenommen werden, dass sie miteinander nicht quantitativ vergleichbar sind und – was in unserem Zusammenhang besonders interessant ist – dass die Lösung des sozialen Problems der einen Gruppe dazu neigt, zum sozialen Problem einer anderen Gruppe zu werden.

Die kapitalistische Entwicklung hat in Europa und den USA in Laufe des 19. Jahrhunderts die so genannte „soziale Frage“ gestellt. Eine Frage, mit der sich die entstehende Sozialwissenschaft das ganze vorletzte Jahrhundert herumgeschlagen hat. Die Lösung der Problematik ist schließlich in einer Funktion von Repression und sozialer Sicherung gefunden worden. Im Zuge dieser politischen Konflikte, die alle industrialisierten Staaten in der ersten Hälfte des 20. Jahrhunderts in teilweise militanten und gewalttätigen Auseinandersetzungen durchziehen, werden stattliche Dispositive der sozialen Sicherung als gesellschaftliche Gefäße für den Umgang mit der Differenz geschaffen. Darunter fallen auch all jene Gesetzgebungen zum Umgang mit Behinderung.

4 Migration

So wie wir das Konzept des sozialen Problems beschrieben haben, wird deutlich, dass soziale Probleme lokotemporal gebunden sind. Sie lassen sich verschieben, unter den Bedingungen, dass die Kontexte von Verursachung und Auftreten getrennt werden können. Es sind Verteilungen von weltweit zentralen Gütern innerhalb der Weltgesellschaft, die zu strukturellen Spannungen führen. Ich denke dabei an die Zugangsmöglichkeiten zu Reichtum, Gesundheit, Bildung, Urbanität usw. Die Codierung dieser Spannungen erfolgt jeweils nach den lokal zur Verfügung stehenden Codes.
In diesem Sinne können wir sagen, dass Güter und Menschen, die sich über die Erde verschieben, in den Wegen, die sie nehmen, solchen strukturellen Spannungsgefällen in der Weltgesellschaft folgen. Migration stellt so gesehen einen Sonderfall der Allokation von Ressourcen, Menschen oder Dingen, also sozialen Verhältnissen dar. In den strukturellen Spannungen sind die Motive für diese Bewegungen auszumachen.
Wanderung kann auch bedeuten, Import und Export von Humankapital, Import und Export beliebiger Waren. Die Herstellungsbedingungen am einen Ort können günstiger sein als am Ort des Verbrauchs dessen, was hergestellt worden ist. Für das hergestellte Gut kann an einem fernen Ort oft ein besserer Preis erzielt werden, als am Herstellungsort. Eine Arbeitskraft mag an einem Ort rein gar nichts wert sein, an einem anderen etwas mehr. Entlang solcher Gefälle erfolgt Migration. Die Menschen leben heute in einer einzigen Weltgesellschaft, in welcher sie sich mehr oder weniger eingeschränkt durch lokale Begrenzungen ebenso bewegen, wie die Güter, die sie herstellen, bewegt werden. Migration ist so gesehen nichts anderes als der Austausch, bzw. Ausgleich von Ressourcen entlang eines Gefälles wirtschaftlicher Möglichkeiten. Sie ist abhängig von gesamtgesellschaftlichen Randbedingungen der Ressourcenallokation.
Es gibt grundsätzlich zwei Möglichkeiten Ressourcen zu allozieren: man kann die Arbeit zu den Arbeitskräften bringen oder die Arbeitskräfte zur Arbeit. Ob der eine oder der andere Weg gewählt wird, hängt von einer Reihe von Opportunitätskosten ab. Hier zeigt die ungleiche Machtverteilung eine gesellschaftliche Latenz, und die Manifestationen der auf ihr basierenden Spannungen nehmen ganz andere Gestalt an. Die Codierung der strukturellen Spannung als einer kulturellen, die sich als „Überfremdung“ versteht, hilft mit, diese durch die Kapitalflüsse entstandenen sozialen Probleme zur Lösung einer so genannten Allgemeinheit zu überlassen. Migration und Güter-

tausch gehören zusammen. Und damit auch die sozialen Probleme, die mit ihnen zusammenhängen.

5 Baumwolle – Stoffe wie »gewobener Wind«: Zum Konzept der Stoffgeschichte

Ich möchte das an einem Beispiel aus unserem Alltag illustrieren. Wir alle tragen an unserem Körper wohl ein Stück Baumwollstoff. Alle kennen wir die Baumwolle, alle gebrauchen wir sie.

Baumwolle ist der weltweit wichtigste „Rohstofflieferant" der Bekleidungsindustrie.

1992 wurden auf etwa 2,4 Prozent der Weltackerfläche rund 18,6 Millionen Tonnen Baumwollfasern geerntet. Der konventionelle Baumwollanbau erfordert den Einsatz großer Mengen von Düngemitteln, Insektiziden, Pestiziden und Fungiziden: auf den genannten 2,4 Prozent Weltackerfläche werden 10–12 Prozent der weltweit produzierten Pestizide eingesetzt. Für die dort in Anbau und Verarbeitung tätigen Menschen – insgesamt sind rund 200 Millionen Menschen in diesem Produktionszweig engagiert – aber auch für die Anbaugebiete selbst bedeutet diese Produktion eine starke Belastung. Trotz hohem Energieeintrag in Form chemischer Stoffe, trotz hohen Einsätzen menschlicher Arbeitskräfte und trotz teilweise komplizierter Verarbeitungsverfahren können wir bei uns billige T-Shirts kaufen. Und wir können uns fragen, wie das möglich ist.

Wenn wir uns hier ein Kleidungsstück aus Baumwolle kaufen, dann sind der Rohstoff und das Bekleidungsstück meist weit weg von hier produziert worden. Das Baumwollshirt ist hier, die Probleme, die es gebraucht hat, um hergestellt zu werden, sind dort.

Der Philosoph Markus HUPPENBAUER und der Chemiker Armin RELLER haben sich dazu Gedanken gemacht und eine Methode vorgeschlagen, wie wir uns wieder an die Kontexte, in denen wir leben, erinnern können.

„Im Regelfall haben wir nicht die geringste Vorstellung davon, welche Geschichte ein soeben erstandenes Kleidungsstück hinter sich hat, wie viele tausend Kilometer es während seiner Entstehungsgeschichte zurückgelegt hat, wie viele schlecht bezahlte Arbeitsstunden an gesundheitsgefährdenden Arbeitsplätzen zu seiner Fertigung aufgewendet werden müssen. Um derart weit reichende ökologische und sozio-ökonomische Zusammenhänge transparent zu machen, bedarf es der Stoffgeschichte. Nur bei ihrer Berücksichtigung wird dann auch eine angemessene Bewertung, ein die sozialen und ökologischen Realitäten widerspiegelnder Preis eines Produkts bestimmbar sein. Es gilt dabei, verschiedene Kulturen und viele ineinander verwobene Geschichten zu würdigen“ (HUPPENBAUER/ RELLER 1996, 113).

6 Aralsee-Gebiet und Mittelasien

Der jahrzehntelange Bewässerungsanbau von Baumwolle in den Regionen des Aralseebeckens hinterließ eine Salzwüste, wo einst der viertgrößte See der Erde war. Eine Kulturlandschaft ist abgewirtschaftet worden. Bis zum Anfang der sechziger Jahre war der Aralsee – nach dem Kaspischen Meer, dem Oberen See und dem Victoriasee – der viertgrößte Binnensee aller Kontinente. Mit einer Größe von 68.300 Quadratkilometern einschließlich der Inseln entsprach seine Oberfläche etwa der Größe Bayerns. Infolge der extrem hohen Wasserentnahmen aus den Zuflüssen Amu-Darja und Syr-Darja zur Bewässerung von Baumwollfeldern sank der Wasserspiegel seit 1960 von 53,4 auf 36,5 Meter über Normalnull ab. Das sind rund 17 Meter. Ende 1989 zerfiel der See aufgrund einer natürlichen Unterwasserschwelle in den Kleinen und den Großen Aralsee. 1992 maß die Aralseefläche 33.600 Quadratkilometer, sie war um die Hälfte geschrumpft. Heute zeigen Satellitenphotos nur noch etwa ein Viertel der ursprünglichen Seefläche. Anfang 1992 wurde die Aralseeregion von den Regierungen Usbekistans, Turkmenistans und Kasachstans zum Notstands- und Krisengebiet erklärt. Die UNEP (United Nations Environmental Programm) hat die gesamte Region zum Katastrophengebiet erklärt. Besonders betroffen sind die Gebiete, die ehemals direkt an den Aralsee grenzten: die autonome Republik Karakalpakstan in Usbekistan, die Oblaste Tasauz in Turkmenistan, Chorezm in Usbekistan und Kzyl-Orda in Kasachstan.

In dieser Zone von 473.000 Quadratkilometern – das entspricht etwa der doppelten Größe der alten Bundesrepublik Deutschland – leben 3,7 Millionen Menschen. Am östlichen flachen Ufer des Sees wurde ein Streifen mit einer Tiefe zwischen 50 und 100 Kilometern zur Wüste. Ein weißer Belag aus Pestiziden und Salzen überzieht den ehemaligen Seeboden, zerstört die Bodenfruchtbarkeit.

Die Austrocknung des Aralsees ist von den damaligen sowjetischen Machthabern bewusst in Kauf genommen worden, um kurzfristig hohe Erträge von Baumwolle zu erwirtschaften. Die grössten Zuflüsse des Aralsees, der Amu-Darja wie auch der Syr-Darja, sind zu Bewässerungsgräben degradiert worden. Das Flusswasser ist mit Pestiziden, Düngemitteln, Herbiziden, aber auch mit hochgiftigen Chemikalien aus der Industrie und dem Uranabbau verschmutzt. Der Einsatz von Düngemitteln, Pestiziden, Herbiziden und anderen

Giftstoffen wie zum Beispiel Defoliantien übersteigt in Mittelasien auch heute noch den Durchschnitt der ehemaligen Sowjetunion um ein Vielfaches. In vielen Nahrungsmitteln wurden hohe Konzentrationen von Pflanzenschutzmitteln festgestellt, die über die Muttermilch an die Säuglinge weitergegeben werden. Neben mangelnder Ernährung und Hygiene ist das sicherlich mit ein Grund für die hohe Säuglingssterblichkeit in der Aralseeregion. Das durch den Baumwollanbau, von Menschenhand zerstörte ökologische Gleichgewicht des Aralseegebiets hat innerhalb von 40 Jahren, praktisch einer Generation, einer bald unbewohnbaren Wüste das Feld überlassen. Der Salzgehalt des Aralsees ist in einigen Buchten von 10 Gramm pro Liter Anfang der sechziger Jahre auf bis zu 34–35 g/L 1987 gestiegen, was dem Salzgehalt des offenen Meeres gleichkommt. Das ökologische Gleichgewicht des Sees ist infolgedessen völlig zerstört. Der Fischbestand, der früher 34 Arten umfasste, von denen 12 für den Fischfang geeignet waren, ist sehr dezimiert worden (1987 waren es noch 17 Arten). Riesige Landstriche sind im Aralseegebiet unter einer Salzschicht begraben. Diese feine Salzschicht, die jedes Wachstum nicht salztoleranter Pflanzen verhindert, wird mit dem Wind in entlegene Gebiete verfrachtet und vergrössert dadurch die bestehende Salzwüste. Die Wüstenbildung ist lokal nicht zu begrenzen: Durch Salzdrift breitet sie sich aus und andernorts bringt sie Gletscher zum Schmelzen mit ungeahnten Folgen für das lokale wie das globale Klima. Salze aus der Aralseeregion konnten im Himalaya und auf den Gletschern Zeravsanskij und Fedtschenko nachgewiesen werden. Der Zeravsanskij zeigt eine deutlich erhöhte Abschmelzrate, die von ehemals 1 Meter pro Jahr auf 1 Meter pro Monat gestiegen ist. Dadurch wächst zwar der Wasserstand des Amu-Darja wieder etwas an, aber mit weiteren schwerwiegenden ökologischen Folgen ist zu rechnen. Ein fataler Prozess hat sich zum circulus vitiosus ausgewachsen. Mit wärmeren Sommern und kühleren Wintern in Mittelasien wird bereits eine Entwicklung zu kontinentalem Klima hin spürbar. Der Aralsee ist nicht mehr groß genug, um regulierend einwirken zu können. Die Frühjahrsfröste dauern nun eine Dekade länger, und die Herbstfröste beginnen eine Dekade früher. Die frostfreie Periode hat sich somit auf 170–180 Tage reduziert. Daher ist der Baumwollanbau in diesem Gebiet stark gefährdet. Auch die Luftfeuchtigkeit hat abgenommen, besonders in der warmen Jahreszeit (10–20 Prozent im Norden und 20–25 Prozent im Süden der Region). Dies wirkt sich negativ auf die Vegetation aus, vor allem auf den Anbau von Baumwolle. Infolgedessen hat Usbekistan seit den späten achtziger Jahren die Anbauflächen für Baumwolle reduziert und versucht, die landwirtschaftliche Pro-

duktion zu diversifizieren. Usbekistan braucht Devisen und exportiert deshalb weiterhin 90 Prozent seiner Rohbaumwolle.
Die hohe Belastung des Trinkwassers, der Nahrung und der Luft mit Salzen, Pestiziden und anderen Giftstoffen, aber auch die Mangelernährung und die fehlende gesundheitliche Versorgung haben zu einem extremen Gesundheitszustand der Bevölkerung in Mittelasien geführt. Die Erkrankungshäufigkeit ist seit Mitte der siebziger Jahre sprunghaft angestiegen, vor allem infektiöse Krankheiten des Magen-Darmtraktes sowie der Atmungsorgane haben zugenommen.
In Karakalpakstan hat die Kindersterblichkeit sehr große Ausmaße angenommen: 71,5 von 1000 Lebendgeburten sterben, in einigen Gebieten stirbt bereits jedes zehnte Kind an den Folgen früherer und gegenwärtiger Fehlplanungen.
Die Sterberate von schwangeren Frauen beläuft sich laut WHO auf 0,73 pro 1.000, nach anderen Angaben auf 1,3 pro 1.000. Es treten immer häufiger genetisch bedingte Missbildungen auf.
Im billigen Baumwoll-T-Shirt steckt auch die Geschichte von Kindern, die mit geschlossenen Fontanellen geboren worden sind und es teilweise noch immer werden, die mit uns diese eine Welt beleben. Stoffgeschichten können uns helfen, dies zu erinnern. Es bleibt immer noch Zeit, die dadurch eingehandelten Schäden zu ignorieren und den nun so bequemen und erfolgreichen Weg weiter zu beschreiten. Es bleibt immer weniger Zeit, aus der Baumwollgeschichte zu lernen und Konsequenzen zu ziehen.
„Es empfiehlt sich, von bestimmten Knotenpunkten wie zum Beispiel einer Anbau- oder einer Verarbeitungsregion aus Netzwerke zwischen allen Akteuren entlang der Textilen Kette, der Wertschöpfungskette also, aufzubauen. An diesen Knotenpunkten gilt es jedoch, die regional maßgebenden Faktoren wie Mikroklima, Topologie, Bodenbeschaffenheit, kulturelle Werte und Erfahrungen zu berücksichtigen und so als Keimzelle für eine entwicklungs- und zukunftsfähige Kulturregion zu verstehen. Das erscheint zunächst als Sisyphusarbeit, die wieder und wieder getan werden muss. Es ist aber jedes Mal eine neue Arbeit, immer wieder eine neue Baumwollgeschichte. Von ihren Wurzeln bis zu ihrem erhofften, aber ungewissen zukünftigen Blühen und Gedeihen hält sie so unserer Zivilisationsform, unserem Umgang mit der Natur einen Spiegel vor." (RELLER/ GERSTENBERG 1997, 50)

Literatur

BLANKE, E. (2008): Sozialräumliche Untersuchungen zur Behinderung in der Stadt Chur (Arbeitstitel), Zürich, Institut für Sonderpädagogik, unveröffentlichtes Manuskript

ELIAS, N./ JOHN L. S. (1990): Etablierte und Aussenseiter. Translated by M. Schröter. Frankfurt am Main

DIOME, F. (2003): Der Bauch des Ozeans. Translated by B. Grosse. Zürich, S. 273

HUPPENBAUER, M./ RELLER, A. (1996): Stoff, Zeit und Energie. Ein transdisziplinärer Beitrag zu ökologischen Fragen. In: Gaia 5 (1996) Nr. 2, S. 103-115

JANTZEN, W. (1992): Allgemeine Behindertenpädagogik, Band 1: Sozialwissenschaftliche und psychologische Grundlagen. Weinheim

MERTON, R. K./ NISBET, R. (1976): Contemporary Social Problems. Pp. 782. New York. Chicago. San Francisco. Atlanta: Harcourt Brace Jovanovich

Quid prohibetis aquis? Usus communis aquarum est (Warum verbietet ihr mir das Wasser?). Publius Ovidius Naso (Metamorphosen 6, 339-381)

RELLER, A./ GERSTENBERG, J. (1997): Weißes Gold, wohin? Stand und Aussichten der Baumwollnutzung. Gaia 6 (1997) Nr. 1, S. 35-51

STEHR, N. (2001): Wissen und Wirtschaften. Die gesellschaftlichen Grundlagen der modernen Ökonomie, vol. 1507. Frankfurt am Main

TOURAINE, A. (1976): Was nützt die Soziologie? Translated by B. Swibs. Frankfurt am Main

TOYNBEE, A. (1981): Menschheit und Mutter Erde. Die Geschichte der großen Zivilisationen. Zürich

Weisser, J. (2005): Behinderung, Ungleichheit und Bildung. Eine Theorie der Behinderung. Bielefeld

Weisser, J. (2007): Für eine antiessentialistische Theorie der Behinderung. Behindertenpädadogik 46, S. 237-249

Filmmaterial:

Tschirner, Joachim (1998): «Der Aralsee. Wo das Wasser endet, endet die Erde» produziert von UmWeltFilm, NDR, SFB und MDR, ©NDR

Dank an:

Jeanne Reppin, die die Erlaubnis erwirkte, das Filmmaterial von J. Tschirner für dieses Papier zu verwenden und im Referat zu zeigen und mir das Filmmaterial zur Verfügung stellte.

Martin Müller

„Spiel nicht mit den Schmuddelkindern…“

Menschen einer Tätigkeit, einer Beschäftigung,
in Arbeit bringen,
heißt Chancen geben,

von der Benachteiligung zur Beteiligung

…am gesellschaftlichen Leben…

1 Die Herausforderung

Eigentlich schon seit jeher sind seitens der Bundesregierung im Kampf gegen die Arbeitslosigkeit Modelle und Vereinbarungen ins Leben gerufen worden. Bereits in den 80er Jahren war eine große „Hektik“ ausgebrochen, um der Jugendarbeitslosigkeit entgegenzuwirken. Immer wieder neue kurzfristig angelegte Initiativen. Dazu gehören das Bündnis für Arbeit, der Pakt für Ausbildung, aber auch die 1-Euro-Jobs, die sogenannten Hartz-Gesetze 1-4, sowie viele andere…

Viele Maßnahmen setzen bei jungen Menschen an, deren Start bzw. Rückkehr ins Arbeitsleben einerseits wohl als aussichtsreicher, andererseits aber auch aus volkswirtschaftlichen Gründen als dringender gesehen wird.

Die meisten Programme setzen darauf, dass allein die Verfügbarkeit von Arbeit in Form von Praktikums- oder Ausbildungsplätzen oder einfach auch nur die Nähe zur Arbeit als Lösungsansatz fungiert in der Hoffnung, dass sowohl Arbeitgeber als auch Arbeitnehmer Gefallen aneinander finden.

Das heißt also, dass der Arbeitnehmer den jungen Auszubildenden, den er zusätzlich aufgenommen hat, als wichtigen neuen Mitarbeiter auf lange Zeit erkennt, und der Auszubildende so glücklich darüber ist eine Lehrstelle zu haben, dass er diese unbedingt halten möchte und sich mustergültig verhält.

Die Wirklichkeit ist anders. Menschen, die eben nicht leicht ins Arbeitsleben finden, die bisher ausschließlich andere (negative) Erfahrungen in ihrem Leben gemacht haben, brauchen nicht nur eine Arbeitsstelle oder eine zusätzliche Qualifikation, sondern *in erster Linie eine gute Möglichkeit der Weiterentwicklung – auf vielen Ebenen, nicht nur der beruflichen.* Das Unterneh-

men, das durch finanzielle Unterstützung des Staates einen „günstigen" Auszubildenden einstellt, ist sich oft nicht dessen bewusst, dass gerade dieser besondere Betreuung braucht. Auch wenn einige Großunternehmen in Deutschland Betreuung im Unternehmen anbieten, können dies nicht alle Unternehmen tun – und die Betreuung im Betrieb ist vor dem Hintergrund der Probleme, die junge Erwerbslose nicht nur im Beruf, sondern auch in ihrem Umfeld haben, nicht umfassend genug.
In Waldkirch hat sich eine Initiative entwickelt, die der genannten Problematik Rechnung trägt und erfolgreich erwerbslose (junge) Menschen Chancen auf dem Arbeitsmarkt eröffnet.
Sie setzt dabei auf das Aufspüren und Nutzen von vorhandenen Fähigkeiten *(empowerment = Befähigung),* sie setzt auf *VIELFALT (diversity management)!*

2 Das Konzept der WABE

WABE steht für Waldkircher Beschäftigungs- und Qualifizierungsgesellschaft gGmbH, die in Waldkirch im Jahr 1999 in Form eines Vereins mit Geschäftsbetrieb (28.4.1999) und im Jahr 2004 in Form einer gemeinnützigen Gesellschaft mit beschränkter Haftung (7.12.2004) als Offensive für Arbeit (1.4.2005: Aufnahme des Geschäftsbetriebes) gegründet wurde, um insbesondere jungen Erwerbslosen die Möglichkeit zu geben, sich für den Arbeitsmarkt zu qualifizieren und dort Fuß zu fassen.
Der Ansatz – und auch der Erfolg – der WABE ist geprägt von ihren Akteuren: Zu ihnen gehört der WABE e.V., als Basis der Idee und „Förderverein" für außergewöhnliche Projekte. Neben dem WABE e.V. sind zwei Vertreter von Waldkircher Unternehmen als Gesellschafter in der WABE gGmbH sowie die Stadt Waldkirch. Alle Beschlüsse werden nur einstimmig gefasst. Die Geschäftsführung wird durch den Sozialamtsleiter geleistet, dem viele erfahrene und professionelle Kräfte aus Wirtschaft, Verwaltung und Bürgerschaftlichen Engagement zur Verfügung stehen.
Die WABE gGmbH betreibt mit seinem Klientel als Anbieter von Dienstleistungen aller Art wie Umzugs- und Einkaufshilfe, Handwerkerarbeiten, etc. ein zumindest kostendeckendes Geschäft.
Junge Arbeitslose, die von der Arbeitsagentur und vor allem von der ARGE Emmendingen an die WABE verwiesen werden, durchlaufen ein Programm, das aus **5 Schritten** besteht:

Schritt 1: Fit für die Arbeit

Im ersten Schritt sorgen die kleinen Dienstleistungen in derzeit 49 Einsatzstellen im Rahmen von Hartz IV, die im Rahmen der WABE gGmbH erbracht werden, für die Vermittlung von Arbeitstugenden wie Pünktlichkeit, Zuverlässigkeit oder Teamfähigkeit, aber auch zu Drogenfreiheit und zur Entwicklung eines geordneten Lebensstils. Betreut werden die Erwerbslosen in der WABE von besonders engagierten Menschen, zu denen einerseits Handwerker gehören, aber auch pensionierte Bürgerinnen und Bürger, die in der Lage sind bestimmte Fähigkeiten zu vermitteln. Aber auch die Sozialarbeiter von Waldkirch sind in dieser Phase mit Beratung und Unterstützung beteiligt.

Schritt 2: Kompetenzen vermitteln Freude an der Arbeit („Training on the job“) innerhalb der WABE

Auf der Basis der erreichten Arbeitstugenden erhalten die Erwerbslosen je nach Interessenlage eine Qualifizierung und Fortbildung in praktischen Tätigkeiten *„on the job“*, wie Tapezieren oder Malern oder auch Holzbauarbeiten. Auch hier sind es Fachleute, die – oft auch ehrenamtlich – den Jugendlichen Fähigkeiten vermitteln, die ihnen Selbstvertrauen geben und deren Anwendung die eigene Nützlichkeit unter Beweis stellt. Diese Leistungen werden zusätzlich entlohnt und dienen so als zusätzliche Motivation.

Schritt 3: Anerkannter Nachweis von erworbenen Fähigkeiten innerhalb und außerhalb der WABE

Um die Attraktivität der Erwerbslosen auf dem Arbeitsmarkt zu erhöhen, werden ihnen weitere Qualifikationen und Schulungen angeboten, die zu offiziell anerkannten Nachweisen führen. Dazu gehört zum Beispiel der Autoführerschein, Gabelstaplerführerschein, die Bescheinigung über erfolgreich absolvierte EDV-Kurse, Schreinerlehrgang, Verkaufsschulung, Einführung in Logistik und Buchhaltung etc. Diese Fortbildungen werden in Kooperation mit lokalen Bildungsträgern, Industrie- und Handelskammer, Handwerkskammer, Partnerbetriebe (u.a. Konzept „Ausbildungsverbund“ der WABE) angeboten und durchgeführt.

Schritt 4: Lernen und Arbeiten in der Praxis (im Fremdbetrieb)

Um das erworbene Selbstvertrauen und die neuen Kenntnisse und Fähigkeiten in der Praxis zu testen und einen Einblick in die „echte“ Arbeitswelt zu erhalten, haben die Erwerbslosen in einem vierten Schritt die Möglichkeit nicht nur ein Praktikum in Fremdbetrieben zu absolvieren, sondern unter

„realen" Bedingungen mit entsprechenden Verträgen zu arbeiten, die mit Zielvereinbarungen und entsprechender Entlohnung ausgestattet sind in einem ständig wachsenden Netzwerk von Betrieben. Bei der Suche und dem Angebot von geeigneten Arbeitsstellen unterstützen die Unternehmensvertreter, die im Vorstand der WABE gGmbH tätig sind.

Schritt 5: Perspektive Arbeit
In dem letzten Schritt im Programm der WABE werden mit den Erwerbslosen die bisherigen Erfahrungen reflektiert und überlegt, welche Fähigkeiten wo gebraucht werden und welche individuellen Perspektiven sich auf dem Arbeitsmarkt eröffnen. Die (jungen) Erwerbslosen finden danach entweder direkt einen Arbeitsplatz oder wenden sich gezielt einer Berufsausbildung zu, die ihren Fähigkeiten entspricht. Im Jahr 2007 konnte die WABE 52 Menschen in den ersten Arbeitsmarkt eingliedern.

3 Was macht die WABE so „besonders"?

Es gibt eine Reihe von Initiativen zur Bekämpfung von Arbeitslosigkeit, bei denen sich zum Beispiel auch die Arbeitgeberverbände verpflichten, Praktikumsplätze bereit zu stellen, Fortbildungen anzubieten und Erwerbslose persönlich zu betreuen. Der Erfolg der WABE hat jedoch einen Hintergrund, der auf Vernetzung und Einbettung beruht, die weit über alle anderen Maßnahmen hinausgehen.
Sinn des genannten 5-Schritte-Programmes ist es, Einzelschritte der Sozialisation junger Menschen nochmals ablaufen zu lassen. So lernen sie im ersten Schritt Werte und Verhaltensweisen, die sie in ihren Familien nicht lernen konnten. Sie erwerben sich Lernfähigkeit und Selbstvertrauen, die ihnen die Schule nicht vermittelt hat. Sie können Zertifikate erwerben, zu denen sie unser Bildungssystem nicht motiviert hat. Sie bekommen Qualifizierungschancen, die die Wirtschaft ihnen nicht zugänglich gemacht hat und schließlich vor dem Hintergrund dieser neuen (Er-)Kenntnisse eine realistische Berufsberatung und für sie geeignete Arbeitsangebote. Dieser ganze Prozess ist durch die vernetzten Strukturen in Waldkirch abgesichert – kein Akteur könnte dieses Programm alleine bewältigen. Die gesellschaftlichen Akteure bringen ihre jeweiligen Kompetenzen und Ressourcen ein, um das gemeinsame Problem der Arbeitslosigkeit auch gemeinsam zu bewältigen. Die Einbettung in den Sozialraum bedeutet auch, dass man den Erwerbslosen den Kontakt zu anderen Menschen eröffnet und sich mit Eltern und Angehörigen auseinander setzt. Die jungen Menschen werden also nicht als Erwerbslose

betreut, sondern als Bürgerinnen und Bürger, die den Weg in die Gesellschaft und in den Arbeitsmarkt finden müssen. Ihre Fähigkeiten werden „aufgespürt" und genutzt (empowerment). Diese engmaschige, nachhaltige und individuelle Betreuung begründet den Erfolg von WABE.

4 Ist das Konzept übertragbar? Eine Idee, die uns nicht loslässt…

Da sich WABE als ein erfolgreiches Konzept in Waldkirch etabliert hat und die Arbeitslosigkeit erheblich gesenkt hat, stellt sich die Frage, ob eine Übertragung des Konzepts auf andere Kommunen möglich ist. Die Erfahrungen, die in der Modellregion Südbaden des baden-württembergischen Modellprogramms Unternehmen BE gemacht wurden, weisen darauf hin, dass die kommunale Verwaltung oft nicht über die o.g. Netzwerke verfügt, die für die erfolgreiche Umsetzung des WABE-Konzeptes erforderlich sind. Daher würde eine Übertragung des Konzepts die Suche nach Kommunen erfordern, in denen die einzelnen Akteure bereit sind, sich auf dieses Konzept einzulassen und nur noch miteinander in Kontakt gebracht werden müssen. In einer anderen Stadt gleichzeitig Unternehmen und Verwaltung zu finden, die das Konzept übernehmen wollen, kann sich als schwieriger Ansatz für einen Start erweisen. Ein guter Zwischenschritt wäre, eine Übertragung in eine Kommune vorzunehmen, in der die in der WABE in Waldkirch engagierten Unternehmen einen weiteren Standort haben. Wenn die Unternehmen bereit sind, auch dort eine WABE aufzubauen, wäre das Konzept seitens der Wirtschaft bereits abgesichert, da es sowohl Engagementbereitschaft als auch Erfahrung in der Umsetzung gibt. Somit haben die Unternehmen eine hohe Glaubwürdigkeit, wenn sie die Verwaltung kontaktieren, um diese für eine Kooperation in Sachen WABE zu gewinnen. Nach Erprobung in einer bis zwei „neuen“ Kommunen und der Entwicklung von „good practice“ kann sich durch die Bekanntheit des Konzepts und die in der Übertragung gewonnenen Erfahrungen und Kompetenzen ein Versuch in Kommunen ohne bestehende Netzwerke und Vorerfahrung in Unternehmen anbieten. Wenn das WABE-Konzept auch diese Umsetzung erfolgreich meistern kann, sollte über eine bundesweite – eventuell sogar europaweite – Umsetzung des Konzepts nachgedacht werden.
Die Versuchsphase der ersten Stufe wird einerseits durch die bekannten Unternehmen und die Kommunen finanziert, aber auch eine Förderung durch z.B. den europäischen Sozialfonds ist denkbar. Diese Art der Finanzierung wird im zweiten Schritt, in der Unternehmen nicht als gesetzte und erfahrene Akteure vorhanden sind, besonders wichtig.

5 Begleitung und Betreuung der Übertragung

Die Vorerfahrung der Unternehmen wird auch in der Versuchsphase nicht ausreichen, um das WABE-Konzept in Kooperation mit der jeweiligen Kommune durchzuführen. Dazu ist weitere Begleitung und Betreuung notwendig. Diese bezieht sich

a. auf eine Analyse des neuen Sozialraums und dessen Potenzial (z.B. Netzwerke) für die Umsetzung
b. auf die organisatorischen Strukturen der WABE
c. auf die fachlichen Angebote in der WABE
d. auf die Suche nach den personellen Ressourcen
e. auf die Analyse der beteiligten Akteure und deren Beratung bei der Umsetzung
f. auf die Qualitätssicherung.

Als Begleitung ist hier ein wissenschaftliches Institut, das umfangreich praxisorientierte Forschung betreiben kann und in Umsetzungsbegleitung erfahren ist, denkbar. Die Übertragung würde durch die relevanten Analysen und Bestandsaufnahmen, Beratungsgespräche und Qualitätsmanagement begleitet werden.

Im Rahmen einer wissenschaftlichen Auseinandersetzung (Dissertation) könnten auf dieser Basis auf einer Metaebene die Erfolgfaktoren und Voraussetzungen herauskristallisiert werden, die die Struktur und Qualität der erforderlichen Netzwerke, die beteiligten Institutionen und die in diesem Kontext erforderlichen Handlungsweisen, die Aufgaben einer kommunalen Stelle für die Förderung des Konzepts und die Art der Unternehmen und ihren Beitrag beschreiben. Dabei wird gleichzeitig das Konzept der WABE in seinen Konturen sichtbarer und die Abgrenzung zu anderen Maßnahmen zur Bekämpfung von (Jugend-)Arbeitslosigkeit klarer.

Mit dieser Art der wissenschaftlichen Begleitung – durch ein Institut und eine Dissertation – kann zum einen sichergestellt werden, dass das Konzept WABE übertragen und entsprechend neuer Umstände auch zu einem allgemein übertragbaren Konzept weiterentwickelt wird. Zum anderen wird sichtbar, ob es Sozialräume gibt, die aufgrund spezifischer Faktoren eine Anwendung des WABE-Konzepts unmöglich machen. Auf dieser Basis kann das WABE-Konzept in Serie gehen und einen substanziellen Beitrag zur Bekämpfung der (Jugend-)Arbeitslosigkeit leisten und dabei gleichzeitig die zivil gesellschaftliche Entwicklung in Kommunen unterstützen: Neue Netzwerke führen erfahrungsgemäß zu einer Vielzahl von Projekten und Kooperationen, die auch für andere Bevölkerungsgruppen neue Perspektiven bieten können.

Angela Ehlers

Ich bin mir und dir fremd! Schulpflichtig, förderbedürftig und – ausgegrenzt!

In diesem Beitrag soll ein Projekt für Jugendliche in marginalen Positionen beziehungsweise mit sonderpädagogischem Förderbedarf im Förderschwerpunkt emotionale und soziale Entwicklung vorgestellt und theoretisch verortet werden. Hierbei geht es um Fremdheitserfahrungen und grundsätzliches Anderssein in deutschen schulischen und sozialen Kontexten aufgrund von Bindungslosigkeit, Bildungsarmut, Selbst- und Fremdgefährdung.
Das Projekt ist ein Angebot an Kinder und Jugendliche, die trotz intensiver Integrationsbemühungen derzeit nicht in ihren Heimatschulen gefördert werden können, aber so schnell wie möglich unter veränderten Vorzeichen in die allgemeine Schule zurückgeführt werden sollen.

1 Theoretische Verortung von Fremdheit

Grundsätzlich stellt sich in allen gesellschaftlichen Zusammenhängen die Frage: Was bedeutet Fremdheit? Und was bedeutet sie speziell in Bezug auf Menschen mit grundsätzlichem Anderssein in gesellschaftlichen Kontexten. Andersheit oder Fremdheit ist eine der zentralen Kategorien der gegenwärtigen philosophischen Auseinandersetzungen im westlichen Kulturkreis geworden. Deshalb muss konkret die Frage nach der *gesellschaftlichen* Funktion von Fremdheit gestellt werden. In Zeiten einer intensiven Diskussion von Inklusion zum Beispiel in allen Bildungskontexten lässt sich die Vermutung äußern, dass die Exklusion bestimmter marginaler Gruppierungen geradezu benötigt wird, um eigene Positionen zu finden und zu sichern.
Niklas LUHMANN (1984) bezeichnet die binäre Schematisierung von Inklusion und Exklusion sogar als Leitdifferenz des neuen Jahrtausends. Er führt zusätzlich zur *Zone der Integration* – hier im Sinne von Inklusion verstanden – und zur *Zone der Entkoppelung* – hier im Sinne von Exklusion verstanden – eine dritte Zone, nämlich die *Zone der Verwundbarkeit* ein. Damit wird deutlich, dass es immer ein dialektisches Verhältnis von Zusammengehörig-

keit und Ausgeschlossensein gibt und dass daran auch eine Umetikettierung von der Integration zur Inklusion nichts ändern wird.
Ulrich BECK (1986) führt zum Begriff der Fremdheit aus: „Die Frage lautet nicht mehr: Wie gehen wir mit Fremden um? Sondern die Frage lautet: Wie gehen die Fremden der einen oder der anderen Art mit sich selber um?" Die Frage stellt sich also auch im Zusammenhang mit sonderpädagogischer Unterstützung immer wieder: Wer ist eigentlich jeweils wem fremd?
Fremd ist ein Mensch oder ist etwas immer nur in Relation zum Eigenen, Gewohnten, Bekannten. Fremdheit steht damit stets im unmittelbaren Zusammenhang mit gefühlsmäßigen Einstellungen, Ängsten und Spannungen.
Als irgendwie anders und ausgegrenzt erleben sich in unserer Gesellschaft nicht nur ausländische Mitbürgerinnen und Mitbürger, sondern auch Menschen, die uns aus anderen Gründen fremd erscheinen wie zum Beispiel homosexuelle Menschen, Menschen anderer Glaubensrichtungen, Menschen mit Behinderungen, Menschen mit sehr originellen Verhaltensweisen, Menschen am Rand der Gesellschaft beziehungsweise aus bildungsfernen Schichten.
Die philosophischen, aber auch die theologischen Theoriekonzepte bieten Modelle der Begegnung mit dem Fremden. So nennt SUNDERMEIER (1996) vier mögliche Sichtweisen der Auseinandersetzung mit dem Fremden, nämlich das:
- *Gleichheitsmodell:* Der Fremde ist wie ich. Und wer nicht gleich ist, wird eben von mir gleich gemacht.
- *Alteritätsmodell:* Der Fremde ist ganz anders. Er ist gleichzeitig faszinierend, ängstigend, exotisch, aber auch absonderlich oder sogar feindlich und muss deshalb möglicherweise zum eigenen Schutz isoliert werden. Die Römer nannten sowohl ihre Feinde als auch ihre Gäste hostes.
- *Komplementaritätsmodell:* Der Fremde ergänzt mich. SUNDERMEIER nennt dieses Modell das Händlermodell. Der Fremde ist fruchtbar für mich und bietet mir etwas, ich kann ihm etwas abhandeln.
- *Souveränitätsmodell:* Der Fremde ist mir ebenbürtig. Ich kenne meine eigene Identität, bin gefestigt und kann deshalb Interesse an der Person des Fremden sowie Respekt vor dem Anderssein haben.

So lässt sich die philosophische Annäherung an Fremdheit vertiefen mit KÖRTNERS (2008) Begriff einer Hermeneutik des Unverständnisses. Er will damit sagen, es gibt den Zustand, dass ich wahrnehme und respektiere, was ich aber nicht verstehe und auch nicht verstehen kann und werde. Nur so wird für den Anderen, den Fremden, den Außenstehenden und damit das Gegenüber die Erfahrung von Differenz und damit von eigener Identität erst möglich. Jeder muss lernen, sich im Rahmen seiner individuellen Lebensgeschichte in der Differenz zu Anderen wahrzunehmen und sich zu bilden, nur so entwickelt sich personale und soziale Identität.

2 Fremdes Verhalten

Fremdheit ist eine Kategorie, die nur jeweils im Zusammenhang mit einer bestimmten Lebensform und dort allgemein gültigen Deutungs- und Bewertungsweisen funktioniert. Als fremd wird jemand von einem anderen Ort, aber auch von einer anderen Art bezeichnet. Jemanden als fremd wahrzunehmen, bedeutet immer eine Störung von bekannten und gewohnten Verstehens- und Verhaltensmustern zu realisieren. Und damit entsteht der Wunsch der Abgrenzung.
Fremdheitserfahrungen und grundsätzliches Anderssein machen wir häufig auch in schulischen und sozialen Kontexten. Anderssein wird hier häufig nicht nur bei Menschen mit zum Beispiel Migrationshintergrund oder körperlichen Beeinträchtigungen wahrgenommen, sondern auch bei von der Norm abweichenden Verhaltensweisen aufgrund von Bindungslosigkeit, Strukturlosigkeit, Aggressivität, Selbst- und Fremdgefährdung oder bei extremer Zurückgezogenheit bis hin zur völligen Isolation.

3 Modellprojekt Schulwerkstatt

Ich bin mir und dir fremd! Unter diesem Motto soll hier ein spezielles Projekt für Kinder und Jugendliche in Schleswig-Holstein vorgestellt werden, die sich in marginalen Positionen befinden und aufgrund ihres Verhaltens intensiven sonderpädagogischen Förderbedarf im Förderschwerpunkt emotionale und soziale Entwicklung haben. Sie haben dauerhaft massive Fremdheitserfahrungen gemacht und es liegt ein starkes Erleben des grundsätzlichen Andersseins in schulischen und sozialen Kontexten aufgrund von Bindungslosigkeit, Bildungsarmut, Selbst- und Fremdgefährdung vor. Trotz intensiver Integrationsbemühungen können diese Schüler aufgrund ihres extremen Verhaltens derzeit nicht in ihren Heimatschulen gefördert werden. Sie sollen aber so schnell wie möglich unter veränderten Vorzeichen in die allgemeine Schule zurückgeführt werden.
An dieser Stelle sollen drei beispielhafte Projektteilnehmer kurz dargestellt werden, um zu illustrieren, um welche besonderen Verhaltensweisen es sich handelt. Da die Projektteilnehmer bisher nur Jungen im Alter zwischen 9 und

15 Jahren sind, kann im folgenden durchgängig die maskuline Form verwendet werden.

a. Dennis ist bei Eintritt in die Schulwerkstatt 12 Jahre alt und verweilt 14 Monate im Projekt. Es zeigt sich, dass er nicht entdeckt werden will, er versteckt sich hinter langen Haaren und Kleidung in Übergröße, zeigt eine tiefe Verwahrlosung und ein fehlendes Bindungsverhalten. Besonders auffällig sind sowohl kleinkindhafte als auch sexualisierte Handlungsweisen, die in schneller Folge aufeinandertreffen. Dennis weicht allen Anforderungen aus und benötigt einen sehr festen Rahmen, um überhaupt handeln zu können. Er fordert beständig Begleitung und Kontrolle inklusive der Umsetzung angekündigter Konsequenzen ein. Zunehmend gelingt es Dennis, sich in feste Strukturen einzufinden und sich an Regeln zu halten, sich von älteren Jugendlichen abzugrenzen und Nein zu sagen. Er hält die einzelnen Unterrichtssequenzen immer besser durch und kommt zu guten Ergebnissen. Die Reintegration erfolgt in den Hauptschulbildungsgang in Klasse 7.
b. Mario ist bei Eintritt in die Schulwerkstatt 13 Jahre alt und verweilt dort seit 13 Monaten. Er versucht, seine geringe Körpergröße bzw. sein geringes Selbst mit großen Auftritten zu kompensieren. Dafür macht er ständig viele Sprüche und teilt gegenüber Mitschülern und Erwachsenen aus. Mario macht große Gesten und trägt stets topmoderne Kleidung. Dahinter verbirgt sich seine unrealistische Selbstwahrnehmung und Selbsteinschätzung. Er kommentiert alles und jedes lautstark, was sich ihm bietet und empfindet persönliche Ansprachen meistens als Provokation. Seine Bereitschaft, sich auf schulische Anforderungen einzulassen, ist sehr wechselhaft. Mario ist nur kurzzeitig bereit sich anzustrengen und verfügt über ausgeprägte Vermeidungsstrategien. Nach einer bis zwei Stunden Arbeit ist er auch tatsächlich so erschöpft, dass er am liebsten schläft, um sich zu regenerieren. Die Reintegration in ein Förderzentrum mit dem Schwerpunkt Lernen beginnt gerade.
c. Sascha ist bei Eintritt in die Schulwerkstatt 11 Jahre alt und verweilt dort ein Jahr lang. Sascha zeigt während der Schulzeit überwiegend ein angepasstes Verhalten und bemüht sich, seine individuellen Aufgabenstellungen zu erfüllen. Sascha hat ein massiv eingeschränktes Körpergefühl, so dass er keinerlei Tiefenwahrnehmung leisten kann, sowie eine intensive Sprachentwicklungsstörung. Derzeit ist Sascha keine emotionale Differenzierung möglich. Er wird aber deutlich stabiler und mutiger. Die Begleitung und Bearbeitung des Umzugs von der Mutter und Schwester zum Vater und der damit verbundenen Unruhe und tiefen Emotionen erfordert viel Zeit und Kraft von allen und Sascha lässt viele Tränen im Projekt. Zu be-

obachten ist, dass die scharfen Konturen in Saschas Verhalten zunehmend weicher werden. Eine Reintegration in ein Förderzentrum mit dem Schwerpunkt Lernen, Klasse 6, wird vorbereitet, als der geliebte Vater Sascha vor die Tür setzt und ihm mitteilt, dass er kein Interesse mehr an seinem Sohn hat. Sascha muss gegen seinen Willen zur Mutter und Schwester zurück und es soll versucht werden, ihn integrativ in einem Hauptschulbildungsgang zu fördern.

3.1 Zielsetzung der Schulwerkstatt

Die Schulwerkstatt Charlottenhöhe bietet einen Freiraum für alternatives und individuell ausgerichtetes Lehren und Lernen. Sie soll auf die Wirklichkeit von Schule und Leben vorbereiten, die alle Schüler wieder erwartet und in der sie zu bestehen lernen müssen. Die Pädagoginnen und Pädagogen machen sich mit den Kindern und Jugendlichen gemeinsam auf den Weg und hoffen, dass sie ihren Schülern trotz aller täglichen Probleme und Schwierigkeiten eine Heimat bieten und ihnen Begleiter sein können, bis sie in der Lage sind, den Weg zwischen den Anforderungen der Gesellschaft und den eigenen Bedürfnissen weitgehend auf eigenen Füßen zu gehen.

3.2 Leitbild der Schulwerkstatt

Das Leitbild des Projekts Schulwerkstatt umfasst mehrere klare Leitsätze:

- Die gelebte Achtung vor der Würde des Menschen gibt den Kindern und Jugendlichen Sicherheit.
- Jedes Kind und jeder Jugendliche will von Herzen gern alles gut und richtig machen und dafür Anerkennung bekommen.
- Jedes Kind und jeder Jugendliche darf sich der interessierten Anteilnahme und des einfühlsamen Verständnisses der Erwachsenen in vollem Umfang sicher sein.
- Durch nachhaltiges und konsequentes Handeln wird jedes Kind und jeder Jugendliche ernst genommen.
- Jedes Kind und jeder Jugendliche darf jederzeit seine Not deutlich zum Ausdruck zu bringen.
- Die Ansprache der Kinder und Jugendlichen, aber auch der Erwachsenen untereinander ist eine Symbiose aus klarer Autorität und feinsinniger, dialogischer Empathie.
- Jedem Kind und jedem Jugendlichen wird mit Respekt und Würde begegnet. Das bedeutet nicht, sie einem gleichmacherischen Ideal entsprechend zu behandeln, sondern die Ansprache und Aufgabenstellung erfolgt so, wie

es ihrem jeweiligen, individuellen Entwicklungsstand gemäß ist und wie es dem Einzelnen am meisten nutzt.

- Die Erwachsenen begeben sich in einen Prozess mit dem Kind oder Jugendlichen. Jedes Kind und jeder Jugendliche führt die Erwachsenen an seine Art des Lernens heran und zeigt ihnen die benötigten Hilfen und Unterstützungsformen auf.
- Die Mitarbeiterinnen und Mitarbeiter der Schulwerkstatt bemühen sich konsequent darum, eine Lern- und Erziehungsumwelt zu entwickeln, in der die Kinder und Jugendlichen angstfrei, ohne Gewalt und ohne Erniedrigung leben und ein ernsthaftes, wertschätzendes Interesse an ihren entwickelten Lern- und Lebensstrategien erleben können.
- Die Individualität der einzelnen Mitarbeiterinnen und Mitarbeiter ist eine bedeutende Ressource, um den Kindern und Jugendlichen umfassend gerecht werden zu können.

3.3 Entwicklung der Schulwerkstatt

Das Projekt der Schulwerkstatt ist für den Flächenkreis neu, ohne Vorbild und ohne die Möglichkeit, auf bekannte und vorgelebte Strukturen zurückzugreifen. Deshalb mussten bis zum Einzug in feste, eigene Räumlichkeiten gemeinsam mit den Kindern und Jugendlichen mehrere Prozessschritte gegangen werden, die Erkenntnisgewinn und Überwindung von Fremdheit, aber auch die Gefahr brachten, in jetzt festgefügten Räumen angekommen zu sein und womöglich dort zu verharren. Diesem wenig geschätzten Beharrungsbedürfnis in eigenen Räumen und Strukturen soll ab der Eroberung der Charlottenhöhe durch konsequente Evaluierung der Maßnahme vorgebeugt werden. Die Abbildung 1 zeigt die gegangenen Prozessschritte auf:

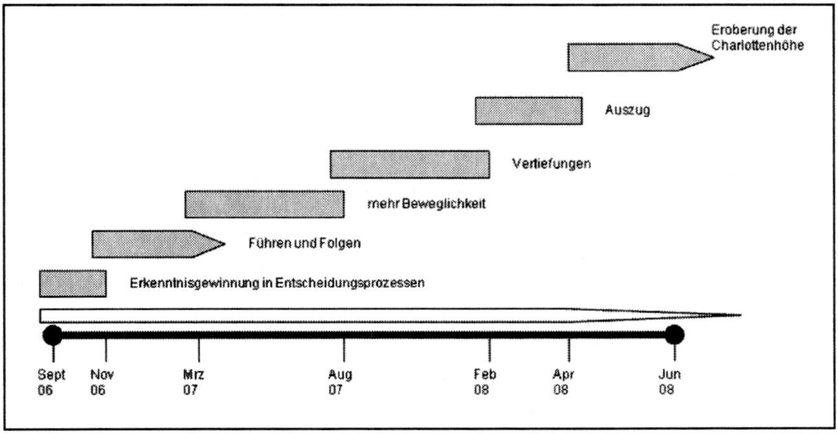

Abb. 1: Prozessentwicklung

3.4 Methoden und Maßnahmen

Das Projekt der Schulwerkstatt nutzt derzeit bestimmte methodische Formen, die im Folgenden dargestellt werden:

- Eine ganz wesentliche methodische Maßnahme ist das Wandern, denn „Sitzen in Maßen ist o.k. Die eigentlichen Anstöße und Veränderungsprozesse finden jedoch in Bewegung statt." Diesen Satz prägte NEMETSCHEK (2006).
- Nicht-eskalierende Beharrlichkeit zielt darauf ab, durch Annahme eines Konfliktes und Moderation zum Durchsetzen der eigenen Bedürfnisse ohne Eskalation zu führen.
- Konfrontation mit der Pädagogin oder dem Pädagogen meint das konsequente Eingreifen und Verstehen, aber nicht Einverstanden sein und das Hinführen zur Auseinandersetzung mit den Konsequenzen eigenen Verhaltens.
- Deutliche Grenzsetzung meint hier, dass die Pädagogin oder der Pädagoge konsequent einen deutlichen Standpunkt bezieht und die Akzeptanz von zuvor festgelegten Regeln einfordert.
- Grenzerfahrungen ermöglichen bedeutet, dass die eigenen Grenzen stets aufs Neue erlebbar und spürbar gemacht werden, eine Erfahrung, die die Kinder und Jugendlichen in ihrem häuslichen Umfeld bisher kaum machen durften.

- Entzerrung zielt darauf ab zu verhindern, dass Störungen immer wieder der Vorrang gewährt wird und abzusichern, dass die anderen Kinder und Jugendlichen ungestört arbeiten können. In der Entzerrung erfolgt die Bearbeitung des aktuellen Konfliktes mit einem weiteren Pädagogen, um dem jeweils Unterrichtenden die Handlungsfähigkeit in Bezug auf die ganze Gruppe zu erhalten.
- Der Einsatz von Verstärkersystemen, Motivation und Belohnung dient der konsequenten Verstärkung angemessenen Verhaltens.
- Rituale kehren täglich wieder und schaffen Sicherheit und Orientierung.
- Die direkte Instruktion zielt auf klare Führung ab und ermöglicht so Überschaubarkeit und Sicherheit, denn deutliche Vorgaben bieten den dringend benötigten Halt.
- Einzelarbeit als Sozialform innerhalb der Gruppe ermöglicht Konzentration und Aufmerksamkeit auf die eigene Aufgabe beziehungsweise die schnelle, angeleitete Rückführung zur eigenen Aufgabe.
- Die vertiefende Einzelarbeit erfolgt mit jedem einzelnen Kind oder Jugendlichen zu bestimmten Themenstellungen oder Arbeitsformen wie zum Beispiel der Entspannung.
- Die Partner- oder Gruppenarbeit dient als soziales Übungsfeld und Vorbereitung auf die allgemeine Schule.
- Die Schranktherapie ist eine mit den Kindern und Jugendlichen gemeinsame entwickelte Methode des pädagogischen Halts im Sinne Paul MOORS (1974). Das Kind oder der Jugendliche zieht sich in den begehbaren Schrank zurück und schließt hinter sich die Tür, um einen kleinen, überschaubaren Raum des Rückzugs für sich zu finden.
- Künstlerisches Arbeiten und Theaterübungen dienen als Impuls, um das Kind oder den Jugendlichen in die Weite und zu neuen Horizonten zu führen.
- Wesentliche methodische Elemente sind basale Bewegungserfahrungen wie Schwingen, Schaukeln, im Sumpf Matschen etc., aber auch intensives Sporttreiben. Sie dienen dem Ausleben des Bewegungsdranges und der Energien, der Körperwahrnehmung und Körperkoordination.
- Rollenspiel und Rollenübernahme ermöglichen die Befriedigung der kindlichen Bedürfnisse und zielen auf das Nachholen wichtiger Entwicklungsphasen ab.
- Schnupperstunden, Praktika, Werkstatttage, die Vermittlung in Sportvereine und Jugendverbände, soziale Begegnungen und Auseinandersetzungen im Sozialraum dienen dem Kennenlernen eines neuen bisher unbekannten Sozialraumes.

- Ausflüge sind ebenfalls Möglichkeiten für soziale Begegnungen und Auseinandersetzungen, für Lernen und nachhaltige Erfahrungen an außerschulischen Orten.
- Elternarbeit ist eine tragende Säule der Schulwerkstatt und dient der Information und Mitbeteiligung, der Zusammenarbeit und Unterstützung bei der Wahrnehmung der eigenen Erziehungsaufgaben.
- Wesentlich sind die interdisziplinäre Vernetzung und der professionelle Austausch, die gegenseitige Unterstützung und Information sowie die Kontakte zu anderen Schulen und Einrichtungen, um den eigenen Standort regelmäßig zu justieren und die eigene Fachlichkeit weiterzuentwickeln.

3.5 Interventionsstrategien im pädagogischen Alltag

Zu den wichtigsten Interventionsmaßnahmen in der Schulwerkstatt gehören die folgenden:

- Humor: Ohne Humor geht die gesamte Arbeit nicht vonstatten, so dass Humor zur Grundausstattung aller Mitarbeiterinnen und Mitarbeiter gehört.
- Das Team muss trotz aller Unterschiedlichkeit der einzelnen Mitarbeiterinnen und Mitarbeiter wie aus einem Guss auftreten und stets die gleichen klaren Regeln und Rituale vertreten.
- Bei allen Maßnahmen sind die Transparenz und ein frühestmögliches Intervenieren entscheidend.
- Die verbalen Interaktionen zwischen den Erwachsenen sind immer gezielt und bewusst eingesetzte Kommunikation, um als Modell oder als Spiegel zu wirken.
- Das sogenannte Reflecting Team versteht sich als verbale Spiegelung von mindestens drei Personen innerhalb einer Interaktionssequenz.
- Alle Mitarbeiterinnen und Mitarbeiter geben positives Feedback und sparen nicht mit Lob.
- Eine wichtige Maßnahme ist das Umlenken und Umgestalten der Aufmerksamkeit des Kindes zurück auf die eigentliche Aufgabe.
- Alle Teilnehmer der Maßnahme benötigen verlässlichen Körperkontakt. Hierzu gehört, Wut und Aggressivität ernst zu nehmen.
- Wichtig ist, das Unerwartete zu tun, denn „das Unerwartete hilft immer" (ERICKSON/ ROSSI 1999).
- Hierzu gehört das Schockieren im Sinne von Handlungen, mit denen niemand rechnet, z.B. dass sich die Erwachsenen wie bei der Schranktherapie selbst in den Schrank setzen.

- Das entspricht den paradoxen Verschreibungen, bei denen Handlungen ins Absurde geführt werden und der Symptomträger das Symptom nochmals verstärkt.

3.6 Das Team

Alle Mitarbeiterinnen und Mitarbeiter müssen sich absolut einig darüber sein, dass

- Humor notwendig ist, um die alltäglichen Nöte in die Höhe zu heben,
- das Leitbild konsequent mitgetragen wird,
- jeder für sein Handeln Verantwortung übernehmen muss,
- das eigene Handeln permanent reflektiert werden muss, damit nicht streckenweise eigene Werte und Bedürfnisse im Vordergrund stehen,
- die Kraft vorhanden sein muss, um die interessierte Anteilnahme täglich neu in großem Umfang zur Verfügung zu stellen.

Das Mitarbeiterteam ist multiprofessionell zusammengestellt. Es besteht aus Menschen mit folgenden Qualifikationen:

- Sonderpädagogin
- Heilpädagogin und systemische Beraterin
- Sozialpädagoge
- Grund- und Hauptschullehrkraft.

3.7 Das Spektrum der Teilnahme

Das Spektrum der teilnehmenden Schüler ist in den folgenden Darstellungen abgebildet. Hinsichtlich Alter, Schulartzugehörigkeit und Verweildauer zeigt sich eine erhebliche Bandbreite.

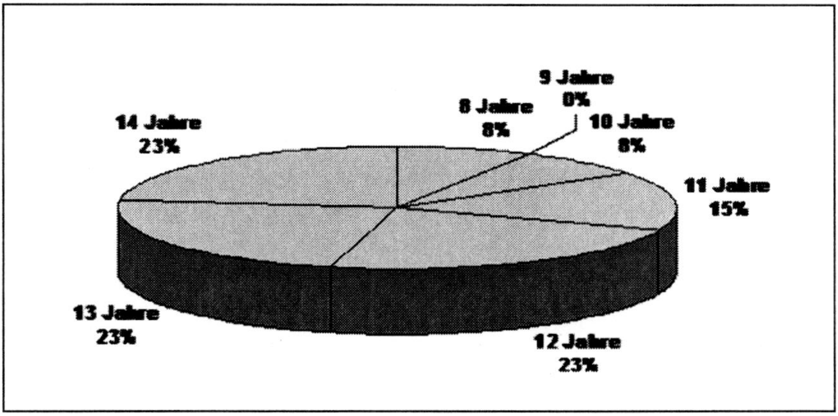

Abb. 2: Altersstruktur der Teilnehmer bei Aufnahme

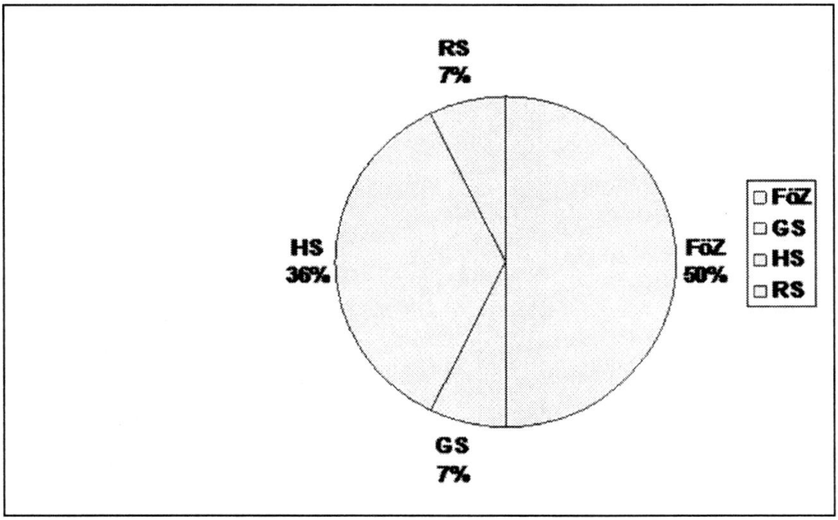

Abb. 3: Schulartzugehörigkeit der Teilnehmer in der Schulwerkstatt

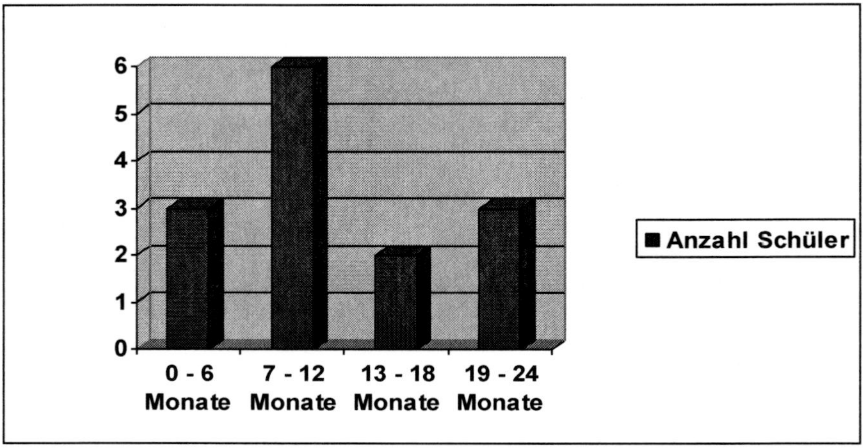

Abb. 4: Verweildauer in der Schulwerkstatt

Auf der Grundlage der bisherigen Erfahrungen lässt sich feststellen, dass es generell sinnvoller ist, Kinder aufzunehmen, die jünger als 14 Jahre alt sind, da hier noch stark verhaltensmodifikatorisch interveniert werden kann. Die gemischte Altersstruktur hat sich im Alltag als Vorteil für die gemeinsame Arbeit herausgestellt. Für die Schüler selbst ist ihre Schulartzugehörigkeit bisher nie ein Thema gewesen.
Zeit ist einer der wesentlichsten Faktoren für den Bindungs- und Beziehungsaufbau in der Schulwerkstatt. Innerhalb eines halben Jahres sind kaum messbare Veränderungen zu erwarten, so dass jeweils ein ganzes bis eineinhalb Jahre Verweildauer angemessen erscheinen. Niemand bleibt zu lange im Projekt, denn die Kinder zeigen durch ihr Verhalten selbst deutlich an, wann ihre Zeit in der Schulwerkstatt zu Ende gehen und eine Veränderung eintreten, wann also die Reintegration in die Regelschule erfolgen sollte.

4 Perspektiven

Folgende Perspektiven und Zielvorstellungen liegen der Schulwerkstatt zum jetzigen Zeitpunkt zugrunde:
- Die Kinder sollen wieder Kontakt zu ihrem eigenen Leben bekommen, sich also nicht mehr selbst fremd sein.
- Sie sollen Verantwortung für ihr eigenes Leben übernehmen können.

- Die Kinder sollen mithilfe der Erwachsenen in die eigene Kraft kommen.
- Dafür sind schräge, nichtalltägliche Lösungen auch weiterhin von allen Seiten gewollt und gewünscht.
- Die Beziehungen zu den anderen Schulen sollen weiter belebt werden, indem die eigene Arbeit vermehrt dargestellt wird.
- Es sollen verbesserte Möglichkeiten für die Nachbetreuung der Schüler entwickelt werden.

Literatur

BECK, U. (1986): Risikogesellschaft: Auf dem Weg in eine andere Moderne. Frankfurt am Main

ERICKSON, M.H./ ROSSI, E.L. (1999): Hypnotherapie: Aufbau – Beispiele – Forschungen. München

KÖRTNER, U. (2008): Evangelische Sozialethik: Grundlagen und Themenfelder. Göttingen

LUHMANN, N. (1984): Soziale Systeme. Grundriß einer allgemeinen Theorie. Frankfurt am Main

MOOR, P. (1974): Heilpädagogik. Ein pädagogisches Lehrbuch. Bern u.a.

NEMETSCHEK, P. (2006): Systemische Familientherapie mit Kindern, Jugendlichen und Eltern. Stuttgart

SUNDERMEIER, T. (1996): Den Fremden verstehen. Eine praktische Hermeneutik. Göttingen

Ann-Kathrin Schultz

"Using student-led IEP meetings to empower students for success" – Schüler mit geistiger Behinderung als Hauptakteure in der Planung ihres Lebens als Erwachsene

1 Einleitung

Der Übergang ins Erwachsenleben stellt gerade für Menschen mit geistiger Behinderung eine große Herausforderung dar. Eine frühzeitige Planung und Vorbereitung, bei der die Interessen der Menschen mit Behinderungen im Vordergrund stehen, ist hierbei besonders wichtig. In den USA findet die Planung des Übergangs in Form von institutionalisierten Planungstreffen (IEP-meetings) im schulischen Rahmen ab dem 16. Lebensjahr der Schüler[1] statt. Bei „Student-led IEP meetings" liegt die Planung und Durchführung der jährlichen Treffen in den Händen der Schüler mit Behinderungen. Durch dieses Konzept kann sicher gestellt werden, dass die Interessen der Schüler wirklich vertreten werden und sie aktiv in den Planungsprozess einbezogen werden. Im folgenden Beitrag soll zunächst die rechtliche Grundlage für die IEP-meetings beschrieben werden, anschließend werden IEP meetings als personenzentrierte Planungsmethode und notwendige Schritte in ihrer Planung und Durchführung vorgestellt. Eine Diskussion der Möglichkeit ihrer Umsetzung in Deutschland bildet den Abschluss dieses Beitrags.
Die Informationen stammen aus der angegebenen Fachliteratur und wurden auch im Rahmen eines Forschungsaufenthalts an der Virginia Commonwealth University (VCU, Richmond, VA) durch Gespräche mit Wissenschaftlern und Hospitationen in der Praxis gewonnen.

---

1 Im Folgenden werde ich bei Personenbezeichnungen aus Gründen der besseren Lesbarkeit stets die männliche Form benutzen, die weibliche Form ist immer auch gemeint.

2 Das Konzepts der „student-led IEP meetings“

2.1 Der gesetzliche Hintergrund

Das US-amerikanische Bundesgesetz “Individuals with Disabilties Education Improvement Act (IDEA, letzte Novellierung 2004) legt fest, dass für jeden Schüler mit Behinderung ein „IEP“ (Individualized Education Program) “verfasst wird, ein Dokument, in dem die zu erbringende Form der Förderung und die zu erreichenden Ziele für den jeweiligen Schüler festgelegt werden. Die IEPs werden jährlich auf so genannten „IEP meetings“ erneuert bzw. überarbeitet. Ein bedeutender Teil des IEP umfasst „transition services“, d.h. Maßnahmen, die ergriffen werden, um den Übergang in ein Leben als Erwachsener zu erleichtern bzw. zu unterstützen. Die Definition in Section 300.29 lautet:

“As used in this part, transition services means a coordinated set of activities for a student with a disability that

1. is designed within an outcome-oriented process, that promotes movement from school to postschool activities, including postsecondary education, vocational training, integrated employment (including supported employment [SE]), continuing and adult education, adult services, independent living, or community participation,
2. is bases on the individual student`s needs, taking into account the student`s preferences and interests,
3. includes
- instruction
- related services
- community experiences
- the development of employment and other postschool adult living objectives
- if appropriate, acquisition of daily living skills and functional vocational evaluation.”

Ab dem 16. Lebensjahr werden in den IEP-Treffen Prozesse geplant, Ziele gesetzt und evaluiert, die für den Jugendlichen relevant bezüglich seiner Zukunft nach Beendigung der Schule sind. Teilnehmer der Treffen sind der Schüler, seine Eltern, ein Sonderpädagoge bzw. zusätzlich ein allgemeiner Pädagoge (je nach Beschulungsort) und weitere Professionelle, die mit lokal verfügbaren Hilfen und unterstützenden Maßnahmen vertraut sind bzw. diese selber anbieten.

2.2 Das IEP meeting als personenzentrierte Planungsmethode

Das Konzept der "student –led IEP meetings" gehört zum Ansatz der personenzentrierten Planungsmethoden, welche die Betroffenen in den Mittelpunkt stellen und dadurch automatisch die Themen und Aspekte in Planungen mit einbeziehen, die von diesen als besonders wichtig erachtet werden. Dabei wird von der Annahme ausgegangen, dass jede Person prinzipiell selbst über ihr Leben bestimmen kann und dass alle Menschen ein Recht auf ungehinderte Teilhabe am gesellschaftlichen Leben haben. Personenzentrierte Planungsmethoden fördern die Selbstbestimmung von Menschen mit Behinderungen und gleichzeitig die unterstützenden Netzwerke, die nicht nur das selbstbestimmte Leben der Betroffenen positiv beeinflussen, sondern auch Unterstützung für Familien und Professionelle bieten. Zu den bekanntesten personenzentrierten Planungsmethoden gehören das „McGill Action Planning System" (MAPS; FOREST/ LUSTHAUS 1989) und „Planning Alternative Tomorrows with Hope" (PATH; PEARPOINT et al. 1993).

In Deutschland wurde bereits das Konzept der „Persönlichen Zukunftsplanung" (vgl. EMRICH/ GROMANN/ NIEHOFF 2006; DOOSE 2004) aus den USA übernommen. „Persönliche Zukunftsplanung ist ein guter Weg, um die Leitbilder Selbstbestimmung und gesellschaftliche Teilhabe zu realisieren. Persönliche Zukunftsplanung geht von einem positiven Menschenbild aus, sie avisiert Empowerment und Lebensqualität (…). Im Mittelpunkt steht die Frage, wie eine Person leben möchte und welche Unterstützung sie benötigt, um ihre Lebensentwürfe umsetzen zu können. Der Anlass für eine Planung kann variieren, sei es, dass ein Wechsel von Lebensabschnitten ansteht (z.B. Ende der Schulzeit – Übergang in den Beruf, Auszug aus dem Elternhaus…), die planende Person mit ihrer Situation unzufrieden ist oder sich einen lang gehegten Wunsch erfüllen möchte. (…) So kann es auch um eine Planung in einem bestimmen Lebensbereich gehen (z.B. Wohnsituation, angestrebter Arbeitsplatzwechsel), oder aber die Planung ist umfassender und es wird für mehrere Lebensbereiche nach Veränderungsmöglichkeiten gesucht" (EMRICH u.a. 2006, 188).

So wie auch bei den student-led IEP meetings geht es beim persönlichen Planungsprozess zunächst um das Kennenlernen der Person, der Erstellung eines persönlichen Profils. Anschließend wird ein Bild der individuell angestrebten Zukunft entworfen und im Abschluss steht die Planung und Realisierung dieses entworfenen Bildes. „Ein zentrales Merkmal der persönlichen Zukunftsplanung ist der Unterstützerkreis, dem die von der Hauptperson ausgewählten zentralen Personen ihrer Umgebung angehören" (LINDMEIER 2006, 101). Diese Personen unterstützen den Menschen mit Behinderung bei

der Planung, Entwicklung und Umsetzung der Zukunftswünsche und -träume (vgl. ebd.) Die unterschiedliche Sichtweise der verschiedenen Teilnehmer hat den deutlichen Vorteil, dass verschiedene Ideen und Erfahrungen gebündelt werden und neue Kontakte zustande kommen können.
Es muss betont werden, dass die „Persönliche Zukunftsplanung" freiwillig statt findet und somit nicht gleichzusetzen ist mit institutionalisierter Hilfeplanung (vgl. EMRICH u.a. 2006, 191) und somit auch ein direkter Vergleich mit den student-led IEP Treffen nicht ganz unproblematisch ist. Allerdings wird sich im Folgenden zeigen, dass eine verpflichtende und regelmäßige Durchführung der Treffen durchaus von Vorteil sein kann.
Bevor damit begonnen wurde, die IEP-meetings von den Schülern planen und durchführen zu lassen, hatten viele Schüler einer Untersuchung von MORNINGSTAR et al. (1995) zufolge das Gefühl, dass die IEP meetings nichts mit ihrer persönlichen Zukunft zu tun hatten. Nur diejenigen Schüler, die aktiv teilnehmen konnten, bewerteten die Treffen positiv. Weitere Untersuchungen haben ergeben, dass bei den Treffen, die von den Schülern selbst geleitet werden, die Teilnahme und Involviertheit sowohl der Schüler als auch der Eltern zunahm. Außerdem waren die Ergebnisse der Maßnahmen zur Unterstützung des Übergangs besser und alle Beteiligten mit den Ergebnissen der Treffen wesentlich zufriedener.
Wenn die Schülerinnen und Schüler ihre eigenen Planungstreffen leiten, bedeutet das eine große Zunahme von Verantwortung und das Treffen eigener Entscheidungen. Es gibt in den USA eine Vielzahl von „self-determination curricula", die von WOOD u.a. (2000) zusammengefasst wurden. Anleitungen zur Umsetzungen für Professionelle sind inzwischen in großer Anzahl veröffentlicht (vgl. z.B. BAKKEN 2008; FLEXER 2008; HAWBAKER 2007; MCGAHEE-KOVAC 2002; MILLER 2006; NICHY Download 2008; THOMA/ WEHMAN 2008; UPHOLD et al. 2007; WOOD et al. 2000).

3 Vorbereitung und Durchführung von student-led IEP meetings

Sowohl in der Vorbereitung der Planungstreffen als auch in der Durchführung werden bestimmte Fähigkeiten aufgebaut, gefördert und erweitert, die für die Zunahme von Selbstbestimmung sehr bedeutsam sind. Es handelt sich hierbei – je nach individuellem Lern- und Leistungsniveau der Schüler – beispielsweise um das Erkennen eigener Stärken, Interessen und Fähigkeiten, das Erkennen und Benennen des eigenen Hilfebedarfs, Kennen lernen von Wahlmöglichkeiten. Folgende Fähigkeiten sind mit dem Leiten des eigenen IEP meetings verbunden:

- Medien auswählen, um die eigenen Ziele und den diesbezüglichen Fortschritt zu kommunizieren (malen, zeichnen, Schreiben, Fotos/Video, Notizen), technische Medien wie PowerPoint und Computerprogramme kennen lernen und anwenden
- lesen und schreiben im Kontext
- Personen vorstellen
- das Ziel der IEP meetings formulieren, grundsätzliche Gedanken erfassen und formulieren
- über die Zukunft nachdenken, planen, eine Vision entwickeln
- Ziele setzen
- kommunikative Fähigkeiten trainieren (zuhören, relevant und angemessen antworten, andere zum Redebeitrag auffordern, gezielte Fragen stellen)
- sich und das eigene Vorhaben präsentieren (Augenkontakt, Lautstärke, Tonfall, Gestik, Körpersprache)
- Kompromisse vorschlagen und eingehen, Konsens erzielen (vgl. HAWBAKER 2007).

Das Selbstbewusstsein wird gefördert und die Schüler werden dazu ermutigt, Risiken einzugehen. Außerdem wird das Verständnis für den Sinn und Zweck der IEP meetings erhöht, die Schüler können sich selbst als bedeutungsvoll erleben und sie erkennen die Fähigkeit, ihre eigene Zukunft mitzugestalten. Insgesamt werden viele bedeutsame Fähigkeiten, die die Selbstbestimmung betreffen, geübt und in der Praxis angewendet.
MASON et al. (2004) beobachteten und interviewten Teilnehmer aus 43 students`IEP meetings and fanden heraus, dass Schüler, die ihre eigenen Treffen leiteten, "were involved and contributed to the meetings, knew about their disability rights and accommodations, gained increased self confidence and were able to advocate for themselves, interacted more positively with adults, assumed mire responsibility for themselves, were more aware of their limitations and the resources available to them, and parental participation increased" (MASON et al. 2004).
Entscheidende Unterstützung und Anleitung erhalten die Schüler durch eine bestimmte Lehrkraft, die für sie als Fallbegleiter („case manager") fungiert.

Aktivitäten vor dem Treffen: Die Vorbereitung auf die Planungsreffen sollte nicht punktuell kurz vor dem jeweiligen Termin erfolgen, sondern über das gesamte Schuljahr hinweg, damit der Effekt für das Erlernen der Selbstbestimmungsfähigkeiten möglichst groß ist (vgl. NICHY, Download 2008, 2). Es erfolgt über einen langen Zeitraum ein so genanntes „Transition assessment", ein Prozess des Sammelns von Informationen über die Stärken, Vor-

lieben, Interessen und Bedürfnisse des Schülers, auch über Träume und Visionen, die mit seinen nachschulischen Zielen zu tun haben. „Transition assessment is the ongoing process of collecting data on the individual`s strengths, needs, preferences, and interests as they relate to the demands of current and future working, educational, living, and personal and social environments" (SITLINGTON et al. 1997, 71, zitiert nach THOMA et al. 2002b, 243).
Zusätzlich können die Lehrkräfte Inhalte aus dem Lehrplan auswählen, die auf ein selbständiges Leben vorbereiten. Die Curricula können so auch zur Zielformulierung beitragen.
Laut UPHOLD et al. (2007) gehören die Phasen „planning" (planen) und „drafting" (konzipieren, entwerfen) zur Vorbereitung der Treffen. Zum „Planning" gehören beispielsweise die Ermittlung von Stärken und Bedürfnissen, Setzen von Zielen, Organisation von Material für das Treffen. „Drafting" bezieht sich einerseits auf die Festlegung auf eine Vision und bestimmte Stärken, andererseits auf Bedürfnisse und die dafür benötigten Dienst- und Hilfeleistungen. Außerdem muss der Schüler die Strukturen des Treffens kennen lernen.
Falls eine PowerPoint-Präsentation bei dem Treffen eingesetzt werden soll, so muss diese vorbereitet werden. Mögliche Inhalte der Präsentation sind: die Beschreibung des Schülers, bisher erreichte Ziele, Ziele für den Übergang in das Erwachsenenleben, Ziele für Schule und Unterricht und der Hilfebedarf. Der Schüler muss üben, die Präsentation zu halten. Bei Schülern, die nicht über Lautsprache verfügen oder sich unsicher oder nicht in der Lage dazu fühlen, vor der Gruppe zu sprechen, hat eine solche Präsentation den Vorteil, dass sie im Vorfeld mit aufgenommener Sprache hinterlegt werden kann. Weiterhin müssen organisatorische Dinge erledigt werden: einen Termin festlegen, Einladungen schreiben und verteilen und den Ort bestimmen (vgl. NICHY, Download 2008, 13).

Durchführung: Das Ziel des Treffens ist es, den Schüler stark einzubeziehen und zu aktivieren. Bezüglich des konkreten Ablaufs werden in der Fachliteratur verschiedene Vorschläge gemacht. Insgesamt geht es um folgende Elemente:
- Vorstellung der eingeladenen Personen
- Vorstellung des Schülers
- Bericht über die seit dem letzten Treffen erreichten Ziele
- Vorstellung der neuen Ziele in den unterschiedlichen Bereichen
- Vorschläge zur konkreten Umsetzung

- Festlegung der benötigten Hilfemaßnahmen, außerschulischen Kooperationen etc.

Der Schüler hat während des Treffens bestimmte Aufgaben, zu denen das Vorstellen aller Beteiligten, die Vorstellung der Ziele des Treffens und der eigenen Wünsche und Ziele gehört. Zwischendurch werden die Teilnehmer nach Anregungen gefragt und durch die Gespräche während des Treffens werden weitere Ziele entwickelt, Alternativen überlegt, zu kontaktierende Personen und weitere Handlungsmodalitäten festgelegt. Im IEP-Formular sind folgende Bereiche für die Festlegung von Zielen vorgesehen:

1. nachschulische Bildung (postsecondary education),
2. Beschäftigung (employment),
3. selbständiges Wohnen und Teilhabe am Leben der Gemeinde (independent living and community participation).

Außerdem werden in den Handreichungen zu dem Formular Institutionen bzw. Ansprechpartner in den jeweiligen Bereichen verzeichnet. Diese Liste wird ständig aktualisiert.

Nachbereitung: Wenn das Treffen vorüber ist, steht die Umsetzung der festgelegten Ziele im Mittelpunkt („implementing the plan" UPHOLD et al. 2007). Dabei bestimmt der Schüler selbst, welche Ziele in welcher Reihenfolge in Angriff genommen werden sollen. Während des Prozesses wird der Fortschritt vom Schüler und von der Lehrkraft beobachtet und bewertet. Es kann gemeinsam ein System entwickelt werden, mit dem das Erreichen der Ziele bewertet werden soll. Wenn bestimmte Ziele sehr schwer umsetzbar sind, wird gemeinsam die Notwendigkeit für Veränderungen festgestellt und es werden alternative Handlungspläne entwickelt. Dies ist auch der Zeitpunkt, an dem Ziele umformuliert oder neue Wünsche für Veränderungen festgestellt werden. Ein neues Treffen wird vorbereitet und einberufen.

4 Mögliche Umsetzung des Konzepts in Deutschland

4.1 Möglichkeiten der Verbesserung des Empowerment von Menschen mit geistiger Behinderung durch den Einsatz von student-led IEP meetings

Menschen mit geistiger Beeinträchtigung, die sich auf dem Weg ins Erwachsensein, in eine – idealerweise – größtmögliche Selbständigkeit befinden, sind mit Problemen konfrontiert, die in der Fachliteratur unter folgenden Aspekten diskutiert werden:

- Mehr als die Hälfte aller erwachsenen Menschen mit geistiger Behinderung leben in ihrer Herkunftsfamilie (vgl. HAVEMANN/ STÖPPLER 2004, 16), obwohl der Weg zu einem selbstbestimmten Leben mit der Ablösung vom Elternhaus verbunden ist (vgl. KLAUß 1997, 37).
- Die Freizeitmöglichkeiten werden häufig von der Wohnsituation (Elternhaus oder Institution) bestimmt (vgl. THEUNISSEN et al. 2000).
- Eltern können sich nur schwer auf das Erwachsenwerden ihrer Kinder einstellen (vgl. KLAUß/ WERTZ-SCHÖNHAGEN 1993).
- Jugendliche und junge Erwachsene mit geistiger Behinderung können sich selten gegen die Überbehütungs- und Festhaltetendenzen wehren (vgl. WALTER 1996).

Es ist dringend notwendig, dass verstärkt Wege zum Empowerment geschaffen werden, dass professionell tätige Sonderpädagogen mit den Menschen mit Behinderung zusammen am Ziel der Selbstbestimmung arbeiten, dass sie sowohl eigene Stärken und Fähigkeiten als auch ihren Hilfebedarf kennen und einschätzen lernen und diesen auch ausdrücken können. Es müssen Wahlmöglichkeiten, vor allem in Bezug auf Wohnmöglichkeiten und Möglichkeiten der Freizeitgestaltung, geschaffen werden, damit Menschen mit Behinderung verstärkt eigene Entscheidungen treffen und ihre Zukunft aktiv mitgestalten können.

Die Förderung von Fähigkeiten, die zu Selbstbestimmung und Empowerment führen, muss so früh wie möglich beginnen. Ab dem 16. Lebensjahr sollte dann aktiv an Zielen und Vorstellungen für die nachschulische Zukunft gearbeitet werden. Die Rahmenrichtlinien für die Abschlussstufe legen die Lernbereiche Ich-Erfahrung, Wohnen, Freizeit, Arbeit und Beruf, Öffentlichkeit und Umwelt- und Umweltschutz fest (vgl. NIEDERSÄCHSISCHES KULTUSMINISTERIUM 1985). Eine Verknüpfung von den für das Erwachsenenleben wichtigen Themenbereichen mit den für die Selbstbestimmung unabdingbaren Kompetenzen ist hier ohne weiteres möglich. Allerdings geht die Behandlung der Themen im Unterricht oft nicht über die schulische Grenze hinaus. Nach der Entlassung aus Klasse 13 ist der Arbeitsplatz in der WfbM gesichert, in den anderen Lebensbereichen aber sind die Schüler häufig auf sich allein gestellt. Der Übergang wird oft nicht weit reichend genug vorbereitet und viele Kompetenzen – sollten sie in der Schule angebahnt oder erworben worden sein – werden nicht weiter gefördert.

Würde es bereits zu Schulzeiten verpflichtend regelmäßige Treffen geben, in denen Schüler, Lehrkräfte, Eltern, Vertreter aus Wohneinrichtungen, WfbMs und anderen als wichtig betrachteten Bereichen zusammen kommen würden, um über die nachschulische Zukunft der Schüler zu sprechen, könnten einige dieser Probleme gelöst werden. Wie in den US-amerikanischen IEP-meetings sollten diese Treffen so weit wie möglich von den Schülern selbst geleitet werden und in regelmäßigen Abständen, mindestens zwei Mal im Jahr, stattfinden. Bezüglich der Ablösungsproblematik würden die Schüler und auch die Familien bereits zu einem frühen Zeitpunkt dazu veranlasst, sich mit dem Gedanken an einen möglichen Auszug aus dem Elternhaus zu beschäftigen. Bei den Treffen können Kontakte zu Wohneinrichtungen aufgenommen werden, so dass es leichter wäre, sich darüber zu informieren, welche Wohnmöglichkeiten es gibt und welche für den Schüler geeignet wären. Die Eltern könnten somit ihre Ängste abbauen, ob ihr Kind in der neuen Umgebung ohne sie zu recht kommen kann. Wenn die Lehrkräfte im Vorfeld mit den Schülern an deren Wünschen und Vorstellungen für die Zukunft gearbeitet haben, wären die Familien auch nicht mehr mit der Problematik konfrontiert, dass sie selbst die Entscheidungen für ihre Kinder treffen müssen, obwohl sie über deren Interessen und Zukunftspläne möglicherweise gar nicht ausreichend informiert sind. Durch ein Involvieren der Familien in diese Treffen, die die Selbständigkeit und die Interessen ihrer Kinder herausstellen, wird die Wahrscheinlichkeit größer, dass auch im Elternhaus lebenspraktische Tätigkeiten stärker geübt werden und Selbstbestimmungskompetenzen gefördert und vermittelt werden. Für Schüler, die eine Beschäftigung außerhalb der WfbM anstreben, könnten durch die Treffen Praxiskontakte hergestellt werden und eventuell Möglichkeiten für Praktika oder Probebeschäftigungen eröffnet werden. Mit Vertretern aus Vereinen oder anderen Einrichtungen, die Freizeitangebote organisieren, kann so ebenfalls leichter Kontakt aufgenommen werden.

4.2 Praktische Umsetzung und mögliche Probleme

Trotz der gesetzlichen Vorschrift des Abhaltens der IEP-meetings in den USA funktioniert die Umsetzung dort nicht problemlos. Die Beteiligung der Schüler und die Förderung der Selbstbestimmungsfähigkeiten werden bisher kaum zufrieden stellend umgesetzt (vgl. WEHMEYER/ SCHWARTZ 1998; HELD et al. 2004). Viele Sonderpädagogen kennen die gängigen personenzentrierten Planungsmethoden nicht (vgl. THOMA et al. 2002a; 2002c). Auch die Häufigkeit der Treffen ist mit einem Treffen pro Jahr nicht ausreichend.

Probleme in der Praxis können mit Einstellungen der Lehrkräfte zusammen hängen, die beispielsweise von der Schulleitung keine Umsetzungserlaubnis erhalten oder über Zeitmangel klagen. Weiterhin ist für eine Übergabe der Verantwortung an die Schüler natürlich ein Einstellungs- bzw. Rollenwechsel verbunden, den nicht jede Lehrkraft einzugehen bereit ist. Momentan ist in

den USA der Bereich der Arbeit derjenige, der bei schülergeleiteten Planungstreffen die meiste Aufmerksamkeit erhält. Dies war auch ursprünglich der Bereich, in dem Hilfen für den Übergang in ein Leben als Erwachsener zuerst eingesetzt wurden. Die Gründe für diese Entwicklung liegen in Richmond vor allem in dem Mangel an Wohnangeboten. Als Wohnmöglichkeiten stehen derzeit in der Mehrzahl „group homes" (bis zu acht Menschen mit Behinderung, die mit permanenter Betreuung in einem Haus in der Gemeinde wohnen, wobei häufig trotzdem keine Integration in die Gemeinde erfolgt) oder „semi-independent living" (Wohnung, evtl. auch WG mit ambulanter Betreuung) zur Verfügung, aber auch dies nicht in ausreichendem Maße. Hier ist in jedem Fall Handlungsbedarf zu sehen. Eine weitere Herausforderung ist die Adaption des Konzepts für Schülerinnen und Schüler mit schwerer Behinderung. Um die Kommunikationsformen von Personen mit sehr hohem Hilfebedarf interpretieren zu können, braucht es Einfühlungsvermögen und Phantasie. Hier kommt es wohl eher darauf an, Wahlmöglichkeiten zu schaffen, unterschiedliche Alternativen anzubieten oder auszuprobieren, um die Interessen und Vorlieben der Schüler kennen zu lernen.
Die schulischen Rahmenbedingungen in Deutschland stehen einer direkten Umsetzung vor allem darin entgegen, dass die Lehrkräfte nicht genügend Zeit haben, um die Schüler auf die Treffen vorzubereiten bzw. die Treffen mit ihnen vorzubereiten. Es müssten ausreichend Zeitfenster für die Arbeit an den Planungstreffen zur Verfügung gestellt werden bzw. für Lehrkräfte, die an den Treffen mitarbeiten, müsste das wöchentliche Stundensoll an Unterricht reduziert werden. Wäre diese Hürde genommen, wäre ein Etablieren der Planungstreffen organisatorisch gut zu bewältigen. Außerdem ist es notwendig, alle vorhandenen Netzwerke und Kontakte – auch die von anderen Kollegen – zu nutzen oder neue zu etablieren, um die entsprechenden Möglichkeiten bezüglich Wohnen und Freizeit für die Schüler zu eröffnen. Der Bereich „postsecondary education" kann für die Umsetzung in Deutschland zunächst vernachlässigt werden, da die Angebote hierbei nicht mit dem amerikanischen System vergleichbar sind. Angebote der Erwachsenenbildung würden hier wohl eher zum Bereich Freizeit zählen. Auch bezüglich der zukünftigen Beschäftigungsmöglichkeiten ist der Versuch der Platzierung der Schülerinnen und Schüler auf dem allgemeinen Arbeitsmarkt nach wie vor schwierig. Hier könnte es aber auch darum gehen, die richtige Platzierung innerhalb der Arbeitsbereiche der WfbM zu finden.
Student-led IEP meetings bietet Menschen mit Behinderungen die Möglichkeit, aktiv die eigene Zukunftsplanung mitzugestalten und sich selbst als mündigen Menschen zu erleben, der ähnliche Chancen wahrnehmen kann

wie ein Mensch ohne Behinderung. Die Treffen, die gesetzmäßig jedes Jahr stattfinden müssen, sorgen dafür, dass ein planvoller Übergang von der Schule in das nachschulische Leben gewährleistet ist, den die Hauptbetroffenen selbst mitgestalten können.

5 Literatur

BAKKEN, J.P. (2008): Transition planning for students with disabilities. What educators and service providers can do. Springfield, Ill.

DOOSE, S. (2004): I want my dream. Persönliche Zukunftsplanung. Netzwerk people first. Kassel

EMRICH, C./ GROMANN, P./ NIEHOFF, U. (2006): Persönliche Zukunftsplanung. Mehr Lebensqualität ist das Ziel! In: Geistige Behinderung 3/06, 45. Jg., S. 188-199

FOREST, M./ LUSTHAUS, E. (1989): Promoting educational equality for all students: Circles and MAPS. In: Stainback, S./ Stainback, W./ Forest, M. (Eds.): Educating All Students in the Mainstream of Regular Education. Baltimore, p. 43-58

FLEXER, R.W. (2008): Transition planning for secondary students with disabilities. Upper Saddle River, NJ

HAVEMANN, M. /STÖPPLER, R. (2004): Altern mit geistiger Behinderung. Stuttgart

HAWBAKER, B.W. (2007): Student-Led IEP Meetings: Planning and Implementation Strategies. Teaching Exceptional Children Plus, 3 (5) Article 4. Retrieved from http://escholarship.bc.edu/education/tecplus/vol3/iss5/art4/ Download 04.12.2008

HELD, M.F./ THOMA, C.A./ THOMA, K. (2004): "The John Jones Show": How one teacher facilitated self-determined Transition Planning for a young man with autism. In: Focus on Autism and other developmental disabilities, 19, 3, p. 177-188

KLAUß, T./ WERTZ-SCHÖNHAGEN, P. (1993): Behinderte Menschen in Familie und Heim. Grundlagen der Verständigung und Möglichkeiten der Kooperation zwischen Eltern und Betreuern. Weinheim/München

KLAUß, T. (1997): Wenn alle das Beste wollen, leidet die Selbstbestimmung. In: Behinderte (1), S. 37-46

LINDMEIER, B. (2006): Soziale Netzwerke. Ihre Bedeutung für ein differenziertes Netzwerk. In: Geistige Behinderung 2/06, 45. Jg., S. 99-111

MASON, C.Y./ MCGAHEE-KOVAC, M./ JOHNSON, L. (2004): How to help students lead their IEP meeting. In: Teaching exceptional children, 36 (3), p. 18-24

MCGAHEE-KOVAC, M. (2002): A student Guide to the IEP. http://www.nichcy.org/InformationResources/Documents/NICHCY%20PUBS/st1.pdf. Download 04.12.2008

MILLER, R.J. (2006): Transition assessment. Planning transition and IEP development for youth with mild to moderate disabilities. Boston

MORNINGSTAR, M. E./ TURNBULL, A. P./ TURNBULL, H. R. (1995): What do students with disabilities tell us about the importance of family involvement in the transition from school to adult life? Exceptional Children, 62(3), p. 249-260

NICHY – NATIONAL INFORMATION CENTER FOR CHILDREN AND YOUTH WITH DISABILITIES: Helping students develop their IEPs. http://www.nichcy.org/InformationResources/Documents/NICHCY%20PUBS/ta2.pdf. Download 4.12.2008

NIEDERSÄCHSISCHES KULTUSMINISTERIUM (Hrsg.) (1985): Rahmenrichtlinien für den Unterricht in der Schule für Geistigbehinderte. Hannover

PEARPOINT, J./ O'BRIEN, J./ FOREST, M. (1993): Path: Planning Alternative Tomorrows with Hope. A Workbook for Planning Possible Futures. Toronto

THEUNISSEN, G./ DIETER, M./ NEUBAUER, G./ NIEHOFF, U. (2000): Zur Situation geistig behinderter Menschen in ihrer Freizeit. Geistige Behinderung 4/2000, S. 360-372

THOMA, C.A./ WEHMAN, P. (2008): Student-led IEPs: A guide for educators. Baltimore

THOMA, C.A./ NATHANSON, R./ BAKER, S.R./ TAMURA, R. (2002a): Self-determination: What do special educators know and where do they learn it? In: Remedial and Special education, 23, p. 242-247

THOMA, C.A./ HELD, M.F./ SADDLER, S. (2002b). Transition Assessment Practices in Nevada and Arizona: Are they tied to best practice? In: Focus ion Autism and other Developmental Disabilities, 17, 4, p. 242-250

UPHOLD, N.M./ WALKER, A.R./ TEST, D.W. (2007): Resources for involving students in their IEP process. In: Teaching Exceptional Children Plus, 3 (4) Article 1. Retrieved from http://escholarship.bc.edu/education/tecplus/vol3/iss4/art1/. Download 04.12.2008

WALTER, J. (1996): Pubertätsprobleme bei Jugendlichen mit geistiger Behinderung. In: WALTER, J. (Hrsg.): Sexualität und geistige Behinderung. Heidelberg, S. 160-172

WEHMAN, P. (2003): Life beyond the classroom: Transition strategies for young people with disabilities. Baltimore

WEHMEYER, M. L./ SCHWARTZ, M. (1998): The self-determination focus of transition goals for students with mental retardation. Career Development for Exceptional Individuals, 21 (1), p. 75-86

WOOD; W. M./ TEST, D. W./ BROWDER, D. M./ ALGOZZINE, B./ KARVONEN, M. (2000): A summary of self-determination curricula and components. http://www.uncc.edu/sdsp/sd_curricula.asp. Download 01.09.2008

Behinderung und internationale Heil- und Sonderpädagogik in Europa

Ewald Feyerer

EUropean Masters in Inclusiv Education – Ein richtungweisendes Projekt

1 Einleitung

Mit der Integration behinderter Kinder[1] begann für das selektionsorientierte Schulwesen in Deutschland und Österreich ein umfassendes reformpädagogisches Projekt. Der bisher selbstverständliche Lösungsweg, Kinder mit Schwierigkeiten vom gemeinsamen Lernprozess auszuschließen, wurde hinterfragt, die Lösungskompetenz von besonderen Schulen mit dem Anspruch einer besonderen Pädagogik für besondere Schüler massiv angezweifelt.
In Österreich haben die Eltern behinderter Kinder sowohl in der Volksschule als auch in der Sekundarstufe I in allen Bundesländern schon seit längerer Zeit ein gesetzlich verankertes Wahlrecht zwischen Integration und Segregation.[2] Zusammenhängende kohärente Curricula der LehrerInnenbildung, die alle LehrerInnen für den integrativen Unterricht qualifizieren, waren aber im

---

1 Ich verwende den Terminus *behinderte Menschen,* weil dieser am besten ausdrückt, dass Personen mit Beeinträchtigungen *durch die Gesellschaft behindert werden.*

2 In Österreich gibt es ein bundesweit einheitliches Schulsystem. Die Volksschule kann mit der deutschen Grundschule verglichen werden und dauert 4 Schuljahre, die Sekundarstufe I beginnt mit dem 5. und endet mit dem 8. Schuljahr. Sie besteht aus nur zwei Schultypen: Hauptschule (wird am Land von 70–90% aller SchülerInnen und in der Stadt von 10–40% besucht, nach der 8. Schulstufe besteht die Möglichkeit ins höhere Schulwesen überzuwechseln) und Allgemeinbildende Höhere Schulen (Gymnasien). Die Hauptschulen sind in den Fächern Mathematik, Deutsch und Englisch nach drei Leistungsgruppen gegliedert. Der Lehrplan der 1. Leistungsgruppe ist identisch mit dem Lehrplan der Gymnasien. Seit dem Schuljahr 2008/09 wird als dritter Schultyp die Neue Mittelschule (=die österreichische Form der Gesamtschule) erprobt. Nach einem 9. Schuljahr (entweder in einer Polytechnischen Schule oder in einer Berufsbildenden mittleren bzw. höheren Schule) ist die Schulpflicht erfüllt. Es gibt wie in Deutschland ein hoch differenziertes Sonderschulwesen (insgesamt 11 Arten). 1994 wurde die Integration in der Volksschule, 1997 in der Sekundarstufe I gesetzlich verankert. Einstweilen werden im Durchschnitt mehr als 50% aller Kinder mit sonderpädagogischem Förderbedarf integrativ beschult, in Oberösterreich ist der Integrationsquotient 66% und in der Steiermark sogar über 80%.

deutschsprachigen Raum nur ansatzweise vorhanden. Auch in allen anderen Bereichen wie z.B. Kindergarten, Hort, Berufsleben oder Freizeit fehlt es an integrativen/ inklusiven[3] Ausbildungskonzepten. Somit finden behinderte Menschen gegenwärtig nur in Ansätzen Formen inklusiver Förderung vor, da in der Aus-, Fort- und Weiterbildung des gesamten Fachpersonals diesbezüglich große Defizite bestehen, womit ein eklatanter Mangel an Fachkräften zur Umsetzung der inklusiven EU-Politik vorhanden ist.
Das Institut für Integrative Pädagogik an der Pädagogischen Akademie des Bundes in Oberösterreich stellte daher im Jahre 1996 einen Antrag auf ein Curriculumentwicklungsprojekt im Rahmen von SOKRATES ERASMUS mit dem Ziel, ein europäisches Curriculum für eine integrative LehrerInnenausbildung zu entwickeln. Am Projekt INTEGER erarbeiteten schließlich 17 Hochschulen aus 11 europäischen Ländern von 1997 – 2001 eine primär inhaltliche Innovation: 5 Basismodule und 21 optionale Module, ein inklusionspädagogisches Glossar und einige Studienmaterialien. Mit der Implementierung von INTEGER-Modulen in die zu entwickelnden BA-Studiengänge könnte ein gemeinsames integrations- bzw. inklusionspädagogisches Fundamentum für alle pädagogischen Studien verankert und somit ein erster, aber äußerst wichtiger Schritt verwirklicht werden. (vgl. FEYERER 2001)
Das Projekt EUMIE ist als Folgeprojekt von INTEGER zu verstehen. Zusätzlich zu einer Basisausbildung für alle PädagogInnen erscheint es notwendig und zielführend, ein postgraduales Studium auf Masterniveau zur Ausbildung kritischer „MultiplikatorInnen inklusiver Prozesse“ in verschiedenen Arbeitsfeldern (Frühförderung, Vorschulische Erziehung, Schule, Hochschule, Horte, private Trägereinrichtungen für berufliche Integrationsmaßnahmen, Maßnahmen der öffentlichen Hand zur sozialen Integration, öffentliche Einrichtungen) in ganz Europa und in europäischer Kooperation anzubieten.
Im Jahr 2001 konnte das dreijährige Projekt starten, nachdem die Entwicklungsgruppe aus dem Projekt INTEGER auf insgesamt neun Partnerhochschulen aus sieben Ländern verringert wurde. Im ersten Projektjahr (Juli 2001 – Juni 2002) wurden die Gesamtstruktur des Curriculums, die Alpha-

[3] Heute wird immer häufiger anstelle von *Integration* der Begriff *Inklusion* verwendet. Die Verwendung der Begriffe ist oft unscharf und verwirrend. Im Projekt EUMIE sind wir uns darüber einig, dass sowohl Integration als auch Inklusion nur Übergangsbegriffe sein können. Die logische Entwicklung kann idealtypisch folgendermaßen dargestellt werden: von der Segregation zur Integration – von der Integration zur Inklusion – von der Inklusion zur Vielfalt in der Gemeinsamkeit. Sowohl Integration als auch Inklusion stehen hier für die Idee einer Gesellschaft/Schule, die keinen Menschen ausschließt und jeder/m die Möglichkeit zur vollen Partizipation am gemeinsamen Leben samt den dafür notwendigen Unterstützungen.

versionen der Module und die Homepage des Projekts EUMIE[4] entwickelt. Im zweiten Jahr lag der Focus auf der Fertigstellung und Evaluation der Module (Beta-Version) sowie der Vorbereitung von Pilot-Studienlehrgängen an den Partnerhochschulen. Die Erprobung und Evaluierung des Curriculums sowie umfassende Implementierungsmaßnahmen an allen beteiligten Hochschulen standen im dritten Projektjahr, also von Juli 2003 bis Juni 2004, im Mittelpunkt der Aktivitäten. Mit dem Hinzuziehen einer zehnten Partnerhochschule wurde die Evaluation durch eine externe Begutachterin sichergestellt. Für das Studienjahr 2004/2005 wurde ein Disseminationsjahr von der Europäischen Kommission genehmigt. Auch nicht am Projekt beteiligte Universitäten sollten gewonnen werden, das postgraduale Studienprogramm EUMIE anzubieten.

2 Berufsprofil und zu erwerbende Kompetenzen

AbsolventInnen des Masterprogramms EUMIE können in allen inklusiven Arbeitsfeldern eingesetzt werden. Als inklusive Felder gelten dabei all jene Bereiche, in denen Menschen leben und arbeiten, die aufgrund von biologischen, psychischen und/oder sozialen Faktoren in der Verwirklichung eines selbstbestimmten und autonomen Lebens signifikant eingeschränkt und somit auf Unterstützung von außen angewiesen sind.

Das Masterstudium dient der Vertiefung der wissenschaftlichen Grundlagen, der Methoden und des fachspezifischen Wissens auf den Gebieten der Inklusiven Pädagogik und qualifiziert die Studierenden insbesondere zu einem systematischen Verständnis und zur kritischen Betrachtung von aktuellen Fragen und Entwicklungen im Bereich der Inklusion. Berufs- und Handlungsfelder für AbsolventInnen sind alle Institutionen, in denen behinderte Menschen unterstützt, unterrichtet und/oder beraten werden wie

- Familien (Frühförderung),
- Bildungseinrichtungen (Kindergarten, Schulen, Erwachsenenbildung),
- NPOs, NGOs (für Wohnen, Arbeit, Freizeit, Mobilität, technische Unterstützung),
- Sozialarbeit, Gesundheitswesen und klinische Rehabilitation und
- ältere Menschen.

Das Masterprogramm beinhaltet grundlagen- und anwendungsorientierte Forschungstätigkeiten, welche die Studierenden befähigen, kritisch, selbständig, anwendungsorientiert und ganzheitlich zur Evaluation und Weiterent-

4 siehe unter: http://www.ph-ooe.at/iip/iip/iip/eumie/index.html

wicklung der Inklusion beizutragen. Die wissenschaftliche Auseinandersetzung im Rahmen der Master Thesis führt zu einem Spezialwissen in einem besonderen Teil des Berufsfeldes als Grundlage für einen lebenslangen Prozess der Professionalisierung.
Um für den Einsatz als Führungskraft qualifiziert zu sein, können die Studierenden auch Kompetenzen im Bereich des Organisations- und Personalmanagements erwerben.
Nach Abschluss des Studiums zeichnen sich Studierende des Masterprogramms EUMIE durch selbständigen, kritischen und zielgerichteten Umgang mit materiellen und personellen Ressourcen aus. Soziale, planerisch-organisatorische und forschungsrelevante Handlungskompetenzen erlauben es ihnen, eine Schlüsselrolle in der inklusiven Unterstützung, Erziehung, Förderung und Beratung behinderter Menschen zu übernehmen und inklusive Maßnahmen personenzentriert zu organisieren, kritisch zu evaluieren und engagiert weiter zu entwickeln.

3 Studienstruktur

Das Masterstudium EUMIE besteht aus klar definierten Studienmodulen, die jeweils die Notwendigkeit und wissenschaftliche Relevanz der zu behandelnden Themen begründet sowie die Eingangsvoraussetzungen, Ziele, Lernergebnisse, mögliche Inhalte, Lehr-/Lernverfahren und Assessmentverfahren festlegen. Neben vier Pflichtmodulen („Core modules“) werden optionale Wahlpflichtmodule angeboten, um auf die unterschiedlichen Situationen und Bedürfnisse flexibel reagieren zu können. Jedes Modul ist einzeln abschließbar. Spezielle Eingangsvoraussetzungen werden, falls erforderlich, genannt.
Gemäß den Grundsätzen des individualisierten Lernens und der modularen Struktur kann jede Studierende/ jeder Studierender ihren/seinen persönlichen Weg zur akademischen Qualifikation mitbestimmen, wobei aktives und reflexives Lernen im Mittelpunkt steht.
Der Studiengang ist in drei Stufen gegliedert:
- Theorien erfassen (4 Pflichtmodule),
- theoriegeleitet handeln (mehrere optionale Module und ein Feldstudium, das möglichst im Ausland stattfinden soll),
- theoriegeleitet innovieren (Masterarbeit).

Insgesamt umfasst der Lehrgang 90 bis 120 EC (= European Credits). Die Entscheidung, wie viele Credits studiert werden, hängt von den regionalen

Bedingungen der zertifizierenden Universität ab.[5] Dementsprechend müssen auf jeder der drei Stufen mindestens 30 EC erworben werden. Auf der ersten Stufe sind vier Pflichtmodule (mit je mindestens 7,5 EC) zu belegen, auf der zweiten zumindest zwei Wahlpflichtmodule sowie eine Feldstudie im Ausmaß von mindestens 15 EC zu absolvieren. Die dritte Stufe bildet das Schreiben einer umfassenden Abschlussarbeit. Abbildung 1 auf der folgenden Seite gibt einen Überblick über die Studienstruktur.

4 Curriculum

Eine ausführliche Beschreibung der einzelnen Module kann aus Platzgründen hier nicht erfolgen.[6] Hier sei zu den Inhalten der Module nur Grundlegendes gesagt:

Die entsprechende Ausbildung des gesamten pädagogischen, therapeutischen und administrativen Personals stellt einen entscheidenden Faktor für das Gelingen der Inklusion dar. Das Masterstudium EUMIE ist ein postgraduales Studium, das PädagogInnen und sonstigen Fach- sowie Führungskräften einerseits eine positive Orientierung gegenüber behinderten Menschen ermöglicht und andererseits das für Inklusion notwendige theoretische Reflexionswissen vermittelt, damit diese selbstverantwortlich und gemäß dem neuesten Stand der Wissenschaften behinderte Menschen bilden, erziehen und beraten sowie Einrichtungen für behinderte Menschen inklusiv – also unter Berücksichtigung der unterschiedlichen Bedürfnisse – leiten, führen, evaluieren und weiter entwickeln können.

Inklusion bedingt, dass unterschiedlichste Fachleute gemeinsam im Team arbeiten. Voraussetzung dafür ist eine Ausbildung, auf deren Hintergrund sie eine inklusive Haltung entwickeln und Handlungskompetenzen herausbilden können, die langfristig zu einer subjektzentrierten und entwicklungsbezogenen Bildung, Erziehung und Assistenz führen, die Aussonderung, Ausschluss und Segregation zu überwinden vermögen.

Unterschiedliche SpezialistInnen erwerben in gemeinsamen Lern- und Arbeitsphasen innerhalb der vier Pflichtmodule der Ebene *Theorien erfassen* die Kompetenzen, die für eine kritische Reflexion und Weiterentwicklung der

---

[5] Die Tatsache, dass z.B. in Schottland Master-Studiengänge maximal 90 EC umfassen, während in Deutschland und Österreich in der Regel 120 EC studiert werden müssen, macht eine flexible Handhabung der Credits und damit der Workloads der AbsolventInnen notwendig.

[6] Eine ausführliche Beschreibung kann in FEYERER (2004) und FEYERER/HAYWARD/HEDGE (2005) bzw. im Internet unter http://www.ph-ooe.at/iip/iip/iip/eumie/index.html nachgelesen werden.

<table>
<tr>
<td>Theo-
rien
erfas-
sen
(Core
mo-
dules)</td>
<td>C1:
Bildung für alle –
Inklusion im
humanwissen-
schaftlichen
Diskurs

min. 7.5 EC</td>
<td>C2:
“Vielfalt als
Wert“ – erzie-
hungswissen-
schaftliche
Vertiefung

min. 7.5 EC</td>
<td>C3:
Forschungs-
paradigmen
und
-methoden

min. 7.5 EC</td>
<td>C4:
Europäische und
globale Perspek-
tiven der inklusi-
ven Erziehung
und Bildung

min. 7.5 EC</td>
<td>min.
30
EC</td>
</tr>
<tr>
<td>Theorie
geleitet
han-
deln
(Optio-
nal
mo-
dules,
Feld-
studie)</td>
<td colspan="2">O1: Leiten, planen, organisieren, evaluieren
O2: Inklusion und sozial-emotionale Entwicklung
O3/04: Entwicklung und Evaluation inklusiver Lebens- und Handlungsfelder, Teil I / II
O5: Interkulturelles Lernen
O6/O7: Information and Communication Technology (ICT) and Assistive Technology (AT) – Part I / II
O8: Individuell vereinbartes Modul zur fortschreitenden Professionalisierung
O9, O10...: weitere optionale Module

2 x min. 7.5 EC</td>
<td colspan="2">TPP: Theoriegeleitete Professionalisierung in Praxisfeldern:

Vom Beobachten und Beschreiben ... zu datenfundierter Analyse und Erkenntnis

(Feldstudie, bevorzugt im Ausland)

min. 15 EC</td>
<td>min.
30
EC</td>
</tr>
<tr>
<td>Theo-
rie-
geleitet
inno-
vieren</td>
<td colspan="4">MASTER THESIS</td>
<td>min.
30
EC</td>
</tr>
</table>

(Umfang: 90 – 120 EC, Vollzeit- oder berufsbegleitendes Studium)

Abb. 1: Struktur des Studiums EUMIE: Master of Education (M.Ed.) in Inclusive Education

Inklusion notwendig sind. Grundlegend werden im Modul C1 die Entwicklung der Inklusion, die zugrunde liegenden Menschen- und Gesellschaftsbilder kritisch analysiert und diskutiert. Dieses Modul soll daher von allen Studierenden zu Beginn des Studienprogramms absolviert werden. Allgemeine erziehungswissenschaftliche Inhalte erfahren im Modul C2 eine Vertiefung und Erweiterung um die spezifische Sichtweise der Inklusion. Im Modul C3 werden die im BA-Studium erworbenen Forschungskenntnisse und -kompetenzen kritisch aus inklusionsspezifischer Sicht analysiert, diskutiert und vertieft. Mit dem Modul C4 wird im Besonderen die europäische und

globale Dimension durch kritisch vergleichende Studien, unterstützt mit Möglichkeiten des ODL innerhalb der europäischen Community, erworben.
Theoriegeleitetes Handeln basiert auf dem grundlegenden kritischen Diskurs innerhalb der Pflichtmodule. Lebenslange Professionalisierung ist heute notwendiger Bestandteil jeder professionellen Biografie. EUMIE versteht sich als ein möglicher Baustein innerhalb eines solchen Prozesses in pädagogischen und bildungspolitischen Zusammenhängen. Da im Studienprogramm EUMIE verschiedene Berufsgruppen erfasst werden, besteht im Rahmen der optionalen Module die Möglichkeit, entsprechend des jeweiligen Berufsfeldes Ausbildungsschwerpunkte zu setzen.
So hat man im optionalen Modul O1 zum Beispiel die Möglichkeit, Kompetenzen im Bereich von Organisations- und Personalmanagement zu erwerben und sich damit als Führungskraft zu qualifizieren. Absolventen des Masterstudiengangs European Masters in Inclusive Education können somit gleichermaßen eine Schlüsselrolle in der Unterstützung und Beratung von Menschen mit Behinderung, wie auch in der Organisation, Innovation, Begleitung und Evaluation inklusiver Maßnahmen, Bildungseinrichtungen und Lebensräume einnehmen.
Mit O2 erwerben die Studierenden vertiefende Erkenntnisse und Kompetenzen zur sozialen Eingliederung und Förderung der sozial-emotionalen Entwicklung. O3 und O4 ermöglichen den Studierenden eine kritische Auseinandersetzung mit der Notwendigkeit und den Möglichkeiten der Entwicklung inklusiver Lebens- und Handlungsfelder. Kompetenzen für die Unterstützung und Analyse multikulturellen Lernens liefert das Modul O5.
Die optionalen Module O6 und O7 werden in englischer Sprache beschrieben, da dies Standard in der ICT und AT[7] ist. Unter O8 ist ein Modul zu verstehen, welches das Studieren spezieller Inhalte in Bezug zum Praxisfeld einzelner Studierender mittels individueller Lernverträge zwischen Lehrenden und Studierenden erlaubt. Um besondere Aspekte der jeweiligen Region und aktuelle Entwicklungen berücksichtigen zu können, ist es möglich, weitere optionale Module (O 9, ...) in Absprache mit der zertifizierenden Universität zusätzlich zu entwickeln.
Das Modul „Theoriegeleitete Professionalisierung in Praxisfeldern“, in der englischen Version „Advanced Professional Practice“, soll den Studierenden die Möglichkeit geben, in enger Verknüpfung von Theorie und Praxis die erworbenen Kompetenzen projektartig im Rahmen einer Feldstudie umzusetzen, den Prozess zu dokumentieren und zu reflektieren.

---

7 Information and Communication Technology (ICT) and Assistive Technology (AT)

Die Master Thesis dient dem Nachweis, dass sich die Studierenden in einem spezifischen Bereich der inklusiven Pädagogik selbst ständig und unter Berücksichtigung der neuesten wissenschaftlichen Erkenntnisse und Methoden vertieftes Wissen angeeignet haben. Das Thema der Master Thesis kann sich auf berufsrelevante Aspekte beziehen, kann aber auch grundsätzlicher Natur sein.
Die Studierenden zeigen damit, dass sie sich ein ausreichendes Verständnis von Techniken und Methoden zur Forschung und Erkenntnisgewinnung erworben haben und in der Lage sind, die eigene Forschungskompetenz und das persönliche Wissen weiter zu entwickeln, Forschungsmethoden kritisch und reflexiv zur Lösung konkreter Praxisprobleme anzuwenden und damit *theoriegeleitet innovieren* können.

5 Durchführung

Es war geplant, EUMIE bis zum Wintersemester 2004 an einer englischsprachigen (Glasgow) und einer deutschsprachigen Universität (Köln) akkreditieren zu lassen. Die anderen Partnerhochschulen hätten dann in Kooperation mit diesen Universitäten entweder den gesamten Studiengang bzw. einzelne Module in ihren Ländern angeboten. Anschließend sollten in ganz Europa möglichst viele Universitäten und Hochschulen gefunden werden, die EUMIE ganz oder in Teilen übernehmen. Durch die modulare Struktur kann EUMIE nämlich sehr einfach in sehr unterschiedliche Studienstrukturen implementiert werden.
In Glasgow ist EUMIE einstweilen implementiert und erste Module konnten im Rahmen einer von der Regierung forcierten LehrerInnenweiterbildungsoffensive („Chartered Teacher Programme“) bereits seit dem Studienjahr 2003/04 studiert werden. An der Universität zu Köln (Heilpädagogische Fakultät) begann der Akkreditierungsprozess im Jahr 2003. Das Interesse daran ist aber mit der Nichtbesetzung des neuen Lehrstuhles für Integrative Pädagogik und Didaktik mittlerweile verloren gegangen. Das EUMIE-Konsortium ist daher bemüht, andere Universitäten zu finden, die EUMIE akkreditieren und implementieren wollen. Als Koordinator des Programms wäre ich sehr erfreut, wenn diesbezüglich Kontakt mit mir aufgenommen werden würde.[8]
Zwischen den Partnerhochschulen wurden jedenfalls umfassende Kooperationen (länderübergreifende Angebote einzelner Module, DozentInnenaus-

---

[8] Kaplanhofstrasse 40, A-4020 Linz; Tel.. +43 732 7470 3106; e-mail: ewald.feyerer@ph-ooe.at

tausch, StudentInnenaustausch, Durchführung kompletter Studiengänge an mehreren Hochschulen, gegenseitige Anerkennung von Vorstudien) sowie ein Modus zur Aufnahme weiterer Hochschulen in die *EUMIE-Community* grundsätzlich abgesprochen.

6 Das EUMIE-Konsortium

An der Entwicklung des Programms waren an den folgenden Hochschulen die angeführten Personen federführend beteiligt:

GESAMTKOORDINATION:

Österreich:	Pädagogische Akademie des Bundes in OÖ, Linz – Ewald FEYERER, Siegfried KIEFER
PARTNERHOCHSCHULEN:	
Deutschland:	Universität zu Köln – Walther DREHER; Andrea PLATTE
	Universität Bremen – Georg FEUSER
Niederlande:	Hogeschool van Arnhem en Nijmegen – Linus CORNELISSEN, Willem VINKENVLEUGEL
Norwegen:	Högskolen i Hedmark – Kari NES, Harald SMEDSTAD
Österreich:	Pädagogische Akademie des Bundes in Wien – Marianne WILHELM; Sonja TUSCHEL
Schottland:	The University of Glasgow – Louise HAYWARD, Nicki HEDGE
Spanien:	Universidad de Malaga – Miguel LOPEZ MELERO
Ungarn:	Eötvös Loránd Tudományegyetem – Franz SCHAFFHAUSER, Maria RETHY; Csilla SCHIFFER
EVALUATIONSPARTNER:	
Deutschland:	J. W. Goethe-Universität Frankfurt – Helga DEPPE

7 Zusammenfassung

Behinderte Kinder finden gegenwärtig nur in Ansätzen Formen integrativer/inklusiver Bildung, Unterstützung und Beratung vor, da in der Aus-, Fort- und Weiterbildung des gesamten Fachpersonals diesbezüglich große Defizite bestehen, womit ein eklatanter Mangel an Fachkräften zur Umsetzung der integrativen EU-Politik vorhanden ist. Für die Initialebene wurde mit dem Projekt INTEGER ein europaweites Curriculum zur integrativen LehrerInnenausbildung geschaffen. Damit könnte allen PädagogInnen ein Sockel an notwendigen Basiskompetenzen im Sinne eines *inklusionspädagogischen Fundamentes* vermittelt werden. Zusätzlich ist es notwendig, postgradual

MultiplikatorInnen der Inklusion auszubilden. Das Projekt EUMIE bietet erstmals die Möglichkeit für eine höchst qualitative Ausbildung solcher MultiplikatorInnen auf Masterniveau und könnte damit einen wesentlichen Teil zur Schaffung qualitätsvoller inklusiver Lebensräume und zur optimalen Förderung behinderter Menschen innerhalb der Gemeinschaft beitragen. EUMIE ist ein innovatives und weiterführendes Studienprogramm zur postgradualen Qualifizierung von DiplompädagogInnen, Diplomierten BehindertenpädagogInnen, LehrerInnen, LehrerbildnerInnen und weiteren Fach- und Führungskräften im Bereich der inklusiven Erziehung, Unterstützung und Assistenz und ist durch folgende Merkmale ausgezeichnet: Erstmals liegt ein Studienprogramm vor, das Kompetenzen vermittelt, die der Implementierung eines inklusiven Menschen- und Gesellschaftsbildes verpflichtet sind. Innerhalb eines Prozesses lebenslanger Professionalisierung liefert EUMIE sinnvolle Bausteine, die gerade durch die modulare Struktur in professionelle Biografien eingebaut und flexibel an die Erfordernisse von Trägereinrichtungen und den darin Tätigen angepasst werden können. Schließlich knüpft EUMIE an die BOLOGNA-Erklärung der Europäischen Kommission an, ermöglicht aber auch die Berücksichtigung unterschiedlicher regionaler Bedingungen. Die modulare Struktur erlaubt einerseits flexible Adaptierungen, garantiert andererseits durch höchste Transparenz und regelmäßige Evaluation aber auch höchste Qualität in der Ausbildung. Damit könnte dem Mangel an Fachkräften wirkungsvoll begegnet werden. Die Zukunft wird zeigen, ob sich Universitäten der Herausforderung des EUMIE Studienprogramms stellen wollen.

Literatur

FEYERER, E. /HAYWARD, L. /HEDGE, N. (eds.) (2005). European Masters in Inclusive Education. A SOCRATES ERASMUS CURRICULUM DEVELOPMENT PROGRAMME. Linz: Institute of Inclusive Education[9]

FEYERER, E. (Hrsg.) (2004): European Masters in Inclusive Education. Ein Curriculumentwicklungsprogramm im Rahmen von SOKRATES ERASMUS. Linz: Institut für Inklusive Pädagogik[10]

FEYERER, E. (2000): INTEGER – Ein europäisches Curriculumsentwicklungsprogramm für eine integrative LehrerInnenausbildung. In: BEHINDERTE, Heft 2/01, 24. Jg., S. 19–24 (auch unter http://bidok.uibk.ac.at/library/beh2-01-feyerer-programm.html)

http://www.ph-ooe.at/iip/iip/iip/eumie/index.html (Homepage des Projektes EUMIE)

---

9 Bestelladresse: siehe Fußnote 8; Preis: 10,- € plus Versandkosten

10 Bestelladresse: siehe Fußnote 8; Preis: 10,- € plus Versandkosten

Peter Mai, Andreas Eckert

Tendenzen europäischer Sonderpädagogik – Vorbild Spanien?

1 Aktuelle Relevanz

„Im Einklang mit dem Menschenrechtsansatz der EU zu Behindertenfragen bemüht sich die [Europäische] Union um die aktive Eingliederung von Menschen mit Behinderungen in die Gesellschaft und die volle Teilhabe an ihr, Behinderung ist eine Frage der Rechte, nicht des freien Ermessens.“
(EUROPÄISCHE KOMMISSION 2007, 1)

Konkreter denn je findet sich die Heil- und Sonderpädagogik derzeit in der Dynamik eines unaufhaltsam internationalisierten Diskurses ihrer Grundfragen und Zielstellungen wieder, welcher die Herausforderungen der komplexen Lebenssituationen von Menschen mit Behinderungen in den Blick nimmt. Hochaktuell setzt das "Übereinkommen der Vereinten Nationen über die Rechte von Menschen mit Behinderungen (UN-Konvention)“ (UNITED NATIONS 2006) einen weltweiten, erstmalig verbindlichen Referenzrahmen für eine moderne Politik der uneingeschränkten gesellschaftlichen Teilhabe für Alle, der natürlich auch maßgeblich den Aktionsraum der Heil- und Sonderpädagogik tangiert. Die Europäische Union unterzeichnete das Übereinkommen am 30.03.2007, mittlerweile haben die meisten EU-Mitgliedsstaaten den damit eröffneten Ratifizierungsprozess abgeschlossen (vgl. UN-ENABLE 2009, o.S.) und treten nun in die Umsetzungsphase der in den Konventionsartikeln formulierten, umfassenden Vorgaben. Diese Implementierung strebt eine endgültige, in der Praxis greifende Konkretisierung des Paradigmenwechsels in der Behindertenpolitik an, der bereits 1993 in der UN-Deklaration über die „Standardregeln der Chancengleichheit behinderter Personen“ in Richtliniencharakter manifestiert wurde. Der Wechsel vollzieht sich in einer Förderung des Bewusstseins, dass Menschen mit Behinderungen Träger von Rechten und nicht Empfänger von Fürsorge und Wohltätigkeit sind (vgl. BÜRLI 2004, 36f). Ihnen muss ein gleicher Zugang zu Arbeit, Bildung, Informationen, Gütern und Dienstleistungen, zu allen Bereichen des individuellen und gesellschaftlichen Lebens selbstverständlich offen stehen und zugesichert werden.

Diesem Geist der „Standardregeln" schlossen sich zeitnah und mit besonderer Relevanz für die Heil- und Sonderpädagogik die Ergebnisse der „World Conference on Special Needs Education" der UNESCO in Form der vielbeachteten Salamanca-Deklaration (1994) an. Die Frage nach der bestmöglichen Reaktion auf die große Verschiedenartigkeit der Kinder und Jugendlichen in den nationalen Bildungssystemen wurde von den über 300 Teilnehmenden, darunter 92 Staatsregierungen, eindeutig beantwortet: Sie „erklären (…), dass jene mit besonderen Bedürfnissen Zugang zu regulären Schulen haben müssen, die sie mit einer kindzentrierten Pädagogik, die ihren Bedürfnissen gerecht werden kann, aufnehmen sollen" (UNESCO 1994, 2). Die Konferenz prägte dabei nachdrücklich den Begriff und Leitgedanken der Inklusion, verwirklicht im Bildungskontext durch eine „Schule für alle Kinder": Reformierte Regelschulen mit gemeinsamem Unterricht für Kinder mit und ohne Behinderungen seien „das beste Mittel (…), um diskriminierende Haltungen zu bekämpfen, um Gemeinschaften zu schaffen, die alle willkommen heißen, um eine integrierende Gesellschaft aufzubauen und um Bildung für Alle zu erreichen" (ebd.).

Für ihren politischen Einflussraum bestätigt die Europäische Union wiederum im Fahrwasser der UN-Standardregeln und Salamanca das Postulat zur Schaffung inklusiver Bildungssysteme unmissverständlich. In der EU-Resolution des Europarates zur „Chancengleichheit für behinderte Menschen in Europa" von 1996, einem Meilenstein europäischer Bemühungen um die Belange von Menschen mit Behinderung, wird als Forderung an die Mitgliedsstaaten bekräftigt: „Zur Eingliederung von Personen mit besonderen Bildungsbedürfnissen gehört mehr, als einen Lernenden einfach in eine Regelschule einzuschulen (…). Die Eingliederung ist auch ein Prozess, bei dem die Schulen selbst sich ändern und auf das Ziel hinarbeiten müssen, allen ihren Schülern eine qualitativ hochwertige Ausbildung und denjenigen mit besonderen Bildungsbedürfnissen einen maximalen Zugang zu bieten" (EU 1996, o.S.).

Im Zuge der eingangs bereits erwähnten UN-Konvention sind diese Forderungen nun rechtsverbindlich für alle Vertragsstaaten. Sie haben für den Bereich der Bildung (Artikel 24) sicherzustellen, dass ein Ausschluss von Menschen mit Behinderung vom allgemeinen Bildungssystem aufgrund von Behinderung zu vermeiden ist, vielmehr gilt es, ihnen „gleichberechtigt mit anderen in der Gemeinschaft, in der sie leben, Zugang zu einem integrativen, hochwertigen und unentgeltlichen Unterricht an Grundschulen und weiterführenden Schulen" zu verwirklichen (UNITED NATIONS 2006, 18f). Eine Verweigerung dieser Rechte kann als Diskriminierung geahndet werden und soll zukünftig vor einem gesonderten Vertragsausschuss der Vereinten Nationen zur Anklage gebracht werden, möglich auch in Form einzelner Individualbeschwerden. Dieser Kontrollmechanismus wird auf der Grundlage des ebenfalls zustimmungspflichtigen Zusatzprotokolls zum Übereinkommen geregelt (vgl. UN-ENABLE 2009, o.S.).

Dieser nur schlaglichtartige Einstieg in die auch qualitativ wachsende internationale Verständigung auf heil- und sonderpädagogisch relevante Standards möchte verdeutlichen: Die regionale und lokale Gestaltung einer Theorie und Praxis der Bildung, Erziehung und Förderung von Menschen mit besonderen Bedürfnissen muss immer auch schon geprägt sein durch einen regionen- und nationenübergreifenden Referenzrahmen, der einen spätestens seit 2007 auch verpflichtenden Maßstab und Orientierungskatalog vorgibt. Europa, hier definiert als Wirkungsraum der Europäischen Union, transferiert das Engagement der Vereinten Nationen um universale Werte im gesellschaftlichen Umgang mit dem Phänomen Behinderung in eigene Richtlinien, Erlasse, Entschließungen und Aktionsprogramme und wird somit selbst zum übergeordneten Referenzrahmen für die einzelnen EU-Mitgliedstaaten. Nicht erst seit der beschriebenen aktuellen Dringlichkeit der nationalen Umsetzung weltweit und transeuropäisch einvernehmlich formulierter Ansprüche gewinnt der international vergleichende Blick als Weg des Erkenntnisgewinns und „Voneinander-Lernens" an Bedeutung. Wo, in welchem Land und in welchen Kontexten wird die sonderpädagogische Förderung innerhalb des Bildungssystems bereits jetzt den Maßstäben Europas gerecht? Welche Konzepte und Methoden werden von welchem Personal besonders erfolgreich umgesetzt? Lassen sich aus diesen nachahmenswerten Beispielen trotz aller regionaler Besonderheiten und Unterschiede transferierbare Best-Practice-Modelle für alle EU-Staaten generieren? Trägt die politisch forcierte europäische Identitätsbildung gar zu einer Vereinheitlichung der Heil- und Sonderpädagogik(en) bei?

Einer ersten stückweiten Erhellung dieser Fragestellungen nähert sich der vorliegende Artikel in zwei Schritten: Ein kurzer Überblick soll zunächst klären, inwieweit die vorab skizzierten Standards, Orientierungen und Kooperationen zu Fragen der Behinderung auf EU-Ebene bereits, zumindest tendenziell, eine „Europäische Sonderpädagogik" konstituieren. Der anschließende zweite, ausführlichere Schritt stellt ein ausgewähltes Beispielmitgliedsland der Europäischen Union vor, dessen jüngere bildungsbezogenen Entwicklungen Hinweise auf eine ambitionierte Realisierung europäischer Maßstäbe der schulischen sonderpädagogischen Förderung geben. Für die Wahl Spaniens spricht vordergründig zunächst die auffallend hohe Integrationsquote von Kindern mit Behinderungen und besonderen pädagogischen Bedürfnissen im Pflichtschulbereich, nur 0,4 Prozent aller Schülerinnen und Schüler besuchen segregierende Schulsettings (vgl. EA 2003, 11). Das gesamte spanische Schulsystem firmiert zudem unter dem modernen, progressiven und inklusiven Leitgedanken „Atención a la diversidad" („Aufmerksamkeit für die Verschiedenartigkeit"). Bildet Spanien also ein besonders positives Beispiel in der Umsetzung europäischer Leitlinien zur sonderpädagogischen Förderung? Eine Zusammenstellung zentraler Entwicklungen im spanischen Bildungssystem sowie praxisbezogene exemplarische Einblicke in lokales „Leben mit dem Anderssein" in Spanien ermöglichen die Sicht eines ersten „impliziten Vergleichs" (vgl. BÜRLI 1997, 33).

2 Konturen „Europäischer Sonderpädagogik"

Wie lässt sich also ein „Referenzrahmen Europäische Union" für sonderpädagogische Belange näher differenzieren? Gibt es bereits eine „Europäische Sonderpädagogik"? Lassen sich gemeinsame europäische Entwicklungen, Tendenzen und Merkmale der Sonderpädagogik auffinden?
BÜRLI widmet sich diesen Fragestellungen bereits seit Anfang der 1990er Jahre und stellt in Bezug auf die vielfältigen nationalen und regionalen Ausprägungen der sonderpädagogischen Systeme zunächst die These von „einem Vergleich des Unvergleichbaren" (1994) in den Raum. Rund eineinhalb Dekaden später identifiziert seine Analyse auf der Grundlage der von ihm selbst in stetigen systematischen Erweiterungen entworfenen, wegweisenden methodologischen Matrix der internationalen und vergleichenden Heil- und Sonderpädagogik (vgl. ebd. 1997; 2006) jedoch deutliche erste „Ansätze" einer gemeinsamen „Europäischen Sonderpädagogik" (vgl. ebd. 2007, 226f). Anhaltspunkte für eine wachsende Verdichtung derselben finden sich analog zu den „methodischen Dimensionen" (ebd. 2006, 26) der Vergleichsmethodologie sowohl auf einer „deskriptiven" und „komparativen", als auch auf „normativer" und „kooperativer" Ebene (vgl. ebd. 2007).
Der Bereich der Verständigung und Zusammenarbeit in *normativer* Hinsicht, das gemeinsame Setzen grundlegender Werte, konkretisiert durch Deklarationen, Resolutionen und Gesetze, welche die Lebenssituation von Menschen mit Behinderung thematisieren (s.o.), stellt sich als bislang stärkstes Fundament und sichtbarster Modellierer einer europäischen Sonderpädagogik her-

aus. Dies kann zweifelsohne auf den politischen Einigungsprozess der EU der letzten Jahrzehnte und die damit verbundene beginnende Entwicklung eines europäischen Selbstverständnisses auf allen gesellschaftlichen Feldern zurückgeführt werden. Ein Wertekonsens als prägendes Element einer europäischen Identität ist von den Mitgliedstaaten in Form der EU-Grundrechtecharta manifestiert worden. Deren Text wird zwar anders als im gescheiterten Europäischen Verfassungsvertrag nicht in den sich derzeit im Ratifizierungsprozess befindenden EU-Vertrag von Lissabon aufgenommen, jedoch durch einen Verweis in Art. 6 Abs. 1 EUV für rechtsverbindlich erklärt (EU 2009, o.S.). In ihren sieben Titeln „Würde des Menschen, Freiheiten, Gleichheit, Solidarität, Bürgerrechte, Justizielle Gerechtigkeit, Allgemeine Bestimmungen“ finden sich mehrere Artikel mit besonderer Bedeutung für die Sonderpädagogik: Neben dem Postulat des uneingeschränkten Lebens- und Bildungsrechts für alle Menschen und dem Diskriminierungsverbot unterstreicht die Grundrechtecharta die Wichtigkeit der „Anerkennung und Achtung des Anspruchs auf Integrationsmaßnahmen zur Gewährleistung der Eigenständigkeit von Menschen mit Behinderung, ihrer sozialen und beruflichen Eingliederung und ihrer Teilnahme am Leben der Gemeinschaft (Artikel II-86)“ (EU 2004 zit. n. BÜRLI 2007, 238).
Ausgehend von ihren normativen Grundsätzen und Leitideen der Chancengleichheit, Partizipation und Integration, welche als Ziele der zuvor erwähnten EU-Resolution des Europarates zur „Chancengleichheit für behinderte Menschen“ umschrieben werden, setzt die Europäische Union in internationaler Zusammenarbeit außerdem vielfältige Aktivitäten und Projekte auf einer eher handlungspraktischen, *kooperativen* Ebene um. Konkrete Maßnahmenpakete sind im Sinne der Europäischen Behindertenstrategie der EU-Kommission im „Aktionsplan zugunsten behinderter Menschen“ zunächst für den Zeitraum von 2004 bis 2010 formuliert und gebündelt (vgl. Europäische Kommission 2007, 6). Strukturiert in drei Phasen geben sie gemeinsam entwickelte Prioritäten für die Realisierung der normativen Leitlinien zur Verbesserung der Lebenssituation von Menschen mit Behinderung vor. Gleichsam Weg und Ziel ist dabei grundsätzlich das sogenannte „Disability Mainstreaming“, die Berücksichtigung der Behinderungsfragen in allen Gemeinschaftsstrategien und die Prüfung relevanter Politikbereiche aus der Sicht behinderter Menschen mit ihren besonderen Bedürfnissen (vgl. BMASK 2009, o.S.). Die erste Phase des Aktionsplans 2004 bis 2005 setzte dabei einen besonderen Fokus auf die Frage der Zugänglichkeit und Gestaltung der Bildung und Ausbildung sowie das Entwickeln neuer Technologien für das Empowerment behinderter Menschen. Ab 2006 wurde unter anderem

die Situation und Qualität der Unterstützungs- und Pflegedienstleistungen analysiert, auch ein verbesserter Zugang ganz allgemein zu Gütern und Dienstleistungen rückte ins Handlungsinteresse. Kern der Bemühungen bleibt jedoch auch im Programm von 2008 und 2009 das dringliche Bestreben, Menschen mit Behinderung in Beschäftigung zu bringen (vgl. ebd.). Die skizzierten Schwerpunktsetzungen der einzelnen Phasen sind Schlussfolgerungen aus dem „Bericht über die Gesamtsituation von Menschen mit Behinderungen", welcher seit 2005 im zweijährlichen Rhythmus von der Europäischen Kommission als Orientierungshilfe publiziert wird. Die Kommission erwartet darüber hinaus die Ergebnisse einer derzeit noch nicht abgeschlossenen Halbzeit-Bewertung des Aktionsplans, welche sie 2008 in Auftrag gab. Der politische Wille zur Einlösung der Chancengleichheit in Europa findet sich aber auch in weiteren Anhaltspunkten für eine zunehmende Vernetzung und Kooperation innerhalb der Staatenunion. Mit den „Europäischen Jahren" der Menschen mit Behinderung 2003 und 2007 wurde ein öffentlichkeitswirksames Zeichen gesetzt und Anstoß für alle Bürger gegeben, sich mit der gesellschaftlichen und rechtlichen Situation „Behinderung" auseinanderzusetzen (vgl. EUROPÄISCHE KOMMISSION 2007, 1). Ihren Ursprung im britischen Ratsvorsitz nimmt die seit 2007 jährlich stattfindende „EU-Ministerkonferenz zur Integration behinderter Menschen", welche sich durch die ständige Einbeziehung der Behindertenorganisationen und Vertreter der Zivilgesellschaft auszeichnet. Nicht unerwähnt sollen an dieser Stelle natürlich auch die entscheidenden materiellen Voraussetzungen aller Teilhabeaktivitäten im europäischen Raum bleiben, die mit dem Europäischen Sozialfonds und neuerdings außerdem mit dem „Programm für Beschäftigung und soziale Solidarität (Progress)" geschaffen wurden (vgl. ebd., 5). Auch die in schon langjähriger Erfahrung international zusammenarbeitenden Selbsthilfeverbände und Nichtregierungsorganisationen rund um das Thema „Behinderung", auf deren außerordentliches, grenzüberschreitendes Engagement an dieser Stelle nur hingewiesen werden kann, werden aus diesen Finanzierungsinstrumenten gefördert.

Eine *kooperative* Dimension in originär sonderpädagogischen Fragen schafft jedoch in ganz besonderer Weise die „Europäische Agentur für Entwicklungen in der Sonderpädagogischen Förderung (EA)", ebenfalls 1996 initiiert durch die Europäische Kommission. Als unabhängige Plattform der Zusammenarbeit und des Informations- und Erfahrungsaustauschs im Bereich der sonderpädagogischen Förderung wird sie von den Bildungsministerien siebzehn europäischer Länder politisch und finanziell unterstützt (vgl. EA 2003, 19). Ihr Hauptanliegen des Festigens einer dauerhaften Struktur des europäischen Austauschs verwirklicht sie auf der Basis einer Zusammenstellung, Sicherung und Verbreitung des sonderpädagogischen Know-Hows der einzelnen Staaten. Diese Arbeit findet hauptsächlich in virtueller Form statt, Erkenntnisse und Informationen sind über die Internetdatenbank der EA für Alle zugänglich. Neben ausführlichen nationalen Darstellungen der Bildungssysteme der kooperierenden Länder finden sich publizierte Analysen und Studien zu relevanten Schwerpunktthemen wie Früherkennung und Frühförderung, Unterstützung von Lehrkräften, die Schüler mit sonderpädagogischem Förderbedarf unterrichten, Finanzierungsverfahren der sonderpädagogischen Förderung, Modelle der integrativen und inklusiven Unterrichtspraxis oder auch die Bearbeitung der Herausforderung des Übergangs von der Schule in den Beruf (EA 2009, o.S.). Neben dem Webauftritt sollen auch mit der Beteiligung der EA auf Fachtagungen, Kongressen oder in der Weiterbildung Innovationen im Bildungsbereich angeschoben und ermöglicht werden.

Ausgangspunkt und Grundlage für die etablierte Plattform der Europäischen Agentur bildete auch in ideeller Hinsicht wiederum ein EU-Programm, das von 1993 bis 1996 durchgeführte „HELIOS II (Handicapped people in the European Community living independently in an open society)". Das Programm verfolgte erstmals einen systematischen Transfer von „Best-Practice"-Modellen integrativer Angebote zur vorschulischen, schulischen und nachschulischen Förderung von Menschen mit Behinderungen innerhalb Europas (vgl. HAUSOTTER/OERTEL 2000, 29). Das vergleichende Beobachten, Diskutieren und der Erfahrungsaustausch im Rahmen der internationalen Studienbesuche an Schulen und Bildungseinrichtungen bildeten die Voraussetzung für einen Ideentransfer an Kollegen, Institutionen und Behörden, trugen aber auch zur Sensibilisierung der Öffentlichkeit bei (vgl. ebd.).

Gegenwärtig besitzen neben den Informationen der EA natürlich in besonderer Weise auch die internationalen Forschungsstudien der UNESCO, des Kinderhilfswerks UNICEF und der OECD besondere Relevanz für die Sonderpädagogik.

Ergebnisse aus derartigen Vergleichen und Situationsbeschreibungen der nationalen und regionalen sonderpädagogischen Gestaltungsmodi formen nach BÜRLI eine *komparative* und *deskriptive* Dimension „Europäischer Sonderpädagogik". Als übergeordnet gemeinsames Merkmal der sonderpädagogischen Förderung in Europa stellt die Europäische Agentur (2003, 8ff) in einer Studie fest: „Innerhalb der EU und den Beitrittsländern herrscht in der Bildungspolitik zurzeit die Tendenz, die Integration/Inklusion von Schülerinnen und Schülern mit sonderpädagogischem Förderbedarf (SPF) in Re-

gelschulen anzustreben und Lehrkräften in unterschiedlichem Umfang in Form von zusätzlichen Mitarbeitern, Materialien, Fort- und Weiterbildung in der Schule und Ausstattung Unterstützung zukommen zu lassen“ (ebd., 8). Ausgehend von dieser gemeinsamen Tendenz zeigten sich jedoch erhebliche Unterschiede in der Umsetzungspraxis und der Organisation sonderpädagogischer Förderung. Hierzu nimmt die EA eine Kategorisierung der Bildungssysteme der einzelnen Mitgliedsländer in drei Ansätze vor, die insgesamt eine große Spannbreite an Integrationsquoten und Differenzierungsgraden der Bildung und Förderung von Schülern mit besonderen Bedürfnissen abbilden. Unser zu beschreibendes Beispielland Spanien gehörte demnach der ersten Kategorie des „one-track approach“ an, eines „Einheitssystems“, dass eine Beschulung weitestgehend aller Kinder in einer gemeinschaftlichen regulären Schule vorsieht. Die Ländergruppe des „multi-track approach“ kombiniert vielfältige Förderorte und -formen neben den beiden Systemen Regelschule und Förderschule. Deutschland sei durch jüngere bildungspolitische Entwicklungen auf dem Weg hin zu diesem „Kombinationssystem“, die im europäischen Vergleich sehr niedrige Integrationsquote manifestiert jedoch die Verortung der deutschen Schullandschaft klassischerweise in der dritten Gruppe des „two-track approach“. Hierbei findet die sonderpädagogische Förderung größtenteils in einem vom Regelschulbereich getrennten Sonderschulsystem statt, charakteristisch ist also ein zweigleisiges System (vgl. ebd.).
Der Vergleich diverser Merkmale und Ausprägungen einer Pädagogik für besondere Bedürfnisse in den EU-Ländern ist nicht nur in einer gegenwärtigen Dimension, sondern natürlich auch auf einer historischen Achse für die Frage nach der Konstituierung einer „Europäischen Sonderpädagogik“ aufschlussreich. ELLGER-RÜTTGARDT (2007) und BÜRLI (2007) finden in ihren geschichtlichen Untersuchungen schon sehr frühe, spätestens aber seit dem 18. Jahrhundert verdichtete Belege einer gegenseitigen länderübergreifenden Beeinflussung der Entwicklung einer „Idee der Bildsamkeit behinderter Kinder“ und damit verbunden der Entstehung erster heilpädagogischer Institutionen in Europa (ELLGER-RÜTTGARDT 2007).
Vor dem Hintergrund dieses kursorischen Überblicks zu unserem ersten inhaltlichen Schritt, der genaueren Identifizierung einer Existenz europäischer Sonderpädagogik, zeichnen sich also deutliche Konturen ab:
Normative Übereinkommen der Europäischen Union setzen in Hinblick auf das Phänomen „Behinderung“ einen klaren und verbindlichen Referenzrahmen für alle gesellschaftlichen Bereiche, einschließlich der Bildung. Durch mannigfache Kooperationen und Vernetzungen im europäischen Raum wer-

den gemeinsam und konsensual entwickelte Maßnahmen und Aktivitäten auf Ebene der Mitgliedstaaten realisiert. Es besteht eine Infrastruktur des systematischen Vergleichens und Austauschs von „guter Praxis“ im Bereich der sonderpädagogischen Förderung, die auch von politischer Seite unterstützt und gefördert wird. Spannend zeigt sich demgegenüber eine in komparativen und deskriptiven Studien deutlich sichtbare Divergenz in der Umsetzung gemeinsamer Leitideen in den einzelnen EU-Ländern, gerade in Hinblick auf den Umgang mit heterogenen Schülergruppen im jeweiligen Bildungssystem. Doch auch diese „Gestaltungsfreiheit“ in Bildungsfragen ist politisch gewollt und folgt dem übergeordneten Leitspruch der Union „In Vielfalt geeint“ (vgl. BÜRLI 2007, 233). So findet sich im EU-Vertrag von Maastricht keine Absicht zur Vereinheitlichung der Bildungssysteme, somit zumindest auf der Ebene der jeweiligen lokalen Praxis auch keine einheitliche „Europäische Sonderpädagogik“.
Eine derartige Gestalt europäischer Sonderpädagogik aus deutlichen Konturen und Netzwerken einerseits und nationalen Umsetzungsspielräumen andererseits lassen den vergleichenden Blick in die Mitgliedsländer jedoch umso interessanter und wichtiger werden, zum Beispiel den „Fokus Spanien“.

3 Fokus Spanien – Vorbild in der Umsetzung europäischer Leitlinien für eine zeitgemäße Heil- und Sonderpädagogik?

Um die gegenwärtige Ausrichtung und Struktur des Schulsystems in Spanien nachvollziehen und besser einordnen zu können, soll der beabsichtigte implizit vergleichende Einblick neben der Darstellung einiger allgemeiner Kontexte des Landes mit einer kurzen Skizzierung wesentlicher historischer Eckdaten zur Entstehung des Bildungssystems beginnen.

3.1 Ausgewählte Kontextdaten Spaniens

Die Parlamentarische Monarchie Spanien ist seit 1986 Mitglied der Europäischen Union. Im Zuge des Beitritts und der damit verbundenen Reformen und Investitionen erlebte das südeuropäische Land einen ausgeprägten Wirtschaftsboom, in einer zweiten konjunkturellen Hochphase ab 1995 konnte es bis 2002 seine Arbeitslosenquote von 22,9 auf 11,3 Prozent halbieren und anschließend unter der Zehnprozentmarge halten (NOHLEN/ HILDENBRAND 2004, 26). Vor dem Hintergrund dieser günstigen Entwicklungen der letzten zwanzig Jahre befindet sich Spanien heute – wichtige Indikatoren wie beispielsweise die Lebenserwartung und allgemeine medizinische Versorgung belegen dies – auf einem vergleichbaren strukturellen Niveau wie die west-

und mitteleuropäischen Staaten. Gemessen an seinem Bruttoinlandsprodukt belegt es 2008 den achten Rang unter den sogenannten Industrienationen (vgl. ebd.).
Ganz ähnlich wie in Deutschland lebt ein Großteil, rund drei Viertel der Bevölkerung in urbanen, städtisch geprägten Kontexten. Das flächenmäßig zweitgrößte Land der Europäischen Union weist mit seinen 45 Millionen Einwohnern jedoch eine vergleichsweise geringe Bevölkerungsdichte auf. In gesamteuropäischer Größenordnung liegt der Anteil immigrierter Einwohner bei knapp zehn Prozent, Spanien vertritt dabei auch offiziell seine Bezeichnung als Einwanderungsland.
Ein in politischer und kultureller Hinsicht zentrales Charakteristikum des Königreichs ist sein stark ausgeprägter Regionalismus. Siebzehn „Autonome Gemeinschaften" genießen weitreichende politische Gestaltungsfreiheiten, nicht zuletzt auch in Fragen der Bildung. Neben der verfassungsmäßigen Staatssprache Spanisch besitzen in den jeweiligen Autonomen Gemeinschaften auch Baskisch, Galizisch, Katalanisch und Valencianisch offiziellen Rang und sind somit auch Alltagssprache in den Bildungseinrichtungen.

3.2 Historische Meilensteine in der Entwicklung des spanischen Bildungssystems

Dem folgenden Exkurs über einige Entwicklungsschritte und deren gesellschaftliche Rahmenkonstellationen auf dem Weg hin zur angestrebten „Bildung für Alle" vorangestellt sei der für Westeuropa bemerkenswerte Umstand, dass in Spanien eine demokratisch verfasste Industriegesellschaft erst in den 1970er Jahren Einzug gehalten hat.
Dem nachhaltigen Öffnungs- und Demokratisierungsprozess ab 1975 gingen fast vierzig Jahre autokratischer Herrschaft durch das reaktionäre Regime Francos voraus. Gesellschaftliche Spaltungen und Extreme begleiten das Land spätestens seit der Konfrontation mit der Mitte des 18. Jahrhunderts von Frankreich einströmenden Aufklärung (vgl. NOHLEN/ HILDENBRAND 2004, 245). Die Geschichte des heutigen Staates Spanien ist dominiert und von Beginn an geprägt von den traditionalistisch-konservativen Kräften der Monarchie und katholischen Kirche, welche im sogenannten „goldenen Zeitalter" des Landes vom 15. bis weit hinein in das 17. Jahrhundert wurzeln und wuchsen, als Spanien sich zur beherrschenden Weltmacht emporschwang. Mit den Auswirkungen der ganz Europa erfassenden revolutionären republikanischen und liberalen Bewegungen der französischen Aufklärung erlebte Spanien eine zunehmende innenpolitische Zerrüttung, sozusagen einen La-

gerkampf „Tradition“ gegen „liberale Erneuerung“, welcher im 19. und 20. Jahrhundert massive Ausmaße annahm.
Mit der „Verfassung con Cádiz“ konnte 1812 die erste liberale Verfassung Spaniens durchgesetzt werden, die einen ersten entscheidenden Grundstein für die Entwicklung eines Bildungssystems legte (vgl. WILFERT DE ICAZA 1999, 121ff). Die bis dato nur für kleinste Teile der Bevölkerung zugänglichen und maßgeblich von der Kirche eingerichteten Schulen sollten auf das gesamte Königreich ausgeweitet und mit einem einheitlichen Schulplan versorgt werden. Zusätzlich wurde ein staatliches Aufsichtsgremium zur Kontrolle der öffentlichen Schulen eingerichtet. In der Folge beharrte die Kirche jedoch auf ihrer Machtstellung und ihrem Anspruch auf das „Erziehungsmonopol“. Sie erwirkt 1816, dass der Plan der Organisation des Elementarschulwesens unter ihrer Fürsorge bleibt.
Die sich hierdurch auch auf das langsam heranwachsende Bildungssystem auswirkende ideologische Spaltung, in diesem Bereich manifest zwischen öffentlich-staatlicher und privat-kirchlicher Kontrolle, bestimmt das Schulwesen bis heute. Fast ein Drittel der Schulen befindet sich aktuell in privater oder sogenannter „teilprivatisierter“ Trägerschaft, in den meisten Fällen fungiert die katholische Kirche als Träger. Die „Centros privados concertados“ in Teilprivatisierung machen dabei 20 Prozent aller Schulen aus, sie werden zwar vom Staat subventioniert, jedoch privat verwaltet. Der kleinere Anteil der rein privat organisierten Schulen finanziert sich größtenteils über Schulgelder der Eltern und besitzt große Flexibilität, beispielsweise in Hinblick auf die Gestaltung des Lehrplans oder die Auswahl der Schüler betreffend (vgl. CIENFUEGOS-GIL 1999, 37ff).
Bereits 1838 gab es den ersten Anlauf zur Umsetzung einer Schulpflicht zum vierjährigen Schulbesuch, dennoch konnte sich das allgemeine Schulwesen aufgrund der ständigen Machtwechsel zwischen liberalen und traditionalistischen Regierungen kaum kontinuierlich entwickeln. Weitreichende staatliche Systematisierungen schuf dann jedoch das „Moyano-Gesetz“ von 1857, welches bis 1970 maßgeblich für die Organisation der Bildung in Spanien gelten sollte. Eine neue Erweiterungswelle des Schulwesens, vor allem im Elementarbereich, wurde initiiert. Mit der Verbeamtung der Lehrerschaft, der Zusammenfassung der Schulgesetzgebungen und dem öffentlichen Ausbau der Lehrerausbildung sicherte sich wiederum der Staat eine ausgedehnte Kontrolle über Erziehung und Bildung.
Trotz der auch im Moyano-Gesetz verankerten Schulpflicht blieb es jedoch im Zeitraum von 1860 bis 1900 bei einer Analphabetenquote von 64 bis 75 Prozent, von einem umfassenden Zugang zum Elementarschulwesen konnte

also noch nicht die Rede sein (vgl. ebd., 32). In diesen Zeitraum fallen demgegenüber erste Institutionalisierungen einer „Educación Especial“, einer speziellen Erziehung für Kinder mit erheblichen Lerneinschränkungen. Während bereits seit Beginn des 19. Jahrhunderts einzelne Anstalten mit karitativem Charakter hauptsächlich für gehörlose Kinder eingerichtet wurden, fanden erste Gründungen von öffentlichen Spezialschulen für „Taubstumme und Blinde“ erst um 1910 in Madrid und Barcelona statt. Kurz darauf verabschiedete man 1914 jedoch ein Dekret zur Schaffung von speziellen Schulen für sogenannte „geistiggeschädigte Kinder“, welches sich interessanterweise die sich bereits differenzierenden Hilfsschulen in Deutschland zum Vorbild nahm.

Eine umfassende Expansion des spanischen Bildungswesens und hierin auch der zunehmenden Etablierung sonderpädagogischer Bemühungen vollzog sich letztlich und nachhaltig erst in den 1960er Jahren, somit also in der Ära der Diktatur des General Franco. Die nach den Wahlsiegen des liberalen Bürgertums und der sozialistischen Arbeiterschaft 1931 ausgerufene zweite Republik war von Beginn an von einer drastischen politischen Instabilität gekennzeichnet, die nach ständigen Gewaltaktionen und Auseinandersetzungen radikaler Gruppierungen 1936 in einen Aufstand und dreijährigen Bürgerkrieg mündete (vgl. NOHLEN/ HILDENBRAND 2004, 249). Im Zuge des Sieges des konservativ-traditionellen Lagers und der Machtergreifung Francos nach einem Putsch von Teilen des Militärs wird die Republikanische Verfassung für ungültig erklärt. Innerhalb der schulischen Bildung gewinnt die kirchliche Doktrin abermals neues rechtliches Terrain.

Die erwähnte Bildungsexpansion, von 1961 bis 1967 steigt die Anzahl der Schüler im Elementarschulwesen um 100 Prozent, muss auch vor dem Hintergrund der spät, aber in großem Umfang einsetzenden Industrialisierung gesehen werden.

Bis in das 20. Jahrhundert hinein blieb Spaniens Gesellschaft und Wirtschaft fast ausschließlich von landwirtschaftlichen Produktionsverhältnissen geprägt, nun sollte das Schulsystem die Grundlage für die Herausbildung von „Arbeitsvermögen“ und „beruflicher Qualifikation“ liefern. Diese Ziele, aber auch die Absichten zur Schaffung eines durchlässigen Bildungssystems, einer Umgestaltung der Lehrpläne der einzelnen Schulstufen und die strukturelle Festigung der zentralistischen Politik in allen Regionen bilden die Ausgangspunkte für die erste große Bildungsreform von 1970, dem „Ley general de educación (L.E.G.)“ (vgl. CIENFUEGOS GIL 1999, 53). Die Sonderpädagogik oder „Spezialerziehung“ („Educación especial“) erhält hierin eine explizite Existenzgrundlage und vorgegebene Rahmenbedingungen, welche eine schulische Selektion und getrennte Beschulung von sogenannten „Deficientes", Kindern mit schweren „Lerndefiziten" vorsieht. Die Reform verfolgt demnach eine weitgehende Homogenisierung der Klassen in Regelschulen und einen verstärkten Ausbau von Sonderklassen und -schulen, der mit einer defizitorientierten Kategorisierung der Schüler einhergeht. Dennoch wird spätestens mit der Reform die Bildung und Beschulung von Kindern mit Behinderungen rechtlicher und systematischer Bestandteil des spanischen Schulwesens, so heißt es in Artikel 49 des Gesetzes: „Spezialerziehung muss als Bildungsprozess verstanden werden, der zu einer maximalen persönlichen Entwicklung der individuellen Fähigkeiten führt" (zit. n. ebd., 57). Artikel 51 sieht darüber hinaus bereits integrative Förderansätze vor, bei leichten Behinderungen ist eine Etablierung sonderpädagogischer Förderung an Regelschulen anzustreben, „wann immer es möglich erscheint" (ebd.).

Ein Meilenstein in der weiteren Entwicklung und Institutionalisierung der Sonderpädagogik wird 1975 mit der Einrichtung des „Instituto Nacional de Educación Especial" gelegt. Das Nationale Sonderpädagogische Institut ist eine an das Bildungsministerium angeschlossene Körperschaft, welche sich vornehmlich den Aufgaben einer besseren Lokalisierung und Diagnostik von Kindern mit sonderpädagogischem Förderbedarf annimmt und konzeptionelle Verbesserungen und Qualitätssteigerungen für die Speziallehrerausbildung erarbeitet. Trotz der vorausgegangenen Bildungsreform erhielten bis Ende der 1970er Jahre nur rund 70 Prozent der Schüler mit Behinderungen Unterricht (vgl. WILFERT DE ICAZA, 138). Dieser fortwährenden Marginalisierung begegnete das Institut nachhaltig mit der Erarbeitung des „Plan nacional de educación especial", der weitreichende Überlegungen für eine offene Schule enthält und sich der unbedingten Prämisse „jedes Kind ist bildungsfähig" verschreibt. Die Prinzipien des Plans können als bahnbrechend und maßgeblich für die Umsetzung sonderpädagogischer Förderung in Spanien bis heute angesehen werden. Bereits 1978 sind hierin die Leitlinien der Normalisierung, der schulischen Integration, nun also verstanden als weitestgehende Einbeziehung sonderpädagogischen Unterrichts an Regelschulen, und der Sektorisierung formuliert. Letzteres Prinzip meint die Bereitstellung der Hilfeleistungen und Dienstleistungsangebote im direkten Umfeld des Menschen mit Behinderung (vgl. CIENFUEGOS GIL 1999, 66f).

Für die Implementierung integrativer Beschulungsformen sieht der Plan darüber hinaus ein in vier Stufen gegliedertes Modell vor, das von einer partiellen, nur zeitweisen Integration bis hin zur vollständigen Integration eines Kindes mit sonderpädagogischem Förderbedarf in den Regelunterricht verschiedene Wege der Eingliederung vorhält, was anhand der noch zu schil-

dernden praktischen Beispiele deutlicher werden wird. Eine flächendeckende schulische Integration aller Schüler beabsichtigt der Nationalplan jedoch noch nicht (vgl. ebd.).
Dieser qualitative Sprung in der Sonderpädagogik und die öffnenden Überlegungen in Bezug auf die Schulstrukturen gingen einher mit dem letzten dramatischen politischen Wendepunkt in der Geschichte Spaniens. Nach dem Tod Francos 1975 begann die Zeit der „Transición", des gewaltlosen Übergangs von der Diktatur in die konstitutionelle Monarchie. Die ebenfalls 1978 verabschiedete rechtsstaatliche Verfassung leitete einen umfassenden Demokratisierungs- und Dezentralisierungsprozess in Spanien ein. Die Zuständigkeiten in der Bildungspolitik verteilen sich seither auf das nationale Ministerium für Bildung und Wissenschaft (MEC), die 17 Autonomen Gemeinschaften und die Kommunalverwaltungen.

3.3 „Atención a la diversidad" – aktuelle Perspektiven des Umgangs mit Heterogenität im Bildungssystem Spaniens

Der politische Paradigmenwechsel seit Ende der 1970er Jahre fand alsbald seinen grundlegenden Niederschlag auch im Bildungssystem. Mit dem Gesetz „Ley organica del derecho a la Educación" (L.O.D.E) von 1985 wird der katholischen Kirche die Erziehungshoheit entzogen, um jene wiederum unter öffentliche Kontrolle zu stellen. Den Zielen einer durchgängigen Realisierung von Chancengleichheit sowie einer Heranführung des spanischen Bildungsniveaus an europäische Standards folgend münden diverse schulpolitische Bemühungen 1990 in der zweiten großen Bildungsreform, dem Gesetzeswerk L.O.G.S.E. („Ley organica general del sistema educativo") (vgl. Lozano Martínez 2007, 84). Dieses bildet zum einen das noch heute gültige Fundament der aktuellen Strukturen und Institutionen des spanischen Bildungswesens, welche an dieser Stelle als elementares Vergleichsmerkmal näher dargestellt werden sollen. Damit verbunden vollzieht zweitens die Sonderpädagogik einen dezidierten, fulminanten Schritt hin zu inklusiven Begrifflichkeiten und Organisationsformen. Der natürlichen Verschiedenheit und Heterogenität in allen Klassen soll mit besonderen Unterstützungsangeboten in einer „Escuela para todos", einer „Schule für Alle" begegnet werden (vgl. ebd.). Man spricht nicht mehr von der Integration, sondern der Beschulung aller unter Bereitstellung von Ressourcen, um allen Zugang zum Curriculum zu ermöglichen. Schüler mit sonderpädagogischem Förderbedarf sollen grundsätzlich in die allgemein bildenden Schulen aufgenommen und nur in Ausnahmefällen in Sonderschulen betreut werden.

Das L.O.G.S.E. etabliert folgerichtig eine zehnjährige Gemeinschaftspflichtschule, die sich in eine sechsjährige Primar- und vierjährige Sekundarstufe strukturiert. Bereits im Alter von drei Jahren besuchen 95,9 Prozent der Kinder eines Jahrgangs die vorausgehende freiwillige Vorschule, ab vier Jahren nahezu alle (EURYDICE 2006, 3). Mit sechs Jahren treten die Kinder in den ersten von drei Zweijahreszyklen der obligatorischen Primarschulen ein, welche infrastrukturell häufig ein gemeinsames Gelände mit der Vorschule innehaben.

Dem Terminus des Warnock-Berichts von 1978 folgend werden den Schülern, die besondere pädagogische Bedürfnisse („necesidades educativas especiales") in den gemeinsamen Lernsituationen aufweisen, ausgleichende Förderungsangebote zugewiesen. Seit einer weiteren schulgesetzlichen Erneuerung 1995 sind alle öffentlichen Schulen verpflichtet, derartige integrative Unterstützungsformen für Schüler mit sonderpädagogischem Förderbedarf zu realisieren (vgl. HAUSOTTER 2000, 73).

Die letzten Bildungsreformen von 2006 („Ley organica de educación" (L.O.E.)) bündeln und vereinfachen die bis dato bestehenden Gesetzeswerke und vollenden zunächst begrifflich den sonderpädagogischen Paradigmenwechsel von der „Educacion Especial" zur „Atención a la diversidad", der „Aufmerksamkeit für die Verschiedenartigkeit" (vgl. LOZANO 2007). Der bislang noch stark individuumszentrierte Blick auf spezielle Bildungsbedürfnisse einzelner Kinder verschiebt sich auf die adäquate Organisation flexibler Lehrpläne angesichts des heterogenen Schülerfeldes, welches ein Kontinuum an zeitlich begrenzten bis hin zu dauerhaften Unterstützungsbedarfen generiert (vgl. ebd.).

Das Vergleichsmerkmal des Personenkreises sonderpädagogischer Förderung in den Blick nehmend bestätigt sich wie eingangs des Artikels schon erwähnt der gesetzliche inklusive Anspruch in einer hohen, tatsächlich realisierten Integrationsquote. Insgesamt wird 2,2 Prozent aller Schüler ein sonderpädagogischer Förderbedarf attestiert, nur 0,4 Prozent der gesamten Schülerschaft befindet sich dabei in speziellen, segregierenden Settings. Sonderschulen werden vor diesem Hintergrund nach wie vor für Schüler mit komplexen Behinderungen vorgehalten (vgl. HAUSOTTER 2000, 74).

Trotz des progressiven, eher systemischen Behinderungsbegriffs des L.O.E. – „besondere Bedürfnisse pädagogischer Unterstützung" – findet weiterhin eine Kategorisierung der Schüler in die sieben Förderbedarfe „geistige Entwicklung, Persönlichkeitsauffälligkeiten/Autismus, Sehen, Hören, Motorik, Mehrfachbehinderung und intellektuelle Hochbegabung" statt. Zusätzlich wird Schülern mit „verzögerter Integration in das spanische Bildungssystem" besondere Aufmerksamkeit entgegengebracht. Hierunter kann beispielsweise eine besondere sprachliche Förderung für Schüler mit Migrationshintergrund fallen, welche aufgrund des notwendigen Erlernens der für sie neuen Unterrichtssprache zunächst andere Lernschwerpunkte haben.

4 „Leben mit dem Anderssein in Spanien" – Exemplarisch-lokale Einblicke

Die Chance des Einblicks in unterschiedliche Gestaltungsformen besonderer pädagogischer Förderung in Spanien hat sich uns in den letzten Jahren durch zahlreiche Schulbesuche im Kontext dreier bestehender ERASMUS-Kontakte, dem universitären Austauschprogramm der Europäischen Union auf der Studierenden- und der Dozentenebene, eröffnet. Während mehrerer Besuche in Malaga, Murcia und Palma wurde uns von den dortigen Kooperationspartnern die Gelegenheit geboten, gemeinsam mit ihnen Schulen zu besuchen, zahlreiche Gespräche zu führen und Erfahrungen zu diskutieren. Kennen gelernt haben wir in diesem Rahmen vielfältige Bildungseinrichtungen der Vorschulerziehung, der sechsjährigen Primarstufe sowie der Sekundarstufe, vom Angebot der vollständigen Integration einzelner Schüler in den Regelunterricht bis hin zur spezifischen Betreuung autistischer Kinder in einer separaten Institution. Folgend möchten wir anhand der Darstellung von Eindrücken, Beobachtungen und Gesprächsrückmeldungen, die wir bei unseren Schulbesuchen erhalten haben, exemplarisch ausgewählte Charakteristika und Diskussionspunkte der aktuellen spanischen Bildungspraxis im Kontext der „Aufmerksamkeit für die Verschiedenartigkeit" vorstellen.

4.1 „Vollständige Integration" an spanischen Schulen – Colegio de Educación Infantil y Primaria „El Torcal" (Málaga) Centro Publico "Pintor Joan Miro" (Palma)

Der Begriff der "Integración total" (Vollständige Integration) beschreibt nach der Gesetzesgrundlage des L.O.G.S.E. die am weitesten gehende Form integrativer Beschulung eines Kindes mit sonderpädagogischem Förderbedarf und ist durch eine durchgehend gemeinsame Betreuung aller Kinder, die eine Schule besuchen, gekennzeichnet. Der Blick in die Praxis zeigt, dass bei der Beschreibung dieser und auch anderer Integrationsformen von der Perspektive des einzelnen Schülers, nicht der Institution ausgegangen wird. Dies bedeutet in der Konsequenz, dass auch eine Schule, die „vollständige Integration" offeriert, nicht zwangsläufig eine „Schule für Alle" ist, sondern lediglich all ihren Schülern gemeinsames Lernen anbietet. Welche Kinder mit sonderpädagogischem Förderbedarf zur Schülerschaft einer vollständig integrativ arbeitenden Schule zählen, hängt von der Spezialisierung bzw. Offenheit der einzelnen Schulen sowie den parallelen Angeboten im jeweiligen Schulbezirk ab. Verantwortlich für die Suche nach einem für das einzelne Kind adäquaten Platz sowie die Bereitstellung individueller Unterstützungsangebote sind die regional angesiedelten „Teams pädagogischer und psychopädagogischer Orientierung“ (EOEP – Equipos de Orientación Educativa y Psicopedagogica), die interdisziplinär in Kooperation mit den Eltern und anderen Fachdiensten eine koordinierende Funktion übernehmen.

Colegio de Educación Infantil y Primaria „El Torcal“ (Málaga): Das Colegio “El Torcal” bietet Betreuungs- und Bildungsangebote für Kinder im Alter von drei bis zwölf Jahren. Wie an den meisten spanischen Schulen finden auch hier die freiwillige vorschulische Erziehung und die sechsjährige Primarschulzeit in unmittelbarer räumlicher Nähe statt. Die Schule „El Torcal“ befindet sich in einem sozialen Brennpunkt Malagas, der durch einen hohen Prozentsatz an Bewohnern mit Migrationshintergrund und/oder einem geringen Bildungsabschluss gekennzeichnet ist. Entsprechend dieser Situation liegt der inhaltliche Arbeitsschwerpunkt der Schule in der Integration von Kindern mit Lernschwierigkeiten sowie den im L.O.E. formulierten Förderschwerpunkten „Persönlichkeitsauffälligkeiten“ und „verzögerte Integration in das spanische Bildungssystem“, letzterer z.B. aufgrund von Sprachproblemen, Migration während der Schulzeit oder Schulverweigerung. Kinder mit diesen Förderbedarfen sind in den meisten Klassen anzutreffen.
Parallel zu dieser Schwerpunktsetzung hat sich in den letzten Jahren an dieser Schule ein von Professor Miguel Melero (Universität Malaga) wissenschaftlich begleitetes Projekt etabliert, das „Proyecto Roma“, das den Gedanken der „Schule für Alle“ konsequent umzusetzen versucht. Unser Besuch sowie folgende Gespräche zeigten, dass das Projekt bislang jedoch lediglich auf eine geringe Zahl an Klassen übertragen werden konnte und eine Art „Duldungsstatus“ sowohl durch das Gesamtkollegium als auch die Schulleitung erfährt. Auf der einen Seite konnten wir dementsprechend in den ausgewählten Klassen, in denen Kinder mit sehr unterschiedlichen Förderschwerpunkten im Regelunterricht betreut werden, gelingende Kooperationen des interdisziplinären Teams sowie die Umsetzung eines differenzierten pädagogischen Konzeptes beobachten, auf der anderen Seite erfuhren wir von der großen Skepsis der nicht in das Projekt involvierten Kollegen. Die parallele Umsetzung „vollständiger Integration“, zum einen verstanden als „Gemeinsamer Unterricht für alle Kinder“, zum anderen als „Integration einer be-

stimmten Schülergruppe", innerhalb ein und derselben Schule zeigt aus unserer Sicht die sehr unterschiedlichen Interpretationsmöglichkeiten dieser Integrationsform auf. Stehen diese ungeklärt nebeneinander, scheint eine deutliche Gefahr einer Spaltung innerhalb eines Kollegiums zu bestehen.

Centro Publico „Pintor Joan Miro" (Palma): Das Centro Publico „Pintor Joan Miro" in Palma ist durch ähnliche Umfeldbedingungen wie die vorangehend dargestellte Schule gekennzeichnet. Ein sehr hoher Prozentsatz an Arbeitsmigranten aus Südamerika, Osteuropa und Nordafrika prägt den Stadtteil, in dem diese Schule der Vorschul- und Primarerziehung liegt. Interkulturelle Erziehung und Bildung stehen auch an dieser Schule im Vordergrund des Schulkonzeptes, unterstützende sonderpädagogische Förderung wird bedarfsbezogen eingesetzt. Die Schule vermittelt eine große Offenheit für eine Vielzahl an Kindern mit besonderem Förderbedarf, gleichzeitig sind auf den ersten Blick jedoch keine Kinder mit „sichtbaren" Behinderungen zu bemerken. Im Gespräch mit der Schulleitung wird deutlich, dass in diesem Stadtteil der Weg gewählt wurde, in enger Kooperation nahe beieinander liegender Primarschulen, unterschiedliche Förderschwerpunkte in das Schulkonzept einzubeziehen. So befindet sich nur wenige Gehminuten von „Pintor Joan Miro" entfernt eine weitere Regelschule der Primarstufe, die sich auf die Integration von Kindern mit Körper- und Mehrfachbehinderungen spezialisiert hat. Beide Schulen bieten im Rahmen ihres Schulkonzeptes eine „vollständige Integration" an, die durch den Einsatz von sonderpädagogischen Fachkräften sowie unterschiedlichen Therapeuten unterstützt wird. Eine besondere Bedeutung kommt im Rahmen dieser Kooperation den bereits erwähnten „Teams pädagogischer und psychopädagogischer Orientierung" zu, die sowohl die Kollegien bei der Bereitstellung des notwendigen Zusatzpersonals unterstützen als auch die Eltern bei der Suche nach dem geeigneten Förderort begleiten.

4.2 „Partielle Integration" an spanischen Schulen – Colegio de Educación Infantil y Primaria „Los Campanales" (Fuengirola) / Colegio de Educación Secundaria Obligatoria „Mariano Baquero Goyanes" (Murcia)

Der Begriff der „Integración parcial" (Partielle Integration) stammt ebenfalls aus dem L.O.G.S.E. und beschreibt eine Form der integrativen Beschulung, die charakterisiert ist durch eine Kombination aus schulischer Betreuung in Sonderklassen innerhalb einer Regelschule und dem individuell angepassten Besuch von Unterrichtsstunden der Regelschulklassen innerhalb dieser Schulen. Zumeist überwiegt in diesem Modell der Anteil der Unterrichtszeit in der Sonderklasse. Partielle Integration wird in der Regel für spezifische Schülergruppen angeboten, für die eine vollständige Integration aufgrund eines sehr hohen Förderbedarfs als nicht passend bzw. institutionell umsetzbar angesehen wird. So befinden sich in den Sonderklassen beispielsweise häufig Kinder und Jugendliche mit Autismus oder einer Mehrfachbehinderung. Schulen, die partielle Integration für eine bestimmte Personengruppe anbieten, betreuen in der Regel ebenfalls parallel Kinder mit einem geringeren Förderbedarf in vollständiger Integration im Klassenverband des Regelunterrichts. Im Rahmen unserer Unterrichtsbesuche haben wir in erster Linie Angebote partieller Integration für Kinder und Jugendliche mit Autismus kennen gelernt, von denen wir im Folgenden zwei vorstellen möchten.

Colegio de Educación Infantil y Primaria „Los Campanales" (Fuengirola): Das Colegio "Los Campanales" liegt in einem sehr bevölkerungsheterogenen Wohngebiet in Fuengirola bei Malaga und umfasst den Vorschul- und Primarstufenbereich. Vor fünf Jahren wurde in der Primarstufe eine Sonderklasse für Kinder mit Autismus eingerichtet, die zum Zeitpunkt unserer Hospitation von fünf Kindern im Alter von neun bis zwölf Jahren besucht wurde. Die „Aula abierta" (wörtlich: „Offener Klassenraum") dieser Schülergruppe befindet sich in einem ruhigen Seitentrakt der Grundschule, in räumlicher Nähe zu den anderen Schulklassen. Neben dem eigentlichen Klassenraum stehen ein zusätzlicher kleiner Arbeitsraum, eine Küche und ein Waschraum zur Verfügung. Die pädagogische Arbeit in dieser Sonderklasse ist durch eine sehr autismusspezifische Ausrichtung gekennzeichnet, so wird beispielsweise konsequent mit klaren zeitlichen und räumlichen Strukturen in Anlehnung an den TEACCH-Ansatz gearbeitet. Die partielle Integration wird auf unterschiedlichen Ebenen deutlich. Neben gemeinsamen Pausen- und Mittagessenssituationen mit den übrigen Schülerinnen und Schülern verbringen die Kinder mit Autismus nach Angaben der Lehrerin individuell abgestimmt zwischen 10-40% ihrer Schulzeit in den Regelklassen, teils alleine, teils in Begleitung durch eine Fachkraft. Der Prozentsatz nimmt nach den bisherigen Erfahrungen regelmäßig zu. Die Klassenlehrerin beschreibt ihre Erfahrungen mit der partiellen Integration von Kindern mit Autismus grundsätzlich als sehr positiv, sieht gleichzeitig eine aktuelle Problematik in der bislang unzureichenden Fortführung dieses Programms in der Sekundarstufe, so dass nach Ende der Primarschulzeit nach wie vor häufig ein Wechsel in eine Sonderinstitution bevorsteht.

Colegio de Educación Secundaria Obligatoria „Mariano Baquero Goyanes“ (Murcia): In Murcia hatten wir die Möglichkeit, mit dem Colegio „Mariano Baquero Goyanes“ eine weiterführende Schule zu besuchen, die genau diese Option der Fortsetzung partieller Integration in der Sekundarstufe anbietet. Neben der vollständigen Integration von Kindern mit unterschiedlichen Förderbedarfen existiert an dieser Schule eine „Aula abierta“ (Sonderklasse) für sechs Schülerinnen und Schüler mit Autismus im Alter von 13 bis 16 Jahren. Ähnlich wie in „Los Campanales“ wird auch dort einerseits sehr autismusspezifisch gearbeitet, andererseits die Chance des miteinander Lebens und Lernens genutzt. Spezifische Sequenzen sozialen Lernens in der Sonderklasse beispielsweise können unmittelbar in der Begegnung mit anderen Schülern erprobt, Lerninhalte individuell durch die Möglichkeit des Besuchs von Unterrichtsstunden in den Regelklassen erweitert werden. Eine wichtige institutionelle Einheit, die zu einem guten Gelingen der unterschiedlichen Integrationsformen an dieser Schule beiträgt, stellt das „Departamento de Orientación“, eine Koordinierungs- und Beratungsstelle, dar, formell Bestandteil einer jeden spanischen Schule. Am ehesten vergleichbar mit einem schulpsychologischen Dienst in Deutschland kommen dieser Beratungsstelle u.a. die Aufgaben zu, Beratung und Fortbildung für das Kollegium zu organisieren sowie die Umsetzung sonderpädagogischer Förderung zu koordinieren. Gesprächen mit den Lehrkräften der Sonderklasse, der Schulleitung sowie der Leiterin der Beratungsstelle zufolge wird diese Einheit als eine entscheidende Basis der partiellen Integration in der Sekundarstufe an dieser Schule gesehen.

4.3 „Sonderinstitutionen“ im spanischen Bildungssystem – Centro de Apoyo „Gaspar Hauser” (Palma)

Neben den beschriebenen Formen abgestufter Integration existieren auch in Spanien nach wie vor spezifische Bildungseinrichtungen für Kinder mit sonderpädagogischem Förderbedarf. Ähnlich dem Kontext der partiellen Integration lässt sich auch hier ein deutlicher Zielgruppenbezug beschreiben. So finden sich im spanischen Bildungssystem aktuell in erster Linie Sonderinstitutionen, die sich Kindern und Jugendlichen mit einem besonders hohen oder spezifischen Förderbedarf widmen. Träger dieser Einrichtungen sind zumeist Eltern- oder Interessensverbände. Beispielhaft genannt werden können diesbezüglich Verbände, die sich für blinde Menschen (ONCE), gehörlose Menschen (FEDS), Menschen mit dem Down-Syndrom (Down España) oder Menschen mit Autismus (Autismo España) einsetzen. Wenngleich auch diese Verbände gegenwärtig deutlich für mehr Integration eintreten, sind sie weiterhin Träger vieler Sonderinstitutionen. Aktuelle Entwicklungen lassen sich exemplarisch anhand der Vorstellung der institutionellen Angebote der Elternvereinigung „APNAB (Asociación de Padres de Niños Autistas de Baleares)“ in Palma verdeutlichen.

Centro de Apoyo „Gaspar Hauser“ (Palma): Das Centro “Gaspar Hauser” bildet seit zwei Jahrzehnten eine Anlaufstelle für Familien mit einem Kind mit Autismus. Über die Jahre der Entwicklung des Zentrums ist eine Vielzahl an institutionellen Angeboten entstanden, so dass die Mitarbeiterinnen und Mitarbeiter von „Gaspar Hauser“ gegenwärtig sowohl die schulische Betreuung von Kindern mit Autismus organisieren und koordinieren, therapeutische Maßnahmen durchführen sowie Wohn- und Freizeitangebote zur Verfügung stellen.
Bei einem ersten Besuch des Zentrums im Jahr 2001 wurden in den dortigen Räumlichkeiten ungefähr 20 Kinder und Jugendliche mit Autismus sonderpädagogisch betreut, erste Versuche der Umsetzung partieller Integration anhand der Einrichtung von Sonderklassen an Regelschulen liefen im Primarstufenbereich an. Im Jahr 2008 hat sich diese Situation maßgeblich verändert. Trotz einer deutlich erhöhten Zahl von Kindern und Jugendlichen mit Autismus, die nun von „Gaspar Hauser“ betreut werden, erhalten nur noch vier Kinder unmittelbar in der Einrichtung schulische Förderung, ungefähr 80 Kinder mit Autismus werden im Rahmen partieller oder vollständiger Integration in der Primar- und Sekundarstufe gefördert. Das Zentrum „Gaspar Hauser“ übernimmt in diesem Kontext die Koordination der spezifischen Förderung, die Weiterbildung des Personals sowie die Beratung und Supervision der Lehrkräfte in den integrativ arbeitenden Regelschulen.

5 Fazit

In Bezug auf unsere Ausgangsfrage, inwieweit Spanien ein besonders positives Beispiel in der Umsetzung europäischer Leitlinien zur sonderpädagogischen Förderung bildet, möchten wir mit Blick auf die dargestellten Konturen einer gegenwärtigen europäischen Sonderpädagogik, die Kontextdimensionen des spanischen Bildungssystems sowie exemplarische Praxiseinblicke mit einer Pro- und Contraargumentation schließen.
Für den Vorbildcharakter Spaniens spricht als Erstes der auf der gesetzlichen Ebene sehr weit reichend formulierte Anspruch der Zielvorstellung inklusiver Bildung in einer „Schule für Alle“, deren Umsetzung sich in einer hohen Quote der integrativen Beschulung von Kindern mit sonderpädagogischem

Förderbedarf in der Praxis wieder findet. Diese Entwicklungen deuten klar auf einen erfolgten Paradigmenwechsel hin zur Anerkennung von Vielfalt und Verschiedenheit im Bildungssystem hin.
Eine weitere Stärke kann in der interdisziplinären und vernetzten Ausrichtung sonderpädagogischer Förderung gesehen werden, wie sie sich beispielsweise anhand der Dienste schulinterner Beratungsstellen sowie der regionalen Teams pädagogischer und psychopädagogischer Orientierung in der Theorie und Praxis nachweisen lässt.
Das Angebot abgestufter integrativer Beschulung auch innerhalb einzelner Schulen kann schließlich als unterstützender Faktor einer gewünschten Durchlässigkeit und Flexibilität sonderpädagogischer Förderung im Bildungssystem positiv verstanden werden.
Auch der Contraseite lassen sich unserer Analyse sowie den Praxiseinblicken zufolge Argumente zuordnen. Eine erste kritische Frage wirft die Betrachtung der Interpretation der Begrifflichkeit des „integrativen Settings“ auf, welches als Grundlage der Berechnung von Quoten integrativer Beschulung genutzt wird. Entspricht die vorgefundene „partielle Integration“ im Sinne von Sonderklassen etwa unserer Vorstellung von integrativer Beschulung? Eng verbunden mit diesem Gedanken ist die Frage nach der Konzipierung einer „Schule für Alle“, die sich in der spanischen Schulpraxis im Gegensatz zur differenzierten Bereitstellung individuell ausgerichteter Angebote vollständiger oder partieller Integration kaum zu stellen scheint. Dabei machen sich unseren Beobachtungen zufolge große regionale Unterschiede hinsichtlich der Entschlossenheit in der Umsetzung inklusiver Unterrichtsformen bemerkbar, wie wir dies jedoch auch aus Deutschland kennen.
Ein letzter kritischer Punkt hinsichtlich des Vorbildcharakters Spanien lässt sich schließlich bezüglich der Ausbildung von Lehrkräften benennen. Während das spanische Bildungssystem bezüglich besonderer pädagogischer Förderung auf der einen Seite durch ein hohes Maß an Interdisziplinarität gekennzeichnet ist, wird auf der anderen Seite von den spanischen Kollegen eine Vernachlässigung sonderpädagogischer Inhalte innerhalb der Lehramtsstudiengänge attestiert.
Resümierend lässt sich der Entwicklungsprozess sonderpädagogischer Förderung, der sich in Spanien innerhalb von nur 20 Jahren vollzogen hat, aus unserer Sicht jedoch als eine imposante Leistung bezeichnen. Das schnelle Aufgreifen und Verarbeiten internationaler Leitlinien und universal empfohlener heil- und sonderpädagogischer Prinzipien hat ein System ausgebildet, das in vielen Einzelaspekten einen Vorbildcharakter aufweisen kann, ohne gleich als Zielvorstellung idealisiert zu werden. Ein für Weiterentwicklungen

sonderpädagogischer Förderung im deutschen Bildungssystem offener, gleichzeitig kritischer Blick nach Spanien kann in Zeiten der Ratifizierung der „UN-Konvention über die Rechte von Menschen mit Behinderung“ in diesem Sinne als eine wertvolle Bereicherung verstanden werden.

Literatur

ALBRECHT, F./ BÜRLI, A./ ERDELYI, A. (Hrsg.) (2006): Internationale und vergleichende Heil- und Sonderpädagogik. Aktuelle Diskussionen, Ergebnisse und Herausforderungen. Bad Heilbrunn

BÜRLI, A. (1994): Sonderpädagogik in Europa oder europäische Sonderpädagogik? Zu einem Vergleich des Unvergleichbaren. In: Vierteljahresschrift für Heilpädagogik und ihre Nachbargebiete (VHN), 2/1994, S. 235-252

BÜRLI, A. (1997): Sonderpädagogik international. Vergleiche, Tendenzen, Perspektiven. Luzern

BÜRLI, A. (2004): Sonderpädagogik in Europa: Anspruch und Wirklichkeit. In: SASSE, A./ VITKOVA, M./ STÖRMER, N. (Hrsg.): Integrations- und Sonderpädagogik in Europa. Professionelle und disziplinäre Perspektiven. Bad Heilbrunn

BÜRLI, A. (2007): Europäische Heilpädagogik. In: GREVING, H. (Hrsg.): Kompendium der Heilpädagogik, S. 228-240

BMASK – BUNDESMINISTERIUM FÜR ARBEIT, SOZIALES UND KONSUMENTENSCHUTZ ÖSTERREICH (2009): Behindertenpolitik in Europa. In: http://www.bmsk.gv.at/cms/site/liste.html?channel=CH0112

CIENFUEGOS-GIL, F. (1999): Schulische Integration und interdisziplinäre Kooperation in Spanien. Eine qualitative Untersuchung zur Kooperationsproblematik im Rahmen der Integration behinderter und nichtbehinderter Kinder im spanischen Regelschulsystem unter besonderer Berücksichtigung der Zusammenarbeit zwischen RegelschullehrerInnen und spezialpädagogischen Stützlehrkräften. Frankfurt a. M.

EA – EUROPÄISCHE AGENTUR FÜR ENTWICKLUNGEN IN DER SONDERPÄDAGOGISCHEN FÖRDERUNG (2003): Sonderpädagogische Förderung in Europa. In: http://www.european-agency.org/publications/ereports/special-education-across-europe-in-2003/special-education-across-europe-in-2003

EA – EUROPÄISCHE AGENTUR FÜR ENTWICKLUNGEN IN DER SONDERPÄDAGOGISCHEN FÖRDERUNG (2009): Publications. In: http://www.european-agency.org/publications/ereports

ELLGER-RÜTTGARDT, S. (2007): Geschichte der Sonderpädagogik: Eine Einführung. München

EUROPÄISCHE KOMMISSION (2007): Eingliederung von Menschen mit Behinderung. Europas Strategie für Chancengleichheit. In: http://www.stop-discrimination.info/fileadmin/pdfs/Reports/Disability/disability_de.pdf

EUROPÄISCHE UNION (1996): Chancengleichheit für behinderte Menschen in Europa. In: http://europa.eu/scadplus/leg/de/cha/c11412.htm

EUROPÄISCHE UNION (2009): EU-Vertrag von Lissabon. In: http://europa.eu/lisbon_treaty/full_text/index _de.htm

EURYDICE (2006): National summary sheets on education systems in europe and ongoing reforms. In: http://eacea.ec.europa.eu/portal/page/portal/Eurydice/ByCountryResults?countryCode=ES

GREVING, H. (Hrsg.) (2007): Kompendium der Heilpädagogik. Troisdorf

HANS, M./ GINNOLD, A. (Hrsg.) (2000): Integration von Menschen mit Behinderung. Entwicklungen in Europa. Neuwied; Berlin

HAUSOTTER, A. (2000): Integration und Inclusion – Europa macht sich auf den Weg. In: HANS, M./ GINNOLD, A. (Hrsg.): Integration von Menschen mit Behinderung. Entwicklungen in Europa. Neuwied; Berlin

HAUSOTTER, A./ OERTEL, B. (2000): Integration in der Schule – Ein Weg in Richtung Chancengleichheit im Blickpunkt der Europäischen Union. In: HANS, M./ GINNOLD, A. (Hrsg.): Integration von Menschen mit Behinderung. Entwicklungen in Europa. Neuwied; Berlin

LOZANO MARTÍNEZ, J. (2007): Educar en la diversidad. Barcelona

NOHLEN, D./ HILDENBRAND, A. (2004): Spanien. Wirtschaft – Gesellschaft – Politik. Ein Studienbuch. Wiesbaden

SASSE, A./ VITKOVA, M./ STÖRMER, N. (Hrsg.) (2004): Integrations- und Sonderpädagogik in Europa. Professionelle und disziplinäre Perspektiven. Bad Heilbrunn

UNESCO (1994): Die Salamanca Erklärung und der Aktionsrahmen zur Pädagogik für besondere Bedürfnisse angenommen von der Weltkonferenz „Pädagogik für besondere Bedürfnisse: Zugang und Qualität" Salamanca, Spanien, 7.-10. Juni 1994. In: http://www.unesco.at/bildung/basisdokumente/salamanca_erklaerung.pdf

UNITED NATIONS-ENABLE (2009): Ratifications. In: http://www.un.org/disabilities/default.asp?id=257

UNITED NATIONS (2006): Übereinkommen der Vereinten Nationen über die Rechte von Menschen mit Behinderungen (UN-Konvention). In: http://files.institut-fuermenschenrechte.de/437/ UN_BK _Konvention_ Internet-Version_FINAL.pdf

WILFERT DE ICAZA, K. (1999): Schulische Integration Behinderter in Deutschland und Spanien. Ein empirischer Beitrag zur komparativen Sonderpädagogik. Frankfurt a. M.

Hasan Gürgür

Sonderpädagogik in der Türkei – ein historischer Blick und Empfehlungen für die Zukunft

1 Einleitung

1950 hat der Bereich Sonderpädagogik im Türkischen Erziehungssystem einen Platz gefunden. Obwohl Sonderpädagogik im frühen 18. Jahrhundert bereits ihren Anfang nahm, kam die Entwicklung spät und schwer voran. Das Ziel dieses Beitrags ist es, den Bereich Sonderpädagogik in der Türkei vorzustellen und über Empfehlungen für die Zukunft zu diskutieren.
Gemäß des Vereinheitlichungsgesetzes der Erziehung, das 1924 ins Kraft trat, wurden alle Schulen dem Ministerium für Nationale Erziehung unterstellt. Das Türkische Bildungssystem wird zentralistisch durch das Ministerium verwaltet mit der Hauptzentrale in der türkischen Hauptstadt Ankara. Alle Entscheidungen über Erziehungsangelegenheiten in der Türkei müssen vom Erziehungsministerium genehmigt werden.
Nach den Prinzipien des nationalen Bildungsgesetzes ist das Ziel der Bildung Individuen auszubilden, die:

- die Wertvorstellungen der türkischen Nation vermittelt bekommen,
- sich der Pflichten und Verantwortungen ihrem Vaterland gegenüber bewusst sind und dementsprechend handeln,
- über notwendige Kenntnisse verfügen,
- demokratische Mitbürger sind, die die Menschenrechte respektieren.

Die Schulpflicht in der Türkei ist seit 1992 auf acht Jahre festgelegt worden. Sie umfasst die Grundbildung für sechs- bis vierzehnjährige Kinder in der fünfjährigen Grundschule und in der dreijährigen Mittelschule. Sonderpädagogik hat seit langem in diesem Schulsystem ihren Platz. Es folgt an dieser Stelle eine kurze historische Reise durch die Sonderpädagogik in der Türkei.

2 Sonderpädagogik: Ein historischer Rückblick

Im Jahr 1889 fand die Gründung der sonderpädagogischen Dienste im formellen Erziehungssystem in der „Istanbul Wirtschaftsschule“ statt. In dieser Schule wurde für hörbehinderte und sehbehinderte Kinder eine Klasse eröffnet. Dies war die erste wissenschaftliche und systematische Aktion im Bereich Sonderpädagogik in der Türkei. Allerdings wurde diese Abteilung nach 30 Jahren wieder geschlossen. In den nächsten Jahren erfolgte keine ernst zu nehmende Gründung von sonderpädagogischen Einrichtungen in der Türkei. 1921 wurde in Izmir eine private Hör- und Sehbehindertenschule eröffnet. 1955 wurden in Ankara zwei sonderpädagogische Klassen für Kinder mit geistiger Beeinträchtigung an Grundschulen eingerichtet (AKCAMETE 1998; ERIPEK 2007).

Neben diesen Schulgründungen wurden auch amtliche und gesetzliche Einrichtungen realisiert. Im Jahr 1980 wurde das „Amt für Sonderpädagogik des Nationalen Erziehungsministeriums“ gegründet. Dieses Amt wurde 1992 zum „Generaldirektorat für Sonderpädagogik und Führung des Nationalen Erziehungsministeriums“ umgeformt (AKCAMETE 1998).

Das erste und wichtigste Gesetz trat 1983 als „Gesetz für Kinder mit sonderpädagogischem Förderbedarf“ mit der Nummer 2916 in Kraft. Mit diesem Gesetz wurden die Prinzipien der sonderpädagogischen Dienste und ihre Pflichten, personelle Besetzung, Grundsätze, die Diagnoseprozesse, Ort der Förderung und Monitoring der Prozesse festgelegt. Aber leider wurde mit diesem Gesetz der Bereich Sonderpädagogik kaum weiter entwickelt. Es wurde lediglich die Anzahl der Sonderschulen erhöht. Sonstigen Erwartungen an die Qualitätssteigerung in der Sonderpädagogik wurde nicht entsprochen. Die Verordnungen hätten die Prinzipien der Sonderpädagogik wie Kontinuität, Frühdiagnostik, Vorschule, Erziehung in denselben Klassen mit Kindern ohne Beeinträchtigung, Individualisierung, Kooperation und Koordination beeinflussen können, wurden aber nicht verstanden bzw. nicht beachtet (ERIPEK 2007).

Daraufhin fand 1991 der „Internationale Sonderpädagogische Rat“ statt. Das Ziel dieses Rats war die Qualitätssicherung im Bereich Sonderpädagogik. Von diesem Zeitpunkt an wurde 1997 das „Ministerpräsidium mit der Leitung des Amtes für Behinderte“ gegründet. Aufgrund der Bemühungen dieses Amtes trat 2005 das „Behindertengesetz“ mit der Nummer 5378 in Kraft. Ziel dieses Gesetzes ist: „Behinderte sollen an der Gesellschaft teilhaben und die zuständigen Dienste sollen kooperieren“.

Anhand dieser gesetzlichen und amtlichen Bestimmungen erreichte das sonderpädagogische System seine heutige Form. Im Jahr 1997 wurde das „Dekret zur Sonderpädagogik" mit der Nummer 573 in Kraft gesetzt. Die wichtigsten Prinzipien dieses Dekretes sind (Artikel 6, Seite 4):

- Bei der Unterbringung des Individuums mit sonderpädagogischem Förderbedarf soll die Priorität einer Integration in eine Regelschule beachtet werden.
- Bei der Adaption der Ziele, Inhalte und Lehrmethoden des Unterrichts müssen die Handlungsfähigkeiten der Individuen mit sonderpädagogischem Förderbedarf berücksichtigt werden.
- Für jedes Individuum mit sonderpädagogischem Förderbedarf muss ein individueller Förderplan (IEP) ausgearbeitet werden und die Lehrpläne müssen individualisiert werden.
- Es muss sichergestellt sein, dass die Familien am sonderpädagogischen Prozess teilnehmen.

Im Jahr 2000 traten die „Verordnungen für sonderpädagogische Dienste" in Kraft. Die Verordnungen wurden 2006 überarbeitet und weiter entwickelt. Die gesetzliche Definition von Sonderpädagogik lautet nach dieser Verordnung (Artikel 4, Seite 2):

> *„Sonderpädagogik ist eine Art von Erziehung, die für die Erziehung und die sozialen Bedürfnisse der Individuen mit sonderpädagogischem Förderbedarf zuständig ist, mit besonderer Ausbildung des Personals, individualisiertem Curriculum und Lehrmethoden, die in einer den Bedürfnissen angepassten Umgebung angewandt werden."*

3 Lehrerbildung

Das System der Lehrerbildung in der Türkei kann man in zwei Epochen, vor und nach 1980, getrennt werden. Vor 1980 waren für die Lehrerbildung das Nationale Erziehungsministerium und die Universitäten verantwortlich. Zu jener Zeit wurden auch die sonderpädagogischen Lehrerinnen und Lehrer in kurzzeitigen Weiterbildungsseminaren ausgebildet.

1952 entstand die erste systematische Lehrerbildung im Gazi Erziehungsinstitut. Dieses Büro wurde 1955 geschlossen. 1965 wurde an der erziehungswissenschaftlichen Fakultät der Universität Ankara die „Abteilung Sonderpädagogik" gegründet (AKCAMETE 1998; CAVKAYTAR 2006; CAGLAR 2004).

Das Lehrerbildungssystem wurde 1982 verändert. Von diesem Jahr an wurden mit dem Hochschulgesetz Nummer 2547 die gesamten Institutionen der Lehrerbildung unter einem gemeinsamen Dach zusammen geführt. Nach 1982 waren für die Lehrerbildung nur noch die Universitäten verantwortlich.

Mit Hilfe dieser wichtigen Veränderung fand 1983 in Anadolu, der Universität für Erziehung, in der wissenschaftlichen Abteilung das Programm „Bildung für sonderpädagogische Lehrer“ statt. 1990 wurde an der pädagogischen Fakultät der Universität Anadolu die „Abteilung Sonderpädagogik“ gegründet (Geistigbehindertenpädagogik und Hörbehindertenpädagogik). Gleichzeitig entstand 1986 an der Universität Gazi das „Sonderpädagogische Programm“ für Geistigbehindertenpädagogik und Sehbehindertenpädagogik). 1994 wurde an der Abant İzzet Baysal Universität (Bolu) eine „Sonderpädagogische Abteilung“ gegründet (Geistigbehindertenpädagogik) (CAVKAYTAR 2006; CAGLAR 2004). Derzeit werden in der Türkei insgesamt an 9 Universitäten im Bereich Sonderpädagogik Lehrerinnen und Lehrer gebildet. Jedes Jahr verlassen diese Einrichtungen ungefähr 600-650 Absolventen als Sonderpädagogen.
2006 wurden durch den türkischen Hochschulrat die sonderpädagogischen Curricula verbessert. Inhalt der Programme sind Kenntnisse und Fähigkeiten im sonderpädagogischen Bereich, Kenntnisse und Fähigkeiten im Lehrberuf und im Bereich Kultur. Für das letzte Studienjahr (7. und 8. Semester) sieht das Curriculum für die Lehrerbildung im Bereich Sonderpädagogik ein durchgängiges Praktikum vor.

4 Sonderpädagogik als wissenschaftliches Forschungsfeld

Der erste Wissenschaftler in der Türkei mit Ph.D. Grad in der Sonderpädagogik ist MITHAT ENC (1909-1991). ENC verlor sein Sehvermögen 1930, als er Student an der juristischen Fakultät war. 1958 erhielt er den Grad des Ph.D. Bereich Sonderpädagogik an der University of Illinoi. ENC und seine Studenten waren in der Türkei die ersten Wissenschaftler im Bereich der Sonderpädagogik (AKCAMETE 1998; ERIPEK 2007).
1991 wurde die erste nationale Sonderpädagogikkonferenz einberufen zur Erinnerung an MITHAT ENC. Diese Konferenz wird bis in die heutige Zeit jedes Jahr vom 13.-15. September in verschiedenen Städten in der Türkei mit internationalen Teilnehmern durchgeführt. Auch 2001 und 2008 fanden zwei internationale Kongresse statt.
Jahrelang wurden in der Türkei in verschiedenen sonderpädagogischen Bereichen Master- und Doktorarbeiten geschrieben, meist in den Bereichen
- Geistigbehindertenpädagogik,
- Gehörlosenpädagogik,
- Integrationspädagogik.

Auf der wissenschaftlichen Ebene wurden seit ungefähr 20 Jahren auch zahlreiche wissenschaftliche Arbeiten über Sonderpädagogik publiziert. Diese Arbeiten umfassen fast alle sonderpädagogischen Bereiche. In diesen Arbeiten wurden sowohl quantitative (deskriptive Forschung, experimentell, Einzelfalluntersuchung) als auch qualitative (Fallstudie, Aktion Forschung) wissenschaftliche Forschungsmethoden angewendet.
Beispiele von Forschungsthemen:

- Erziehung und Umfeld von Kindern mit sonderpädagogischem Förderbedarf,
- lebenspraktische Fähigkeiten,
- Begriffe „Lehren und Lernen“,
- Lehrmethoden,
- kommunikative Fähigkeiten,
- soziale Fähigkeiten,
- Integration.

5 Perspektiven der Sonderpädagogik in der heutigen Zeit

Das „Amt für Behinderte“ erhob 2002 folgende Daten: In der Türkei besteht ein Anteil an Menschen mit einer Behinderung in Höhe von 12,29% (8.431.937). Im Alter zwischen 0-18 Jahren gibt es rund 3.500.000 Kinder und Jugendliche, zwischen 4-18 Jahren ca. 1.500.000 Kinder mit sonderpädagogischem Förderbedarf.
In der Türkei richtet sich die Einrichtung der Sonderschulen nach den verschiedenen Arten von Behinderungen. Kategorien sind: Hör-, Seh-, Körper-, geistige Behinderung, unheilbare Krankheiten und Autismus.

Tabelle 1: Statistik Sonderschulen (Statistiken des Nationalen Erziehungsministeriums zum Schuljahr 2007/2008. In: www.meb.gov.tr)

Sonderschulen	**Zahl der Institution**	**Zahl der Schüler**	**Zahl des Lehrpers.**
Kindergärten in Sonderschulen	69	646	109
Grundschule für Hörbehinderte	**48**	**4.967**	**1.073**
Berufsschulen für Hörbehinderte	15	1.301	222
Grundschule für Sehbehinderte	**16**	**1.349**	**392**

Grundschule für Köperbehinderte	3	442	74
Berufsschulen für Körperbehinderte	**2**	**96**	**25**
Grundschule für geistig Behinderte	171	8.217	2.377
Berufsschulen für geistig Behinderte	**184**	**5.314**	**341**
Wissenschafts- und Kunstzentren für Schüler mit hohem intellektuellem Niveau und Begabungen	43	5.756	508
Krankenhausschulen	**47**	**5.492**	**89**
Grundschule für Kinder mit Verhaltensstörungen	1	29	12
Grundschule für autistische Kinder	**22**	**692**	**213**
Berufsschule für autistische Kinder	2	89	30
TOTAL	**623**	**34.204**	**5.464**

Wie aus der Tabelle ersichtlich wird, gibt es insgesamt 623 amtliche Sonderschulen. In diesen Schulen werden insgesamt 34.204 Schüler mit sonderpädagogischem Förderbedarf unterrichtet. An diesen Schulen arbeiten insgesamt 5.464 Lehrpersonen.

Die Philosophie der Normalisierung, die die Erziehung und Bildung von Schülern mit sonderpädagogischem Förderbedarf in den Regelschulen vorsieht, wird seit einiger Zeit auch in der Türkei angestrebt. Integrative Projekte wurden nach der gesetzlichen Grundlegung 1997 durchgeführt.

Tabelle 2: Statistik über die Umsetzung der Integration (Statistiken Schuljahr 2007/2008 In: www.meb.gov.tr)

Institutionen	**Zahl der Klassen**	**Zahl der Schüler**
Sonderpädagogische Klassen in Grundschulen	1076	9252
Integrationsklassen an Grundschulen	**34214**	**56716**
Integrationsklassen an Mittelschulen	866	1788
TOTAL	**36156**	**67756**

Insgesamt gab es 36.779 Integrationsprojekte, in denen 101.960 Schüler mit sonderpädagogischem Förderbedarf unterrichtet wurden.
Laut Statistik gibt es in der Türkei ca. 1,5 Millionen (4-18 Jahre alt) Kinder mit sonderpädagogischem Förderbedarf. Davon profitieren nur 101.960 Kinder von den sonderpädagogischen Diensten. Zusätzlich wuchs in den letzten Jahren, hauptsächlich nach 1999, die Zahl privater sonderpädagogischer Dienste. Dies kann man mit den Bemühungen der Türkei um die Mitgliedschaft in der Europäischen Union erklären. Die Türkische Republik hat in diesem Rahmen zur Erziehung der Kinder mit sonderpädagogischem Förderbedarf verstärkt finanzielle Mittel zur Verfügung gestellt. Diese Institute werden als „Private Sonderschulen“ oder als „Private Sonderpädagogische und Rehabilitationszentren“ organisiert (VURAN/ YÜCESOY 2003).
Die Statistik des Nationalen Erziehungsministeriums zum Schuljahr 2007/ 2008 besagt:

- Es gibt 168 „Private Sonderschulen“ (mit 4.139 Schülern) und
- 1.754 „Private Sonderpädagogische und Rehabilitationszentren“ (mit 131.206 Schülern).
- In diesen privaten Institutionen arbeiten 8.587 Lehrpersonen.
- Die Schüler, die die privaten sonderpädagogischen Institutionen besuchen, besuchen auch die amtlichen Schulen. Das heißt, die Schüler der privaten Institutionen auch Schüler der amtlichen Dienste sind.

Sonderpädagogik in der Türkei – im historischen Rückblick – begann Ende des 19. Jahrhunderts. Nach Phasen zäher Entwicklung gab es nach 1990 bedeutsame gesetzliche Veränderungen, die zu einer besseren Versorgung von Kindern mit sonderpädagogischem Förderbedarf führten. Die Gesetze umfassten individuelle Förderpläne für Kinder mit sonderpädagogischem Förderbedarf, Integration, Teilnahme der Familien am Erziehungsprozess. Diese Entwicklung scheint hoffnungsvoll.
Lediglich 15% (36.779) von 1,5 Millionen Kindern mit sonderpädagogischem Förderbedarf werden in Schulen für sonderpädagogische Dienste beschult. Diese Zahl ist sehr gering. Trotz der progressiven Forschungen an Universitäten absolvieren jedes Jahr nur 600-650 angehende Lehrer für sonderpädagogischen Förderbedarf die Universität. Weil damit der Bedarf nicht gedeckt ist, wird er manchmal durch kurzfristige Weiterbildungsseminare ergänzt. Allerdings leidet darunter die Qualität der Sonderpädagogik. Außerdem gibt es zwischen den Universitäten und dem nationalen Erziehungsministerium keine kompetente Kooperation.

6 Empfehlungen für die Zukunft

Die nicht von den sonderpädagogischen Diensten profitierenden rund 1,4 Millionen Kinder mit sonderpädagogischem Förderbedarf, die zwischen 4-18 Jahre alt sind, müssten diagnostiziert werden. Es müssten ihnen weitere sonderpädagogische Dienste angeboten werden. Der Bedarf an Lehrkräften an amtlichen und privaten sonderpädagogischen Institutionen muss gedeckt werden. Dafür ist folgendes notwendig:

- Die ungenügende Zahl der Hochschullehrer an den Universitäten muss erhöht werden.
- In den verschiedenen Universitäten müssen sonderpädagogische Abteilungen gegründet werden.
- Das nationale Erziehungsministerium und die Universitäten müssen deutlich besser kooperieren.
- Das nationale Erziehungsministerium sollte kurzfristige Weiterbildungsseminare vermeiden und stattdessen eine fundierte sonderpädagogische Ausbildung für Lehrkräfte fördern.

Literatur

AKAMETE, G. (1998): Türkiye'de özel egitim (Sonderpädagogik in der Türkei). In: ERIPEK, S. (Ed.): Ozel Egitim (Sonderpädagogik). Eskisehir: Anadolu Universität Verlag, No: 1018

CAGLAR, D. (2004): Türkiye'de özel egitimin tarihcesi (History of special education in Turkey). In: KONROT, A. (Ed.): 13. Ulusal Ozel Egitim Kongresi Bildirileri: Ozel Egitimden Yansimalar (13. National Sonderpädagogik Konferenz: Reflektionen von Sonderpädagogik). Ankara: Kok Verlag, S. 16-27

CAVKAYTAR, A. (2006): Teacher training on special education in Turkey. In: The Turkish Online Journal of Educational Technology, 5(3), 7

ERIPEK, S. (2007): Özel egitim: Cumhuriyetten gunumuze (Sonderpädagogik: Aus heutiger Sicht). In: HESAPCIOGLU, M./ DURMUS, A. (Eds): Turkiye'de egitim bilimleri: Bir bilanco denemesi (Educational sciences in Turkey: A review). Ankara: Nobel Verlag, S. 313-326

MEB (Ministerium für Nationale Erziehung) (2008): 2007-2008 Ögretim Yili Özel Egitim Okullari Ögrenci ve Ögretmen Sayilari (Anzahl der SchülerInnen und LehrerInnen an Sonderschulen im Schuljahr 2007-2008). In: www.meb.gov.tr.

MEB (Ministerium für Nationale Erziehung) (2007): Özel Egitim Hizmetleri Yönetmeligi (Vorschriften für Sonderpädagogische Dienste). In: http://www.meb.gov.tr

OZİDA (2003): Basbakanlık Özürlüler Idaresi Baskanligi (Ministerpräsidium Leitung des Amtes für Behinderte), „Türkiye Özürlüler Arastırması 2002“ (Bevölkerungsumfrage von Menschen mit Behinderung in der Türkei 2002). In: www.ozida.gov.tr.

VURAN, S./ YÜCESOY, S. (2003): Türkiye'de özel gereksinimli bireylere yönelik hizmetlerin yasal uygulanmasinda Avrupa Birligi'ne uyum cabalarının yansimalari (Reflektionen der Mitglieder zur Europäischen Union, Bemühungen zur Sonderpädagogik). In: ANADOLU UNIVERSITÄT: Journal of Social Sciences, 3(1), S. 141-157

YOK (Hochschulrat) (2006): Egitim Fakültelerinde Uygulanacak Yeni Programlari. (Das neue Fakultätsprogramm Studiengang Erziehung). In: http://www.yok.gov.tr.

Thomas Barow

Externate als frühe Form der Normalisierung – Reformansätze in der schwedischen „Schwachsinnigenfürsorge" 1900–1967

1 Einleitung

Der Gedanke der Normalisierung besitzt bis heute maßgebliche Bedeutung für die institutionelle und inhaltliche Ausformung der Hilfen für Menschen mit geistiger Behinderung. „Angestrebt wird schlicht und einfach, ein Dasein und Leben zu ermöglichen, das dem Normalen denkbar nahe kommt", formulierte es einer der Protagonisten dieses Ansatzes, der dänische Jurist Niels Erik BANK-MIKKELSEN (1999, 213). Dabei wurde die deutsche Debatte vielfach von den Entwicklungen in Dänemark und Schweden beeinflusst. Bislang ging man überwiegend davon aus, dass es sich hierbei um Prozesse handelte, die nach dem Zweiten Weltkrieg einsetzten (ERICSSON 2002). Weitgehend unbeachtet blieb in Deutschland, dass es in Nordeuropa schon zuvor Besonderheiten gab, auf denen die Reformbemühungen der Nachkriegszeit aufbauten. Für Dänemark wies Birgit KIRKEBÆK (2001, 29 ff.) auf die Elternkritik hin, die seit den 1930er Jahren an der Geistesschwachenfürsorge[1] aufkam. Dort wurden bereits 1940 Intelligenztests, geschlossene Abteilungen, Sterilisationspraxis, ökonomische Ausnutzung der Insassen und Bevormundung der Erziehungsberechtigten vereinzelt infrage gestellt (31). Für Schweden konnte erst in jüngster Zeit gezeigt werden, dass die Ursprünge der Normalisierung bis in die 1920er Jahre zurückreichen (BAROW 2009a) und nicht zuletzt dadurch in der Nachkriegszeit andere Voraussetzungen gegeben waren als etwa in Deutschland. Im Sinne einer Weiterführung und Vertiefung unserer Argumentation soll dieser Beitrag verdeutlichen, welche Rolle hierbei den so genannten Externaten für Schwachsinnige zukam. Dazu werden bisherige Forschungsergebnisse (NORDSTRÖM 1968; SÖDER 1978; ARESCHOUG 2000; GRUNEWALD 2008; BAROW 2009b), zeitgenössische pä-

---

[1] Hier und im Folgenden wird die authentische zeitgenössische Terminologie verwandt. Übersetzungen erfolgten durch den Verfasser.

dagogische Fachliteratur, Gesetzestexte sowie Archivalien der Volksschulverwaltung und Schwachsinnigenfürsorge aus Schweden herangezogen. Hier wird der Frage nachgegangen, welche Gründungsmotive existierten, wie die Rolle der Externate im Schulwesen aussah und welche Bedeutung der Normalisierung bei jenen Entwicklungen zufiel. Die Untersuchung bezieht sich auf die Jahre 1900 bis 1967 und umfasst somit die Zeitspanne von der Gründung des ersten Externates bis zu einer Gesetzesreform, die das soziale Konstrukt „Bildungsunfähigkeit" beseitigte und das Postulat „Bildung für alle" Wirklichkeit werden ließ.

2 Fünf Phasen der Entwicklung

In Schweden waren, wie in zahlreichen europäischen Ländern, in der ersten Hälfte des 20. Jahrhunderts Schwachsinnige überwiegend in Institutionen verschiedener Art untergebracht: Anstaltsschulen bzw. Internate, Arbeitsheime, Asyle bzw. Pflegeheime, Irrenhäuser sowie diverse Spezialanstalten. Daneben existierten bereits vor dem Zweiten Weltkrieg in Norrköping, Stockholm, Göteborg und Malmö Externatsschulen. Diese unterschieden sich von den Internaten vor allem dadurch, dass die Schüler weiterhin bei ihren Eltern oder in Pflegefamilien wohnten, wodurch ihr Charakter in einer gewöhnlichen Bildungseinrichtung gestärkt wurde.
In organisatorischer Hinsicht besaßen die Externate keine einheitliche Struktur. Es handelte sich entweder um Sonderklassen, die aus den Hilfsklassen einer Volksschule hervorgegangen waren, oder um eher eigenständige Sonderschulen. Dem entsprechend sind diese Bildungsstätten in Abhängigkeit von ihrer jeweiligen Gründungsgeschichte zum einen als Bindeglied zu den Hilfsklassen, zum anderen als Alternative oder Ergänzung zu den Internaten anzusehen (vgl. Abb. 1 folgende Seite). Gemeinsam war ihnen jedoch, dass sie als Vorläufer der schwedischen Sonderschule für geistig Behinderte (*särskola*) anzusehen sind. Betrachtet man die Ursprünge der jeweiligen Externate, so lassen sich fünf Entwicklungsphasen voneinander abgrenzen, die im Folgenden aufgeführt werden.

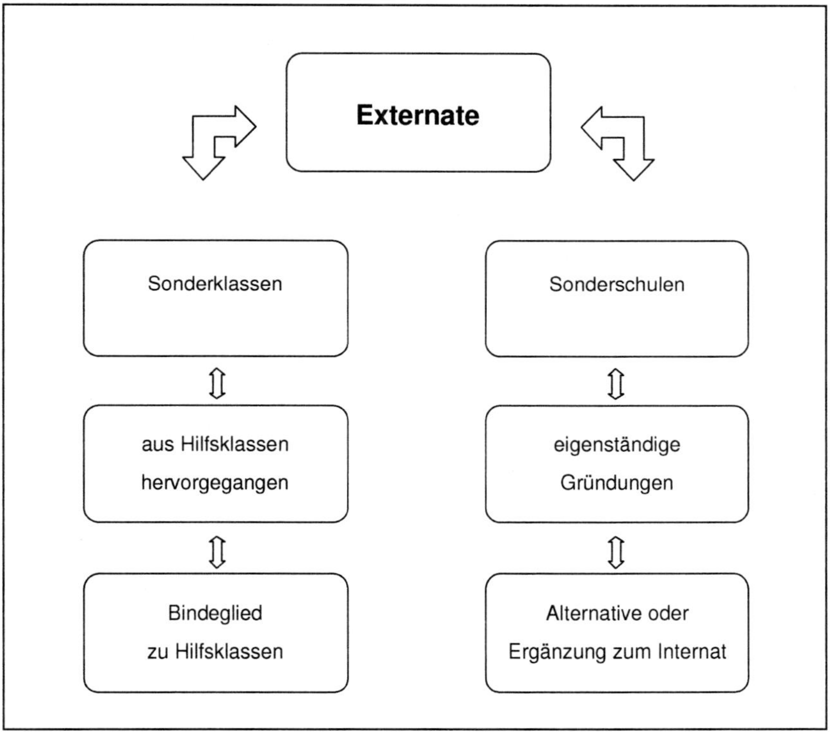

Abb. 1: Externate

1. Eine Pionierleistung bedeutete 1900 die Gründung eines Externats in der mittelschwedischen Industriestadt Norrköping, in der bereits seit 1879 eine Absonderungsklasse existierte, die vor allem verwahrloste Jungen aufnahm (NORDSTRÖM 1968, 164 ff.). Im Jahr 1884 wurde in der lokalen Volksschuladministration erstmals explizit die Beschulung von Idioten diskutiert. Der Vorschlag des Schulinspektors zur Einrichtung eines Externats für Schwachsinnige basierte NORDSTRÖM zufolge auf den positiven Erfahrungen mit der Absonderungsklasse und der Unterbringung verwahrloster Kinder in Pflegefamilien. Aus Kostengründen und auf Abraten des Psychiatrieprofessors N. G. KJELLBERG, einer Autorität in der Idiotenfürsorge, wurden die Überlegungen jedoch zunächst verworfen (170). Erst zum Ende des Jahrhunderts griff man die Externatsidee erneut auf. Durch die 1900 erfolgte Gründung des Externats Norrköping konnte sich erstmals eine pädagogische Praxis als Alternative zur Anstaltsbeschulung entwickeln. Kri-

tisiert wurde an der Externatskonzeption der vermutete schlechte Einfluss der Elternhäuser, die – wie es in einer Reiseschilderung 1905 heißt – „leichter das niederreißen, was der Erzieher geschafft hat aufzubauen" (AHLBERG, zit. n. SÖDER 1978, 32). Dieses Misstrauen gegenüber den Erziehungskompetenzen der Eltern zieht sich wie ein roter Faden durch die Geschichte der Schwachsinnigenfürsorge. Thorborg RAPPE, Autorin des ersten schwedischen Lehrbuchs auf diesem Gebiet, verteidigte zu Jahrhundertbeginn ebenfalls die Internate, „denn für schwachsinnige Kinder würden die Unterrichtsstunden keine dauernde Bedeutung haben, wenn nicht die Erziehung auch in den Freistunden nebenherginge" (RAPPE 1904, 13).

2. Angesichts der großen Skepsis dauerte es nach der Gründung in Norrköping über zwei Jahrzehnte, bis in Stockholm, Göteborg und Malmö die Einrichtung von Externaten erwogen wurde, womit eine zweite Entwicklungsphase einsetzte. In den drei größten Städten Schwedens waren an einigen Volksschulen bis zu Beginn der 1920er Jahre Hilfsklassen entstanden (ALTSTAEDT 1977). In jenem Jahrzehnt bildeten sich – analog der Entwicklung in Deutschland (LINDMEIER/ LINDMEIER 2002, 393 ff.) – vereinzelt provisorische Sammelklassen, in denen die leistungsschwächsten Hilfsschüler zusammengefasst waren. In Stockholm war es bereits seit 1917 zu entsprechenden Bemühungen gekommen, 1919 entstand eine „provisorische Versuchsanordnung [...] für sehr schwach begabte Schüler". Seit 1925 existierte das Stockholmer Externat, wobei die ursprüngliche Planung, über die Stadt verteilt mehrere Abteilungen zu gründen und so eine wohnortnahe Beschulung sicherzustellen (LARSSON 1923, 48) zugunsten einer zentralen Einrichtung aufgegeben wurde.
3. Eine dritte Entwicklungsphase und zugleich weitere Stärkung der Externate bedeutete die Einführung der Schulpflicht für bildungsfähige Schwachsinnige 1944/45. In der vorausgegangenen fach- und bildungspolitischen Debatte war es um Auseinandersetzungen um die zukünftige Rolle der Externate gekommen. Pädagogen innerhalb der Schwachsinnigensorge forderten einen Ausbau dieser Schulform, Psychiater lehnten diesen ab und bevorzugten stattdessen eine Anstaltbeschulung (BAROW 2009b, 168). Die Externate bedeuteten hingegen eine kostengünstige Möglichkeit, die Durchsetzung der Schulpflicht sicherzustellen. Bereits 1944 war mit Unterstützung der örtlichen Volksschulverwaltung ein Externat in Helsingborg entstanden. Weitere Gründungen erfolgten in Borås (1946) und Skövde (1948), wobei diese Schulen – ebenso wie weitere neue Einrichtungen in den 1950er Jahren – im Zusammenspiel zwischen der Großanstalt Johannesberg und den jeweiligen lokalen Volksschulverwaltungen entstanden. In

den Quellen lässt sich eine zunehmend wohlwollende Einstellung der Lehrer ablesen, die nun den pädagogischen Wert der Externate erkannten. Allerdings erfolgte noch vielfach die Einschränkung, dass nur Schüler mit einem „guten Zuhause“ von dieser Schulform profitierten (138). In Norrköping und Göteborg belegten in den 1930er bzw. 1940er Jahren Nachuntersuchungen, dass von den entlassenen Schülern sich etwa die Hälfte vollkommen selbständig versorgen konnte. Dies wurde als Teilerfolg interpretiert und sollte an den Externaten die Gründung von Arbeitsheimklassen befördern, in denen vor allem praktische Tätigkeiten gelehrt wurden.

4. Jedoch war die Zahl der in den Externaten beschulten Kinder und Jugendlichen weiterhin vergleichsweise gering. Sie lag 1942 in ganz Schweden erst bei etwa 225, stieg bis Mitte der 1950er Jahre auf 1100, gegenüber rund 2200 Schülern in den noch immer dominierenden Anstaltsschulen (vgl. Tab. 1). Jedoch intensivierte sich die Anstaltskritik, wobei diese vor allem von Pädagogen innerhalb der Schwachsinnigenfürsorge ausging (GRUNEWALD 2008, 333 f.).

Tabelle 1: Externe und interne Schüler an Schulen für geistig Behinderte in Schweden 1942-1980 (1945: geschätzter Wert) (GRUNEWALD 1995, 12)

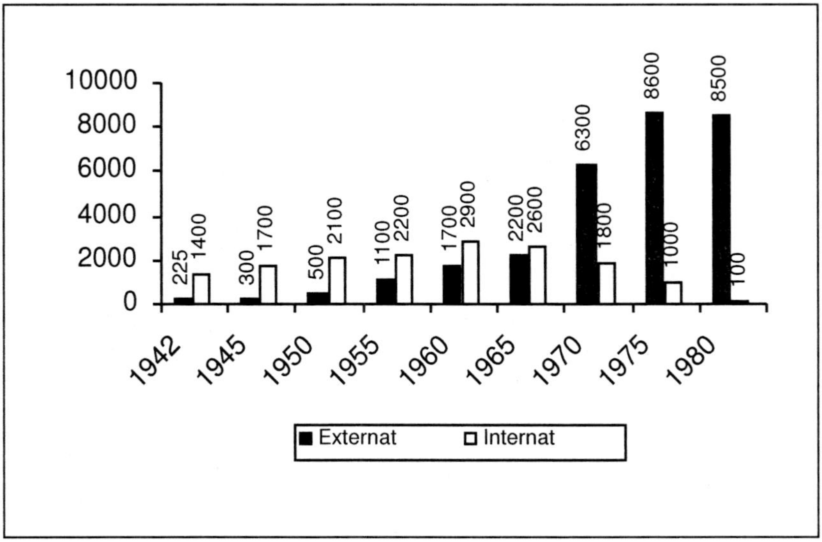

5. Eine vierte Entwicklungsphase setzte 1954 mit dem neuen Gesetz über die „Unterrichtung und Fürsorge psychisch Zurückgebliebener" ein. Darin fand sich nicht nur der neue Begriff „Sonderschule" (*särskola*), sondern darüber hinaus die Bestimmung, dass – „sofern die Voraussetzungen hierzu vorliegen" (SFS 1954:483, 940) – eine Beschulung im Externat dem Internat vorzuziehen war. Mit dem neuen Regelwerk wurde eine sozial- und bildungspolitische Weichenstellung deutlich, die sich im Zusammenhang mit der Schulpflichteinführung für bildungsfähige Schwachsinnige bereits 1944/45 angedeutet hatte. Ein weiterer Ausbau der Externate war möglich, Ende der 1950er Jahre wurde bereits ein Drittel der – wie es nun hieß – „psychisch zurückgebliebenen" Schüler in Externaten unterrichtet (Wessman 1959, 34). Seit den 1960er Jahren war die Zahl der Anstaltsschüler bereits leicht rückläufig.
6. Mit der Einführung des neuen Fürsorgegesetzes 1967/68 begann eine fünfte Phase, die den endgültigen Durchbruch brachte. Das Konstrukt der Bildungsunfähigkeit wurde abgeschafft, ausnahmslos alle Kinder und Jugendlichen waren nun schulpflichtig. Entsprechend markant stieg die Zahl externer Schüler in den Sonderschulen auf 6300 im Jahr 1970 und auf 8500 bis 1980. Parallel dazu verringerte sich die Schülerzahl der Internate von 1800 im Jahr 1970 auf gerade mal 100 bis 1980. Die externe Beschulung hatte sich von der anfänglichen Ausnahme – nur wenige Schüler in Norrköping 1900 – im Laufe von rund 80 Jahren zum Regelfall entwickelt.

3 Motive zur Gründung von Externaten

Zumindest in den ersten drei Entwicklungsphasen war die Gründung von Externaten vorwiegend negativ motiviert gewesen. Insbesondere in den 1920er Jahren distanzierten sich Hilfsschulpädagogen, bemüht um die Etablierung der Hilfsklassen, von ihren schwächsten Schülern (BAROW 2009b, 139 ff.). Allerdings war eine Beschulung in einem Internat durch die Unterbringung, Vollverpflegung und administrativen Abläufe vergleichsweise teuer. Zugleich herrschte in beinahe allen schwedischen Anstalten fortwährend ein enormer Platzmangel. Viele Zöglinge verblieben nach absolvierter Schulzeit in den Einrichtungen, es entstanden im Anschluss an die Internate vielerorts Arbeitsheime. Mit ironischem Unterton beschrieb BANK-MIKKELSEN die Situation an der Wende zum 20. Jahrhundert: „Man bot diesen ‚Schwachen im Geiste' lebenslang ein kostenloses und kreatives Leben: Lebensqualität auf höchstem Niveau!" (BANK-MIKKELSEN 1999, 212). Demgegenüber war der Externatsunterricht im Anschluss an die Hilfsklassen der

Volksschule vergleichsweise leicht zu organisieren und überdies relativ kostengünstig. Diese ökonomischen Überlegungen spielten vor allem bei den Gründungen der zweiten und dritten Phase – in der Zwischen- und Nachkriegszeit – eine wichtige Rolle.

Allerdings gab es schon früh Gegner einer Internatsbeschulung. In Norrköping, wo 1900 das erste schwedische Externat gegründet wurde, kritisierte der zuständige Schulrat bereits 1899 das Aufwachsen in einer „geschlossenen Anstalt, in der das Leben und alle Beschäftigungen und Arbeiten sehr geregelt und womöglich recht einförmig verlaufen", was dazu führe, dass die schulentlassenen 20-Jährigen sich in ihren Elternhäusern „fremd" und „in hohem Maße hilflos" fühlten (zit. n. NORDSTRÖM 1968, 171). Die Rektorin in Norrköping, Sigrid SANDBERG, sah 1911 die Vorteile des Kontakts zu „anderen normal entwickelten Menschen", die dazu beitrügen, die Entwicklungsmöglichkeiten der Schüler „zu erwecken und zur Anwendung zu bringen" (zit. n. SÖDER 1978, 33). Zu Beginn der 1930er Jahre betonte sie die Gelegenheiten, „dem Leben zu folgen" und sich zu entwickeln – „in höherem Grad als es ihm [dem Schwachsinnigen, T. B.] unter den allerbesten Verhältnissen in einer Anstalt möglich gewesen wäre" (SANDBERG zit. n. BAROW 2009b, 136).

Zwar wurde innerhalb der philanthropisch und pädagogisch ausgerichteten Schwachsinnigenfürsorge eine Anstaltsbeschulung als Schutz gegenüber einer als rücksichtslos empfundenen Umwelt überwiegend als notwendig betrachtet, doch galt nach dem Schulbesuch die Entlassung als wichtiges Ziel. So äußerte Signe LAGERWALL, die Leiterin des reformpädagogisch orientierten Lehrerseminars Slagsta (BAROW 2010), Verständnis gegenüber dem großen Verlangen, „hinaus ins Leben zu gelangen" (zit. n. BAROW 2009b, 107). Man sei bestrebt, diesem Wunsch gerecht zu werden, doch wies LAGERWALL zugleich auf das „große Risiko" hin, vor allem was die Lage der „Mädchen" betreffe. Johan AMBROSIUS, Pädagoge und Gründungsvorsitzender des Allgemeinen Schwedischen Verbandes für die Fürsorge Schwachsinniger und Fallsüchtiger, favorisierte zwar ebenfalls eine Anstaltserziehung, sah aber als die „größte und beständigste Frucht der Erziehungsarbeit [...], dass die Schwachsinnigen aus ihrer hilflosen Isolierung in geistiger Finsternis und Ohnmacht befreit werden, so dass sie im Umgang mit anderen Menschen ein menschliches Leben führen können" (AMBROSIUS 1919/20, 214). Das hier zum Ausdruck kommende Ziel der sozialen Eingliederung stand zumindest nicht im Gegensatz zur Beschulung im Externat.

Auf der lokalen Ebene lassen sich vielschichtige Beweggründe erkennen. So waren die Motive der Volksschulverwaltung für die Gründung eines Externats in Stockholm 1925 nicht ohne innere Widersprüche. In einer Expertise der dortigen Volksschuldirektion (LARSSON 1923) wurde auf eine Doppelfunktion hingewiesen, wie sie auch aus anderen Zusammenhängen bekannt ist: Entlastung der Hilfsklassen von den „sehr hinderlichen Elementen“ einerseits und speziell angepasste Unterrichtsmethoden andererseits. Zwar spreche für eine Anstaltsbeschulung ein „großer Bedarf einer konsequenten und einheitlichen Erziehungsleitung“, jedoch würden im Externat die Kinder „nicht vom lebendigen Leben draußen in der Gesellschaft getrennt“, sondern die Fähigkeit erwerben, „sich zwischen anderen Menschen zu bewegen“ (44). Verständnis entgegengebracht wurde den Eltern, die ihre Kinder zwar nicht in ein Internat geben wollten, jedoch zugleich die „notwendige Ausbildung“ für diese einforderten. Da die Gesellschaft über die Volksschule für eine „im Großen und Ganzen kostenfreie Bildung“ sorge, sei eine Reduzierung der Kostenanteile auch für die Eltern anzustreben, deren Kinder „zur beklagenswerten Gruppe der Schwachsinnigen gehören“ (46). Unter einem „sozialen Gesichtspunkt“, heißt es in dem Bericht der Volksschuldirektion nur wenige Zeilen später, dürfe es aber nicht nur darum gehen, die „Gesellschaftstauglichkeit“ der Betroffenen zu steigern, sondern so weit wie möglich „ihre Gesellschaftsschädlichkeit zu begrenzen [...] besonders, da geistige Zurückgebliebenheit oft Gefahr läuft, sich mit mehr oder minder stark ausgeprägter moralischer Imbezillität zu verbinden“ (ebd.). Aus dem Unterricht der Hilfsklassen könnten die Schwachsinnigen oft keinen Nutzen ziehen, nicht zuletzt da sie aus unterschiedlichen Gründen keinen regelmäßigen Unterricht erhielten und so den „demoralisierenden Einflüssen“ auf der Straße und in den Hinterhöfen ausgesetzt seien. Dieser hier aufgezeigte Gegensatz aus Erziehung und Bildung einerseits sowie Ausgrenzung und Kontrolle andererseits erscheint charakteristisch für die gesellschaftliche Stellung Schwachsinniger im Schweden der Zwischenkriegszeit.

Gut dokumentiert und beispielhaft für Gründungsdiskussionen der Zwischenkriegszeit ist die Debatte in Malmö (BAROW 2009b, 300 ff.). Vergleichbar der Situation in Stockholm entstanden in der südschwedischen Hafenstadt bereits seit 1923 vereinzelte provisorische Sonderklassen, in denen schwachsinnige Schüler zusammengefasst wurden. Im Zuge der lokalen Bildungsplanung kam es 1930 zum Beschluss der Gründung eines Externates, dessen Konzeption sich an die Vorbilder in Norrköping und Stockholm anlehnte. Eine solche Einrichtung sei die einfachste und kostengünstigste Lösung, die zudem eine „größere Elastizität“ als eine Anstalt besitze. Die Schule war als Ganztagseinrichtung ausgelegt, so dass auch nachmittags eine Beaufsichtigung möglich war. Hervorgehoben wurde, dass die „Schwachsinnigen nicht mehr als nötig von gewöhnlichen Menschen isoliert werden, wie auch die Kinder im alltäglichen Leben sich leichter zurechtfinden, wenn sie in der Kindheit nicht abgesondert werden“ (303). Ebenso wie in Stockholm wurde der Wunsch der Eltern gesehen, sich nicht von ihren Kindern zu trennen. Allerdings ist auch in Malmö das Beschlussdokument zur Externatsgründung nicht widerspruchsfrei. So wurde zwar die Erziehungskompetenz der Eltern gewürdigt, zugleich jedoch daran erinnert, dass „viele“ Elternhäuser von diesen Aufgaben überfordert seien. „Selbstverständlich“ böte ein Internat einen besseren Schutz und in bestimmten Fällen auch eine bessere Erziehung als ein Externat. Erklären lassen sich diese Widersprüche durch die Entstehungsgeschichte jenes Berichts, der gemeinsam von Vertretern der Volksschulverwaltung und der städtischen Schwachsinnigenanstalt verfasst wurde. Im Ergebnis wurde konsequenterweise eine Sowohl-als-auch-Lösung favorisiert: Es sollte in Malmö – wie auch in Stockholm – ein Internat und ein Externat existieren.

Im Zuge der angestrebten Homogenisierung der Schülerschaft und parallel zur Entwicklung in Malmö war es Ende der 1920er Jahre auch in Göteborg zur Einrichtung einer Sammelklasse gekommen. Der anfängliche Widerstand der Eltern wegen des zum Teil längeren Schulwegs habe sich, heißt es im Jahresbericht der lokalen Volksschulverwaltung 1928/29, schnell gelegt, Erziehungsberechtigte und Kinder seien sehr zufrieden. Bedingt durch den Platzmangel in der in einem Vorort gelegenen Anstalt Stretered und dem Unwillen der Eltern, sich von ihren Kindern zu trennen, existierte seit dem Schuljahr 1934/35 eine zweite, ab 1936/37 ein dritte Sammelklasse in Göteborg. Zugleich ging die Schulaufsicht auf die zentrale Medizinalverwaltung über. Dadurch erhielt das Externat vergleichbar den Anstaltsschulen nun staatliche Zuschüsse, was den Betrieb erleichterte. Eine weitere Ausdifferenzierung und Stärkung der Entlastungsfunktion bedeutete 1941 die Einrichtung einer Probeklasse für „pädagogisch bildungsunfähige, aber sozial angepasste Schüler aus der untersten Externatsklasse“, wie die Volksschulverwaltung in ihrem Jahresbericht schrieb. Vor dem Hintergrund der schwedischen Debatte um Kriterien der Bildungsunfähigkeit in der Zwischenkriegszeit (Barow 2009b, 124 ff.) dürfte es sich dabei vorwiegend um Kinder und Jugendliche gehandelt haben, denen kaum Lesen, Schreiben und Rechnen, sondern eher praktische Tätigkeiten z. B. im Haushalt vermittelt wurden.

Die Gründungsmotive in der dritten Phase der Externatsentwicklung standen in engem Zusammenhang mit der Einführung der Schulpflicht für bildungsfähige Schwachsinnige 1944/45 (Barow 2009b, 158 ff.). Angesichts der Wartelisten und des enormen Platzmangels in vielen Anstalten, den hohen

Kosten für anstehende Ausbauten, war es rein praktisch, in kleineren Städten Externate zu gründen. Allerdings kamen die meisten Kommunen dieser Notwendigkeit zunächst kaum nach, die oben geschilderten Neugründungen blieben eher noch Einzelerscheinungen. Die Lehrerin Aina EDLUND beschrieb in einem Jahresbericht die Vorzüge der neuen Schulform. Ihre Schüler im Externat Skövde seien „recht ruhig und reagieren normaler als Kinder" (EDLUND 1950, 18) in einer Anstalt. Die Eltern seien zufrieden, dass ihr Nachwuchs „wie andere Kinder" zur Schule geht. Selbst die zum Teil weiten Schulwege wurden als Lernmöglichkeit beschrieben: Diese ermöglichten es, selber zu recht zu kommen, den Horizont zu erweitern und sich „an das normale Leben anzupassen" (ebd.).

4 Stellung der Externate im Bildungssystem

Das Bemühen um rationale und funktionale Lösungen gesellschaftlicher und sozialer Probleme war für Schweden über weite Teile des 20. Jahrhunderts charakteristisch (HENNINGSEN 1986). Im Bildungssystem fand dies seit den 1920er Jahren seinen Niederschlag in dem Bemühen, möglichst homogene Lerngruppen zu formen. In den größeren Städten entstanden als äußere Differenzierung Hilfsklassen und so genannte Schwach- oder B-Klassen, die eine geringere Schülerzahl als gewöhnliche Volksschulklassen aufwiesen (BAROW 2009b, 77). Vorgesehen war eine „rationale Aufteilung des Kindermaterials" (NORDLUND 1926, 92), wie es im zeittypischen Duktus hieß. „Höher stehende Schwachsinnige" sollten im Externat unterrichtet werden, sofern die Elternhäuser als für die Erziehung geeignet angesehen werden. Für Kinder aus „schlechteren" Elternhäusern war vorzugsweise eine Anstaltsschule vorgesehen. Bei Platzmangel kam aber auch das Externat infrage, wenn die Schüler in einer Pflegefamilie untergebracht wurden.

In formaler Hinsicht waren die meisten Externate den jeweiligen lokalen Volksschulverwaltungen unterstellt. Dies unterstrich ihren Bildungsanspruch, konnte aber eine Randstellung nicht verhindern. Deutlich wurde dies angesichts der einfachen baulichen Ausstattung der meisten Externate, vor allem in den Anfangsjahren ihrer Existenz, als sie teilweise noch als Sammelklassen bezeichnet worden waren. Die Außenseiterposition spiegelt sich auch in einer gewissen Unsicherheit bei der Beschreibung der Schülerschaft wider, wie etwa im Jahresbericht 1928/29 der Volksschulverwaltung Göteborg deutlich wird. Die „sog. Sammelklassen" seien ein Versuch, „solche sehr zurückgebliebenen Kinder" zu unterrichten, die „nicht offensichtlich schwachsinnig sind, jedoch nicht mit Vorteil mit den übrigen Hilfsklassenkindern zusammen unterrichtet werden können.“ In Malmö zweifelte der Volksschulinspektor anfangs, ob die Bildung jener Kinder überhaupt zu den Aufgaben der Volksschule gehöre. Als Alternative betrachtete er die Unterrichtung in der lokalen Anstaltsschule, deren Aufnahmekapazitäten jedoch eng begrenzt waren (BAROW 2009b, 301 f.). Deutlich wird in den Diskussionen um die Gründung solcher Sammelklassen, dass es sich hierbei in den 1920er Jahren um anfangs mit geringer Überzeugung entwickelte pädagogische Notlösungen handelte – sie waren vor allem deutlich kostengünstiger als eine Anstaltsbeschulung und kamen nur in den größeren Städten infrage. Jedoch wandelte sich im Zuge der Etablierung der Sammelklassen, der besseren Organisation und dem Übergang zur Bezeichnung Externat die Einstellung der Pädagogen. Allmählich konnte diese Schulform in Stockholm, Göteborg und Malmö eine intermediäre Stellung zwischen Hilfsklasse und Anstaltsschule einnehmen. Mit dem Bedeutungsverlust der Internate seit den 1960er Jahren ging eine Stärkung der eigenständigen Sonderschulen für geistig Behinderte einher. Die Externate waren Vorläufer dieser Entwicklung.

Die Erklärung für diesen allmählichen Wandel umfasst mehrere Aspekte. Aufgrund von verbesserten medizinischen Behandlungsmöglichkeiten überlebten nun Kinder, die früher bei oder nach der Geburt gestorben wären, mit relativ schweren Behinderungen. Deren Eltern gehörten vermehrt einer an Einfluss gewinnenden Mittelschicht an und setzten sich dafür ein, dass ihre Kinder zur Schule gehen und dabei weiterhin zu Hause leben konnten (BAROW 2002, 319) – Bestrebungen, wie sie auch für körperbehinderte Kinder in Schweden bekannt sind (SCHÜMANN 2010). Unterstützt wurden die Bemühungen, behinderte Kinder in ihrem heimischen Umfeld zu belassen, durch den „Rückenwind“ (MALLANDER 2004) einer informellen Koalition aus dem 1956 entstandenen Elternverband FUB, progressiven Politikern und Fürsorgevertretern sowie begleitet durch kritische Medienberichte und die internationale Zusammenarbeit. Zudem ermöglichten in den 1950er und 1960er Jahren verbesserte wirtschaftliche Verhältnisse eine Weiterentwicklung des Wohlfahrtssystems.

5 Resümee

Normalisierung als übergeordnetes Prinzip fürsorgerischer und sonderpädagogischer Arbeit hat sich in Nordeuropa seit den 1960er Jahren auf breiter Basis etablieren können. Dazu existierten in Schweden günstige Voraussetzungen, wie anhand der Entwicklung der Externate in diesem Beitrag gezeigt werden konnte. Der Gedanke, „normale“ Lebensbedingungen für die soziale

Entwicklung und pädagogische Förderung behinderter Menschen zu nutzen, lässt sich in Einzelfällen deutlich vor 1945 nachweisen. Vor allem im Externat Norrköping existierte ein Bewusstsein über die Vorzüge einer normal geprägten Umwelt, was mit einer sublimen Kritik an den Anstalten einherging.

Damit wird hier die Auffassung von GRUNEWALD nuanciert, der in seiner autobiographisch geprägten Geschichte der geistig Behinderten ausführt, der Schwachsinnigenunterricht in den Internaten sei vor Ende des Zweiten Weltkrieges „nicht infrage gestellt worden" (GRUNEWALD 2008, 332). Kritische Stimmen lassen sich, wenn auch vereinzelt, durchaus in den Jahrzehnten zuvor wahrnehmen, konnten sich allerdings kaum durchsetzen. Auch ist daran zu erinnern, dass in Schweden die Bildung Schwachsinniger überhaupt erst durch die Anstaltsgründungen des ausgehenden 19. Jahrhunderts sichergestellt wurde.

Die Gründungsdiskussionen über Sammelklassen bzw. Externate in der Zwischenkriegszeit – debattiert in Stockholm seit 1917, Malmö seit 1923, Göteborg seit 1928 – belegen eindrucksvoll, wie vielschichtig und zum Teil widersprüchlich die Geschichte sonderpädagogischer Institutionen verläuft. Einerseits findet sich in diesen Debatten das Bekenntnis zur Bildung jener Schüler, teilweise unter Rückgriff auf die Annahme um die Vorzüge „normaler" Lebensumstände. Anderseits werden utilitäre und praktische Motive deutlich. Im Extrem war die Argumentation negativ motiviert, vor allem wenn auf die vermeintliche „Gesellschaftsschädlichkeit" jener Menschen Bezug genommen wurde.

Besonders augenfällig wird in den Debatten um die Externate in Schweden, wie bedeutend bei der Entscheidung über eine Gründung praktische, und hier in erster Linie finanzielle Gesichtspunkte waren. Die Normalisierung besaß hingegen in den Anfangsjahren ein vergleichsweise geringes Gewicht, Überlegungen dazu waren jedoch bereits vorhanden und wurden in die Diskussionen eingebracht. Für den Untersuchungszeitraum von beinahe sieben Jahrzehnten ist nicht zu übersehen, wie vor dem Hintergrund gesellschaftlicher Wandlungen die Externate durch ihre erfolgreiche pädagogische Arbeit immer wohlwollender wahrgenommen wurden – und sie sich letzten Endes durchsetzen konnten. Darin kann ein Beispiel für die Reformfähigkeit sozialer Institutionen gesehen werden. Dem Gedanken der Normalisierung kommt hierbei eine richtungsweisende Bedeutung zu.

Quellen

Stockholms stadsarkiv
Stockholms folkskoledirektionens berättelse
Region och Stadsarkiv Göteborg med Folkrörelsernas Arkiv
Göteborgs allmänna folkskolestyrelses berättelse
Göteborgs allmänna skolstyrelse, Protokoll
Regionarkivet Mariestad
Redogörelse för verksamheten vid Johannesberg, Skaraborg och Älvsborg läns anstalt för sinnesslöa
Protokollsbok för Johannesbergs Anstalts Styrelse
Gesetzestexte
SFS 1944:477: Lag om undervisning och vård av bildbara sinnesslöa
SFS 1954:483: Lag om undervisning och vård av vissa psykiskt efterblivna
SFS 1967:940: Lag angående omsorger om vissa psykiskt utvecklingsstörda

Literatur

ALTSTAEDT, I. (1977): Lernbehinderte. Kritische Entwicklungsgeschichte eines Notstandes. Sonderpädagogik in Deutschland und Schweden. Reinbek

AMBROSIUS, J. (1919/20): Undersökning om sinnesslöa barns psykiska utvecklingsmöjlighet I-II. In: Sverges Allmänna Folkskollärareförenings Litteratursällskap (Hrsg.): Pedagogiska Skrifter. Lund

ARESCHOUG, J. (2000): Det sinnesslöa skolbarnet. Undervisning, tvång och medborgarskap 1925–1954. Linköping

BANK-MIKKELSEN, N. E. (1999): Historische Entwicklung und eine Zukunft mit Perspektiven. In: KREUZER, M. (Hrsg.): Behindertenhilfe und Sonderpädagogik. Erfahrungen und Praxisbeispiele aus Dänemark. Neuwied/ Berlin, S. 211-219

BAROW, T. (2002): Schwedens Weg der Integration. Bengt Nirje und Karl Grunewald, zwei „Pioniere“ der Sonderpädagogik in Nordeuropa, über Eugenik, Mentalitätsveränderungen und Normalisierung. In: Zeitschrift für Heilpädagogik 53, H. 8, S. 314-321

BAROW, T. (2009a): Die Ursprünge der Normalisierung in Schweden. Ein Beitrag zur Geschichte der Sonderpädagogik in Europa. In: Zeitschrift für Heilpädagogik 60, H. 1, S. 2-10

BAROW, T. (2009b): Kein Platz im Volksheim? Die „Schwachsinnigenfürsorge“ in Schweden 1916–1945. Bad Heilbrunn

BAROW, T. (2010): Die Sonderpädagogenausbildung in Schweden in historischer Perspektive. Reformpädagogische Strömungen am Schwachsinnigenlehrerseminar Slagsta 1911–1959. ELLGER-RÜTTGARDT, S./ WACHTEL, G. (Hrsg.): Pädagogische Professionalität und Behinderung. Herausforderungen aus historischer, nationaler und internationaler Perspektive. Stuttgart, S. 75-85

ERICSSON, K. (2002): From Institutional Life to Community Participation. Ideas and Realities Concerning Support to Persons with Intellectual Disability. Uppsala (Acta Universitas Upsaliensis)

GRUNEWALD, K. (1995): Ju längre vi går tillbaka i tiden ju fler var de utvecklingsstörda. In: Intra 1995/H. 2, S. 10-14

GRUNEWALD, K. (2008): Från idiot till medborgare. De utvecklingsstördas historia. Stockholm – från utstött till medborgare. Stockholm

HENNINGSEN, B. (1986): Der Wohlfahrtsstaat Schweden. Baden-Baden

KIRKEBÆK, B. (2001): Normaliseringens periode. Dansk åndssvageforsorg 1940–1970 med særligt fokus på forsorgschef N. E. Bank-Mikkelsen og du viklingen af Statens Åndssvageforsorg 1959–1970. Holte

LARSSON, O. (1923): Externat för bildbara sinnesslöa barn. In: Stadskollegiets utlåtanden och memorial för år 1923. Bih. nr 56, S. 42-52

LINDMEIER, B./ LINDMEIER, C. (2002) (Hrsg.): Geistigbehindertenpädagogik. Bd. 3. Studientexte zur Geschichte der Behindertenpädagogik. Weinheim/ Berlin/ Basel

NORDLUND, K. (1926): Skolan för bildbara sinnesslöa barn. In: Stockholms folkskoledirektions berättelse för läsåret 1924–1925, S. 92-94

NORDSTRÖM, S. G. (1968): Hjälpskolan och särskolan i Sverige t. o. m. 1921. Utvecklingen i relation till differentieringsproblemet. Stockholm

MALLANDER, O. (2004): Att knyta nätverk med vinden i ryggen. Politiken bak om normaliseringsprincipen. In: Magnússon, F. / Plantin, L. (Hrsg.): Mång fald och förändring i socialt arbete. Lund, S. 19-44

RAPPE, T. (1904): Über Pflege, Erziehung und Unterricht schwachsinniger (idiotischer) Kinder. Ratschläge und Anweisungen. Kiel

SCHÜMANN, B. (2010): Kurt Juster. Kabarettist, Kaufmann, jüdischer Emigrant, Pionier der Behindertenarbeit. Düsseldorf

SÖDER, M. (1978): Anstalter för utvecklingsstörda. En historisk sociologisk beskrivning av utvecklingen. Stockholm

WESSMAN, L. (1959): Vad är särskola? In: Hjälpskolan 37, S. 34-37

Max Kreuzer, Borgun Ytterhus

Essay on Social Participation among Disabled and Non-disabled Pre-school Children

In our book (KREUZER/ YTTERHUS 2008) we concentrated our view and attention on research in Scandinavia and Germany; we did not rely upon the tradition and development in the USA, although we agree with Samuel L. ODOM and Don BAILEY (2001, 262): "Examination of the social interaction pattern of young children with disabilities and their typically developing peers constitutes the largest literature on preschool inclusion."
With this essay I want to point out some tendencies and results of the related discussion.
Obviously I use the title of the first and notably classical article by Mildred B. PARTEN from 1932 in a slightly modified version as homage. She observed 42 children during the free play time in pre-schools. On the basis of these observations she constructed the until now most replicated scale of participation, starting with "unoccupied", "solitary", "onlooker" up to "parallel" and "cooperative activity". The most frequent activity was all in all parallel play: "He or she plays beside rather than with the other children." She found in the data a remarkable correlation (0.61) between age and the level of activity, but only a small one (0.26) with intelligence. A connection between the lengths of attendance at the nursery school and the play level surprisingly did not seem to be apparent (0.12). "Changes in participation brought out interesting behavior patterns among the children." (266) Furthermore she described some personal attributes and family background data of children which had been acting rather typically for a long time; "disability" was not mentioned.
In 1982, a researcher-group from the University Michigan under the direction of Anne Cairns FEDERLEIN was one of the first to apply the Parten-Scale in the field of integration. The title of their report was: "Special education preschoolers: evaluating their play". They compared along the Parten-criteria the play behaviors of 30 children with different types of disability (without mental retardation), half of them in segregated and half in mainstreamed classes,

and of 15 non-disabled children. In the categories "solitary", "parallel" and "play complexity" they found a significant difference between the segregated and the mainstreamed disabled children; in the category "adult initiated interactions" the difference was extremely high. Their conclusion: "There was a significant difference between the two groups of special education students (segregated and mainstreamed) rather then between handicapped and non-handicapped students." (251)

Parallel to these results GURALNICK (1981) found "that children with severe delays engage in less inappropriate play when in playgroups with other typically developing children than when in groups with other children with disabilities" (ODOM/ BAILEY 2001, 263).

In 1988 GURALNICK and GROOM confirmed this result in a two-year longitudinal study based on the observation of 16 disabled and 24 non-disabled children: "Mildly developmental delayed children engaged in a much higher rate of peer-related social interactions when participating in mainstreamed playgroups in comparison to specialized classroom programs." The rate was "more than twice" (421).

It is necessary to remember that these results looked like miracles at this time when the system was changing from segregation to integration or mainstreaming. But Anne Cairns FEDERLEIN and her colleagues asked the question if "the relationship between play and learning in segregated and mainstreamed classrooms" would be at the same level. I think they had in mind the differentiation between social and educational inclusion. "Bridging Diversity – an Early Childhood Curriculum (Berliner Bildungsprogramm)" edited by Roger PROTT and Christa PREISSING (2006) is an impressive current example for the difficulties and challenges to transfer and widen the idea of inclusion from the social area to the areas of "Bildung" (education).

After the period of setting-related (segregated versus: mainstreamed) comparative studies the attention turned towards the processes and outcomes inside the mainstreamed groups. The results are less reassuring: "Children with disabilities engage in social interaction with peers less often than typically developing children in inclusive classes. This is the most replicated finding in the preschool inclusion literature. Moreover, as a group, children with disabilities are at relatively higher risk for peer rejection than typically developing children." (ODOM, n.d.; ODOM et al. 2002, 62) Patty C. FAVAZZA et al. (2000) state furthermore: "However, research demonstrates the children without disabilities typically do not interact with their peers with disabilities unless they are supported and encouraged to do so." (491) In the following, I will explain these statements.

An approach to the issue of "participation" is the group-dynamical perspective. We have to rely upon the fact that in groups statuses develop which range from "liked and popular" to "ignored and rejected". Applied to integrative groups the results are different: Samuel L. ODOM and his nationwide composed researcher-group (2002) found that in integrative groups about one-third of the disabled children (22 out of 80) belonged to the "rejected" and about the same amount (22 out of 80) to the "well accepted by their peers"; they estimate the proportion of rejected non-disabled children at 10% at most. In their own study they found that "only one child who was typically developing was socially rejected" (63). Borgunn YTTERHUS in her Norwegian study (2000; 2002) and Heide MAI OTTOSEN/ Thea TORBENFELDT BENGTSSON in their Danish study (2002) didn't find in contrary any disabled child referred to as "popular", nor any disabled child as "rejected" for a longer time. What could be the explanation of these divergent results? Maybe it is a question of operationalisation. Or is there a difference in culture to show emotions or passions? It should be mentioned that "long-time peer-rejection" is a good predictor of deviant behaviour during youth and later.

In very detailed studies some variables are found which increase or decrease the probability of a successful or unsuccessful interaction. Gender and age are influential, but especially some behavioural features like showing aggressive, selfish, non-insistent, undirected or inopportune behaviour is followed by resistance or ignorance and the chance of becoming friends is minimized.

Applied to integrative groups Samuel ODOM et al. (2002) found – without considering disability – in their above mentioned case studies "that children who were socially rejected shared some similar characteristics." They mention (67)

- "speech/language/communication problems,
- conflict with peers,
- disruptive in class,
- lacks social skills,
- physically aggressive towards peers,
- socially isolated or withdrawn,
- lack play skills,
- prefers adult interactions".

The generally existing and obvious desire to participate is frustrated in children who behave as above mentioned. ODOM and his colleagues direct their conclusions towards the professionals: "The characteristics we found associated with social rejection and exclusion could be seen as 'red flags' for teachers." (70) "Red flags" are used in a car race to force the drivers to stop. Transferred to education this means: "stop following the way you are going".

In contrary to the common feature of the scientific discussion in the USA – pointing to the wide range of social relationships in integrative groups – the correspondent German discussion is until now more or less concentrated on describing and discovering the successful scenes of integration.
In the USA we find some outstanding programmes and manuals for working on intervention seeking developments in social relationships.
In 2001, GURALNICK formulated his "Agenda for Change" (495f.) concerning "social competence with peers"; it contains "four possible approaches for creating such fundamental change":

- "Increasing Awareness": The importance and urgency of the problem of peer-related social competence should be notified. In this field he pronounces to foster the press by the parents and the "high priority" they give to this issue.
- "Research and Development": In this field he complains about the disruption between research and program development; a coordination of service approaches and family lifestyles should be paramount.
- "Professional Training": He urgently proposes a dialogue "between the general early childhood community and the disability community". He prefers a "consultant specialist model" which although focusing on children with disabilities "will certainly be relevant to otherwise typically developing children who have peer interaction difficulties".
- "System Change": In this field he is targeting to "a more systemic nature". He points out "a commitment by state and local education agencies to address the problems of peer-related social competence and to work closely with community preschool and child care programs".

All in all, he is convinced that "a reconceptualisation of existing approaches to promote the peer-competence of young children with disabilities implies the need for radical change". Reversely it is apparent that the interaction difficulties and hampers of typically developing children in contact with peers with disabilities are literally not addressed in this "Agenda for Change". In a current contribution published in German language, GURALNICK (2009, 19) persists to focus on the lacks of peer-competence of children with disabilities mentioning only the high efforts and "very appropriate liabilities" of typically developing children in inclusive groups. It has to be emphasized that in distinction to other experts GURALNICK has recommended for many years that effective interventions must involve the parents.

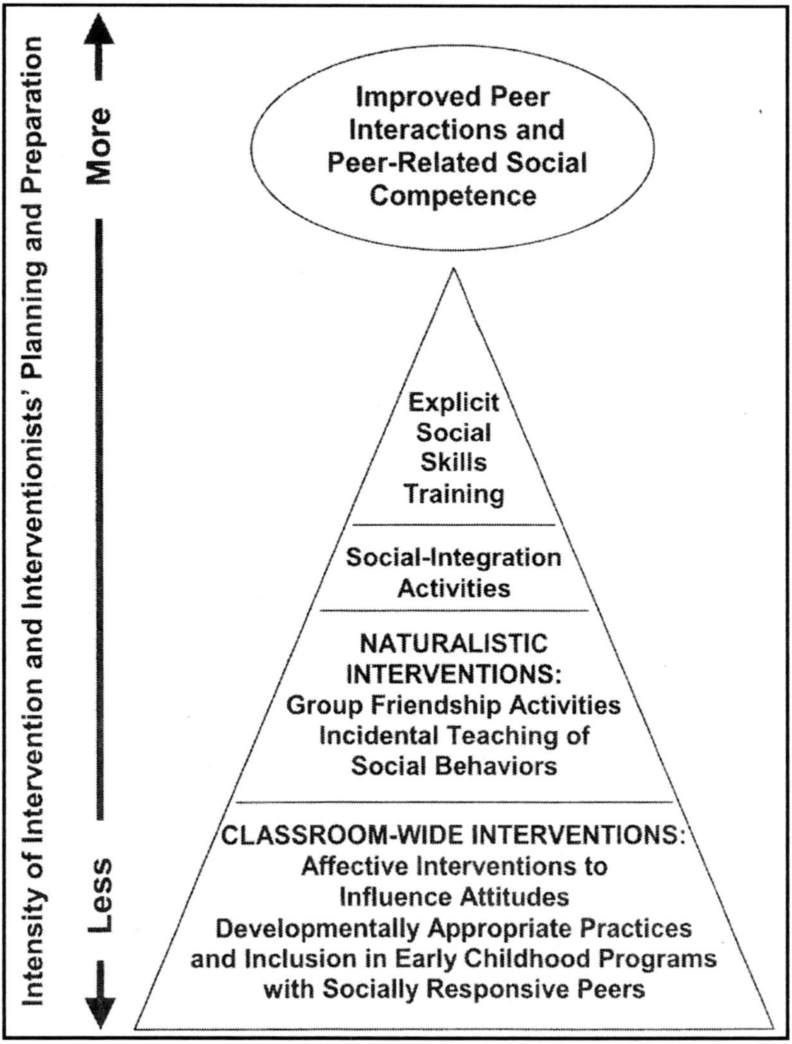

Figure 1: Teaching strategies designed to support children's interactions with peers, ordered by time required for implementation and expertise of the teacher (ODOM et al. 2002, 72)

ODOM and his colleagues (2002, 61-80; see also: BROWN et al. 2008, 141-163) have presented a system of interventions (also called "teaching pyramid") related to social- and peer-competence which is based on four levels (Figure 1) and reflects the mutuality of interactions and communication:

- "Classroom-wide Interventions": "One group of intervention approaches involves setting up the classroom so that children with disability have the opportunity to interact with socially responsive peers. A second approach is designed to affect the attitudes of children in early childhood classrooms toward peers with disability." A current comprehensive guide in this field by Diane M. SAINATO et al. (2008, 99-116) ranges from "Toys and Materials", "Group Composition" and "Spatial Variables" up to "Activity Structure".
- "Naturalistic Interventions": These include e.g. "incidential teaching of social behaviors" and "group friendship activities", which occur in the natural settings and are used by highly sensitive staff-members. A fascinating description of such naturalistic interventions is given by Susan L. RECCHIA (2008). She observed and documented the actions of a female pre-school teacher, Kathy. "This exploration of one early childhood teacher's ways of nurturing social experience in her inclusive classroom inspires new ways to consider building a caring classroom community that go beyond the usual models for direct instruction of social skills so often found in the early childhood special education literature." (78)
- "Social-Integration Activities": In these, for a period of 5 to 10 minutes "the teacher brings together a small group of children for a specific play activity. The teacher selects two or three peers who are good communicators and players and one or two children who are socially rejected." Examples of this approach are "Integrative Play Groups" by Pamela WOLFBERG (2008) and "The Buddy Skills-Training Program" by ENGLISH and his colleagues (1997).
- "Explicit Social Skills Training": "Teachers follow planned lessons in which they first describe a specific skill to be learned, demonstrate the skill with another child, and have children practice the skill while other children in the group watch to see whether the child actually did the skill." Examples of this approach are "Promoting Social Success. A Curriculum for Children with Special Needs" by Gary N. SIEPERSTEIN and Emily Paige RICKARDS (2004), "Communicating Partners" by James D. MCDONALD (2004) and "Social Skills in the Early Years" by Kay MATHIESON (2005).

Klaus SARIMSKI (2005) gives a comprehensive overview of prevention- and intervention-concepts directed to children and youth with disabilities which includes some of the above mentioned and more.
A necessary condition to practice each of these four general approaches is according to ODOM et al. that the involved children have fun and rewarding feelings.
Kristen Mary KEMPLE has edited 2003 a book with the title “Let’s Be Friends” which also considers different levels and is directed to different disabilities. The title of the book is maybe chosen in connection to William CORSARO’s “We’re friends, right? Inside Kids’ Culture” (2003).

At present, the most comprehensive publication in this field is edited by William H. BROWN et al. (2008). It is about increasing positive peer interaction, promoting school readiness, reducing future social competence problems and enhancing children’s social behavior in inclusive pre-schools. “This comprehensive resource puts research and effective strategies within reach as professionals work with children from birth to age 5, especially those who are at risk for or to have social competence difficulties.” It relies upon the combination of “Inside-Out” and “Outside-In” variables which influence the development of social competence with peers at preschool.
One of the first appropriate advice manual which I found is published by Carolyn and Joseph BROWN in 1982 remarkably at the same year as the study by Anne FEDERLEIN. The title is: “Counseling Children for Social Competence”. It is related e.g. to body language, play entry, listening, helping, role-taking, conflicts and last but not least to “including others”.
My own small interview-study (2008, unpublished) with professionals in integrative groups in the region of Niederrhein showed an interesting trend: Most of them did not know neither “social-integration activities” nor “explicit social skill trainings” and it looked like they were not apt to familiarise with any of these approaches.
The above mentioned problems and obstacles in inclusive pre-school settings and the related approaches to diminish them are representative of other settings in society. The problems are first of all not the consequence of bad intentions or naughtiness of persons. They are the consequence of an insufficient “diversity management”, in this case of the children and in particular of the staff to handle diversity; they are actually overcharged by diversity.
I’m convinced that “diversity management” is the means to make inclusion function. If we define “inclusion” as changing the access-rules to social systems, then we are challenged to deal with a higher degree of diversity than

before. This applies to different social systems like schools, the world of employment, leisure, housing, communities, administration, families as well as to pre-schools. Indeed, the research of many aspects of this problem and their solution are very well established in the field of elementary education. Until now the idea of "diversity management" is well-known and largely used in the concepts of internationally acting companies on the base of Anti-discrimination Laws and the European Initiative "Equal". The leading idea is "Equity for all" not only "Equality for some", and particularly appropriate is the formulation "to appreciate or even celebrate diversity". Diversity is directed to mostly adult target persons with different characteristics: usually and first of all age, gender, ethnicity, race, health, ability and sexual orientation. Diversity management and inclusion are the two sides of the same coin. The inclusive setting of pre-schools is a specific example of the complexity of this task. Nevertheless pre-schools or kindergartens are comparatively "simple" social systems:

- low barriers for entry,
- few rules and regulations,
- very open goals in spite of legal commitments,
- in some cases a split leadership,
- large influence of lay persons (parents),
- weak demarcation to their surroundings.

In pre-schools, inclusion and diversity management are certainly all in all easier to establish than in other more differentiated social systems. The challenging and strong points of inclusion and diversity-management in elementary education are comparatively well on the way to be documented, investigated, highlighted and handled. This could be used as a pattern and encouragement to do the same in other more differentiated social systems.

Literatur

BROWN, C.S./ BROWN, J.H. (1982): Counseling Children for Social Competence. A Manual for Teachers and Counselors. Springfield

BROWN, W.H./ ODOM, S.L./ MCCONNELL, S.R. (Ed.) (2008): Social Competence of Young Children. Risk, Disability & Intervention. Baltimore

ENGLISCH, K./ SHAFER, K./ GOLDSTEIN, H./ KACZMAREK, L. (1997): Buddy Skills to Preschoolers. In: American Association on Mental Retardation. Innovations, Number 9

FAVAZZA, P. C./ PHILLIPSEN, L./ KUMAR, P. (2000): Measuring and Promoting Acceptance of Young Children with Disabilities. In: Exceptional Children. 66, 4, p. 491-508

FEDERLEIN, C. A./ LESSEN-FIRESTONE, J./ ELLIOTT, S. (1982): Special education preschoolers: evaluating their play. In: Early Childhood Development and Care. 9, p. 245-254

GURALNICK, M. J./ GROOM, J. M. (1988): Peer Interactions in Mainstreamed and Specialized Classrooms: A Comparative Analysis. In: Exceptional Children. 54, 5, p. 415-425

GURALNICK, M. J. (2001): Social Competence with Peers and Early Childhood Inclusion. Need for Alternative Approaches. In: GURALNICK, M. J. (Ed.): Early Childhood Inclusion. Focus on Change. Baltimore, p. 481-502

GURALNICK, M. J. (2009): Qualitätsbeurteilung bei der Inklusion in der frühen Kindheit. In: HEIMLICH, U./ BEHR, I. (Hrsg.): Inklusion in der frühen Kindheit. Internationale Perspektiven. Münster, p. 13-21

KREUZER, M./ YTTERHUS, B. (Hrsg.) (2008): „Dabeisein ist nicht alles". Inklusion und Zusammenleben im Kindergarten. München

MACDONALD, J.D. (2004): Communicating Partners. 30 Years of Building Responsive Relationships with Late-Talking Children. Including Autism, Asperger's Syndrome (ASD), Down Syndrome, and Typical Development. Developmental Guides for Professionals and Parents. London/Philadelphia

MATHIESON, K. (2005): Social Skills in the Early Years. Supporting Social and Behavioural Learning. London/Thousand Oaks

ODOM, L.S.: Preschool Inclusion: What We Know and Where We Go From Her. New Jersey Inclusive Child Care Project: Early Childhood. o.J.

ODOM, S.L./ BAILEY, D. (2001): Inclusive Preschool Programs. Class Ecology and Child Outcomes. In: GURALNICK, M.J. (Ed.): Early Childhood Inclusion. Focus on Change. Baltimore, p. 253-276

ODOM, S.L./ ZERCHER, C./ MARQUART, J./ LI, S./ SANDALL, S.R./ WOLFBERG, P. (2002): Social Relationships of Children with Disabilities and Their Peers in Inclusive Preschool Classrooms. In: ODOM, S.L. (Ed.): Widening the Circle. Including Children with Disabilities in Preschool Programs. Columbia University, p. 61-80

OTTESEN, H.M./ TORBENFELD, B.T. (2002): Et differentiert Fælleskab. Om relationer in børnehaver, hvor der er børn med handicap. (Eine differenzierte Gemeinschaft. Über Beziehungen in Kindergärten, in denen Kinder mit einer Behinderung sind). København, Socialforskningsinstituttet

PARTEN, M. (1932): Social Participation Among Pre-School Children. In: Journal of Abnormal and Social Psychology. 27, p. 243-269

RECCHIA, S.L. (2008): Teaching Caring: Supporting Social and Emotional Learning in an Inclusive Early Childhood Classroom. In: GENISHI, C./ GOODWIN, A.L. (Ed.): Diversities in Early Childhood Education. Rethinking and Doing. New York/London, p. 67-82

SAINATO, D. M./ JUNG, S./ SALMON, M.D./ AXE, J.B. (2008): Classroom Influences on Young Children's Emerging Social Competence. In: BROWN, W.H./ ODOM, S.L./ MCCONNELL, S.R. (Ed.): Social Competence of Young Children. Risk, Disability & Intervention. Baltimore, p. 99-116

SARIMSKI, K. (2005): Psychische Störungen bei behinderten Kindern und Jugendlichen. Göttingen, S. 149-171

SIPERSTEIN, G.N./ RICKARDS, E.P. (2004): Promoting Social Success. A Curriculum for Children with Special Needs. Baltimore

WOLFBERG, P. (2008): Die Bedeutung des Spiels für Peer-Beziehungen und soziale Inklusion in pädagogischen Einrichtungen für Vorschulkinder. In: KREUZER, M./ YTTERHUS, B. (Hrsg.): „Dabeisein ist nicht alles". Inklusion und Zusammenleben im Kindergarten. München, S. 247-263

YTTERHUS, B. (2000; 2002): Socialt samvær mellom barn - inklusjon og eksklusjon i barnehagen. (Soziales Zusammenleben von Kindern. Über Inklusion und Exklusion im Kindergarten). Trondheim, Oslo

Danuta Kopeć

Leben mit dem Anderssein – Raum für Menschen mit schwerer und mehrfacher Behinderung im polnischen Bildungssystem

1 Einleitung

Einer Person mit schwerer und mehrfacher Behinderung wurde sehr lange Zeit eine angemessene Bildung im polnischen Bildungssystem verweigert. Dieses Fehlen kann man auch in der polnischen Fachliteratur für den Bereich der Sonder- und Heilpädagogik bemerken. Eine spezifische Art der Ausgrenzung einer Person mit schwerer und mehrfacher Behinderung hatte und hat heute noch einen groβen Einfluss auf deren Platz im polnischen Bildungssystem. Diese spezifische Ausgrenzung der Person mit schwerer und mehrfacher Behinderung kann man unter anderem anhand der Stigmatheorie von GOFFMAN (2005) erklären. Diese Theorie ermöglicht nicht nur die Interpretation der verschiedenen Kategorien des Fehlens der Personen mit schwerer und mehrfacher Behinderung im polnischen Bildungssystem, sondern auch das Erkennen von funktionalen Mechanismen, die zu dieser Abwesenheit führen (KOPEĆ 2007).
Den Begriff Stigma benutzt GOFFMAN als Beschreibung des Atributes davon, was inhaltlich scharfe Diskreditation bringt. Er unterscheidet drei Kategorien von Stigmen:
- *die erste Kategorie*: „Körperhässlichkeit, verschiedene Körperdeformationen",
- *die zweite Kategorie:* „Charaktermängel, die ihre Ursache im bösen Willen, unbezwinglichen oder unnatürlichen Leidenschaften haben und z.B. auf psychische Störungen zurückgeführt werden",
- *die dritte Kategorie:* „Rassen-, Nationalitäts- und Religionszugehörigkeit [...]" (2005, 34).

Von diesen drei Kategorien an Stigmen benutzte man und benutzt man zur Beschreibung einer Person mit einer geistigen Behinderung die zwei ersten. In Bezug auf diese Personengruppe setzt sich dieser Graduierungssprozess an Stigmen noch fort. In Folge erhalten Menschen mit schwerer und mehrfacher

Behinderung das sogenannte Doppelstigma und werden zu den Ausgegrenzten unter den Ausgegrenzten (KOPEĆ 2007).
In diesem Beitrag wird die Frage nach dem Einfluss der Ausgrenzung einer Person mit schwerer und mehrfacher Behinderung auf deren Platz im polnischen Bildungssystem erörtert[1]. Er soll als „Signalbeitrag“ betrachtet werden, in dem die wichtigsten Probleme skizziert werden, die die Situation einer Person mit schwerer und mehrfacher Behinderung in Polen betrifft. Die Probleme können nur skizziert werden, da es in der polnischen Sonderpädagogik an empirischen Forschungen in diesem Bereich fehlt[2].
Der Beitrag besteht aus drei Teilen. Im ersten Teil werden die wichtigsten Begriffe dargestellt, die man zur Beschreibung der Situation einer Person mit einer schweren und mehrfachen Behinderung benutzt. Im zweiten Teil wird die Situation der Personen mit einer schweren und mehrfachen Behinderung im polnischen Bildungsystem anhand von drei ausgewählten Faktoren, die aus der Bach'schen Konzeption von Behinderung stammen, aufgezeigt. Im dritten Teil werden die Schlussfolgerungen zusammengefasst.

2 Begriffe zur Beschreibung der Situation einer Person mit einer schweren und mehrfachen Behinderung

Die Begriffe, die der Beschreibung der Situation einer Person mit einer schweren und mehrfachen Behinderung dienen, stammen von der Bach'schen Konzeption von Behinderung (BACH 1999). Ihr Wert liegt darin, dass sie die im Bildungssystem auftretenden Probleme auf breiter gesellschaftlicher Ebene betrachtet und dass alle Lebensdimensionen einer Person mit einer Behinderung berücksichtigt werden (SZUMSKI 2006). Obwohl man sich ihrer Mängel bewusst sein sollte, scheint diese Konzeption optimal zu sein, da es zur Zeit keine äquivalente, einheitliche polnische Konzeption gibt, dank derer man die Situation einer Person mit einer schweren und mehrfachen Behinderung beschreiben könnte.
Zur besseren Verständlichkeit des Beitrags werden die Begriffe dargestellt, die im Beitrag als Werkzeug zur Beschreibung der Situation einer Person mit

[1] Man muss daran denken, dass diese langdauernde Ausgrenzung der Person mit schwerer und mehrfacher Behinderung negative Folgen nicht nur für diese Person hat, sondern auch für die ganze Gesellschaft, samt Sonder- und Heilpädagogen(innen), Sonderschullehrer(innen).

[2] Im Moment gibt es nur allgemeine statistische Angaben, die über die Zahl der Schüler(innen) mit schwerer und mehrfacher Behinderung in der Schule informieren. Im Schuljahr 2004/2005 gab es 6.005 Schüler(innen), im Schuljahr 2005/2006 gab es 6.542 Schüler(innen) (MINISTERSTWO EDUKACJI NARODOWEJ I NAUKI 2006).

einer schweren und mehrfachen Behinderung dienen. In der Bach'schen Konzeption ist „Beeinträchtigung" der wichtigste Begriff. Für BACH ist sie die mangelnde Balance von individueller Disposition, Verhaltens- und Erlebnisbedingungen und Umfeldanforderungen (1999, 27). Individuelle Disposition versteht er als das Gesamtbild und das Zusammenwirken der somatischen, emotionalen und kognitiven Möglichkeiten des Individuums (1999, 13). Schäden sind für ihn negative Abweichungen von der Norm in somatischer, emotionaler und kognitver Hinsicht. Hauptformen von Schädigungen hinsichtlich der individuellen Möglichkeiten sind folgende: Bewegung, Hören, Sehen, Emotionalität (Erleben, Energetik, Steuerung), Sozialverhalten (1999, 14). Erlebens- und Verhaltensbedingungen meinen in der Bach'schen Konzeption das Gesamtbild der materiellen, biologischen, kulturellen und sozialen Lebensgegebenheiten einer Person (1999, 19). Benachteiligungen betrachtet BACH als negative, von der Norm abweichende Erlebens- und Verhaltensbedingungen. Zu Benachteiligungen gehören: unzureichende Wohnverhältnisse, gesundheitsschädliche Arbeitsbedingungen, Notwendigkeit der vollen Berufstätigkeit beider Elternteile, unzureichende oder verspätete medizinische Versorgung, Ausschluss beeinträchtiger Personen von bestimmten Veranstaltungen, bauliche Barrieren, Einschränkung von Bildungsmöglichkeiten durch quantitativ und qualitativ unzureichende Institutionen, Einschränkung von Bildungs-, Ausbildungs- und Berufschancen durch Behauptung und Zuschreibung bestimmter Gruppenzugehörigkeiten aufgrund unüberprüfter Diagnostik, Prognostik und unterlassenen Kontrolldiagnostikmöglichkeiten (1999, 20). Die Umfeldanforderungen sind für BACH die ausgesprochenen und unausgesprochenen speziellen und allgemeinen Ansprüche und Erwartungen, mit denen der Einzelne konkret konfrontiert wird (1999, 20).

3 Die Situation einer Person mit einer schweren und mehrfachen Behinderung

Die Situation einer Person mit einer schweren und mehrfachen Behinderung wird unter der Berücksichtigung folgender Faktoren beschrieben: individuelle Disposition, Erlebens- und Verhaltensbedingungen und Umfeldanforderungen.

Individuelle Disposition: Es ist selbstverständlich, dass die Schädigungen, die im Rahmen der individuellen Disposition genannt werden, bei fast allen Menschen mit schwerer und mehrfacher Behinderung auftreten. In der polnischen Sonderpädagogik fehlen jedoch zur Zeit genaue empirische Forschungen. Niemand hat untersucht, welche Schädigungen kombiniert auftreten, wie viele Personen welche Schädigungen aufweisen, wie hoch der Anteil an Personen mit schwerer und mehrfacher Behinderung ist. Das Fehlen dieser empirischen Daten ist um so problematischer, da das Vorliegen mehrfacher Schädigungen einer der wichtigsten Faktoren war, warum einer Person mit schwerer und mehrfacher Behinderung der Platz im polnischen Bildungssystem verweigert wurde.

Seit 1997 gilt in Polen die Schulpflicht auch für Schülerinnen und Schüler mit schwerster geistiger Behinderung. Der Weg dorthin war nicht einfach. Zum ersten Mal spricht man über Personen mit schwerer und mehrfacher Behinderung im Gesetz vom 07.09.1991, dahingehend, dass Schülerinnen und Schüler mit schwerer und mehrfacher Behinderung nach dem 15. Lebensjahr von der Schulpflicht befreit werden können. In diesem Gesetz gibt es keine genauen Angaben, wie das Schulsystem für diese Schülerinnen und Schüler aussehen soll (DZIENNIK USTAW 1991, Nr. 95, Pos. 425).

Am 19.08.1994 erschien das wichtige Gesetz zum Schutz der psychischen Gesundheit. In diesem Gesetz verpflichtet sich das polnische Bildungsministerium, Bedingungen zu schaffen, durch die die Schülerinnen und Schüler mit schwerer und mehrfacher Behinderung die Schulpflicht erfüllen können (DZIENNIK USTAW 1994, Nr. 111, Pos. 535). Folge dieses Gesetzes war die Verordnung des polnischen Bildungsministeriums vom 30.01.1997, welche genaue Regelungen enthielt, wie das Schulsystem für Schülerinnen und Schüler mit schwerer und mehrfacher Behinderung aussehen soll (DZIENNIK USTAW 1997, Nr. 14, Pos. 97). Nach dieser Verordung müssen Kinder mit schwerer und mehrfacher Behinderung der Schulpflicht bis zum 18. Lebensjahr nachkommen und können weiter bis zum 25. Lebensjahr gefördert werden (in Sonderschulen und Regelschulen). Ab dem 3. Lebensjahr kann das Kind Frühförderung erhalten. In dieser Verordnung ist das Ziel des Unterrichts sehr genau beschrieben. Es soll durch die unten genannten Tätigkeiten verwirklicht werden: die Förderung der Entwicklung während des gesamten Unterrichtsprozesses bis zum 25. Lebensjahr, die Unterstützung der Unabhängigkeit von anderen im Alltag, die Entwicklung von Interesse an der Umgebung.

Der Verordnung nach umfasst der Unterricht folgende Förderschwerpunkte: Kontaktsaufnahme, Kommunikation, Erwerb von Selbstständigkeit, Regeln innerhalb eines Gruppengeschehens lernen und körperlich-motorische Rehabilitation.

Die Schülerinnen und Schüler können sowohl in der Schule als auch zu Hause unterrichtet werden. Zu Hause wird der sogenannte individuelle Unterricht erteilt. In der Schule umfasst der Unterricht täglich 4 Stunden, zu Hause 2 Stunden. Die Anzahl der Schülerinnen und Schüler in der Gruppe wird ebenfalls durch die Verordnung geregelt (2 bis 4 Schülerinnen/Schüler). Die Kinder können an diesem Unterricht teilnehmen, wenn das Gutachten der psychologischen und pädagogischen Beratungstelle dies empfiehlt. In jedem Fall müssen auch die Eltern zustimmen.

Der Unterricht kann in folgenden Einrichtungen stattfinden: Kindergärten, Sonderkindergärten, Sonderschulen, integrative Schulen, Regelschulen, Einrichtungen für Kinder und Jugendliche mit geistiger Behinderung, zu Hause in der Familie.

Diese Schulpflicht war und ist auch nach 11 Jahren noch eine große Herausforderung für die Sonderschullehrer/innen, die im Bereich der Geistigbehindertenpädagogik arbeiten. Sie erleben sehr oft den Mangel an Wissen aus den Bereichen Medizin, Rehabilitation und Psychologie, vor allem Entwicklungspsychologie. Folge dieses Mangels ist sehr oft eine große Ratlosigkeit, die leichter zum Burnout-Syndrom führt. Obwohl die Schulpflicht schon 1997 eingeführt wurde, fehlt es an Fachliteratur, die man zur Unterstützung heranziehen könnte und auch an diagnostischen Material. Die Ratlosigkeit der Sonderpädagoginnen und -pädagogen ist um so größer, je intensiver die schwere und mehrfache Behinderung ihrer Schüler ist. Während des Rehabilitationsprozesses sehen Sonderpädagogen/innen sehr oft nur die sichtbaren Schädigungen, die die Kinder mit schwerer und mehrfacher Behinderung aufweisen, und übersehen das ICH der Person mit einer Behinderung. So gibt es im Kontakt mit den Schülerinnen und Schülern nicht Menschen, sondern nur ein Cahrgesyndrom, Ushersyndrom, Angelmansydrom u.ä.m. Dies führt in der Wahrnehmung zu einer Form der Zersplitterung der Persönlichkeit der Person, in deren Folge nur ein Kontakt mit deren Behinderung entsteht, nicht aber das echte Begegnen mit dem Individuum. Vielleicht dominiert deswegen im Bereich der Schwerstbehindertenpädagogik die negative Narration, in der man vor allem die Behinderung und die Schädigungen sieht und nicht die Person. Darum wird die Behinderung als so genannte „Maske“ betrachtet, die das ICH der Person verdeckt.

Erlebens- und Verhaltensbedingungen: In der polnischen Fachliteratur fehlt es leider an empirischen Untersuchungen, die die Lebensbedingungen einer Person mit einer schweren und mehrfachen Behinderung aufzeigen. Daher wird hier nur auf die Einschränkung von Bildungsmöglichkeiten durch quantitativ und qualitativ unzureichende Institutionen hingewiesen, was man nach BACH als Benachteiligung bezeichnen kann (1999).

Die Einschränkung der quantitativ unzureichenden Institutionen betrifft folgende Situationen:

- *Erste Situation:* wenn der Unterricht für ein Kind mit schwerer und mehrfacher Behinderung in der Regelschule von einer Lehrerkraft durchgeführt wird, welche nicht über ausreichende Fachkompetenzen verfügt. Diese Situation betrifft sehr oft kleine Ortschaften, in denen keine Einrichtungen für Kinder mit schwerer und mehrfacher Behinderung zur Verfügung stehen.
- *Zweite Situation:* wenn der Unterricht für das Kind mit schwerer und mehrfacher Behinderung nicht in Sonderschulen stattfindet, sondern in Anstalten und anderen Einrichtungen, die nicht dem Bildungssystem angehören, durchgeführt von Personen, die nicht ausreichend qualifiziert sind (der Verordnung nach ist dies leider möglich).
- *Dritte Situation:* wenn eine Person schon 25 Jahre alt ist und keinen Platz mehr im Bildungssystem erhält. Es gibt zur Zeit leider keine ausreichenden therapeutischen Angebote für erwachsene und ältere Menschen mit schwerer und mehrfacher Behinderung. Deswegen kann man über eine so genannte "zeitlich beschränkte Anwesenheit" einer Person mit schwerer und mehrfacher Behinderung im polnischen Bildungssystem sprechen. Sehr oft werden diese Art von Einrichtungen durch Stiftungen und Wohlfahrtsverbänden organisiert (KOPEĆ 2007).

Zu den Einschränkungen, die Einfluss auf das qualitative Niveau der Einrichtungen für Personen mit schwerer und mehrfacher Behinderung haben, sind zwei Kategorien von Faktoren zu nennen und zwar: menschliche Faktoren und materielle Faktoren.

Zu den menschlichen Faktoren zählen:

- nicht ausreichende Fachkompetenzen der Lehrkräfte, die mit einer Person mit einer schweren und mehrfachen Behinderung arbeiten,
- nicht ausreichende Anzahl an Spezialisten, die mit einer Person mit einer schweren und mehrfachen Behinderung arbeiten (Logopäde, Psychologe, Motopäde) (KOPEĆ 2007).

Diese Faktoren haben Auswirkung auf das Entstehen von Problemen, die mit dem Diagnoseprozess bei Menschen mit schweren und mehrfachen Behinderungen verbunden sind. Bezüglich des Diagnoseprozesses und der daraus folgenden Einordnung der beeinträchtigten Person kann man drei Kategorien unterscheiden. Die erste Kategorie lautet „fehlende Diagnostik". Dies bedeutet, dass für bestimmte Personen mit einer schweren und mehrfachen Behinderung keine bestimmte Diagnose erfolgt. Negative Folgen dieser Situation sind für die Person offensichtlich. In diesem Fall verlaufen der Unterricht und die Therapie mit dieser Person wie ein „Tappen im Dunklen“. „Fragmentarische Diagnostik“ bedeutet, dass eine Person mit einer schweren und mehrfachen Behinderung während des Diagnoseprozesses nur als Objekt betrachtet wird. Im Zersplitterungprozess, der während dieser Diagnostik stattfindet, kann man zwei Etappen unterscheiden. In der erste Etappe beginnt die Teilung der Person in bestimmte funktionale Bereiche (z.B. sensomotorischer Bereich, Kommunikation usw.). In der zweiten Etappe wird eine separate Analyse in jedem Bereich durchgeführt. Negative Folge dieser Diagnostik ist, dass man nur die Schäden in verschiedenen Bereichen und nicht die Person als Ganzheit sieht. In der „einheitlichen Diagnostik“ sieht man die Person ganzheitlich und alle funktionalen Bereiche werden als Einheit analysiert. Bei dieser Diagnostik stützt man sich auf die Theorien von PIAGET (PIAGET 1966; PIAGET 1992; PIAGET/ INHELDER 1993), STERN (2007) sowie die Bindungstheorie (BOWLBY 1969; 1973; 1980; SROUFE 1995; MARVIN/ BRITNER 1999). Die Durchführung dieser Diagnostik ist jedoch erschwert, da es an entsprechenden diagnostischen Verfahren und Materialien fehlt (KOPEĆ 2004).

Die oben genannten menschlichen Faktoren wirken sich auch auf die Entstehung von weiteren Problemen aus, die:

- mit der Entwicklung des Therapieprogrammes für eine Person mit einer schweren und mehrfachen Behinderung,
- mit der Modifikation dieses Therapieprogrammes während der Therapie,
- und mit der Realisierung dieses Therapieprogrammes verbunden sind.

Zu den materiellen Faktoren gehören:

- die Fläche der Unterrichts- und Therapieräume,
- die Ausstattung der Unterrichts- und Therapieräume,
- die Art und Qualität der vorgesehenen pädagogischen Tätigkeit (KOPEĆ 2007).

Es ist selbstverständlich, dass empirische Daten ein treffenderes und vollständigeres Bild von den Benachteiligungen im Bildungssystem geben würden. Es ist zu hoffen, dass diese Untersuchungen zukünftig in Polen erfolgen werden.

Umfeldanforderungen: Eine Person mit einer schweren und mehrfachen Behinderung wird sehr oft mit nicht adäquaten Ansprüchen und Erwartungen, die aus ihrer sozialen Umwelt (Schule, Elternhaus) stammen, konfrontiert. Die Faktoren, die auf diese Situation einwirken, sind zahlreich. An dieser Stelle werden nur die wichtigsten genannt.

Wegen der nicht gesicherten Diagnosen stellt man in einem individuellen Unterrichts- und Therapieprogramm Anforderungen, die oft nicht an die

tatsächlichen Möglichkeiten und Bedürfnisse der Person angepasst sind. Sehr oft sind diese Ansprüche zu niedrig im Vergleich zu den realen inneren Ressourcen, die eine Person hat. Vielleicht ist darum sehr oft zu beobachten, dass die Pflegetätigkeiten wie Essen reichen, Waschen, Zähne putzen oder Wickeln mehr Zeit in Anspruch nehmen als der tatsächliche Unterricht und die Therapie.
Man muss auch bedenken, dass Unterricht und Therapie wegen der erhöhten Todesgefahr, die bei einer Person mit einer schweren und mehrfachen Behinderung manchmal gegeben ist, oft eingeschränkt sind. Ähnliche Einflüsse haben auch verschiedene Krankheiten genetischer Ursache, die bei einer Schwerstbehinderung sehr oft auftreten. Angesichts dieser Herausforderungen sind die Sonderschullehrerinnen und -lehrer und die Sonderpädagoginnen und -pädagogen oft ratlos und hilflos und beschränken vermutlich deshalb den Unterricht mit den Schülerinnen und Schülern entweder nur auf Pflegetätigkeiten oder vermeiden manchmal sogar auch den Kontakt mit ihnen. Diese Ratlosigkeit intensiviert oft die schwierigen Situationen, in denen Eltern von Schülerinnen und Schülern mit einer Schwerstbehinderung die psychische Unterstützung von Sonderpädagogen/innen erwarten, vor allem in den Fällen, wenn Regressionen in der Entwicklung einer Person mit einer Schwerstbehinderung auftreten oder schwere gesundheitliche Probleme auftauchen. Leider gibt es in Polen kein Fachnetz von psychologischen Beratungstellen für diese besonderen Situationen, in denen die Familien der therapeutischen Hilfe von Psychologen/innen bedürfen.

4 Schlussfolgerungen

Abschließend soll festgestellt werden, dass empirische Untersuchungen durchgeführt werden sollten, um die Rolle einer Person mit einer schweren und mehrfachen Behinderung im polnischen Bildungssystem besser kennenzulernen. Vor allem sind Untersuchungen nötig, die die individuelle Disposition, die Erlebens- und Verhaltensbedingungen sowie Umfeldanforderungen an eine Person mit einer schweren und mehrfachen Behinderung betreffen. Die empirischen Untersuchungen spielen nicht nur eine wichtige Rolle für die Verbesserung der Möglichkeiten einer Person mit einer schweren und mehrfachen Behinderung im polnischen Bildungssystem, sondern auch für der Erleichterung der Integrations- und Inklusionsprozesse. Diese Prozesse, die ihre Widerspiegelung in vielen Dimensionen der Funktionalisierung in der Gesellschaft haben, sollten dazu führen, dass man nicht nur auf offene und verdeckte Diskriminierungsformen verzichtet, sondern auch von der scheinbaren Akzeptanz einer Person mit einer schweren und mehrfachen Behinderung zu einer wahren Akzeptanz übergeht. Man sollte sich vor Augen halten, dass eine Person mit einer schweren und mehrfachen Behinderung in einem bestimmten Exosystem existiert (BRONFENBRENNER 1979; HOROWITZ 1987), in dem Eltern, Sonderschullehrerinnen und -lehrer, Sonderpädagogeninnen und -pädagogen eine wichtige Rolle spielen. Eine professionelle systemische Unterstützung für diese Personen kann die Qualität des einer Person mit einer schweren und mehrfachen Behinderung zugesprochenen Raumes im Bildungssystem und in der Gesellschaft positiv beeinflussen.

Literatur

BACH, H. (1999): Grundlagen der Sonderpädagogik. Bern/ Stuttgart/ Wien

BOWLBY, J. (1969): Attachment and Loss.Vol. 1: Attachment. London

BOWLBY, J. (1973): Attachment and Loss.Vol. 2: Separation. Harmondswoth

BOWLBY, J. (1980): Attachment and Loss.Vol. 3: Loss, Sadness and Depression. New York

BRONFENBRENNER, U. (1979): The Ecology of Human Development. Cambridge

DZIENNIK, Ustaw (1997): Rozporządzenie Ministra Edukacji Narodowej w sprawie zasad organizowania zajęć rewalidacyjno-wychowawczych dla dzieci i młodzieży upośledzonych umysłowo w stopniu głębokim Nr 14, Pos.76. Warszawa

DZIENNIK, Ustaw (1991): Ustawa o systemie oświaty Nr 95, Pos.425. Warszawa

DZIENNIK, Ustaw (1994): Ustawa o ochronie zdrowia psychicznego Nr 111, Pos. 535. Warszawa

GOFFMAN, E. (2005): Piętno. Rozważania o zranionej tożsamości. Gdańsk

HOROWITZ, F.D. (1987): Exploringdevelopmental Theories: Toward a Structural Behavioral Model of Development. Hillsdale

KOPEĆ, D. (2004): Diagnoza w procesie rehabilitacji osoby z głęboką niepełnosprawnością intelektualną. In: JANISZEWSKA-NIEŚCIORUK, Z. (Hrsg.): Wybrane problemy społecznego funkcjonowania oraz rehabilitacji osób z niepełnosprawnością intelektualną. Kraków, p. 137-147

KOPEĆ, D. (2007): Osoba z głęboką niepełnosprawnością intelektualną w systemie edukacji. In: JANISZEWSKA-NIEŚCIORUK, Z. (Hrsg.): Problemy edukacji integracyjnej dzieci i młodzieży z niepełnosprawnością intelektualną. Kraków, p. 133-145

MARVIN, R./ BITNER, P. (1999): Normative development: the ontogeny of attachment. In: CASSIDY, J./ SHAVER, PH.R. (Hrsg.): Handbook of attachment. Theory, reaserch and clinical applications. New York, p. 44-68

MINISTERSTWO EDUKACJI I NAUKI (2006): Dostęp osób niepełnosprawnych do edukacji – stan obecny, szanse i bariery. Warszawa

PIAGET, J. (1992): Mowa i myślenie dziecka. Warszawa

PIAGET, J. (1966): Studia z psychologii dziecka. Warszawa

PIAGET, J./ INHELDER, B. (1993): Psychologia dziecka. Wrocław

SROUFE, A. (1995): Emotional development. The organization of emotional life in the early years. Cambrige

STERN, D. (2007): Die Lebenserfahrung des Säuglings. Stuttgart

Miroslava Bartoňová, Jarmila Pipeková,
Lucie Procházková

Neue Trends in der beruflichen Vorbereitung von Menschen mit Behinderung in Tschechien

In diesem Beitrag werden Projekte vorgestellt, die am Lehrstuhl für Sonderpädagogik der Pädagogischen Fakultät der Masaryk Universität umgesetzt wurden. Das Ziel dieser Projekte war es, für behinderte Menschen bessere Bedingungen bei ihrer beruflichen Integration auf dem Arbeitsmarkt zu schaffen und dadurch allgemein die Möglichkeiten der Integration von behinderten Menschen in die Gesellschaft zu verbessern und ihre Lebensqualität zu erhöhen. Um all das zu erreichen, wurden spezifische berufliche Qualifikationsmaßnahmen geschaffen, Beratungsangebote beim Übergang Schule-Beruf eingerichtet und gewährleistet und das Selbstbewusstsein und die Selbstversorgung der Personen gestärkt.

1 Beschäftigung von Menschen mit Behinderung

Im Prozess der beruflichen Integration von behinderten Menschen streben wir die Eingliederung von diesen Personen in die Gesellschaft in alle Lebensbereiche an. Derzeit betrifft der Integrationsprozess immer mehr auch den Arbeits- und beruflichen Bereich. Wir sprechen von der Sozialisation von benachteiligten Personen in den Arbeitsprozess. Die Situation im Bereich der Beschäftigung von behinderten Menschen ist noch immer unbefriedigend, oft kommt es zur Ausgliederung oder gezielter Nicht-Eingliederung von behinderten Menschen in die Arbeitswelt. Die Internationale Arbeitsorganisation (ILO – International Labour Organisation), eine Sonderorganisation der Vereinigten Nationen, hat in ihrem „Übereinkommen über die berufliche Rehabilitation und die Beschäftigung der Behinderten" aus dem Jahr 1983 bei der Definition des Begriffs „Behinderung" bzw. „Behinderter" vor allem auf die beruflichen Einschränkungen, zu denen es in der Arbeitswelt oft kommt, aufmerksam gemacht: „Im Sinne dieses Übereinkommens bezeichnet der Begriff „Behinderter" eine Person, deren Aussichten, eine geeignete Beschäftigung zu finden und beizubehalten sowie beruflich aufzu-

steigen, infolge einer ordnungsgemäß anerkannten körperlichen oder geistigen Behinderung wesentlich gemindert sind“ (ILO, www.ilo.org).
Der Einstieg in den Bildungsprozess und anschließend der Übergang in das Arbeits- oder Berufsleben stellen bedeutsame Schnittstellen im Leben jedes Menschen dar. Es kommt zu einer wesentlichen Veränderung im Leben eines Menschen. Junge Leute fangen an, über ihre berufliche Zukunft nachzudenken, sie reifen und fangen an wahrzunehmen, dass aus ihnen selbstständige, unabhängige Personen werden, die langsam einen Teil der Verantwortung übernehmen (müssen). Bevor es zu dieser Veränderung kommt, gibt es einiges zu überlegen, zu planen, aber auch zu entscheiden. Es ist nicht immer einfach, die richtigen Entscheidungen zu treffen und die eigenen Vorstellungen und Wünsche durchzusetzen. Noch schwieriger ist dies jedoch, wenn es die Rahmenbedingungen nicht ermöglichen, wie es bei behinderten Menschen oft der Fall ist (PROCHÁZKOVÁ 2004). Eine unvermeidliche Bedingung bei der Berufswahl und für die Verbesserung des Zugangs der Absolventinnen und Absolventen der Sonderschulen oder allgemein der Schülerinnen und Schüler mit sonderpädagogischem Förderbedarf auf den Arbeitsmarkt ist ein bestimmtes Angebot an Beratungsdienstleistungen im Bereich der beruflichen Beratung. Davor jedoch, noch im Rahmen der Grundschulbildung, brauchen die Schülerinnen und Schüler mit sonderpädagogischem Förderbedarf Unterstützung und Hilfe im Bereich ihrer beruflichen Orientierung und Vorbereitung.
Berufliche Orientierung und Vorbereitung von Kindern und Jugendlichen mit Behinderung gerichtet an die Lösung von Fragen betreffend der Berufswahl und zukünftigen beruflichen Eingliederungsmöglichkeiten durchdringt den ganzen Bildungsprozess bereits in der Grundschule (Pflichtschule). Zu den Hauptaufgaben gehören die Schaffung von Voraussetzungen für die Möglichkeit der richtigen Entscheidung bei der Berufswahl, das Bekanntmachen mit dem Berufsprozess und den Arbeitsbedingungen, Entwicklung von Voraussetzungen für die Durchhaltefähigkeit im gewählten Beruf, vor allem die Stärkung der Willenseigenschaften und Entwicklung von richtigen Gewohnheiten und positiver Beziehung zur Arbeit (VÍTKOVÁ 2005). „Oberstes pädagogisches Ziel bleibt es, dass die Schulabgänger auch künftig Zugang zu den für sie angemessenen und leistbaren Ausbildungsberufen finden und nach erfolgreichem Ausbildungsabschluss das Ziel von beruflicher und gesellschaftlicher Eingliederung erreichen“ (Bayerisches Staatsministerium für Unterricht und Kultus In: MOOSECKER/ PFRIEM 2005, VII). Dieses vom Bayerischen Staatsministerium für Unterricht und Kultus formulierte Ziel kann gleichwertig auch für die Tschechische Republik übernommen werden. Die

Berufsvorbereitung und die folgende Beschäftigung müssen im Bezug auf die aktuelle Situation am Arbeitsmarkt um die Problematik der Arbeitslosigkeit oder der Notwendigkeit des Berufswechsels erweitert werden (MOOSECKER/ PFRIEM 2005). Mit diesen Situationen werden behinderte Menschen oft konfrontiert, sie sollten also auf solche Situationen auch vorbereitet werden. Berufsvorbereitung muss realitätsnah sein.

2 Integrative Beratung für Schülerinnen und Schüler mit sonderpädagogischem Förderbedarf

Mit der Problematik der Beratung von Menschen mit Behinderung im Bereich der beruflichen Integration sowie von Arbeitgebern hat sich in der Tschechischen Republik in Brno in den Jahren 2002-2005 das internationale Projekt *„Integrované poradenství pro osoby s postižením na trhu práce v kontextu národní a evropské spolupráce"* („Integrative Beratung für benachteiligte Personen auf dem Arbeitsmarkt im Kontext der nationalen und europäischen Zusammenarbeit") auseinandergesetzt. Dieses Projekt wurde im Rahmen der europäischen Gemeinschaftsinitiative EQUAL am Lehrstuhl für Sonderpädagogik der Pädagogischen Fakultät der Masaryk Universität umgesetzt. Sein Ziel war die Einführung von Unterstützungsmaßnahmen für die Integration von behinderten Menschen auf dem offenen Arbeitsmarkt sowie die Verbesserung der Information der künftigen Arbeitgeber (DOLEŽEL/ VÍTKOVÁ 2007). Ein Bestandteil des Projektes war die internationale Zusammenarbeit – *Transition from School to Work (TSW)* – welche die Zusammenarbeit von vier Ländern in sich einschloss; neben der Tschechischen Republik waren am Projekt noch Österreich, Deutschland und die Niederlande beteiligt. Diese vier Länder arbeiteten neben den nationalen Projekten auch am internationalen Austausch in sieben thematischen Gruppen zu relevanten Themen wie beispielsweise Curricula, Qualität im Übergang Schule-Beruf, Sensibilisierung der Unternehmen oder persönliche Assistenz. An dieses Projekt hat im Jahr 2004 ein weiteres Projekt der Gemeinschaftsinitiative EQUAL im Rahmen der sogenannten Aktion 3 mit dem Namen *„Integrace/inkluze integrovaného poradenství do systému služeb v České republice"* („Integration/ Inklusion der integrierten Beratung in das Dienstleistungssystem der Tschechischen Republik") angeknüpft.
Das gesamte Projekt bestand in der Durchsetzung der Unterstützungsmaßnahmen für die Integration von behinderten Personen auf dem offenen Arbeitsmarkt. Dazu ist es notwendig, solche Bedingungen herzustellen, die Personen, die bei der Integration oder Reintegration auf dem Arbeitsmarkt

Schwierigkeiten haben, den Zugang auf den Arbeitsmarkt ermöglichen. Das Hauptziel des Projektes war die Bildung von effektiven Monitoringgruppen, die das Ziel der Vernetzung der Beratungsinstitutionen aus dem schulischen, medizinischen und sozialen Bereich bei der Durchsetzung der beruflichen Beratung verfolgten. Das Beratungsangebot und -system sind die Grundbedingung für eine erfolgreiche Integration von Menschen mit Behinderung in die Gesellschaft. Der Ausgangsgedanke war die Tatsache, dass es in der Tschechischen Republik notwendig ist, mit zielorientierten Arbeitsmethoden und -formen die vorberufliche und berufliche Vorbereitung im Beratungssystem zu stärken. Das Ziel aller Maßnahmen im Projekt war die Verbesserung der Bedingungen für den Übergang der Absolventinnen und Absolventen der Sonderschulen auf den Arbeitsmarkt und ihre Unterstützung zu Beginn ihrer beruflichen Karriere (VÍTKOVÁ 2005).
Im Rahmen des Projektes wurden in allen Sonderschulen der Stadt Brünn (Brno) Beratungsstellen für den Übergang Schule-Beruf errichtet. Die Hauptaufgabe dieser Beratungsstellen war die Schaffung der Bedingungen für eine individuelle Unterstützung jedes Schülers und jeder Schülerin im Hinblick auf ihre Berufswahl und für einen problemlosen Übergang auf den Arbeitsmarkt. Ein wichtiger Bestandteil dieser Tätigkeit war ebenfalls die Zusammenarbeit mit den Arbeitsämtern, Arbeitgebern, Eltern der Schülerinnen und Schüler und weiteren staatlichen und nicht staatlichen Institutionen.
Als Teilziel kann der Versuch bezeichnet werden, die Arbeits- und Beschäftigungspolitik in der Tschechischen Republik mittels Tätigkeiten im Bereich des Networking, Dissemination, Good Practices und erprobter Praktika und Mainstreaming zu beeinflussen und zu verändern. Ein spezifisches Ziel war die Orientierung mit den ausgewählten Aktivitäten an das fachliche sowie Laienpublikum, sie über die Problematik des Übergangs von der Schule in den Beruf und über die Möglichkeiten des erweiterten Beratungssystems für die Berufswahl zu informieren.

3 Ausgewählte Aktivitäten

In Folge werden kurz einige ausgewählte Aktivitäten, die im Rahmen dieses Projektes umgesetzt wurden, vorgestellt:

- Erstellung einer CD-ROM für die Projektzielgruppen über die Problematik der Berufsberatung in der Tschechischen Republik und in europäischen Ländern (Österreich, Deutschland, Niederlande),
- Aufnahme einer informativen Unterrichtskassette über das ergodiagnostische Zentrum in Zusammenarbeit mit dem Fachpersonal dieses Zentrums,

- Ausstellung von Fotos sowie von malerischen Arbeiten der Schülerinnen und Schüler der Sonderschulen mit dem Namen *„Sie brauchen uns"* (*Potřebují nás*) unter der Leitung des Fotografen Petr Baran und mit der Unterstützung von Studierenden des Lehrstuhls für Sonderpädagogik an der Pädagogischen Fakultät der Masaryk Universität,
- Veröffentlichung von Artikeln zu projektbezogenen Themen in regionalen Medien für die Öffentlichkeit,
- Veröffentlichung von Artikeln für die Fachöffentlichkeit mit projektbezogenen Themen in Fachzeitschriften – Sonderpädagogik (*Speciální pedagogika*), Komenius (*Komenský*), Lehrerzeitung (*Učitelské noviny*), Zeitung für pädagogisch-psychologische Beratung (*Zpravodaj pedagogicko-psychologického poradenství*), neues Monatsheft der Masaryk Universität (*muni.cz*),
- Veröffentlichung der Projektberichte auf der Homepage,
- Information der Öffentlichkeit über die Projektergebnisse über Medien – regionale Sendung des tschechischen Fernsehens und Rundfunks in Brünn,
- internationale Konferenz mit Teilnahme der Partner aus dem Ausland sowie der Fachöffentlichkeit aus der Tschechischen Republik,
- Weiter- und Fortbildungsangebote für neue Beratungsmitarbeiterinnen und -mitarbeiter für Berufsberatung (Region Südmähren),
- Runder Tisch anlässlich der Ausstellung *Rehaprotex* (Messe) in Brünn, bei dem auf regionaler Ebene Vertreterinnen und Vertreter der Staatsverwaltung sowie Selbstverwaltung der Region und der Stadt Brünn diskutierten,
- drei Seminare ausländischer sowie tschechischer Expertinnen und Experten über die Ergebnisse und Komparation der Teilergebnisse der Projekte auf internationaler Ebene; europäische Partner waren, wie bereits erwähnt, Deutschland, Niederlande und Österreich; diese Zusammenarbeit bestand aus insgesamt fünf Projekten bzw. während dieser Zusammenarbeit Entwicklungspartnerschaften genannt: Tschechische Republik mit dem hier beschriebenen Projekt „Integrované poradenství pro osoby s postižením na trhu práce v kontextu národní a evropské spolupráce", Deutschland mit „Keine Behinderung trotz Behinderung" aus Hamburg und „OPEN DOORS" aus Berlin (Deutschland war in dieser Zusammenarbeit mit zwei Projekten vertreten), Niederlande mit dem Projekt „Empowerment Door Transitie" und Österreich mit „INTequal – Integration Jugendlicher mit Behinderung in Niederösterreich",
- zentrales Aussenden von Fachpublikationen zur Problematik der Schüler/innen und Student/innen von Sonderschulen im Bereich der Berufsberatung,

- Organisation von Treffen der Arbeitsgruppe mit Arbeitsgruppen der Entwicklungspartnerschaften im Ort ihrer Tätigkeit – Bürgerinitiative Rhytmus (eine Agentur für unterstützte Beschäftigung) – Prag und Caritas Opava,
- Aktivitäten zur Auswertung des Projektes sowie seiner Evaluation.

Neben der Umsetzung der einzelnen Projekte war eines der Ziele der Gemeinschaftsinitiative EQUAL die *Vernetzung* mit themenähnlichen Entwicklungspartnerschaften *auf nationaler* und nicht zuletzt *auf internationaler Ebene.* Das Hauptziel war der Informationsaustausch, um damit zur Verbesserung der Qualität beizutragen. Deswegen hat sich auch dieses Projekt weiter auf die Knüpfung von Entwicklungspartnerschaften und Zusammenarbeit mit nationalen oder europäischen thematischen Gruppen orientiert mit dem Ziel, die Informationen über die Beratungsangebote zu erweitern und auszutauschen.

4 Aktivierungs- und Bildungszentrum

Eines der Ergebnisse (output) des oben beschriebenen Projektes – die Schaffung einer Anlaufstelle mit der Funktion der Beratung für Schülerinnen und Schüler mit Behinderung bei der individuellen Wahl eines entsprechenden Berufes an Sonderschulen, dessen Bestandteil ebenfalls die Zusammenarbeit mit den Arbeitsämtern, Arbeitgebern, Eltern der Schülerinnen und Schüler sowie anderen staatlichen und nicht staatlichen Institutionen war – wurde die Grundlage für das nächste Projekt, das im Rahmen von OP RLZ 3.1 (Operationsprogramme) zum Thema *„Aktivierungs- und Bildungszentrum"* (2005-2007) eingereicht und umgesetzt wurde.

Das Projekt setzte die Umsetzung der Eingliederung der Schülerinnen und Schüler mit Behinderung auf den Arbeitsmarkt fort. Eines der Ziele war die Schaffung neuer Möglichkeiten für Weiterbildung von Schülerinnen und Schülern mit geistiger Behinderung, Körper- und geistiger Behinderung, die die Grundbildung abgeschlossen haben und sich im Hinblick auf ihre Behinderung nicht weiterbilden, da ihre Möglichkeiten behinderungsbedingt sehr eingeschränkt sind. Der Zweck dieses Projektes war die Verbesserung der Bedingungen für die Möglichkeit ihrer beruflichen Eingliederung auf den Arbeitsmarkt, die Erhöhung ihres Selbstbewusstseins und die Gewährleistung der Möglichkeit, das Leben so weit wie möglich selbstständig zu führen (DOLEŽEL/ VÍTKOVÁ 2007). Dies stellt einen Beitrag zur Verbesserung der Lebensqualität von behinderten Menschen dar. Bei diesem Projekt wurde davon ausgegangen, dass Arbeit für einen Menschen mit Behinderung nicht

nur eine ökonomische Unabhängigkeit darstellt, sondern auch seine Selbstbestimmung positiv beeinflusst. Die Rolle eines Arbeitenden beeinflusst ebenfalls die Haltung und Einstellungen der Gesellschaft zu Menschen mit Behinderung. Ein Arbeitsplatz in einer integrierten Umgebung ist ein Mittel für die Entwicklung der sozialen Interaktionen und nicht zuletzt einer der Schlüsselaspekte für das Erreichen des Status eines Erwachsenen.
Das berufliche Leben stellt für behinderte Menschen einen wichtigen Beitrag für die Bewältigung des Lebens dar. Es handelt sich um einen persönlichkeitsentwickelnden Prozess anhand von unabhängiger Gestaltung des eigenen Lebens und Selbstverwirklichung in sozialen Beziehungen in der Gemeinschaft mit anderen Menschen. Die schulische Vorbereitung für das Arbeitsleben kann jedoch nicht unabhängig von anderen Lebensbereichen wie Wohnen, Freizeitgestaltung und Familienleben stattfinden.
Eine der Möglichkeiten, wie Schülerinnen und Schüler mit geistiger oder Mehrfachbehinderung in den Arbeitsprozess mit Perspektive eingebunden werden können bzw. ihre Kompetenzen und Fertigkeiten und somit ihre Chance auf dem Arbeitsmarkt erhöht werden können, war die Errichtung von Anlernkursen als weitere Bildungsmöglichkeit. Ein weiteres Ziel war die Verbesserung der Information der künftigen Arbeitgeber und Zusammenstellung eines informativen Handbuchs zum Thema „Beschäftigung von Menschen mit Behinderung“. Diese Maßnahmen sollen dazu beitragen, dass Hindernisse und Barrieren bei der Beschäftigung von Menschen mit Behinderung bzw. bei ihrer Integration auf dem Arbeitsmarkt beseitigt werden.
Die Hauptziele des Projektes waren die Auseinandersetzung mit und die Entwicklung von der Problematik zur Verbesserung des Zugangs und der Rückkehr von Schülerinnen und Schülern mit Körper-, geistiger und Mehrfachbehinderung auf den Arbeitsmarkt mit Hilfe von erhöhter individueller Förderung im Aktivierungs- und Bildungszentrum sowie die Schaffung von neuen Bildungsprogrammen im Rahmen der Berufsvorbereitung.

5 Projektziele

Weitere Teilziele des Projektes können folgenderweise definiert und zusammengefasst werden:
- Gründung eines Aktivierungs- und Bildungszentrums für komplexe Diagnostik,
- Vorbereitung und Schaffung von einfachen Arbeitstätigkeiten,
- Ausarbeitung von Beschreibungen einfacher Arbeitstätigkeiten und ihre Pilotversuche,

- Unterstützung der Kursabsolventinnen und -absolventen beim Übergang auf den Arbeitsmarkt durch eine/n Karriereberater/in,
- Veröffentlichung eines Info-Handbuchs für Arbeitgeber,
- Konferenz mit dem Thema Übergang Schule-Beruf.

Die ersten vier Kurse wurden in der Fachlehranstalt und der praktischen Schule in Brno in der Lomena Straße durchgeführt, drei weitere Kurse wurden in der Einrichtung der sozialen Fürsorge für körperbehinderte Kinder und Jugendliche in Kociánka durchgeführt. In beiden Einrichtungen wurden im Rahmen des Projektes Aktivierungs- und Bildungszentren gegründet. Die Inhalte der Kurse können in zwei Teile unterteilt werden: allgemein bildender Block und Fachausbildung, in dem die Schülerinnen und Schüler die Fertigkeiten für konkrete einfache Tätigkeiten erwerben sollten. Ziel der Kurse war es, die Schülerinnen und Schüler mit grundlegenden technologischen Vorgehensweisen, die bei einzelnen Arbeitsplätzen angewendet werden, bekannt zu machen, damit sie bestimmte arbeitsbezogene und berufliche Fertigkeiten und Kenntnisse im ausgewählten Fach erwerben, sich grundlegende Arbeitsfähigkeiten und -fertigkeiten aneignen (Arbeitszeit, Sicherheit am Arbeitsplatz, Arbeitsinhalt), das Trivium trainieren (Lesen, Schreiben und Rechnen). Besonderer Wert wurde auf den Erwerb der sozialen und kommunikativen Fertigkeiten gelegt. Die Kurse wurden mit einer Abschlussprüfung im Gespräch beendet, die Kursteilnehmerinnen und -teilnehmer bekamen ein Zertifikat über die Teilnahme und Absolvierung des Anlernkurses.

Anlern(-kurse)

Das Aktivierungs- und Bildungszentrum schuf und bot Anlernkurse in folgenden Fachbereichen an:

- Hilfsarbeiten bei der Gebäudeverwaltung und -wartung,
- Hilfsarbeiten bei der Essenszubereitung,
- Hilfsarbeiten in der Wäscherei,
- Hilfsarbeiten in der Buchbinderei und bei der Kartonage,
- Hilfsarbeiten im Obst- und Gemüsegarten,
- Hilfsarbeiten bei der Herstellung von Papierbriketts,
- Hilfsarbeiten bei der ökologischen Demontage.

Im Rahmen des Projektes wurden Curricula für die neuen Kurse ausgearbeitet, im zehnmonatigen Kurs wurden sie dann in Pilotdurchläufen ausprobiert. An den Kursen haben insgesamt 49 Personen teilgenommen, die in zwei Gruppen geteilt waren: eine Altersgruppe bis 26 und eine über 26 Jahre. Nach der Absolvierung der Kurse fanden acht Teilnehmerinnen und Teilnehmer Arbeit auf dem offenen Arbeitsmarkt, vier arbeiteten mit der Organisation AGAPO (Agentur zur unterstützten Beschäftigung, die ihre Leistungen Klient/innen aus Brno und Umgebung anbietet) zusammen und fünf Teilnehmerinnen und Teilnehmer setzten die Weiterbildung in der Fachlehranstalt und der praktischen Schule in anderen Berufsfeldern fort (unter diesen waren keine unter 26 Jahre). Drei Klientinnen und Klienten fanden einen Platz in geschützten Werkstätten und 13 in sozial-therapeutischen Werkstätten. Aus den Ergebnissen geht hervor, dass die angebotenen Bildungskurse für die jüngeren Teilnehmerinnen und Teilnehmer effektiver sind.

Tabelle 1: Tätigkeiten nach den Anlernkursen

	Gesamte Anzahl der Teilnehmer/innen	49
1	Fortsetzung der Bildung in der sekundären Bildung	5
2	Sozial-therapeutische Werkstatt	13
3	Beschäftigung am 1. Arbeitsmarkt	8
4	Beschäftigung in geschützten Werkstätten	7
5	Übergang in die Agentur für Supported Employment	4
6	Registrierung am Arbeitsamt	1
7	Platz in einer Tagesstätte	3
8	Familie	8

Die Tätigkeiten des Aktivierungs- und Bildungszentrums (ABZ) reichen von der Beratung im Bereich der Berufswahl bis zur Eingliederung der Klientinnen und Klienten des ABZ auf den freien Arbeitsmarkt. Sie leisten methodische Hilfe bei der Suche nach geeignetem Arbeitsplatz und bieten Konsultationen für Klientinnen und Klienten und deren Eltern an. Nicht zuletzt gehört zu den Tätigkeiten des ABZ die Zusammenarbeit mit den Mitarbeiterinnen und Mitarbeitern der Arbeitsämter bei der Suche nach einem Arbeitsplatz, Zusammenarbeit unter den Mitarbeiterinnen und Mitarbeitern des Zentrums (ABZ) sowie Zusammenarbeit mit Organisationen, die Arbeitsplätze vermitteln (z.B. Agenturen für unterstützte Beschäftigung).

Neben den Sonderschulen und schulischen Einrichtungen für Behinderte – der Einrichtung der sozialen Fürsorge für körperbehinderte Kinder und Jugendliche in Kociánka (*Ústav sociální péče pro tělesně postiženou mládež*) und der Fachlehranstalt (*Odborné učiliště*) und praktischen Schule (*Praktická škola*) in Brno – war einer der *Projektpartner* auch die Bürgervereinigung *„Gesellschaft zur Unterstützung von geistig behinderten Menschen"* (*Společnost pro podporu lidí s mentálním postižením*) in der Tschechischen Republik. Diese Vereinigung ist eine freiwillige, unabhängige, gemeinnützige Organisation, deren Ziel es ist, Menschen mit geistiger Behinderung, Menschen mit Mehrfachbehinderung sowie ihren Familien zu helfen und ihnen Unterstützung anbieten. Sie unterstützt alle Initiativen, die für die dauerhafte Verbesserung der Lebensbedingungen sorgen und die Durchsetzung der gleichgestellten Rolle der Bürgerinnen und Bürger mit geistiger Behinderung sicherstellen. Die Hauptaufgaben der „Gesellschaft zur Unterstützung von geistig behinderten Menschen" im Projekt waren die unterstützende Rolle in der Zusammenarbeit mit den Partnerinnen und Partnern, die Menschen mit Behinderung auf dem freien Arbeitsmarkt beschäftigen, des Weiteren die aktive Rolle bei der Auswahl der behinderten Personen, die an einzelnen Anlernkursen teilnehmen könnten (und teilgenommen haben) und nicht zuletzt die Recherche der Unterlagen für das Handbuch für die Arbeitgeber *„Zaměstnávání osob se zdravotním postižením" (Die Beschäftigung von Personen mit Behinderung)* des Autoren Rudolf DOLEŽEL und der Autorin Marie VÍTKOVÁ. Die Zusammenstellung und Veröffentlichung des Buches war eines der Ziele des Projektes. Dieses informative Handbuch zum Thema Beschäftigung von Personen mit Behinderung sollte zur Beseitigung der Barrieren bei der Beschäftigung von behinderten Personen beitragen und gleichzeitig sollte es zur besseren Information der künftigen Arbeitgeber führen. Bei der erfolgreichen Eingliederung der Absolventinnen und Absolventen der Anlernkurse hat sich die aktive und enge Zusammenarbeit mit dem Arbeitsamt und einzelnen ausgewählten Arbeitgebern als sehr effektiv erwiesen.

6 Ausblick in die Zukunft

Am Ende des Projektes haben sich die Projektteilnehmer/innen bei der Abschlusskonferenz (26.9. 2007 in Brno, Kociánka) die Frage nach der Zukunft gestellt: Was wird weitergeführt und wie? Während in der Einrichtung der sozialen Fürsorge für körperbehinderte Kinder und Jugendliche in Kociánka die Fortsetzung des Projektes im Rahmen der sozial-therapeutischen Werkstätten mit verschiedenen Orientierungen (laut Gesetz Nr. 108/2006 zu sozialen Leistungen) umgesetzt werden kann, ist die Situation in der Fachlehranstalt und der praktischen Schule in Lomena wesentlich schwieriger. Die Teillehre bzw. die Anlernkurse sind im Schulwesen derzeit legislativ noch nicht verankert, die neu entworfene und in Pilotversuchen erprobte Ausbildung in Form von Anlernkursen kann im Rahmen des sekundären Schulwesens nicht angeboten und durchgeführt werden. Eine der Möglichkeiten, wie sie fortgesetzt werden könnten und eine legislative Änderung erreichbar wäre, ist die Einbindung in weitere EU-Projekte – in Operationsprogrammen Bildung zur Konkurrenzfähigkeit, die alle Projektpartnerinnen und -partner anstreben und in der Zukunft umsetzen möchten.

Literatur

BARTOŇOVÁ, M./ PIPEKOVÁ, J./ VÍTKOVÁ, M. (2005): Integrace handicapovaných na trhu práce v mezinárodní dimenzi. Brno: MSD

BARTOŇOVÁ, M./ BAZALOVÁ, B./ PIPEKOVÁ, J. (2007): Psychopedie. Texty k distančnímu vzdělávání. Brno: Paido

DOLEŽEL, R./ VÍTKOVÁ, M. (Eds.) (2007): Zaměstnávání osob se zdravotním postižením. Příručka pro zaměstnavatele k projektu OPR LZ 3.1. Aktivizační a vzdělávací centrum. Brno: Paido

INTERNATIONAL LABOUR ORGANISATION (ILO): Mezinárodni organizace práce. In: http://www.ilo.org/ilolex/german/docs/gc159.htm. Download 11.03.2005

MOOSECKER, J./ PFRIEM, P. (Hrsg.) (2005): Körperbehinderte Schüler an der Schwelle ins Arbeitsleben. Neue Wege und Herausforderungen in der schulischen Berufswahl- und Lebensvorbereitung. Aachen

PROCHAZKOVA, L. (2004): Begleitung und Beratung an der Schnittstelle Schule/Beruf in Österreich. In: PIPEKOVÁ, J./ VÍTKOVÁ, M. (Hrsg.): Integration Jugendlicher mit Behinderungen in den Arbeitsmarkt aus transnationaler Sicht. Brno: MSD, S. 31-35

VÍTKOVÁ, M. (Ed.) (2005): Integrované poradenství pro znevýhodněné osoby na trhu práce v kontextu národní a evropské spolupráce. Závěrečná výzkumná zpráva. Brno: MU

Veronika Růžičková, Kateřina Stejskalová

Die Arbeitsmöglichkeiten sehbehinderter Menschen entsprechend ihrer Ausbildung in Tschechien

1 Einleitung

In der Tschechischen Republik leben rund 10 Millionen Menschen, von denen etwa 60.000 sehbehindert und von diesen wiederum 17.000 blind sind. Jeder dieser sehbehinderten Menschen musste oder muss noch eine Schule besuchen. Vor 1989 existierten in der Tschechischen Republik nur ein Bildungsweg und parallel dazu das Sonderschulwesen, das noch immer auf hohem Niveau arbeitet.

Einen alternativen Bildungsweg für Menschen mit einer Sehbehinderung sehen wir in der Integration. Integration ist ein moderner gesellschaftlicher Trend, der sehbehinderten Kindern und Schülern den Weg zur Sozialisation und Eingliederung in die Gesellschaft eröffnet. Die schulische Integration wird aktuell in der Tschechischen Republik durch das neue Schulgesetz gefördert. Das Gesetz Nm. 561/2004 ist ein Gesetz mit dem echten Anliegen der Integration.

Dank dessen, dass sich weitere Türen für die Bildung öffneten, haben Schüler und Studenten viele Möglichkeiten, je nach Grad der Sehbehinderung, die „angepasste Mittelschule" und damit eine anschließende Ausbildungsstätte zu besuchen.

2 Das Schulwesen für Kinder, Schüler und Studenten mit einer Sehbehinderung

An dieser Stelle ist es uns wichtig, kurz das Tschechische Schulwesen und seine Hierarchie zu erklären.

In der Tschechischen Republik beginnt die staatliche institutionelle Erziehung im Kindergarten, die – wie auch alle später genannten Institutionen – in zwei Grundformen existiert (Sonderschulwesen und Regelschulwesen). Der Besuch des Kindergartens ist nicht verpflichtend, der Besuch der Grundschu-

len schon. In der Tschechischen Republik besteht eine neunjährige Schulpflicht. Nach der Grundschule können die Schüler die sogenannte Mittelschule (die Gymnasien sind vier- oder achtjährig, Fachschulen sind meist dreijährig) besuchen. Besteht ein weiterer Bildungswunsch, können sie Fachhochschulen, Universitäten oder Hochschulen besuchen.
In der Tschechischen Republik existieren 6 Grundschulen für Schüler mit einer Sehbehinderung:

- Litovel (nicht weit von Olomouc),
- 2 Schulen in Prag,
- Brno (Brünn),
- Pilsen,
- Opava.

In einigen Städten sind Klassen für Schüler mit einer Sehbehinderung an den Regelschulen eingerichtet worden. Schülern, die integrativ beschult werden, sowie ihren Lehrern steht das Sonderpädagogische Zentrum zur Verfügung. Leider existiert noch kein Zentrum für die Schüler mit einer Sehbehinderung, die die Mittelschule besuchen.
Es ist möglich, dass dies der Grund dafür ist, warum zur Zeit noch viele der Schüler die Mittelschule für Sehbehinderte besuchen. Da es unser Ziel ist, über den Zusammenhang zwischen Bildung und Arbeitsmöglichkeiten zu berichten, geben wir hierzu etwas ausführlichere Informationen.
Wenn ein Schüler nicht die Möglichkeit der Integration hat oder sich dagegen entscheidet, kann er aus folgendem Angebot an Mittelschulen für Sehbehinderte wählen:

A) Mittelschulen für Sehbehinderte in Brno, wo es ein reiches Angebot an Bildungsgängen gibt:

mit dem Abitur endet (4-5 Jahre)

das Gymnasium
die Handelsakademie
die Mittelschule für Sozialhilfe – Sozialrechtstätigkeit
die Mittelschule für Masseure

mit dem Lehrbrief enden die Bildungsgänge (3 Jahre)

Webearbeit
Arbeit in sanitären Anlagen
Arbeit in Betreuungsstellen

B) Aloys Klars Fachlehranstalt (dreijährige Ausbildung, die mit dem Lehrbrief abgeschlossen wird)

keramische Arbeit
Bürstenbinder
Tapezierer (Polsterer)
Buchbinder
Korbmacher
Masseur

C) Gymnasium und Handelsakademie in Prag
D) Konservatorium und Stimmschule von Jan Deyl in Prag
E) Handelsakademie (Klasse für Sehbehinderte an der Handelsakademie) in Opava

Nach der Mittelschule können die Schüler mit einer Sehbehinderung die Hochschule besuchen. In der Tschechischen Republik existieren keine Studiengänge, die speziell für Menschen mit einer Sehbehinderung vorgesehen sind. Sie erhalten im Studium aber Hilfe durch ihre Kommilitonen, vorrangig in den humanistischen Fächern, es existieren aber auch Ausnahmen. So wissen wir von zwei blinden Männern, die zur Zeit das Studium der Informatik abschließen. An folgenden Hochschulen gibt es Hochschulförderzentren:
- Carolina in Prag an der Karls-Universität,
- Tereza (Tschechisch technische Universität in Prag) – das älteste Zentrum,
- Teiresias (Masaryk Universität in Brno),
- das Hilfezentrum für Behinderte (Palacky Universität in Olomouc),
- Tyflokabinet (in Hradec Králové),
- die Sonnenblume (Bergakademie in Ostrava).

Damit Schüler oder Studenten mit einer Beeinträchtigung die gleichen Chancen wie ihre Zeitgenossenen haben, gibt es in der Tschechischen Republik zahlreiche Projekte. Ich möchte hier nur eines von ihnen vorstellen: An der Fakultät für Informatik lösten wir das Problem mit der „Agentur für Unterstützung der Tschechischen Republik Nummer 406/08/1031" – Perzeption des Georaumes mit Hilfe moderner Landkarten für Sehbehinderte (Projektleitung durch VOŽENÍLEK). Dieses Projekt bemüht sich um die Ausgestaltung von tastbaren Landkarten (3 Formen: die ganze EU, die Tschechische Republik und der Bahnhofsvorplatz in Olomouc), die nicht nur tastbar, sondern auch graphisch an Sehbehindertenbedürfnisse angepasst sind. Das Projekt ist jetzt in der ersten Phase, so können wir nur konstatieren, dass wir zur Zeit die geeignete Farbe für die drei Land- und Stadtkarten suchen.

3 Die Berufsmöglichkeiten sehbehinderter Menschen auf dem Arbeitsmarkt

Das Ziel der Ausbildung ist für Menschen mit einer Sehbehinderung in der Tschechischen Republik sicher ähnlich wie in der BRD, nämlich Chancen auf dem freien Arbeitsmarkt zu erhalten. Es ist festzustellen, dass wir uns dem Ziel nur langsam nähern. Die Statistiken zeigen uns, dass ca. 75% der Menschen mit Sehbehinderung ohne Arbeit sind.

Bei der Arbeitssuche oder bei einer Umschulung können Menschen mit einer Sehbehinderung durch Arbeitsunterstützungsagenturen, Umschulungszentren und weitere Organisationen, die Menschen mit Sehbehinderung allgemein fördern (Tyflozentrum), Hilfe erhalten.

Nicht nur die Organisationen, die sich an Menschen mit einer Behinderung ausrichten, sondern auch die Arbeitsämter bemühen sich, eine Arbeit für Menschen mit einer Behinderung zu finden oder zumindest einige neue Kurse für sie zu organisieren. Leider müssen wir konstatieren, dass die Kurse oft nicht dem intellektuellen Niveau der Menschen entsprechen (z.B. empfahlen sie für eine junge Frau, die die Hochschule absolvierte, die Arbeit in einem Telefonservicecenter). Andererseits ist positiv zu werten, dass an jedem Arbeitsamt ein Arbeitsvermittler ist, der nur für Menschen mit einer Behinderung zuständig ist. Außer der Förderung der Menschen mit einer Behinderung unterstützen die Arbeitsämter auch den möglichen Arbeitgeber:

- Sie geben einen Beitrag zum Einrichten eines geschützten Arbeitsplatzes (auf dem freien Arbeitsmarkt) oder zur Einrichtung einer geschützten Arbeitswerkstatt.
- Sie unterstützen die Arbeitgeber dadurch, dass sie zum Gehalt für den Arbeitnehmer mit einer Behinderung beitragen.

Ein Beispiel:

Die Arbeitsämter förderten im Jahre 2007 die Gründung von 624 neuen Arbeitsplätzen, an denen zu Beginn des Jahres 1284 Menschen mit einer Behinderung beschäftigt wurden.

Aufgrund dessen, dass die Arbeitsämter nicht sehr erfolgreich sind, bemühen sich die oben genannten Organisationen für Sehbehinderte alles zu tun, was Menschen mit einer Sehbeeinträchtigung andere und weitere Chancen zu einer Umschulung eröffnet. Eine Möglichkeit sehen wir in den regionalen Projekten von Tyflozentren, welche den Menschen mit einer Sehbehinderung die Einstellung in dem gewünschten Beruf ermöglichen. In dem Projekt werden die Menschen mit einer Sehbehinderung zusätzlich unterrichtet (in der

Arbeit am Computer, Sprachkurse usw.) und die Arbeitsgeber informiert. Eine andere Möglichkeit für sie Arbeit zu finden, ist an einer Umschulung teilzunehmen und dann selbständig oder wieder mit Unterstützung einer Organisation eine Arbeit zu suchen. In der Tschechischen Republik existieren nur zwei Umschulungszentren für Menschen mit einer Sehbehinderung:

- In *Prag* existiert das größte und älteste Zentrum – Dědina –, in welchem die Menschen mit einer Sehbehinderung nicht nur neue Qualifikationen (Arbeit am Computer, keramische Arbeit, Bürstenbinder, Korbmacher, Masseur) erwerben können, sondern auch Menschen geholfen wird, die die Sehkraft im höheren Lebensalter verloren (sie erlernen hier Orientierung und Mobilität mit dem Blindenstock und Begleiter, wie sie in alltäglichen Situationen zurechtkommen, Brailleschrift, und viele andere wichtige Dinge.). Für alle Klienten gibt es ein reiches Angebot an rehabilitativen und freizeitlichen Aktivitäten.
- In *Brno* – hier können Menschen mit einer Sehbehinderung die Umschulung (zum Masseur, Arbeit am Computer und als Korbmacher) im Heim für Sehbehinderte wahrnehmen.

4 Die aktuelle Situation in Bezug auf Arbeitsmöglichkeiten von Menschen mit einer Sehbehinderung

Die Forschungsergebnisse stimmen mit den statistischen Daten überein. Auch bei Menschen mit einer Sehbehinderung gilt die Behauptung: je höher der Ausbildungsgrad, desto größer die Chance den gewünschten Beruf ausüben zu können. Dies bestätigt die nachfolgend aufgezeigte Untersuchung von Martina BOTOŠOVÁ (2005).

Tabelle 1: Zahl der Befragten

	Männer	Frauen
Zahl der Befragten	21 (58,33%)	15 (41,67%)

Tabelle 2: Anzahl der Antworten

	Blinde Menschen	Fast blinde Menschen	Menschen mit Sehbehinderung
Anzahl der Antworten	38,89%	30,56%	30,56%

Tabelle 3: Grad der Ausbildung

Grad der Ausbildung	Grundschule	Fachschule	Mittelschule mit Abitur	Fachhochschule	Hochschule/ Universität
Anteil	25%	25%	44,44%	2,78%	2,78%

Tabelle 4: Typ der Mittelschule

Typ der Mittelschule	Sondermittelschule	Reguläre Mittelschule
Anzahl der Antworten	62,07%	37,93%

Tabelle 5: Gelang es Ihnen, gleich nach dem Abschluss der Ausbildung den gewünschten Beruf zu ergreifen?

Ja	Nein
40%	60%

Tabelle 6: Arbeiten Sie in Ihrem Fach?

Ja	Nein
20,69%	79,31%

Tabelle 7: Arbeiten Sie zur Zeit?

Ja	Nein
88,89%	11,11%

Tabelle 8: Wie lange sind Sie in Ihrem Beruf tätig?

Die Länge des Arbeitsverhältnisses	weniger als Jahr	1 Jahr	2 Jahre	3 Jahre und mehr
Anzahl der Antworten	37,5%	12,5%	25%	25%

Tabelle 9: Wenn Sie die gewünschte Arbeit nicht fanden, wählten Sie eine Umschulung?

	Ja , ich habe damit Erfahrung	Nein, ich habe damit keine Erfahrung	Nein, ich habe keine Interesse	Nein, ich habe davon nicht gehört	Ich weiß nicht
Anteil der Antworten	42,86%	31,43%	11,43%	2,86%	11,43%

Tabelle 10: Würden Sie wegen der Arbeit einen Umzug in Erwägung ziehen?

	ja	Ja, wenn es Dienste für Sehbehinderte gibt	eher nein	nein
Anteil der Antworten	34,29%	8,57%	17,14%	40%

Tabelle 11: Was sind Ihrer Meinung nach die Verursacher des geringen Arbeitsangebots für Menschen mit einer Sehbehinderung?

	ökonomische Situation in der Tschechischen Republik	die Menschen mit einer SB	beide Faktoren	die unzureichende Zusammenarbeit zwischen Ausbildung und Angeboten auf dem Arbeitsmarkt	zu wenige Berufsangebote
Anteil der Antworten	20,69%	6,9%	34,48%	6,9%	31,03%

Anhand der Antworten in den Tabellen können wir sehen, dass sie unsere ersten Annahmen bestätigen. Es ist also davon auszugehen, dass Menschen mit einer Sehbehinderung, die arbeiten möchten, über eine höhere Bildung verfügen und von der Umgebung unterstützt werden, und so eine größere Chance haben, einen guten Beruf zu finden.

Ob von den alarmierenden Zahlen zur Arbeitslosigkeit von Menschen mit einer Sehbehinderung auch die Schüler der Mittelschulen, ihre Lehrer und Eltern wissen, versuchten Lada ŠTANTEJSKÁ und Veronika RŮŽIČKOVÁ (2009) herauszufinden. An ihrer Erhebung nahmen 47 Schüler der Mittelschulen für Schüler mit Sehbehinderung aus der ganzen Tschechischen Republik teil.

Tabelle 12: Wer half Ihnen bei der Wahl der Schule und im Bereich der Ausbildung?

Eltern	Schulberater	Sonder-pädagogisches Zentrum	Pädagogisch-psychologische Beratungsstelle	Arbeitsamt
65,96%	21,28%	12,77%	0	0

Tabelle 13: Entspricht das Fach Ihren Interessen und Hobbys?

Ja	Nein
59,97%	40,43%

Tabelle 14: Berücksichtigten Sie Ihre Sehbehinderung bei der Wahl der Ausbildung?

Ja	Nein
63,83%	36,17%

Tabelle 15: Wissen Sie, ob Sie mit Ihrer Ausbildung eine Arbeit in Ihrem Bereich finden?

Ja	Nein
76,60%	23,40%

Tabelle 16: Wo möchten Sie eine Arbeit suchen?

im Wohnort	Außerhalb des Wohnortes	Ich weiß nicht
25,53%	44,68%	29,79%

Tabelle 17: Werden Sie eine Arbeit in Ihrem Bereich finden?

Ja	Nein
68,09%	31,91%

Tabelle 18: Möchten Sie an der Hochschule oder an der Fachhochschule studieren?

Ja	Nein
65,96%	34,04%

Mit der letzten Frage lies sich erkennen, dass die meisten der Schüler der Mittelschulen für Sehbehinderte weiter studieren möchten, was unseres Erachtens jedoch keine neue Information ist. Was allerdings interessant ist, ist die Tatsache, dass fast 80% der Schüler nicht wissen, ob sie eine Arbeit in ihrem angestrebten Beruf finden, und trotzdem besuchen sie gerade die Mittelschule. Wenn wir aber auf ihre Zeitgenossen ohne Behinderung blicken, sieht es sicher ähnlich aus.
Ein Großteil der Schüler beendet die Schule mit dem Abitur. Der Erhebung von Martina BOTOŠOVÁ (2005) zufolge können sie in ihrem Bezirk damit beruflich aber nicht weiterkommen. Dies sollten die Schüler und ihre Eltern wissen. Wir meinen, dass es eine große Schande ist, dass die Schüler und vor allem die Schulen mit den Arbeitsämtern nicht zusammenarbeiten. In diesem

Kontext stimmt es hoffnungsvoll, dass die Schüler der Mittelschulen eine höhere Ausbildung erhalten wollen.
Ein weiteres gutes Ergebnis für die sehbehinderten Menschen, aber auch für die Arbeitsgeber ist, dass die jungen Menschen bereit sind, den Wohnort für ihre Arbeit zu wechseln.
Wir hoffen, dass unser Beitrag aufzeigen konnte, dass die Problematik von Arbeitsmöglichkeiten für Menschen mit einer Sehbehinderung im Zentrum des Interesses stehen muss. Daran arbeiten nicht nur die oben genannten Organisationen und Studenten, sondern auch die Fachleute im Bereich der Sonderpädagogik. Zur Zeit ist das Projekt am Lehrstuhl für Sonderpädagogik der Pädagogischen Fakultät an Palacky Universität in Olomouc mit dieser Problematik befasst.
Für das Projekt der „Agentur für Unterstützung der Tschechischen Republik Nm. 406/08/0386“ unter dem Namen „Bedingungen für die Erziehung der Kinder, Schüler und Schülerinnen und Schüler mit sonderpädagogischem Förderbedarf“ ist die Leiterin Professorin Libuše LUDÍKOVÁ. Das Projekt hat Kinder und Schüler mit sensorischer Behinderung und vor allem die sprachlichen, sozialen und Arbeitskompetenzen bei dieser Gruppe von behinderten Menschen im Fokus. Ausgangspunkt dieser Forschung sollten die Analyse der Integration von Menschen mit Sehbehinderung in den Arbeitsmarkt und die Erwartungen auf Seiten der Arbeitgeber sein.
Mit Hilfe dieses Beitrags wurde sehr gut deutlich, dass Menschen mit einer Sehbehinderung arbeiten möchten und dass sich die Gesellschaft intensiv für dieses Ziel einsetzt, aber wir wissen auch, dass vor uns noch ein langer Weg liegt.

Literatur

BROŽOVÁ-BOTOŠOVÁ, M. (2005): Návaznost pracovního uplatnění na možnosti vzdělávání zrakově postižených v ČR. 1. vyd. Olomouc, UP

ŠTANTEJSKÁ, L. (2009): Volba povolání osob se zrakovým postižením s ohledem na stupeň a typ zrakové vady. DP. Vedoucí práce: Mgr. Veronika RŮŽIČKOVÁ, Ph.D. Olomouc

Eva Martinková

Veränderung der Kommunikationszugänge bei Personen mit Taubblindheit in Tschechien

1 Einleitung

Meinen Beitrag möchte ich der Problematik der Kommunikation bei Individuen mit dual-sensorischer Behinderung, d.h. mit Taubblindheit widmen, die einen der schwierigsten Behinderungstypen überhaupt darstellt. Die Kommunikation spielt im menschlichen Leben eine grundsätzliche Rolle. Bedeutend beeinflusst sie die Entwicklung der menschlichen Persönlichkeit, nimmt eine wichtige Stellung in den zwischenmenschlichen Beziehungen ein und ist ein Mittel der gegenseitigen Beziehungen und nicht zuletzt ist sie natürlich auch ein Mittel des Informationsaustausches. Kommunikation, das bedeutet verschiedene Verständigungsformen und Übermittlungen, braucht jedes lebende Wesen in seiner Existenz. Die Kommunikationssysteme, die taubblinde Menschen bei ihrer Verständigung nutzen, sind sehr wandlungsfähig. Ihre individuelle Auswahl ist jedoch vor allem durch die Art (d.h. durch den Schweregrad und Struktur) der Seh- und Hörfehler beschränkt. Bei den Personen mit dieser Behinderung ist es sehr schwierig, Beziehungen mit der Umgebung aufzunehmen, insbesondere dann, wenn es sich um einen Geburtsfehler handelt. Auch bei denjenigen, die Seh- und Hörschäden im späteren Alter erwerben, die also die Grundlagen der kommunikativen Fähigkeiten durch den gesprochenen Ausdruck und Gebärdensprache erlernt haben, ist die Bildung des Verständigungsprozesses vor allem von Art, Tiefe und Struktur der Beeinträchtigung, von dem Zeitpunkt, zu dem die Beeinträchtigung erfolgte, von eventuellen weiteren Beeinträchtigungen, der Rechtzeitigkeit der entsprechenden Erziehungs- und Bildungsbetreuung und von dem Gesamtniveau der psychischen, biologischen und sozialen Entwicklung abhängig. Es gibt folgende Kommunikationssysteme für Personen mit einer dualen Hör- und Sehbeeinträchtigung:
Sprechen – ist eine sehr häufige Kommunikationsweise bei den Personen, die Taubblindheit im späteren Alter erwarben und die über einen Hörrest

verfügen bzw. bei denen die Hörbeeinträchtigung durch ein Hörgerät ausgeglichen wird. Bei der Kommunikation ist es wichtig, langsam und deutlich zu sprechen. Allgemein kann man sagen, dass taubblinde Menschen mit überwiegender Sehbeeinträchtigung eine günstigere Prognose für die lautsprachliche Entwicklung haben.

Brailleschrift – also Punktschrift, ist die Schrift, die von stark Sehbehinderten und Blinden mit praktischer oder totaler Blindheit benutzt wird. Die Kombination von sechs Punkten in zwei Spalten bildet einzelne Buchstaben, die durch den Tastsinn gelesen werden. Für taubblinde Menschen gibt es eine Einhandvariante der Brailleschrift mit zwei Fingern, bei der die einzelnen Symbole auf den linken Zeigefinger und Mittelfinger „geschrieben“ werden und eine Zweihandvariante, bei der eine Person die Informationen vermittelt, indem sie die Hände des Rezipienten so berührt, als ob sie eine Schreibmaschine für Punkteschrift nutzen würde.

Gebärdensprache – das Kommunikationsmittel, das für Taubblinde, denen Sehreste erhalten blieben, geeignet ist. Das Verständigungssystem wird in diesem Fall aus spezifischen visuell-motorischen Mitteln – Handform, Handstellung und Bewegungen, Mimik und obere Körperteile – gebildet.

Fingeralphabet (Daktylotik) – benutzen Taubblinde mit Sehresten. Die einzelnen Fingerhaltungen einer Hand oder auch beider Hände drücken einen konkreten Buchstaben aus.

Daktylotik in die Handfläche (Kontaktfingeralphabet) – Fingeralphabet, bei dem die Fingerlage und Fingerstellung in die Handfläche des Rezipienten markiert wird.

Lormen-Alphabet – das Handflächen-Alphabet bzw. handflächlige System ist vor allem für praktisch oder total taubblinde Personen geeignet. Einzelne Berührungen von bestimmten Punkten auf den Fingern und der Handfläche entsprechen konkreten Buchstaben.

Tadoma – ist auf das systematische Abtasten der Sprachäußerung des Sprechers auf seinen Lippen, Wangen und dem Hals gegründet.

Die Eintragung der Buchstaben in die Handfläche – nutzen Taubblinde mit Seh- und Hörverlust im höheren Lebensalter, die der Nutzung des mündlichen Ausdrucks, vor allem in der graphischen Form, völlig entsprechen.

Schriftsprache – nutzen Taubblinde hauptsächlich durch Computer, Handy oder Schreibtelefon für Gehörlose und auch in Situationen, in denen keine spezifischen Bedingungen für die Kommunikation beachtet werden müssen.

Ablesen – die Lippenlesekunst, ist eine weniger genutzte Kommunikationsform.

Im Bereich der Kommunikation taubblinder Menschen kann man noch mehr Kommunikationsformen erkennen. Sie sind jedoch auf einem individuellen Verständigungscode gegründet, der zwischen den einzelnen Taubblinden oder zwischen den Taubblinden und den Therapeuten (Eltern, Pädagogen) entstanden ist, so dass diese Codes einzigartig sind. In Notsituationen und bei Trennung der taubblinden Person von ihren Bezugspersonen ist dieser Kommunikationscode allerdings nicht anwendbar und ermöglicht darum keinen Kontakt zu fremden Personen. Aufgrund der o.g. Tatsachen gibt es in der Gegenwart unter Fach- aber auch Laienkreisen die Bestrebung, die sozialen Kontakte und Kommunikationsmöglichkeiten zwischen Personen mit Taubblindheit und anderen zu erweitern. Ein aktueller Trend in der Tschechischen Republik ist die Kommunikation durch die taktile Gebärdensprache.

2 Taktile Gebärdensprache

Taktile Gebärdensprache ist eine Variante der Gebärdensprache bei Gehörlosen, die auf einen gegenseitigen Kontakt von einer oder beiden Händen der Personen, die zusammen Kommunikation pflegen, gegründet ist. Taktile Gebärdensprache nutzen bei der Verständigung diejenigen taubblinden Personen, die der Gebärdensprache für Gehörlose mächtig sind, deren aktueller Zustand der Sehperzeption aber nicht ermöglicht, Informationen auf visuelle Weise zu empfangen.

In der Berührungsform der Gebärdensprache können wir eine Verschiebung vom simultanen Ausdruck zur Linearprojektion vermerken. Bei Personen, die früher die tschechische Sprache bevorzugten und ihre Seh- und Hörbeeinträchtigung erst später erwarben, ist offensichtlich keine Nutzung der Inkorporation vorhanden.

Auch bei den Personen, die früher Gebärdensprache nutzten, werden Simultankonstruktionen oft eingeschränkt. Die taubblinde Person bestimmt immer die Version der Kommunikation, ob sie die Simultanform nutzt oder nicht. Sowohl die Linear- sowie die Simultanzeichenfolge können eine Quelle der ungenauen Informationen sein, so dass diese ungenauen Informationen eine Reihe von negativen Reaktionen hervorrufen können.

In der Tschechischen Republik leben etwa 1500 Personen mit einer solchen Behinderung, von denen die Mehrheit aus denjenigen besteht, die ihre gegenwärtige Hör- und Sehbehinderung erst im Laufe ihres Lebens erwarben. Derzeit wird die Erziehungs- und Bildungspflege für Personen mit Taubblindheit in zwei Institutionen sicher gestellt: im sonderpädagogischen Kindergarten in Beroun und der dazugehörigen Grundschule und dem

Kindergarten für Gehörlose in Olomouc, dessen Bestandteil auch eine Klasse für taubblinde Kinder ist. Nach Schulende können taubblinde Menschen nur Angebote der gemeinnützigen Anstalten nutzen. Die Erziehungs- und Bildungskonzeption ist also durch weitere Dienste, die durch andere Institutionen zu gewährleisten wären, zu erweitern.

o.s. LORM – die Gesellschaft für Taubblinde ist eine der größten Organisationen in der Tschechischen Republik, die Taubblinde, ihre Familien und andere unterstützende Personen vereinigt, die sich für die Problematik der Taubblindheit interessieren. Diese Organisation arbeitet seit 1991 und hat zur Zeit ca. 200 Mitglieder. Sie bietet regelmäßige Dienste, z.B. in Form von flächendeckenden Diensten für etwa 120 Menschen aus der ganzen Tschechischen Republik an. Die systematische individuelle und soziale Pflege, die von o.s. LORM zur Verfügung gestellt wird, entspricht dem Gesetz Nr. 108/ 2006 Gesetzessammlung über Sozialdienste. Alle Dienste sind aufgrund des schriftlichen Vertrags, den der Dienstnutzer mit seinem regionalen Regionalmitarbeiter abschließt, gesichert.

o.s. LORM organisiert Klubtätigkeiten, kulturelle Aktivitäten und weitere regionale Veranstaltungen für taubblinde Personen und ihre Begleiter. Die Gruppenpflege wird durch individuelle Pflege ergänzt, die vor Ort oder in den Beratungszentren der o.s. LORM angeboten wird.

Die Pflege ist auf das Training in den Bereichen der Kommunikation, der Mobilität und der Raumorientierung ausgerichtet. Weiterhin werden den Klienten sozial-rechtliche Informationen über Kompensationshilfsmittel, Service für Hörgeräte usw. zur Verfügung gestellt. Außerdem organisiert o.s. LORM Ausbildungen und auf Rehabilitation zielende Aufenthalte.

Im Jahre 2004 begann die Zusammenarbeit zwischen o.s. LORM und der Dozentin Eva SOURALOVÁ und ihrem Team von Arbeitskollegen aus der Abteilung für Sonderpädagogik der Pädagogischen Fakultät an der Palacky-Universität in Olmütz und Masaryk-Universität in Brünn, und zwar zur Einführung der taktilen Gebärdensprache für Taubblinde. Im Rahmen dieser Zusammenarbeit veranstaltete o.s. LORM im August des gleichen Jahres einen Wochenaufenthalt, der auf die Ausbildung der taktilen Gebärdensprache gerichtet war. Während des ersten Aufenthaltes wurde untersucht und nachgeprüft, ob diese Kommunikationsform für Taubblinde annehmbar und zuträglich ist. Eine wichtige Tatsache besteht darin, dass diese Kommunikationsform der Taubblinden in der Tschechischen Republik nicht erweitert worden war, im Gegensatz zu westlichen und nördlichen Ländern Europas.

Aufgrund der Reaktionen der Teilnehmenden des ersten Aufenthaltes, bei dem eindeutig die Zuträglichkeit eines solchen Kommunikationsmittels für

Taubblinde festgestellt worden war, wurde im Jahre 2005 eine weitere Kooperation geplant. Es wurde damit begonnen, eine CD-ROM der taktilen Gebärdensprache vorzubereiten und es erfolgte ein Training der Multiplikatoren dieser taktilen Gebärdensprache.

Im Jahre 2005 fand der nächste Wochenaufenthalt statt, bei dem außer des eigentlichen Unterrichts der taktilen Gebärdensprache auch die Verständlichkeit der in die Berührungsformen verwandelten einzelnen Zeichenvarianten nachgeprüft wurde, zwecks der Herstellung der CD-ROM „Taktile Gebärdensprache für Taubblinde“. Dieser Aufenthalt sollte zeigen, welche Zeichen aus der Zeichenreihe, die für die CD-ROM vorher aufgenommen wurden, die geeignetsten wären, in der Berührungsform für Taubblinde aus Sicht des Sehverlustes. Die Wahl von konkreten Zeichen und die geeignete Weise ihrer Artikulation beurteilten nicht nur Taubblinde, die bereits die taktile Gebärdensprache bei der Verständigung benutzten, sondern auch diejenigen, die mit der Ausbildung erst begannen (eine Gruppe hat während jedes Aufenthaltes ca. 15 taubblinde Personen ausgebildet). Alle standen damit in Einklang, dass es für das gegenseitige Verständnis unbedingt wichtig ist, die Zeichen regelmäßig und in der gleichen Form zu verwenden, da schon eine kleine Änderung bei der Zeichendurchführung ihr Verstehen schwierig machen kann. Vor dem Wochenaufenthalt im Sommer 2006 wurde die erste CD-ROM fertig gestellt und während des Aufenthaltes den Teilnehmern vorgestellt. Die CD-ROM ist so erstellt worden, dass sie Personen mit Sehfehlern gut zugänglich ist, so dass der Benutzer eine passende Buchstabeneinstellung und eine Untergrundfarbe nach seinem individuellen Bedarf auswählen kann; es ist möglich die Geschwindigkeit der Buchstabenumwandlung zu modifizieren. Auf der CD-ROM sind die einzelnen Zeichen in der üblichen Ausführung gezeigt – die Variante der Gebärdensprache und die Variante der taktilen Gebärdensprache im Detail. Die einzelnen Wortbereiche/ Zeichenbereiche sind hier thematisch und alphabetisch geordnet, außerdem kann der Benutzer seine gewonnenen Kenntnisse in der Testform sofort prüfen. Die CD-ROM dient also nicht nur als methodisches Hilfsmittel für Lektoren der Gebärdensprache, sondern auch den Taubblinden selbst zur Vertiefung ihrer Kenntnisse, die sie sich schon in den o.s. LORM-Kursen der taktilen Gebärdensprache aneigneten. Außer der Ausbildung während der Fortbildungsaufenthalte ist den Benutzern auch die kostenlose Ausbildung der taktilen Gebärdensprache in den Beratungszentren LORM in Brünn, Prag und Liberec zugänglich, inkl. Lehrmaterial. Der vorläufig letzte, also der 4. Aufenthalt mit dieser Thematik, fand 2008 im Juli statt. Außer dem Unterricht in der taktilen Gebärdensprache wurden dort die am besten passenden Zeichenvarianten für Bedürfnisse der Taubblinden nachgeprüft, damit der zweite Teil der Trainings-CD abgeschlossen werden konnte. Beide Teile dieser CD-ROM werden für Taubblinde kostenlos zur Verfügung gestellt, genauso wie die Ausbildung in taktiler Gebärdensprache während der Aufenthalte oder in den Beratungszentren LORMs.

Im Zusammenhang mit der präsentierten Problematik halte ich es für bedeutsam, die vorbereitete Neufassung des Gesetzes Nr. 155/1998 Gesetzessammlung über Gebärdensprache zu erwähnen. An dem Neufassungsvorschlag beteiligt sich u.a. auch die Organisation LORM. Das ursprüngliche Gesetz über Gebärdensprache hat die Bedürfnisse der Taubblinden nicht berücksichtigt. Außer einer Änderung der Gesetzesbenennung, ursprünglich „Gesetz über Gebärdensprache", in das gegenwärtige „Gesetz über Kommunikationssysteme der Gehörlosen und Taubblinden", war es die Bestrebung terminologische Unklarheiten im genannten Bereich auszuräumen und legislativ die Problematik der Taubblindheit durch das Gesetz zu erfassen und zu schützen. Diese vorbereitete Neufassung fasst deshalb außer den Kommunikationssystemen für Gehörlose auch die tschechische Sprache, weiterhin auch das LORMEN-Alphabet, die Eintragung der Großbuchstaben in die Handfläche, Brailleschrift mit Nutzung der taktilen Gebärdensprache, Berührungsablesen und Vibrationsmethode Tadoma, als Kommunikationssysteme, die für Taubblinde bestimmt sind. Sie werden durch das Gesetz einen Anspruch auf das Benutzen von Kommunikationssystemen und der Ausbildung im Bereich der genannten Kommunikationssysteme haben. Das Gesetz hat gleichzeitig das Recht der Taubblinden auf Dolmetscher-Dienste festgelegt, das das Dolmetschen in denjenigen Kommunikationssystemen sicherstellt, die in dem Gesetz aufgeführt sind.

Eines der Teammitglieder, welches sich an der Realisation der Aufenthalte und der erwähnten CD-ROM beteiligte, hat verdeutlicht: „Der Wunsch der Gestalter und von allen, die sich an der Produktion der CD-ROM beteiligten, ist, dass es den taubblinden Menschen hilft, die Basis der taktilen Gebärdensprache einfacher zu gestalten, so dass sie eine regelmäßige und gleiche Kommunikationsweise nutzen können, ohne den Typ oder das Ausmaß der Hör- und Sehbeeinträchtigung berücksichtigen zu müssen."

Literatur

LANGER, J. (2007): Taktilní znakový jazyk pro hluchoslepé a multimédia. Bratislava: Sapientia

SOURALOVÁ/ E. HORÁKOVÁ, R. (2008): Problematika osob s hluchoslepotou a kontaktní tlumočení u hluchoslepých preferující český znakový jazyk. Praha: Česká komora tlumočníků znakového jazyka o.s.

Jiří Vítek, Marie Vítková

Analyse der sozioedukativen Kompetenzen in der prägraduellen Bildung der Studierenden der Sonderpädagogik im Fach Neurologie in Tschechien

Die einzigen Entscheidungsfaktoren in der Medizin sind nicht mehr nur die Ergebnisse der ärztlichen Untersuchungen. Anschließende Therapie, Medikation, Behandlung oder Rehabilitation werden ebenfalls aufgrund der subjektiven Lebensqualität eines Menschen festgelegt. Der Wert wird auf die Präferenz der Patienten, ihrer Wahrnehmung der eigenen Gesundheit und die Auswirkungen der Behandlung gelegt. Die Ergebnisse der Messung der Lebensqualität werden anschließend bei der Planung der weiteren Entwicklung der medizinischen Betreuung, ihrer Orientierung, der Entwicklung präventiver Programme oder der Gewährleistung weiterer Leistungen mit Einbeziehung der Fachleute aus den verschiedenen Berufsfeldern im Sinne einer Teamzusammenarbeit genutzt.
In diesem Beitrag wird ein Beispiel aus dem Unterricht der medizinischen Propädeutik und der umgesetzten Forschung im Bereich der neurologischen Erkrankungen, konkret anhand des Anfallsleidens Epilepsie dargestellt. Dieser Bereich wurde gewählt im Hinblick auf die berufliche Orientierung der Autoren, im Hinblick auf die Zunahme integrierter Schülerinnen und Schüler mit Behinderung und chronischer Erkrankung in Grund- und Mittelschulen und nicht zuletzt im Hinblick auf den Bedarf qualifizierter Information der Lehrkräfte und Sonderpädagoginnen und Sonderpädagogen über diese Erkrankung und deren Einfluss auf die Schülerinnen und Schüler und ihre schulischen Leistungen.

1 Theoretische Ausgangslage

Neurologie ist eine medizinische Fachrichtung, die sich vor allem mit den Erkrankungen des zentralen Nervensystems (ZNS) – Gehirn und Rückenmark – und des peripheren Nervensystems samt des Muskelapparats und des vegetativen Systems befasst (NEVŠÍMALOVÁ/ RŮŽIČKA/ TICHÝ 2002; MASUHR/ NEUMANN 2005). Kinderneurologie erforscht und behandelt das

dynamische System, das sich entwickelt und selbstorganisiert, das andere Organsysteme beeinflusst und selbst von der Umwelt, einer Krankheit oder unserer Behandlung beeinflusst wird (KOMÁREK/ ZUMROVÁ 2000; VÍTEK 2007).
Neurologie bildet die theoretische Ausgangslage für das Studium der Sonderpädagogik angelehnt an die Bildung von Personen mit einer Behinderung, vor allem mit einer Körperbehinderung sowie einer Mehrfachbehinderung. Erkenntnisse aus der Neurologie werden angewendet im Bereich der Geistig-, Körper- und Sehbehindertenpädagogik, Logopädie, Hörgeschädigtenpädagogik oder bei Lernschwierigkeiten (BARTOŇOVÁ/ VÍTKOVÁ 2007; PIPEKOVÁ 2006; VÍTKOVÁ 2004, 2006). Eine häufige neurologische Erkrankung, vor allem bei Kindern, ist die Epilepsie. Die charakteristischen Merkmale der Epilepsie sind sich spontan wiederholende, nicht provozierte epileptische Anfälle. Die Wahrscheinlichkeit, einen epileptischen Anfall zu bekommen, liegt bei 9%, an Epilepsie zu erkranken bei 3%. Die Prävalenz in der Bevölkerung sind 5-8 Fälle auf 1000 Einwohner – 0,5-0,8% (KOMÁREK 1997; JACOBI 1991).

2 Psychosoziale und pädagogische Aspekte

Das Verhältnis zwischen den Erkrankungstypen und psychischen Störungen ist nicht eindeutig. Bei symptomatischer Epilepsie treten organisch bedingte Störungen psychischer Funktionen häufiger auf als bei idiopathischer Epilepsie. Je früher die Krankheit entsteht, desto umfassender sind die Folgen (SCHAUDWET/ SCHÖLLER 1999). Die Wirkung der Behandlung ist bei größerer Frequenz epileptischer Anfälle weniger günstig. Partielle Anfälle mit komplexer Symptomatik haben einen schlechteren Einfluss. Mit vorübergehender Verschlechterung des EEG's verschlechtern sich vorübergehend auch die Leistungen sowie der gesamte psychische Zustand. Zu beobachten sind Faktoren, welche die Lernentwicklung der Schülerinnen und Schüler mit Epilepsie beeinflussen (VÁGNEROVÁ 1995). Im Bereich der kognitiven Fähigkeiten wird die Möglichkeit einer damit verbundenen organischen Behinderung und Schädigung der Gehirnfunktionen wahrgenommen. Ebenfalls wirkt sich die Epilepsie auf die Struktur der Persönlichkeit aus. Die Erfahrung mit dem Verlust der Kontrolle während eines Anfalls bleibt nicht ohne Einfluss auf das Lernen und auf die Entwicklung des Selbstvertrauens. Nicht zu unterschätzen ist die soziokulturelle Umgebung. Aufgrund einer hyperaktiven Erziehung seitens der Eltern kann es passieren, dass die Kinder beim Erwerb von Erfahrungen eingeschränkt werden.

3 Analyse der Erkenntnisse über Epilepsie bei Lehramts- und Sonderpädagogikstudierenden

Das Ziel der hier in Kürze dargestellten Erhebung war es, die Kompetenzen der Studierenden zu analysieren und anschließend auf den Bedarf dieser Lehramts- und Sonderpädagogikstudierenden zu reagieren, die Analyse des derzeitigen Standes im Bereich der Intervention bei Schülerinnen und Schülern und Adoleszenten mit Epilepsie durchzuführen und optimale Lösungsvorschläge zur Erhöhung des Fachwissens der zukünftigen Lehrkräfte und Sonderpädagoginnen/-pädagogen abzuleiten (VÍTEK 2008).

Teilziele der Erhebung: Die Teilziele der Erhebung, die in den Jahren 2006/2007 durchgeführt wurde, können folgendermaßen zusammengefasst werden:
- Erhebung des Niveaus der fachlichen Kompetenzen der Studierenden der Sonderpädagogik sowie anderer Studienfächer (Komparation) im Bereich der sonderpädagogischen Förderung von Schülerinnen und Schülern mit Epilepsie,
- Entwurf eines Bildungsprogramms zum Erwerb von Kompetenzen zur Bildung der Schülerinnen und Schüler mit Epilepsie,
- Implementierung des entworfenen Programms in das Studienprogramm der Sonderpädagogik,
- Bei den Lehramtsstudierenden die Stärkung der allgemeinen Studienfächer im Bereich der genannten Kompetenzen (Sonderpädagogik I, II).

Forschungsmethodologie: Die Erhebung wurde mit Hilfe eines statistischen Verfahrens durchgeführt. Es handelte sich um eine quantitative Erhebung, die Anzahl der Befragten war 379 (N=379). Die wichtigste Technik bei dieser Erhebung war der Fragebogen, die Zielgruppe waren Studentinnen und Studenten des Lehramts für Grund- und Mittelschulen sowie der Sonderpädagogik.

Charakterisierung der Zielgruppe: Der ganze Komplex, der aus 379 Befragten bestand, wurde in drei Gruppen eingeteilt (Abb. 1 und Tab. 1):
- *Gruppe 1* – von den 126 Studierende, die eine Vorlesung in Neurologie noch nicht absolviert haben, waren 119 (94%) Frauen und 7 Männer (6%).
- *Gruppe 2* – von den 183 Bachelor-Studierenden nach dem 1. Bock der Vorlesungen in Neurologie (insgesamt gibt es zwei Blöcke) waren 179 (98%) Frauen und 4 Männer (2%).

- *Gruppe 3* – bei den Magister-Studierenden, die beide Blöcke der Vorlesungen in Neurologie absolvierten, handelte es sich ausschließlich um Frauen (70).

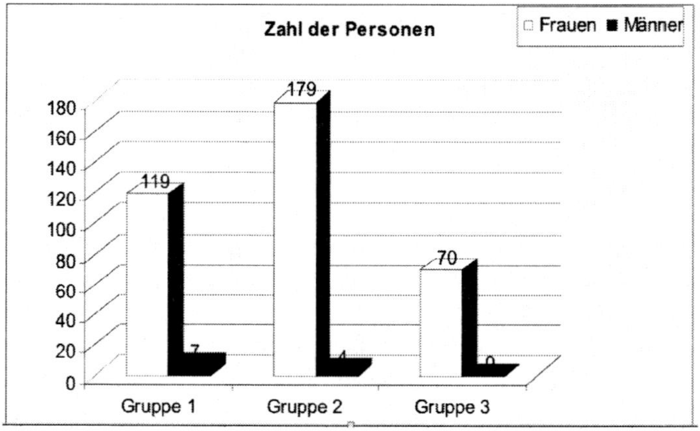

Abb. 1: Vertretung der Geschlechter in den Gruppen

Tabelle 1: Vertretung der Geschlechter in den Gruppen

	Frauen	Männer
Gruppe 1	119 (94 %)	7 (6 %)
Gruppe 2	179 (98 %)	4 (2 %)
Gruppe 3	70 (100%)	0

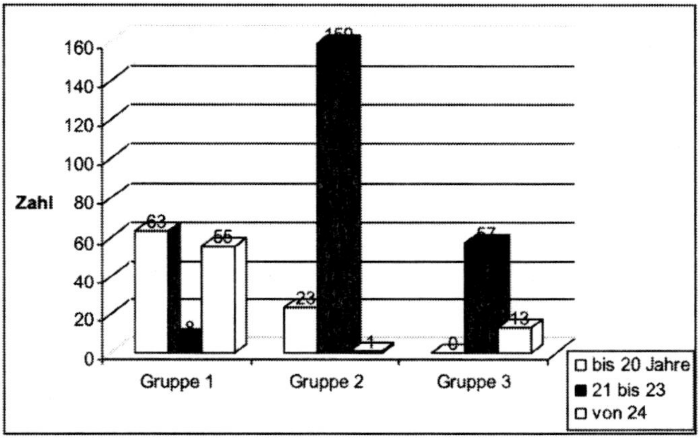

Abb. 2: Alter der Studierenden

Tabelle 2: Alter der Studierenden

	bis 20 Jahre	21 bis 23	ab 24
Gruppe 1	63	8	55
Gruppe 2	23	159	1
Gruppe 3	0	57	13

In der Gruppe 1 war die Hälfte der Studierenden unter 20 Jahre alt (63), 24 Jahre alt und älter waren 55 Studierende (44%). Am wenigsten vertreten war die Altersgruppe zwischen 21 und 23 (8 Studierende und nur 6% der Gesamtzahl). Dies war im Gegensatz dazu die meist vertretene Altersgruppe in der Gruppe 2, hier waren es 159 Studierende (87%). Unter 20 Jahre alt waren hier 23 Studierende, was 12,5% der Gesamtzahl entspricht, die wenigsten Befragten und zwar nur eine Person gehörten der Altersgruppe 24 und mehr (0,5%) an. In der dritten Gruppe war die Altersgruppe unter 20 nicht vertreten, was eine logische Folge dessen ist, dass es sich hier bereits um das Master-Studium handelt (Abb. 2).

4 Analyse und Interpretation der gewonnenen Daten

Es folgen in einer kurzen Zusammenfassung einige Ergebnisse der Erhebung.

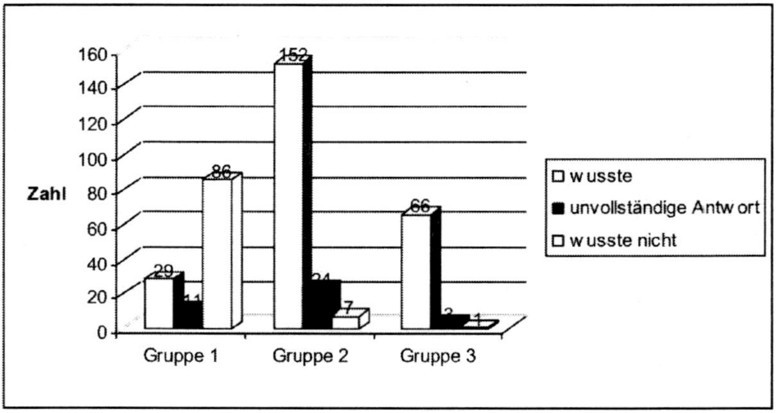

Abb. 3: Was ist Epilepsie?

Tabelle 3: Was ist Epilepsie?

	Wusste viel	Unvollständige Antwort	Wusste nicht
Gruppe 1	29 (23 %)	11 (9 %)	86 (68 %)
Gruppe 2	152 (83 %)	24 (13 %)	7 (4 %)
Gruppe 3	66 (94 %)	3 (4 %)	1 (2 %)

Die Frage *„Was ist Epilepsie?"* beantworteten in der Gruppe 1 richtig 29 der befragten Studierenden, was 23% ausmacht. Teilkenntnisse über Epilepsie bewiesen 11 Studierende (9%), mehr als die Hälfte der Studierenden in dieser Gruppe (86 Studierende, 68%) wusste nicht, was Epilepsie ist. In der Gruppe 2 waren es bereits 83% der befragten Studierenden (152), die die richtige Antwort wussten, bei 24 Studierenden (13%) war die Antwort ungenau oder unvollständig und 7 Studierende (4%) wussten die Antwort nicht. In der dritten Gruppe beantworteten die meisten Studierenden (66, 94%) die Frage richtig, bei drei Befragten war die Antwort ungenau, eine Studentin (2%) wusste die richtige Antwort nicht (Abb. 3, Tab. 3).

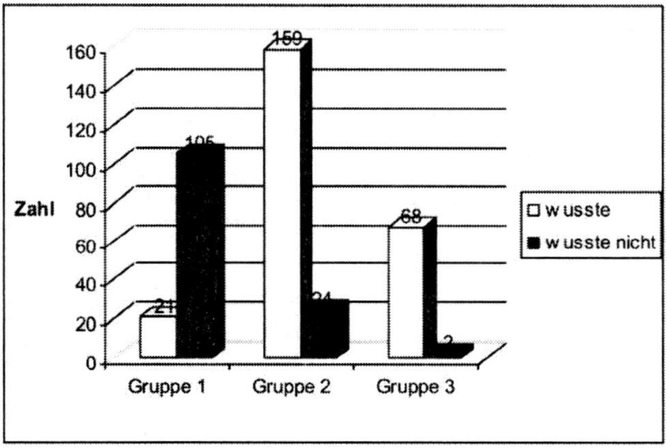

Abb. 4: Unterschied zwischen dem 1. epileptischen Anfall und Epilepsie

Tabelle 4: Unterschied zwischen dem 1. epileptischen Anfall und Epilepsie

	Wusste	Wusste nicht
Gruppe 1	21 (17 %)	105 (83 %)
Gruppe 2	159 (87 %)	24 (13 %)
Gruppe 3	68 (97 %)	2 (3 %)

Eine der nächsten Fragen betraf den *Unterschied zwischen dem ersten epileptischen Anfall und Epilepsie*. In der Gruppe 1 beantworteten diese Frage richtig 21 Studierende (17%), die meisten Studierenden (83%) wussten die richtige Antwort nicht. In der Gruppe 2 waren es bereits 159 Studierende und 87%, die die richtige Antwort wussten, falsch antworteten 24 (13%). In der Gruppe 3 wussten die richtige Antwort 93% (63) der befragten Studierenden, nur zwei von ihnen (3%) wussten die Antwort nicht (Abb. 4, Tab. 4)

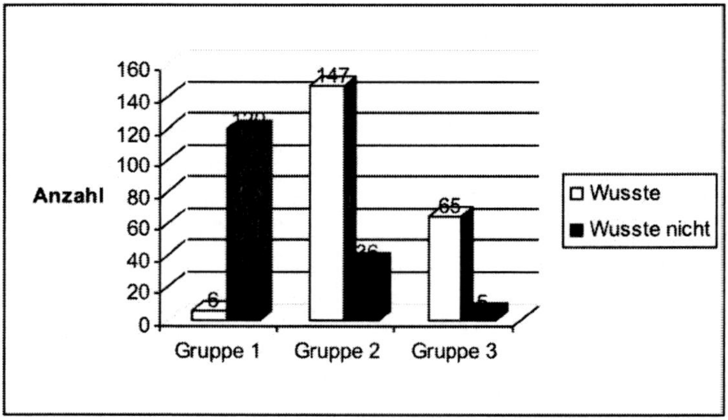

Abb. 5: Zeitpunkt des ersten epileptischen Anfalls

Tabelle 5: Zeitpunkt des ersten epileptischen Anfalls

	Wusste	Wusste nicht
Gruppe 1	6 (5 %)	120 (95 %)
Gruppe 2	147 (80 %)	36 (20 %)
Gruppe 3	65 (93 %)	5 (7 %)

Weitere Fragen behandelten die Problematik des Zeitpunkts des ersten epileptischen Anfalls sowie den Zeitpunkt allgemein bei Kindern. Der Zeitpunkt *des ersten epileptischen Anfalls* liegt bei 10%. Dies wussten in der Gruppe 1 6 Studierende (5%), 95% wussten es nicht. In der Gruppe 2 wussten es schon 147 Studierende also 80%. In der Gruppe 3 beantworteten diese Frage richtig 65 Studierende (83%) (Abb. 5, Tab. 5).

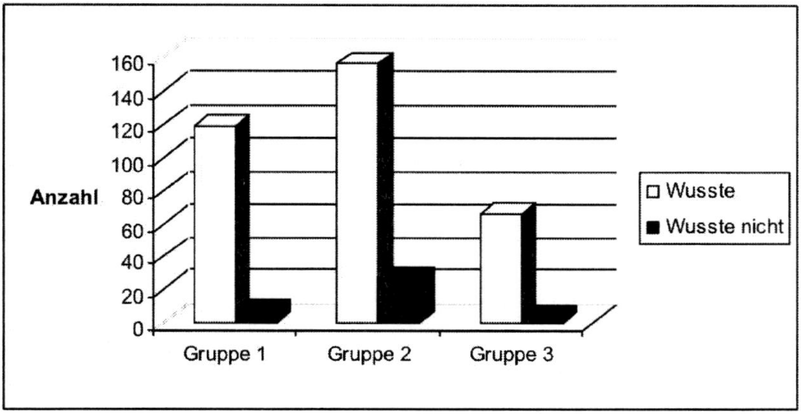

Abb. 6: Häufigkeit von Epilepsie bei Kindern gemessen an der Gesamtpopulation

Tabelle 6: Häufigkeit von Epilepsie bei Kindern gemessen an der Gesamtpopulation

	Wusste	Wusste nicht
Gruppe 1	119 (94%)	7 (6%)
Gruppe 2	156 (85%)	27 (15%)
Gruppe 3	66 (94%)	4 (6%)

Der *Anteil der Kinder mit Epilepsie an der gleichaltrigen Gesamtpopulation*, der 5% ausmacht, war in der Gruppe 1 bei 6% der befragten Studierenden (7) bekannt, in der Gruppe 2 bereits bei 85% (165) und in der Gruppe 3 sogar bei 94% der Befragten (66 von 70 Studierende) (Abb. 6, Tab. 6).

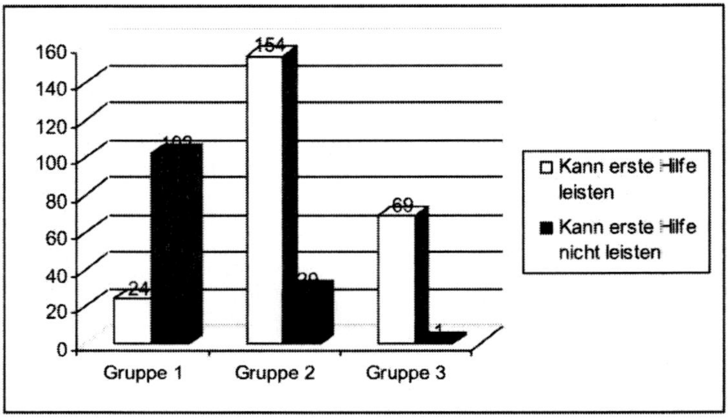

Abb. 7: Leistung von erster Hilfe bei einem epileptischen Anfall

Tabelle 7: Leistung von Erster Hilfe bei einem epileptischen Anfall

	Kann Erste Hilfe leisten	Kann Erste Hilfe nicht leisten
Gruppe 1	24 (19 %)	102 (81 %)
Gruppe 2	154 (84 %)	29 (16 %)
Gruppe 3	69 (99 %)	1 (1 %)

Eine wichtige Frage stellte die Frage nach der Ersten Hilfe dar. In der Gruppe 1 waren es 81%, die antworteten, dass sie nicht wüssten, wie *Erste Hilfe beim epileptischen Anfall zu leisten sei.* In der Gruppe 2 waren es bereits 84% (154), die es wissen und 16%, die es nicht wissen. In der Gruppe 3 antworteten 99%, dass sie wüssten, wie sie bei einem epileptischen Anfall Erste Hilfe leisten müssten (Abb. 7, Tab. 7).

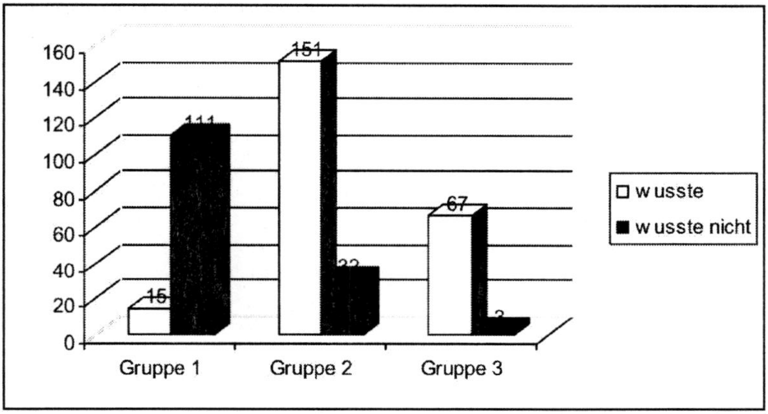

Abb. 8: Therapie der Epilepsie (strukturierter Tagesablauf und medikamentöse Behandlung)

Tabelle 8: Therapie der Epilepsie (strukturierter Tagesablauf und medikamentöse Behandlung)

	Wusste	Wusste nicht
Gruppe 1	15 (12 %)	111 (88 %)
Gruppe 2	151 (83 %)	32 (17 %)
Gruppe 3	67 (96 %)	3 (4 %)

In der Tabelle und Abbildung 8 werden die Ergebnisse der Frage nach der Behandlung der Epilepsie dargestellt. Dass ein strukturierter Tagesablauf und eine medikamentöse Behandlung hier eine Rolle spielen, wussten in Gruppe 1 15 Studierende (12%), 111 Studierende kannten die Antwort nicht. In Gruppe 2 kannten die richtige Antwort 151 Studierende (83%) und in Gruppe 3 sogar 96% der Befragten.

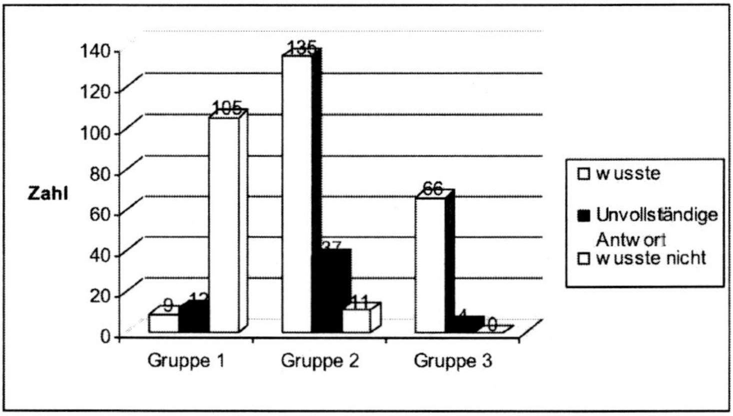

Abb. 9: Soziale Aspekte der Epilepsie

Tabelle 9: Soziale Aspekte der Epilepsie

	Wusste	Unvollständige Antwort	Wusste nicht
Gruppe 1	9 (7 %)	12 (10 %)	105 (83 %)
Gruppe 2	135 (74 %)	37 (20 %)	11 (6 %)
Gruppe 3	66 (94 %)	4 (6 %)	0 (0 %)

Eine weitere Frage konzentrierte sich auf die Erhebung der sozialen Aspekte der Epilepsie einschließlich der Einschränkungen des Patienten mit Epilepsie nach dem ersten epileptischen Anfall im Alltagsleben inkl. Sport, bei der Berufswahl, Besitz eines Führerscheins etc. In Gruppe 1 wussten 9 Studierende (%) die richtige Antwort, 10% gaben unvollständige Antwort und die meisten (83%) wussten die Antwort nicht. Bei Gruppe 2 gaben 74% die richtige und 20% eine unvollständige Antwort, lediglich 11 Studierende (6%) wussten die Antwort nicht. In Gruppe 3 antworteten 94% richtig, bei vier Studierenden (6%) gab es unvollständige Antworten (Abb. 10. Tab. 10).

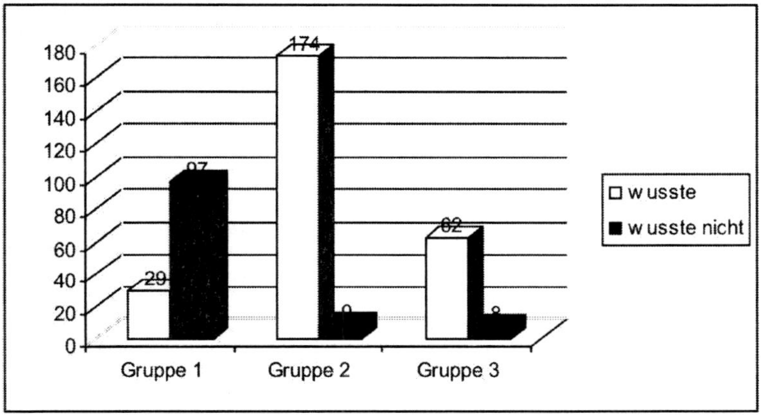

Abb. 10: Zu epileptischen Anfällen zählen: a) Migräne b) Synkope c) Absence d) Tetanie

Tabelle 10: Zu epileptischen Anfällen zählen: a) Migräne b) Synkope c) Absence d) Tetanie

	Wusste	Wusste nicht
Gruppe 1	29 (23 %)	97 (77 %)
Gruppe 2	174 (95 %)	9 (5 %)
Gruppe 3	62 (89 %)	8 (11 %)

Die letzte Frage bezog sich auf die Kenntnis des einzelnen Anfallstyps, der für das Kinderalter typisch ist. Hier sollten die Studierenden aus vier Möglichkeiten wählen: Migräne, Synkope, Absence, Tetanie. In der Gruppe 1 gab es 23% richtiger Antworten (29 Studierende), bei der zweiten Gruppe 95% und bei der Gruppe 3 89% (Abb. 10, Tab. 10).

5 Interpretation der Ergebnisse

Es gab wesentliche Unterschiede zwischen den Antworten der Studierenden in den einzelnen Gruppen. Die für die zukünftigen Lehrerkräfte und Sonderpädagoginnen und -pädagogen notwendigen Grundkenntnisse waren nur in den Gruppen 2 und vor allem 3 zu finden, in denen die befragten Studierenden das Fach Neurologie (in Gruppe 3 beide Blöcke) absolviert hatten.

Zu Beginn der Erhebung wurden einige Hypothesen formuliert. Nachfolgend in Kürze ihre Auswertung.

H1 Der Anteil an Frauen bei den Befragten ist höher als der der Männer.
Bei den Befragten der Gruppe 1 waren 94%, in der Gruppe 2 98% und in der Gruppe 3 zu 100% Frauen, was der Struktur der Vertretung beider Geschlechter an der Pädagogischen Fakultät der Masaryk Universität entspricht. Die Hypothese wurde bestätigt.

H2 Je umfassender die Ausbildung im Bereich der Neurologie, desto mehr Fachkenntnisse (höhere Kompetenzen) liegen zur Problematik der Epilepsie vor.
Bei der Gruppe 1 beantworteten 23% richtig die Frage 4 *Was ist Epilepsie?,* Teilkenntnisse über Epilepsie bewiesen 9%. Bei der Gruppe 2 gab es 83% richtige Antworten, ungenau antworteten 13%. Bei der Gruppe 3 antworteten richtig 94%, ungenau 4%. Also liegt auch hier eine Bestätigung der Annahme vor.

H3 Bei der Problematik Epilepsie haben Studierende des Magisterstudiums höhere Kompetenzen als Studierende des Bachelor-Studiums.
Die Frage nach der Behandlung der Epilepsie beantworteten in Gruppe 1 richtig 15 Studierende (12%), in Gruppe 2 kannten die richtige Antwort 151 Studierende (83%), in Gruppe 3 67 (96%). Hypothese wurde bestätigt.

H4 Bessere Kenntnisse im Bereich der Neurologie haben Studierende, die beide Neurologie-Kurse absolviert haben als jene, die nur Neurologie I. absolvierten.
Die Frage: *„zu epileptischen Anfällen gehört: Migräne, Synkope, Absence, Tetanie“* beantworteten überraschend besser Studierende der Gruppe 2 (95 %), d.h. Studierende des Bachelor-Studiums, als Magisterstudierende der Sonderpädagogik (89%). Die Hypothese wurde nicht bestätigt.

H5 Je höher die Ausbildung im Bereich der Neurologie, desto größer die Fähigkeit der Studierenden zur adäquaten Erste-Hilfe-Leistung bei einem Kind mit einem epileptischen Anfall.
In Gruppe 1 könnten 81% der Studierenden *keine Erste Hilfe bei einem epileptischen Anfall* leisten, 24 Studierende (19%) wussten, wie Erste Hilfe zu leisten ist. In Gruppe 2 wissen 84% der Studierenden, wie man Erste Hilfe leistet, in der Gruppe 3 wären 99% imstande, Erste Hilfe zu leisten. Die Hypothese wurde bestätigt.

6 Schlusswort

Die durchgeführte Erhebung bewies einen bedeutenden Unterschied in der Vorbereitung der Lehramtsstudierenden ohne oder mit dem Studienfach Sonderpädagogik sowie der Sonderpädagoginnen und -pädagogen auf dem Niveau des Bachelor oder Magister, und dies im Hinblick auf die Unterrichtung von Schülerinnen und Schülern mit sonderpädagogischem Förderbedarf, vor allem mit Behinderung und gesundheitlicher Einschränkung. Die Ergebnisse sprachen zu Gunsten jener Studentinnen und Studenten, die eines der Fächer der Sonderpädagogik studieren.
Aus den Ergebnissen der Erhebung wurden folgende Empfehlungen abgeleitet:

- Entwurf eines Bildungsprogramms für Studierende zum Erwerb der Fachkompetenzen im Bereich der Unterrichtung von Schülerinnen und Schülern mit Epilepsie,
- Implementierung in das Studienprogramm der Sonderpädagogik; es wurden Leitfäden für den Fachbereich Neurologie I. und Neurologie II. ausgearbeitet.
- Zum Zweck der Erhöhung der Fachkompetenzen der Lehramtsstudierenden ohne das Studienfach Sonderpädagogik wurde die Erweiterung der Inhalte des Studienfachs Sonderpädagogik I und II um die Problematik der Epilepsie und dies im Hinblick auf die psychosozialen und pädagogischen Aspekte der Erkrankung, Leistung der Ersten Hilfe, gesunde Lebensweise etc. vorgeschlagen.

Literatur

BARTOŇOVÁ, M./ VÍTKOVÁ, M. (2007): Strategie ve vzdělávání žáků se speciálními vzdělávacími potřebami a specifické poruchy učení. Brno: Paido

JACOBI, G./ MEIER-EWERT, K. (Hrsg.) (1991): Epilepsie des Kindesalters. Hamburg

KOMÁREK, V./ ZUMROVÁ, A. et al. (2000): Dětská neurologie. Vybrané kapitoly. Praha: Galén

KOMÁREK, V. (1997): Epileptické záchvaty a syndromy. Praha: Galén

MASUHR, K. F./ NEUMANN, M. (2005): Neurologie. Stuttgart

NEVŠÍMALOVÁ, S./ RŮŽIČKA, E./ TICHÝ, J. et al. (2002): Neurologie. Praha: Galén

PIPEKOVÁ, J. a kol. (2006): Kapitoly ze speciální pedagogiky. Brno: Paido

SCHAUDWET, A./ SCHÖLER, J. (Hrsg.). (1999) Epilepsie bei Kindern und Jugendlichen in der Schule. Berlin

VÁGNEROVÁ, M. (1995): Psychologie problémového dítěte školního věku. Praha: Karolinum

VÍTEK, J. (2008): Analýza socioedukativních kompetencí v pregraduálním vzdělávání studentů speciální pedagogiky v předmětu neurologie. Disertační práce. Brno: MU

VÍTEK, J. (2007): Medicínská propedeutika pro speciální pedagogy. Úvod do neurologie. Úvod do oftalmologie. Brno: Paido
VÍTKOVÁ, M. (ed.) (2004): Integrativní speciální pedagogika. Integrace školní a sociální. Brno: Paido
VÍTKOVÁ, M. (2006): Somatopedické aspekty. Brno: Paido

Annette Leonhardt, Margita Schmidtová, Viktor Lechta, Brigitte Lindner, Kirsten Ludwig, Stefanie Fiocchetta

Kinder, Jugendliche und Erwachsene mit Cochlea Implantat (CI) in Deutschland und der Slowakei – ein Vergleich der CI-Versorgung und der Rehabilitation

1 Basis der Zusammenarbeit

Die Ergebnisse nachfolgend beschriebener Teilstudie basieren auf einer deutsch-slowakischen Kooperation, die seit 1988 besteht. Nach einem zunächst losen Zusammenwirken, das in der Teilnahme an Konferenzen und dem Austausch von Erfahrungen und Forschungsergebnissen bestand, verstetigte sich die Zusammenarbeit mit erstmaliger Ausschreibung des Förderprogramms PPP (Programm Projektbezogener Personenaustausch). 2001 wurde das Programm, welches auf einer Vereinbarung zwischen dem Deutschen Akademischen Austauschdienst (DAAD) und dem Slowakischen Ministerium für Schulwesen (MŠ SR) bzw. der Slowakischen Akademie der Wissenschaften (SAV) besteht, erstmalig durch die jeweiligen Einrichtungen ausgeschrieben. Seither kam es zu drei gemeinsamen Forschungsprojekten:
2002 bis 2003 Historische Entwicklung des Hör- und Sprachgeschädigtenwesens der BRD und SR im europäischen Kontext (LECHTA et al. 2006, LECHTA et al. 2008, LEONHARDT et al. 2006b)
2004 bis 2005 Die Surdologopädie als Schnittstelle zwischen Hörgeschädigten- und Sprachbehindertenpädagogik (LEONHARDT et al. 2004, LEONHARDT et al. 2005, LEONHARDT et al. 2006 a, b, c)
2007 bis 2008 Integration Hör-Sprachgeschädigter in allgemeine Bildungseinrichtungen (LEONHARDT et al. 2007, LECHTA et al. 2009).
An diesen drei Projekten waren insgesamt drei Hochschullehrer (zwei auf slowakischer und eine auf deutscher Seite), vier Nachwuchswissenschaftler (auf deutscher Seite) und 30 Studierende (17 auf slowakischer und 13 auf deutscher Seite) beteiligt. Die teilnehmenden Studierenden schrieben in einem der Projekte ihre Diplom- bzw. Masterarbeit (slowakische Seite) oder

eine wissenschaftliche Hausarbeit (deutsche Seite). Alle Mitwirkenden hielten sich für einen gewissen Zeitraum im Partnerland auf, um Erfahrungen und Erkenntnisse sowie Informationen vor Ort zu gewinnen.

2 Grundlagen des Vergleichs der CI-Versorgung in Bayern und der Slowakei

Cochlea Implantationen haben sich in den 90er Jahren des 20. Jahrhunderts europaweit etabliert. In Deutschland fand die erste CI-Versorgung bei einem jungen hochgradig hörgeschädigten Kind (unter zwei Jahren) 1988 an der Medizinischen Hochschule Hannover statt.

Die erste CI-Versorgung eines prälingual gehörlosen Kindes wurde in der Slowakei 1995 in der Universitäts-HNO-Klinik „Antolska" Bratislava und im Bundesland Bayern 1995 an der HNO-Universitätsklinik Regensburg durchgeführt. Die zeitgleiche (erste) CI-Versorgung von prälingual hochgradig hörgeschädigten Kleinkindern in der Slowakei und in Bayern war einer der Gründe, den Vergleich auf Bayern und die Slowakei zu beschränken. Weitere Gründe lagen in der Größe und Einwohnerzahl des Landes bzw. Bundeslandes sowie vor allem in den gemeinsamen historischen Wurzeln der Hörgeschädigtenbildung. Allerdings erschien dieses Vorgehen auch aus arbeitsökonomischen und finanziellen Gründen sinnvoll.

Trotz der Eingrenzung auf Bayern steht hier noch immer ein (Bundes-)Land von 70.500 km^2 dem „kleineren" Land Slowakei mit ca. 49.000 km^2 gegenüber. Bayern hat 12,4 Mio. und die Slowakei 5 Mio. Einwohner.

Die vorangegangenen Studien hatten belegt, dass sowohl für die slowakische als auch für die bayerische Hörgeschädigtenbildung das 1779 gegründete kaiserlich-königliche Taubstummeninstitut in Wien auslösend und für die weitere Entwicklung prägend war. Auch die gegenwärtige Zahl der Schulen für Hörgeschädigte (2008) ist vergleichbar. So verfügt Bayern über sieben und die Slowakei über sechs Schulen für Hörgeschädigte.

Fachwissenschaftlich belegt ist, dass früh erkannte und sofort mit Hörhilfen (dies sind in der Anfangsphase Hörgeräte, später dann – bei hochgradigen Hörschädigungen – oftmals ein oder im Idealfall zwei Cochlea Implantate) versorgte Kinder eine an der Norm der hörenden orientierte Hör- und Sprachentwicklung durchlaufen können. Damit kommt der frühen Diagnose einer Hörschädigung bei von Geburt an hörgeschädigten Kindern ein hoher Stellenwert zu. Folglich bemüht man sich europaweit um eine flächendeckende Einführung des Neugeborenenhörscreenings. Da der Stand der Umsetzung des Neugeborenenhörscreenings einen unmittelbaren Einfluss auf den Erfolg einer CI-Versorgung von prälingual hochgradig hörgeschädigten bzw. gehörlosen Kindern hat, werden auch hierzu Aussagen getroffen.

3 Was ist ein Cochlea Implantat?

Ein Cochlea Implantat ist eine technische Hörhilfe, die vorzugsweise bei ertaubten Personen und bei prälingual hochgradig hörgeschädigten bzw. gehörlosen Kindern zur Anwendung kommt. Sie übernehmen die Funktion der ausgefallenen Hörsinneszellen im Innenohr (also den Funktionsausfall der Cochlea). Voraussetzung ist, dass der Hörnerv korrekt arbeitet, die Weiterleitung der Signale also gesichert ist.
Ein CI eignet sich für Personen, denen mit konventionellen Hörgeräten oder durch eine Mittelohroperation aufgrund des Ausmaßes des Hörverlustes keine ausreichende Hörinformation vermittelt werden kann.
Das Cochlea Implantat besteht aus externen und internen Komponenten. Die externen Teile sind Mikrofon, Sprachprozessor und Sendespule. Die internen Teile werden operativ eingesetzt, es handelt sich hier um das eigentliche Implantat und den Elektrodenträger. Sowohl die internen als auch externen Teile haben in den letzten 30 Jahren eine ständige Weiterentwicklung erfahren, so dass die Trageeigenschaften (insbesondere des Sprachprozessors) und die Qualität des Höreindrucks bzw. des Sprachverstehens ständig zugenommen haben. Das CI schafft die technischen Voraussetzungen für ein Hören. Nach der Implantation schließt sich eine umfassende Rehabilitationsphase an, in dessen Mittelpunkt das Hören lernen mit CI (bei Ertaubten) und die Hör-Sprech-Spracherziehung (bei Kindern) steht. Welchen Gewinn der Einzelne aus der Cochlea Implantat-Versorgung ziehen kann, hängt von zahlreichen Faktoren ab. Bei prälingual gehörlosen Kindern zählen dazu der Zeitpunkt der CI-Versorgung, individuelle Dispositionen, die Qualität des Rehabilitationsprozesses u.a. Bei ertaubten Personen ist in hohem Maße die Dauer der Ertaubung beeinflussend. Eine zeitnahe Versorgung mit einem Cochlea Implantat nach der Ertaubung erleichtert den Rehabilitationsprozess, da noch ein gutes akustisches Erinnerungsvermögen besteht.

4 Der Stand der CI-Versorgungen in der Slowakei

Die erste Implantation wurde 1994 durchgeführt. Es handelte sich um einen 14jährigen, postlingual ertaubten Jugendlichen, der aufgrund seiner Vorerfahrungen und seines akustischen Erinnerungsvermögens rasche Fortschritte in der Hör- und Sprachentwicklung zeigte. Das erste prälingual gehörlose

Kind wurde 1995 operiert. Das erste Kind, das vor dem zweiten Lebensjahr versorgt wurde, erhielt das Implantat 1999.
In der Slowakei werden nach wie vor ausschließlich in Bratislava im Universitätskrankenhaus „Antolska" Cochlea Implantationen vorgenommen. Die Vorbereitung und Durchführung einer CI-Operation sowie die sich anschließende Rehabilitationsphase werden von einem Team organisiert und begleitet. Zu diesem gehören 15 Personen.
Pro Jahr werden etwa 10 bis 20 CI-Operationen durchgeführt. Der reale Bedarf kann damit jedoch nicht abgedeckt werden, der bei etwa 25 bis 30 Operationen liegen würde.
Wie auch die deutschen Cochlea-Implant-Zentren (CIC) arbeitet das slowakische eng mit den Eltern der Kinder zusammen. Die Eltern dienen den mit CI versorgten Kindern als auditives und sprachliches Vorbild, setzen die Anregungen zum Hören- und Sprechenlernen des Cochlea-Implant-Zentrums im Alltag fort und entwickeln im Umgang mit den Kindern entsprechende Kompetenzen. Nicht zuletzt liegt, wie auch in Deutschland, die Hauptverantwortung bei den Eltern.
In der Slowakei ist das Cochlea-Implant-Zentrum sowohl für die Rehabilitationsphase bei Kindern als auch bei den Erwachsenen zuständig.
Aufgrund der Überschaubarkeit der CI-Versorgungen kann man für dieses Land die exakte Zahl der mit Cochlea Implantat versorgten Personen angeben. So waren Ende Februar 2008 insgesamt 187 Personen mit CI versorgt. Der jüngste Patient war zum Zeitpunkt der Implantation 1,7 Jahre, der älteste 65 Jahre.
In der Slowakei ist das Neugeborenenhörscreening seit dem 01. Mai 2006 verbindlich. Es kann aus finanziellen Gründen jedoch nur in den zehn größten Städten (z.B. in Bratislava [hier in mehreren Kliniken], Košice, Prešov, Banska Bystrica, Považská Bystrica und Čadca) umgesetzt werden.

5 Der Stand der CI-Versorgung in Bayern

In Bayern führen die HNO-Kliniken in Augsburg, Erlangen und Würzburg sowie je zwei HNO-Kliniken in München und Regensburg Cochlea Implantat-Operationen durch. Damit besteht im Gegensatz zur Slowakei eine nahezu flächendeckende Versorgung.
Nach der CI-Versorgung werden die Kinder in Cochlea-Implant-Zentren betreut, die für die Nachsorge und Rehabilitation (einschließlich dem Hör-Sprech-Sprachlernprozess) zuständig sind. In Bayern stehen dafür vier Einrichtungen zur Verfügung.

Weder für ganz Deutschland noch für Bayern kann man die exakte Anzahl der CI-Träger angeben. Allgemein geht man von ca. 11.000 CI-versorgten Personen in Deutschland aus, wobei von 100 Versorgungen etwa 60 auf Kinder (zumeist prälingual hörgeschädigte) und 40 auf Erwachsene (fast immer ertaubte) entfallen.
Im Bundesland Bayern war der jüngste Patient, der mit CI versorgt wurde, vier Monate, der älteste fast 84 Jahre. Letzterer war eine Person mit einer progredient verlaufenden Hörschädigung, dessen Ausmaß im hohen Alter so gravierend wurde, dass er sich zu einer CI-Versorgung entschloss.
Das Neugeborenenhörscreening ist in Deutschland zum 01. Januar 2009 verbindlich eingeführt worden, nachdem es in mehreren Regionen, so auch in Niederbayern, Modellversuche zu dessen Durchführung gab. Die aktuelle Umsetzung entspricht jedoch noch nicht in allen Geburtseinrichtungen den geltenden Standards.

6 Vergleich des Entwicklungsstandes

In der Slowakei und in Bayern wurde zeitgleich mit der CI-Versorgung prälingual hochgradig hörgeschädigter bzw. gehörloser Kinder begonnen. Dabei steht eine operierende, d.h. die Cochlea Implantat-Versorgung vornehmende Einrichtung in der Slowakei, sieben operierenden Einrichtungen in Bayern gegenüber. Auch die für die Nachsorge und Rehabilitation zuständigen Cochlea-Implantat-Zentren sind von der Zahl her unterschiedlich. Was jedoch die Ziele und das Anliegen sowie die rehabilitationspädagogische Arbeit bei einer CI-Versorgung von Kindern betrifft, besteht zwischen beiden Ländern große Übereinstimmung.
In Bayern ist es inzwischen die Regel, dass Kleinkinder beidseitig mit CI versorgt werden. In der Slowakei wurde im Jahr 2000 die erste bilaterale Versorgung vorgenommen; ein derartiges Vorgehen bildet aber auch heute eher noch die Ausnahme.
2005 wurde in Deutschland die erste (nur) einseitig taube Person mit einem CI versorgt. Es handelte sich um einen einseitig ertaubten Mann, dessen Gegenseite gut hörend war. Neben einer Wiedergewinnung konnte ein sehr gutes Sprachverständnis auf der CI-Seite erreicht werden.
In jüngster Zeit wächst auch die Zahl der Personen, die nach einer progredient verlaufenden Hörschädigung – ab einem bestimmten Ausmaß an Hörverlust – ebenfalls ein Cochlea Implantat erhalten.
Die letztgenannten Vorgehensweisen, also die Versorgung einseitig tauber Personen oder die von progredient altersschwerhörigen Menschen mit erheb-

lichem Hörverlust, werden in der Slowakei derzeit noch nicht durchgeführt. Zumindest die Versorgung von einseitig tauben Menschen wird auch in Deutschland noch heftig diskutiert.
In Deutschland (und damit auch in Bayern) lassen inzwischen auch hochgradig hörgeschädigte bzw. gehörlose Eltern ihr hochgradig hörgeschädigtes bzw. gehörloses Kind mit Cochlea Implantaten versorgen. Die CI-Versorgung von hochgradig hörgeschädigten bzw. gehörlosen Kindern hochgradig hörgeschädigter bzw. gehörloser Eltern wurde anfänglich nicht nur von den Betroffenen selbst abgelehnt, sondern galt auch bei den Fachleuten als umstritten. Heute nimmt die Zahl der CI-versorgten Kinder hörgeschädigter Eltern langsam, aber kontinuierlich zu. Für den norddeutschen und den süddeutschen Raum existiert je eine aktive und erfolgreiche Elternselbsthilfegruppe (LEONHARDT 2008). In der Slowakei haben diesen Schritt noch keine hörgeschädigten Eltern gewagt. Da aber auch hier das erste Elternpaar mit ihrem hochgradig hörgeschädigten Kind im Cochlea-Implant-Zentrum Bratislava zur Beratung war, ist davon auszugehen, dass es auch in der Slowakei demnächst vergleichbare Familien geben wird.

7 Ausblick

Die äußerst konstruktive Zusammenarbeit, die in drei innovativen Projekten zum erhofften Erfolg führte, ist ermutigend und zugleich eine Herausforderung für die künftige Kooperation. Da Forschung fast immer mehr Fragen aufwirft als sie beantwortet, stehen vielfältige neue Arbeitsfelder als Ergebnis der bisherigen Zusammenarbeit für weitere Studien bereit.

Literatur

LECHTA, V./ LEONHARDT, A./ LINDNER, B./ SCHMIDTOVÁ, M. (2004): Zum Stand der Cochlea-Implantat-Versorgung in der Slowakei. In: Schnecke, 16 Nr. 46, S. 30-31

LECHTA, V./ LEONHARDT, A./ LINDNER, B./ SCHMIDTOVÁ, M. (2008): Die historische Entwicklung der Hörgeschädigten- und Sprachbehindertenpädagogik in Bayern und der Slowakei – Ergebnisse einer vergleichenden Studie einer deutsch-slowakischen Forschergruppe. In: BIEWER, G./ LUCIAK, M./ SCHWINGE, M. (Hrsg.): Begegnung und Differenz: Menschen – Länder – Kulturen. Beiträge zur Heil- und Sonderpädagogik. Bad Heilbrunn, S. 166-183

LECHTA, V./ LEONHARDT, A./ LINDNER, B./ SCHMIDTOVÁ, M. (2009): Integration Hör-Sprachgeschädigter in allgemeinen Bildungseinrichtungen – Ergebnisse einer vergleichenden Studie einer deutsch-slowakischen Forschergruppe. In: BÜRLI, A./ STRASSER, U./ STEIN, A.D.: Integration/Inklusion aus internationaler Sicht. Bad Heilbrunn

LECHTA, V./ LEONHARDT, A./ SCHMIDTOVÁ, M. (2006): Vergleichende Rehabilitationspädagogik am Beispiel einer Kooperation zwischen den Universitäten Bratislava und München. In:

GROßE, K.-D./ SIEBERT, H. (Hrsg.): Rehabilitationspädagogik im interdisziplinären Kontext. Eine Festschrift für Prof. Dr. habil. Klaus-Peter Becker. Hamburg, S. 131-144

LEONHARDT, A./ LECHTA, V./ SCHMIDTOVÁ, M./ KOVÁČOVÁ, B. (2007): Inkluzívna pedagogika ako odbor, princíp i politikum verzus jej realízácia. In: EFETA Vedocko-odborný časopis o komplexnej rehabilitacii l'udi s postihnutím. 17 (2007) 2, S. 2-4 (slowakisch)

LEONHARDT, A./ LINDNER, B./ LECHTA, V./ SCHMIDTOVÁ, M. (2004): Surdologopedia ako jeden z konceptov výstavby reči nepočujcich detí. In: EFETA Vedecko-odborny casopis o komplexnej rehabilitacii l'udí s postihnutim. 14/3, S. 2-4 (slowakisch).

LEONHARDT, A./ LINDNER, B./ LECHTA, V./ SCHMIDTOVÁ, M. (2005): Kochleárne implantáty z pohl' adu nemeckej a slovenskej surdologopédie (komparativna študía). In: EFETA Vedocko-odborny casopis o komplexnej rehabilitacii l'udi s postihnutim. 15/3, S. 2-4 (slowakisch)

LEONHARDT, A./ LINDNER, B./ LECHTA, V./ SCHMIDTOVÁ, M. (2006a): Štyri roky programu výmeny osôb pracujúcich na spoločných projektoch medzi univerzitou Komenskeho v Bratislave a univerzitou Ludwiga-Maximiliana v Mnichove. In: EFETA-otvor sa 2005. Ročenka vedecko-odborného časopisu o komplexnej rehabilitácii l'udi s posthnutím. Poradenstvo v špeciálnej a liečebnej pedagogike. Zbornik z medzinárodnej vedeckej špeciálnopedagogickej konferencie 13.-15. októbra 2005 in Prešove. Zostavili: Viktor Lechta, Ján Hučik. Vydalo Vydavatel'stvo Osveta. Martin, p. 95-97 (slowakisch)

LEONHARDT, A./ LINDNER, B./ LECHTA, V./ SCHMIDTOVÁ, M. (2006b): Hörgeschädigten- und Sprachbehindertenpädagogik in der Slowakei und in Bayern. In: Sonderpädagogik in Bayern, 49/2, S. 13-17

LEONHARDT, A./ LINDNER, B./ LECHTA, V./ SCHMIDTOVÁ, M. (2006c): Vier Jahre projektbezogener Personenaustausch zwischen Bratislava und München. In: Sonderpädagogik in Bayern. 49 (2006) 2, S. 22-24

LEONHARDT, A. (2008): Gehörlose Eltern und Kinder mit CI. In: Schnecke. 19/59, S. 12-15

Margit Fenyvesi-Fazekas

Untersuchung zur Phonemperzeption bei Kindern mit Lernbeeinträchtigungen in Ungarn

1 Die Phonemperzeption und ihre pädagogische Bedeutung

Mit Hilfe dieser Fertigkeit können wir den Sprachlaut in verschiedenen Lautumgebungen wahrnehmen. Wir können die Sprachlaute nach ihren Eigenschaften differenzieren. Diese Eigenschaften können sein:
- Ort der Bildung,
- Art der Bildung,
- stimmhafte oder stimmlose Lautbildung,
- kurzer oder langer Sprachlaut.

Diese sich spontan entwickelnde Fertigkeit erfolgt als eine Bedingung des Sprechen Lernens. Mit ihrer Hilfe werden die Analyse der Sprache und die Wahrnehmung der Unterschiede ermöglicht. Wenn ein Kind sprechen lernt, kann es die Informationen aus der Sprachwahrnehmung und aus dem Klang der Sprache in gleicher Weise entnehmen. Bei der Regelung des Prozesses der Artikulation hat die Phonemperzeption eine Kontrollrolle, es ist eine Bedingung, um die Muttersprache zu erlernen. Wann diese Fertigkeit sich zu entwickeln beginnt, weiß man nicht genau, aber es kann 3-5 Jahre lang dauern.

Die Phonemperzeption erfolgt auf der Wahrnehmungs- und sprachlichen Ebene. Die Regulierung entwickelt sich in der Kommunikation über den auditiven Kanal. Es bedarf mehrerer Jahre, das Optimum zu erreichen (NAGY 2000). Die Qualität der Fertigkeit, den Inhalt zu verstehen, beeinflusst die Bildung der Sprachlaute, das Lesen und die Rechtschreibung.

Wenn die Differenzierung der Sprachlaute nicht korrekt erfolgt, können in Folge Sprech- und Sprachfehler sowie eine Lese-Rechtschreibschwäche entstehen. Auch beim Fremdspracherwerb ist es eine wichtige Bedingung, die Sprachlaute genau zu differenzieren.

Eine Lernbehinderung ist oft mit Sprach- und Sprechstörungen verbunden (GEREBENNÉ 1996). Die Kinder mit Lernbeeinträchtigungen haben oft Sprach- und Sprechfehler, wenn sie in die Schule eintreten. Nicht selten

können sie diese Störungen erst gegen Ende der Grundschulzeit überwinden (SKOFLEK 1996, TORDA 1995). Die Symptome beim Lesen und Rechtschreiben sind die gleichen wie bei Kindern, die eine Dyslexie und/oder eine Dysgraphie aufweisen (VASSNÉ/ FEHÉRNÉ 1996).
Obwohl ein Teil der lernbeeinträchtigten Kinder keine Sprach-/Sprechstörungen aufweist, ist dies doch keine Garantie für eine optimal ablaufende Phonemperzeption. Diese Einschränkung der Fertigkeit bleibt verborgen. Nur mit Hilfe einer Untersuchung kann herausgefunden werden, ob die Phonemperzeption in ausreichendem Maße erfolgt. Das Lese- und Rechtschreiblernen ist erschwert und dies nicht nur aufgrund der kognitiven Einschränkung. Daher ist es sehr wichtig, die auditive Wahrnehmungsfähigkeit zu untersuchen (MACHER 2007).

2 Die Entwicklung der Phonemperzeption

Diese Fertigkeit entwickelt sich mit dem Lebensalter. Die angeborenen Mechanismen helfen den Kindern, die Muttersprache zu erlernen. Schon Neugeborene wenden sich der Sprache zu. Sie lassen sich mit Sprache oder mit Gesang zu beruhigen (KASSAI 1997).
3-4 Jahre alte Kinder können die grammatischen Formen der Muttersprache erlernen, aber sie benützen oft übernommene Formen. Die Mitteilung verstehen sie meistens zunächst auf der akustischen und phonetischen Seite des Sprachverständnisses (GÓSY 1999). Dann schreiten sie auf höherer Ebene fort (Semiologie). Die Verarbeitung der Details nimmt ab, das Streben nach inhaltlichen Beziehungssetzungen (Kontext) wächst. Mit 5-6 Jahren können die Kinder jeden Vokal und jeden Konsonanten eindeutig erkennen, unabhängig davon, in welcher Lautumgebung der Sprachlaut vorkommt (GÓSY 1999).
Im Laufe des Spracherwerbs treten rasch Hilfsfunktionen ein. Der Prozess wird schneller und läuft zunehmend automatisch ab, die Phonemperzeption funktioniert optimal. Die wichtigsten Faktoren dafür sind: das Beherrschen der Sprache, die kognitiven Erfahrungen, die Wortroutine und der Kontext. Mit ihrer Hilfe kann der Zuhörer den Inhalt des Wortes entschlüsseln.
Bei Menschen mit Lernbeeinträchtigungen erfolgt dieser Prozess häufig oberflächlich und langsamer. Die ersten Wörter erscheinen später, der Wortschatz vergrößert sich langsamer und in geringerem Umfang. Wegen der eingeschränkten Funktion weicht die Art der Kommunikation dieser Personengruppe von der Norm ab (MESTERHÁZI 1998). Neben dem Um-

gebungseffekt müssen wir zweifellos die kritische Rolle der eingeschränkten Phonemperzeption mit beachten.

3 Die Bestandteile der Phonemperzeption

Die folgenden Bestandteile helfen die Sprachlaute zu differenzieren:
- der Ort der Lautbildung (die Lage des Sprechorgans),
- die Art der Lautbildung (wie wirken die Sprachorgane mit),
- die Stimmhaftigkeit (ob der Sprachlaut stimmhaft oder stimmlos ist),
- die Zeitdauer (ob der Sprachlaut kurz oder lang ist).

Jeder Bestandteil hat Anteil an der Sprachbildung. Die Sprachlautfolge und die Bildungsschnelligkeit führen bei der Sprache zu prägenden Änderungen. Einschränkungen führen schwerer zu einer genauen Festsetzung der Sprachlaute. So gehört die Sprachlauterkennung auch zu den Bestandteilen der Phonemperzeption.

3.1 Die Rolle der Phonemperzeption bei der Sprachwahrnehmung

Es bedarf ca. 3-5 Jahre eine Muttersprache zu erwerben. Im Alter von 2-4 Jahren beschleunigt sich dieser Prozess, wenn auch mit individuellen Unterschieden. Mit 5-6 Jahren formt sich die klare Sprache, wobei die Phonemperzeption eine entscheidende Rolle spielt. Wenn ein Kind noch nicht 5 Jahre alt ist, kann ein Sprach- oder Sprechfehler physiologischer Art sein. Wenn es aber 6 Jahre alt oder älter ist, und dennoch Sprach- oder Sprechfehler vorliegen, können diese eine Lernstörung oder Lernbehinderung ankündigen. Über 5 Jahre andauernde Sprach- und Sprechfehler – unter der Voraussetzung funktionierender Sprachorgane, Gehör und Nervensystem – weisen darauf hin, dass diese Fähigkeit beeinträchtigt ist. In diesem Fall kann das Kind einige Sprachlaute nicht richtig bilden, weil es sie „nicht richtig" hört (LŐRIK 1992, 23).

3.2 Die Rolle der Phonemperzeption bei der Analyse der Sprache

Die verbale Kommunikation basiert auf zwei Fähigkeiten, die Lautbildungsfähigkeit und das Sprachverständnis. Dazu bedarf man der Fähigkeit, die Sprache analysieren zu können. Die Voraussetzung dafür ist die Phonemperzeption.

Die Differenzierung der Sprache ist das Ergebnis eines Lernprozesses. Durch die in der Umgebung wahrgenommenen und abwechslungsreichen Informationen wird der Sprachlaut immer sicherer erkannt. Die sprachanalytische Fähigkeit und die akustische Aufmerksamkeit entwickeln sich fortlaufend.

Das Kind hört die Sprachlaute nicht isoliert, sondern in einer Sprachlautumgebung, so treffen sich verschiedene Sprachlautverformungen, Angleichungen und Änderungen. Daher ist der Inhalt der Sprache schwer zu verstehen. Kinder mit Lernbeeinträchtigungen verhören sich oft, sie geben inadäquate Antworten, missverstehen Instruktionen. Sie nehmen visuelle und motorische Hilfen gerne an. Sie hören gerne kurze Märchen, erinnern sich aber nicht an den Inhalt, sie scheinen unachtsam zu sein.

3.3 Die Rolle der Phonemperzeption beim Lesen lernen

Kinder können richtig lesen und schreiben, wenn sie die Wörter nicht nur wahrnehmen können, sondern sich auch auf die Elemente des Wortes, also auf die Sprachlaute fokussieren können. Eine Leseschwäche ist durch das „phonologische Defizit“ (CSÉPE 2005) vorbestimmt. Solche Kinder analysieren die akustischen Reize nur eingeschränkt, ihr Sprachlauthören ist gestört, unentwickelt (CSÉPE 2005).
Lernen wir in einer Sprache lesen, hängt der Erfolg des Lesen Lernens von dem Niveau der phonologischen Verarbeitung ab (RAMUS 2003). Beim Prozess des Lesen Lernens von lernbeeinträchtigten Kindern können wir ähnliche Symptome beobachten wie bei Menschen mit Dyslexie. Es ist bekannt, wie lange bei ihnen die Erkennung der Buchstaben unsicher ist, wie oft es vorkommt, dass sie die Buchstaben verwechseln. Die ungarische Sprache basiert auf dem phonetischen Schreiben, dabei ist es unerlässlich, über ein perfekt funktionierendes Sprachlauthören zu verfügen (NAGY 1998). Am Anfang des Lesen Lernens wird das Lesen von Buchstabe zu Buchstabe durchgeführt (aufeinander folgend). Wird zu wenig Zeit für die Entwicklung des Sprachlauthörens investiert, wird der Prozess des Lesen Lernens erschwert.

3.4 Die Rolle der Phonemperzeption bei der Rechtschreibung

Es gibt die so genannten „homomorphen” Wörter: Wir schreiben sie genau so, wie wir sie aussprechen. Die so genannten „heteromorphen“ Wörter schreiben wir anders, als wir sie aussprechen. Das Schreiben dieser Wörter ist schwieriger, wenn wir die Eigenschaften der Sprachlaute nicht genau wahrnehmen können, weil die Wortanalyse unzureichend ist. Bei der Rechtschreibung brauchen wir ein genaueres Sprachlauthören als zum Lesen. Beim Lesen kann der Kontext helfen, aber beim Schreiben müssen wir jeden Sprachlaut begreifen, und die Sprachlautfolge genau wahrnehmen. Im Laufe des Leseprozesses ist weniger Information ausreichend: es dürfen Buchstaben ausbleiben, dennoch können wir den Inhalt des Wortes erfassen. Bei den Ursachen der Rechtschreibstörung spielt die unentwickelte auditive Perzeption eine bedeutsame Rolle. In Bezug auf Kinder mit einer Lernbeeinträchtigung müssen wir einen Kompromiss schließen, da ihre Chance, eine gute Rechtschreibung zu erwerben, eingeschränkt ist. Neben einer möglichen beeinträchtigten motorischen Ausführung (JÓZSA/ FAZEKASNÉ 2006b) müssen wir an das beeinträchtigte Sprachlauthören denken.

3.5 Die Rolle der Phonemperzeption beim Fremdspracherwerb

Jede Sprache hat eine eigene Perzeptionsbasis. Die Unterscheidung der Sprachlaute wird durch die akustischen Eigenschaften der Muttersprache gelenkt. Beim Erlernen der zweiten Sprache gehen wir den Weg des Sprachverstehens noch mal. Zuerst nehmen wir Worteinheiten wahr, dann – nach langer Übung – tauchen erste Wörter auf. Die Sprachlaute können oft durcheinander kommen. Das Sprachlauthören ist auf die Muttersprache bezogen, deshalb können wir die fremden Sprachlaute nur nach der Artikulationsregel der Muttersprache ausführen. So bleibt der Akzent beim Fremdspracherwerb lange vorhanden. Wenn die Fähigkeit der Phonemperzeption nicht optimal ausgebildet ist, kann dies ein ernstes Hindernis beim Fremdspracherwerb hinsichtlich der richtigen Aussprache und des Sprachverständnisses sein.

4 Das Sprachlauthören bei Kindern mit Lernbeeinträchtigungen

Das Nichterkennen des Fehlens einer umfassenden Phonemperzeption wird oft in der Fachliteratur erwähnt (z.B. GEREBENNÉ 1996; GÓSY 2000; GÜNTHER 1994; LŐRIK 1992; WHIATKER 1995). In den sechziger Jahren wurde diese Fähigkeit nur als ein Teil des logopädischen Prozesses betrachtet. In den achtziger Jahren wurde die Phonemperzeption bei der Beschreibung der Dyslexie und Dysgraphie erwähnt, aber die Beschreibung des gesamten Systems der Fähigkeit unterblieb. Bei den Symptomen der Lese- und Rechtschreibstörung aber wird die Phonemperzeption immer wieder unter verschiedenen Namen thematisiert (z.B. CSÉPE 2005; GÓSY 2000; 2007; MEIXNER 1995; RAMUS 2003; TÓTH 2000). Wir haben keine konkreten Angaben darüber, wie diese Fähigkeit bei Kindern mit Lernbeeinträchtigungen funktioniert. Den Erfahrungen aus der Praxis zufolge können wir die Hypothese formulieren, dass die Phonemperzeption bei lernbeeinträchtigten Kindern eingeschränkt ist.

4.1 DIFER: Eine Testserie für 4- bis 8-jährige Kinder

In den siebziger Jahren wurde in Ungarn eine übergreifende Untersuchung zum Thema Schulreife und der Entwicklung einzelner Fähigkeiten durchgeführt (NAGY 1980). Die Ergebnisse dieser Forschungen weisen darauf hin, wie wichtig es ist, sich mit der Fähigkeit des Sprachlauthörens (Phonemperzeption) zu beschäftigen. Dazu ist es unerlässlich, eine entsprechende Testserie zu entwickeln, welche jede Komponente des Sprachlauthörens erhebt, um die Förderung dieser Fähigkeit gezielt planen zu können. Ein Teil der Testserie DIFER untersucht die Fähigkeit des Sprachlauthörens (NAGY/ JÓZSA/ VIDÁKOVICH/ FAZEKASNÉ 2004a).
Der das Sprachlauthören untersuchende Test besteht aus einer kurzen (15 Items) und einer langen (45 Items) Variante. Die Kinder müssen nur nach dem Gehör die Eigenschaften der Sprachlaute differenzieren. In beiden Varianten des Tests gibt es Sprachlautpaare (z.B. s-sch, r-l, g-k usw.), die die Kinder oft miteinander verwechseln, ersetzen oder unsicher differenzieren. Fehler bei der Differenzierung dieser Sprachlautpaare weisen auf ein unterentwickeltes Sprachlauthören hin. Jede korrekt gelöste Aufgabe im Test entspricht 1 Punkt. In der kurzen Variante kann man 15, in der langen Variante 45 Punkte erwerben.

4.2 Das Sprachlauthören bei „normal“ entwickelten Kindern

Aus einer früheren Untersuchung mit einer großen Stichprobe mit normgemäß entwickelten Kindern können wir sehen, wie bei diesen die Phonemperzeption erfolgt (Abb. 1). Bei den 4- bis 5-jährigen Kindern liegt das Ergebnis bei 83%, bei den 5- bis 6-jährigen bei 89%, bei den 6- bis 7-jährigen bei 94%, und bei den 9- bis 10-jährigen bei 99%. Die Kinder erreichen in diesem Alter im Bereich des Sprachlauthörens das Optimum.
Bei den Kindern, die die erste Klasse besuchen, gibt es in Bezug auf die Phonemperzeption einen bedeutsamen Unterschied. In diesem Alter erreicht die Hälfte der Kinder das Optimum nicht. Obwohl die gut entwickelte Fähigkeit der Phonemperzeption eine günstige Bedingung wäre, das Lesen und Schreiben zu erlernen, beginnen viele Kinder den Erwerb dieser Kulturtechniken mit unsicherem Sprachlauthören.

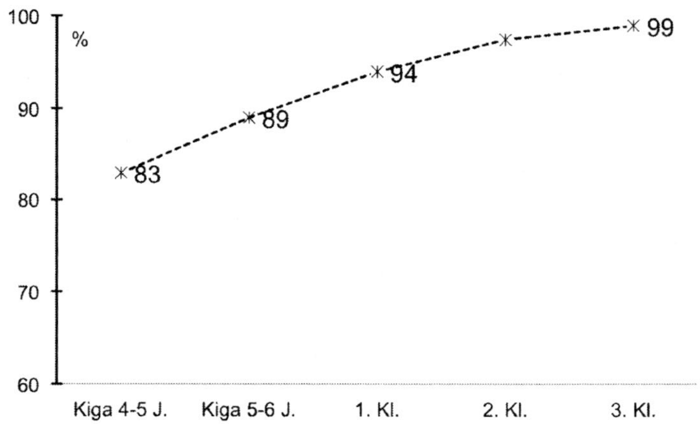

Abb. 1: Die Entwicklung des Sprachlauthörens bei normal entwickelten Kindern (FAZEKASNÉ/ JÓZSA 2009)

5 Das Ziel und Design unserer Untersuchung

In unserer empirischen Untersuchung wollten wir das Niveau der Fähigkeit der Phonemperzeption bei Kindern mit Lernbeeinträchtigungen erheben. An unserer Studie nahmen 73 Kinder der Zielgruppe teil.

Neben der Fähigkeit des Sprachlauthörens wurden folgende Hintergrundfaktoren mit beachtet: Intelligenzquotient, sozio-kulturelle Umgebung.

Unsere Forschungsfragen lauteten:

- Was für einen Unterschied gibt es bezüglich des Sprachlauthörens zwischen lernbeeinträchtigten und normal entwickelten Kindern?
- Welche Unterschiede gibt es bei den Einzelkomponenten dieser Fähigkeit?
- Gibt es einen Unterschied zwischen den Kindern, die einen Sprach-/ Sprechfehler aufweisen und den Kindern, die keinen Sprach-/ Sprechfehler haben?
- Beeinflusst die Umgebung die Entwicklung dieser Fähigkeit?

Tabelle 1: Zusammensetzung der Stichprobe (FAZEKASNÉ/ JÓZSA 2009)

Jahrgang	**Teilnehmerzahl**
1. Klasse	30
2. Klasse	17
3. Klasse	12
4. Klasse	14
Insgesamt	73

6 Die Entwicklung der Teilaspekte des Sprachlauthörens bei durchschnittlich entwickelten und lernbeeinträchtigten Kindern

Die Entwicklung der Fähigkeit bei normal entwickelten Kindern haben wir 2002 in einer landesweiten Studie erforscht (NAGY/ JÓZSA/ VIDÁKOVICH/ FAZEKASNÉ 2004b). Die Entwicklung der Teilfähigkeiten zeigt Abbildung 2. Das größte Problem beim Sprachlauthören ist die Länge des Sprachlautes wahrzunehmen. Die Ergebnisse bezüglich der anderen Teilaspekte des Sprachlauthörens unterscheiden sich nur gering.

Bei lernbeeinträchtigten Kindern erhalten wir ein ähnliches Profil, jedoch zeitlich verschoben. Auch für sie ist es am schwierigsten, die Länge des Sprachlauts wahrzunehmen (siehe Abb. 3). Diese Teilfähigkeit, welche normal entwickelte Kinder vielfach schon vor dem Eintritt in die Schule zeigen können, erwerben sie erst im Zeitraum der vierten Klasse. Ihre Phasenverspätung in den Teilaspekten des Sprachlauthörens entspricht durchschnittlich 4 Jahre. Es ist interessant, dass das Diagramm der beiden Gruppen fast parallel verläuft. Das bedeutet, dass abgesehen von der Phasenverspätung in diesem Zeitraum die Entwicklung der Phonemperzeption bei lernbeeinträchtigten Kindern fast im gleichen Takt und Tempo verläuft. Es stellt sich die Frage, in welchem Schuljahr die lernbeeinträchtigten Kinder das Optimum des Sprachlauthörens erreichen.

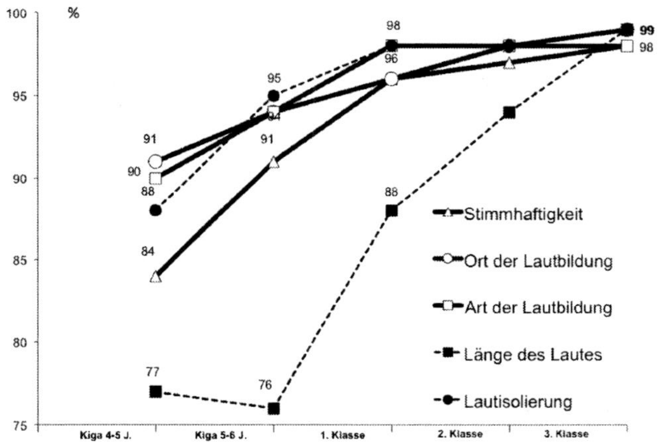

Abb. 2: Die Entwicklung der Teilaspekte des Sprachlauthörens bei normal entwickelten Kindern (NAGY/ JÓZSA/ VIDÁKOVICH/ FAZEKASNÉ 2004b, 23)

An zweiter Stelle fällt unter den Teilaspekten des Sprachlauthörens bei lernbeeinträchtigten Kindern die Wahrnehmung der Stimmhaftigkeit bzw. Stimmlosigkeit eines Lautes auf (Abb. 4). Die Phasenverspätung ist in diesem Alter sehr relevant. Die getesteten Kinder befanden sich in ihrer Entwicklung in der vierten Klasse dort, wo sich normal entwickelte Kinder in der ersten Klasse befinden. Es ist vorstellbar, dass sich diese Teilleistung spontan nicht mehr ausreichend entwickeln wird. Die Entwicklung vollzieht sich vom Zeitraum der dritten Klasse an immer langsamer. Die Frage ist, wie sich diese Teilfähigkeit weiter fördern lässt, ob die Kinder das Optimum erreichen werden oder nicht. In der ungarischen Sprache kann die Stimmhaftigkeit einen Bedeutungsunterschied darstellen (z.B. zár (das Türschloss) – szár (der Stiel)). Das Problem bei der Differenzierung zwischen stimmhaften und stimmlosen Lauten kann zu Schwierigkeiten bei der Sprachproduktion und Sprachwahrnehmung führen.

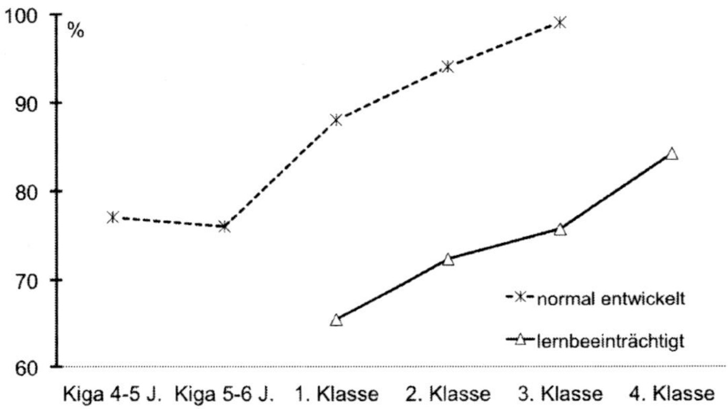

Abb. 3: Die Entwicklung der Wahrnehmung der Länge eines Lautes (FAZEKASNÉ/ JÓZSA 2009)

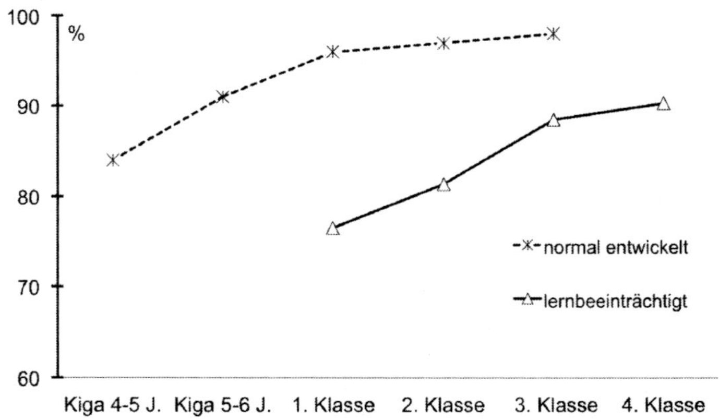

Abb. 4: Die Entwicklung der Wahrnehmung der Stimmhaftigkeit eines Lautes (FAZEKASNÉ/ JÓZSA 2009)

Das Entwicklungsdiagramm der entsprechenden Differenzierung des Ortes der Lautbildung zeigt die Abbildung 5. Diese Differenzierung stellt für normal entwickelte Kinder eher kein Problem dar. Zum Ende des Kindergartenalters verfügen 94% der Kinder über diese Teilfähigkeit. Die Leistung der lernbeeinträchtigten Kinder weicht davon allerdings deutlich ab. Erst zum Ende der Grundschulzeit nähern sie sich dem Optimum an.

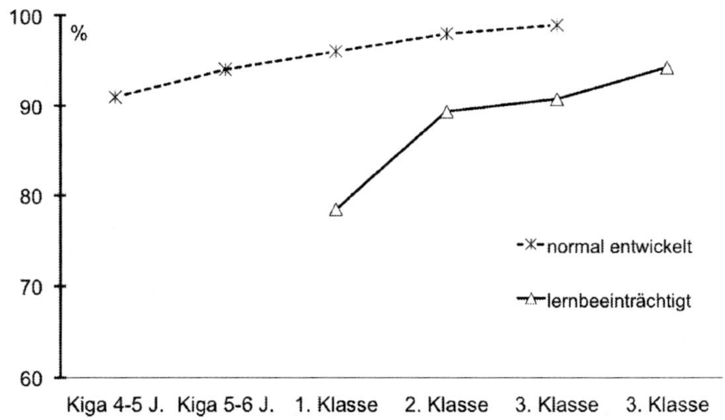

Abb. 5: Die Entwicklung der Wahrnehmung des Ortes der Lautbildung (FAZEKASNÉ/ JÓZSA 2009)

Bei der Differenzierung der Art der Lautbildung ist das Ergebnis ähnlich. Mit der erwähnten zeitlichen Verzögerung können auch Kinder mit Lernbeeinträchtigung das Optimum erreichen (Abb. 6).

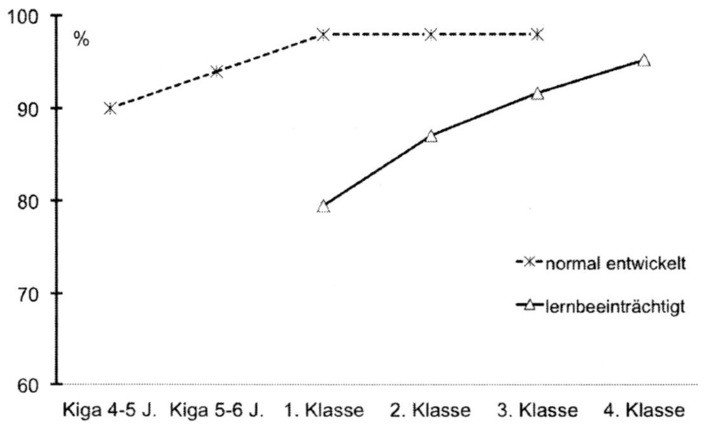

Abb. 6: Die Entwicklung der Wahrnehmung der Art der Lautbildung (FAZEKASNÉ/ JÓZSA 2009)

Aufgrund praktischer Erfahrungen können wir sagen, dass beide Populationen durch motorische, kinästhetische und akustische Erfahrungen bei der Stimmbildung und Sprachentwicklung unterstützt werden können. Die unterschiedlichen Fördermöglichkeiten wirken sich positiv auf die Entwicklungsgeschwindigkeit der Phonemperzeption bei Kindern mit Lernbeeinträchtigungen aus.

Nach der Analyse der Teilfähigkeiten lohnt es sich, auch die Entwicklungsgeschwindigkeit der Fähigkeit des Sprachlauthörens insgesamt zu vergleichen.

Die Fähigkeit des Sprachlauthörens entwickelt sich bei lernbeeinträchtigten Kindern in einem anderen Zeitraum als bei normal entwickelten Kindern (Abb. 7). Die lernbeeinträchtigten Kinder zeigen in der zweiten Klasse ein Entwicklungsniveau, das die normal entwickelten Kinder mit etwa 4 Jahren erreichen. Es ist wichtig zu erkennen, dass ihre Entwicklung eine relative und relevante Phasenverspätung aufzeigt. Diese Verzögerung können sie bis zur vierten Klasse noch nicht aufholen.

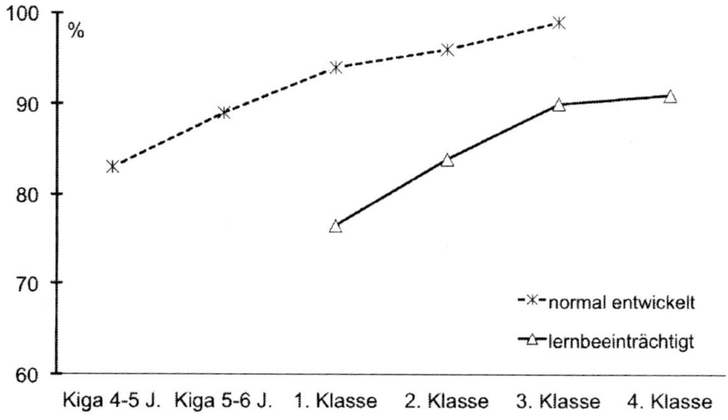

Abb. 7: Die Entwicklung der Fähigkeit des Sprachlauthörens (FAZEKASNÉ/ JÓZSA 2009)

7 Die Rolle der Umweltfaktoren bei Kindern mit Lernbeeinträchtigungen in der Entwicklung des Sprachlauthörens

Als durchschnittlich bezeichnen wir die Familien, in denen mindestens eine Person über Arbeit und Einkommen verfügt. Die Charakterisierung „ungeordnet" bedeutet, dass kein regelmäßiges Einkommen vorliegt und/oder das Kind nicht regelmäßig eine Bildungsinstitution besucht und/oder Vernachlässigung des Kindes wahrzunehmen ist. Zu den 73 überprüften Kindern haben wir in 61 Fällen auswertbare Angaben erhalten (Tabelle 2).
Den erhaltenen Angaben zufolge beeinflusst auch die sozio-kulturelle Umgebung und die Erziehung die Entwicklung der Fähigkeit der Phonemperzeption. Das Sprachlauthören bleibt bei den in „ungeordneten" Verhältnissen lebenden lernbeeinträchtigten Kindern signifikant zurück (Tabelle 3). Diese Ergebnisse lenken die Aufmerksamkeit auf die Wichtigkeit der Prävention.

Tabelle 2: Die Verteilung der lernbeeinträchtigten Kinder nach ihrer soziokulturellen Umgebung (FAZEKASNÉ/ JÓZSA 2009)

		Charakterisierung der Umgebung		**Gesamtzahl**
		durchschnittlich	**ungeordnet**	
Kl.-stufe	1	11	12	23
	2	9	6	15
	3	8	3	11
	4	7	5	12
Gesamtzahl		35	26	61

Tabelle 3: Der Durchschnitt des Sprachlauthörens bei lernbeeinträchtigten Kindern in Bezug zu den Umgebungsfaktoren (FAZEKASNÉ/ JÓZSA 2009)

Charakterisierung der Umgebung	**Durchschnitt des Sprachlauthörens (%)**
durchschnittlich	87
ungeordnet	79

8 Fazit

In diesem Beitrag wurde das Sprachlauthören (Phonemperzeption) von 73 Kindern mit Lernbeeinträchtigung erforscht, um über die Entwicklung und Eigenschaften der Fähigkeit der Phonemperzeption bei dieser Personengruppe Informationen zu erhalten. Unsere Ergebnisse sind zusammengefasst die folgenden:

Die Fähigkeit des Sprachlauthörens verzögert sich bei Kindern mit Lernbeeinträchtigung um 3-5 Jahre. Die unterstützende Umgebung wirkt sich auf die Entwicklung aus. So können wir bei der Entwicklung der Fähigkeit

unterstützend helfen, dass sich Kinder mit Lernbeeinträchtigung besser entwickeln können.
Die speziellen Fördermöglichkeiten heilpädagogischer Intervention können ausgehend von den vorliegenden Forschungsergebnissen erweitert werden.
Da die Umgebungsfaktoren die Entwicklung der Phonemperzeption bei Kindern mit Lernbeeinträchtigungen nachweislich beeinflussen können, ist es eine neue Aufgabe der Heilpädagogik, diese Fähigkeit auch systematisch zu fördern. Das Sprachlauthören spielt eine wichtige Rolle beim Lesen Lernen, der Rechtschreibung, dem Sprachverständnis und beim Erwerb einer Fremdsprache. Wir erwarten, dass sich die Kinder durch eine frühzeitige Förderung der Phonemperzeption auch in diesen Bereichen entwickeln werden. Hierzu bedarf es täglicher Übungen in einer geplanten Struktur. Mit der Förderung des Sprachlauthörens müssen wir schon im Kindergarten beginnen, um Kinder mit einer drohenden Lernbeeinträchtigung auf die Schule vorzubereiten (MACHER 2007). Ein Fachbuch mit Hinweisen zur Förderung steht bereits zur Verfügung (FAZEKASNÉ 2006).

Literatur

BECKER, R. (1985): Die Lese-Schrechtschreib-Schwäche aus logopädischer Sicht. Berlin

CSÉPE V. (2005): Kognitív fejlődés-neuropszichológia. Gondolat Kiadó, Budapest

FAZEKASNÉ F., M. (2006): A beszédhanghallás fejlesztés a 4-8 éves életkorban. Módszertani segédanyag óvónőknek és tanítóknak. Mozaik Kiadó, Szeged

FAZEKASNÉ F., M./ JÓZSA K. (2009): Tanulásban akadályozott gyermekek beszédhanghallása. Unveröffentlichtes Manuskript

GEREBENNÉ V., K. (1996): Auditív észlelési és beszédmegértési zavarok gyógypedagógiai pszichológiai megközelítésben. In: GÓSY MÁRIA (Ed.): Gyermekkori beszédészlelési és beszédmegértési zavarok. Nikol Kiadó, Budapest, p. 54-83

Gósy, M. (1999): Pszicholingvisztika. Corvina Kiadó, Budapest

Gósy, M. (2000): A hallástól a tanulásig. Nikol Kkt, Budapest

GÓSY, M. (2007): Az értelmi képesség és a beszédpercepciós folyamatok összefüggései. In: GÓSY, MÁRIA (Ed.): Beszédészlelési és beszédmegértési zavarok az anyanyelv-elsajátításban. Nikol, Budapest, p. 230-247

GÜNTHER, H. (1994): Zur Relevanz zentraler Funktionen der auditiven Perzeption hinsichtlich der Sprachwahrnehmung. Die Sprachheilarbeiter 39, S. 352-362

JÓZSA K./ FAZEKASNÉ F., M. (2006a): A DIFER programcsomag alkalmazási lehetősége tanulásban akadályozott gyermekeknél I. rész. In: Gyógypedagógiai Szemle, XXXIV. 2, p. 133-142

JÓZSA K./ FAZEKASNÉ F., M. (2006b): A DIFER programcsomag alkalmazási lehetősége tanulásban akadályozott gyermekeknél II. rész. In: Gyógypedagógiai Szemle, XXXIV. 3, p. 161-177

KASSAI, I. (2005): Fonetika. Nemzeti Tankönyvkiadó, Budapest.

LŐRIK, J. (1992): A beszédhangok hallási megkülönböztetéséről. Beszédgyógyítás, 1. sz., p. 22-32

MACHER, M. (2007): Tanulásban akadályozott gyermekek beszédészlelési és beszédmegértési vizsgálata. In: GÓSY, MÁRIA (Ed.): Beszédészlelési és beszédmegértési zavarok az anyanyelv-elsajátításban. Nikol, Budapest, p. 247-261

MEIXNER, I. (1995). A dislexia prevenció, reedukáció módszere. BGGYFK, Budapest

MESTERHÁZI, Z. (1998): A nehezen tanuló gyermekek iskolai nevelése. BGGYFK, Budapest

NAGY, J. (1980): 5-6 éves gyermekek iskolakészültsége. Akadémiai Kiadó, Budapest

NAGY, J. (1998): A kognitív rutinok pedagógiai jelentősége. Iskolakultúra, 5. sz., p. 3-16

NAGY, J. (2000): XXI. század és nevelés. Osiris Kiadó, Budapest

NAGY, J. (2006): Olvasástanítás: a megoldás stratégiai kérdései. In: JÓZSA, KRISZTIÁN (Ed.): Az olvasási képesség fejlődése és fejlesztése, Dinasztia Tankönyvkiadó, Budapest, p. 17-42

NAGY, J./ JÓZSA, K./ VIDÁKOVICH, T./ FAZEKASNÉ FENYVESI, M. (2004a): DIFER Programcsomag: Diagnosztikus fejlődésvizsgáló és kritériumorientált fejlesztő rendszer 4-8 évesek számára. Mozaik Kiadó, Szeged

NAGY J./ JÓZSA, K./ VIDÁKOVICH, T./ FAZEKASNÉ F., M. (2004b): Az elemi alapkészségek fejlődése 4–8 éves életkorban. Mozaik Kiadó, Szeged

RAMUS, F. (2003): Developmental dyslexia: Specific phonological deficit or general sensorimotor dysfunction? Current Opinion in Neurobiology, 13, p. 212-218

TORDA, Á. (Ed.) (1995): Pszichodiagnosztika. Nemzeti Tankönyvkiadó, Budapest

TÓTH, L. (2000): Az olvasás pszichológiai alapjai. Pedellus Tankönyvkiadó KFT, Debrecen

WHIATKER, H. A. R. (1995): 5 notes on the history of neurolinquistics. In: ELENIUS, K./ BRANDERUD, P. (Ed.): Proceedings of the ICPhS 95. Stockholm University, Stockholm, p. 164-171

Andrea Erdélyi, Gyula Szaffner

Unterstützte Kommunikation in Ungarn und Deutschland – Eine vergleichende Ist-Stands- und Bedarfserhebung

1 Begriffsklärung

Unterstützte Kommunikation (UK) ist ein Forschungs- und Praxisfeld, dass aus den Unterstützungsangeboten für nicht oder nur sehr eingeschränkt lautsprachliche kommunizierende Menschen nicht mehr weg zu denken ist und von der UN-Konvention für die Rechte von Menschen mit Behinderungen in Artikel 24 (3) als Grundrecht anerkannt wurde.
VON TETZCHNER und MARTINSEN sprechen von UK, „wenn die Lautsprache durch andere Methoden ergänzt oder ersetzt wird" (VON TETZCHNER/ MARTINSEN 2000, 17). Nach KÁLMÁN „ ... ergänzt [UK] die bestehenden Kommunikationsformen" (KÁLMÁN 2006, 12). FRANZKOWIAK umschreibt UK als „Teilbereich der Sonderpädagogik, der sich auf den Personenkreis nicht und kaum sprechender Menschen bezieht. Unterstützte Kommunikation (meist auch im internationalen Sprachgebrauch AAC abgekürzt) soll es den Betroffenen ermöglichen, sich mit Hilfe körpereigener und hilfsmittelgestützter Kommunikationsformen mit ihrer Umgebung zu verständigen ..." (Glossar von FRANZKOWIAK In: BRAUN (Hrsg.) 1999, 60-61).
Zu den am häufigsten verwendeten Kommunikationsformen und Hilfsmitteln zählen z.B. Gebärden, Bildzeichen und Piktogramme sowie elektronische Hilfen, angefangen mit einfachen Anbahnungshilfen zum Erleben des Ursache-Wirkungs-Prinzips bis hin zu komplexen dynamischen Sprachcomputern mit verschiedenen Wortstrategien und Ansteuerungshilfen.
Zielgruppen entsprechend der Funktionen von UK sind Menschen, für die UK:

- ein Ausdrucksmittel darstellt,
- eine Hilfe zum Spracherwerb darstellt (Sprachanbahnung, -ergänzung),
- eine Ersatzsprache bietet (von TETZCHNER/ MARTINSEN 2000).

Geht man von den Ursachen aus, wird UK vorrangig benötigt von Menschen mit

- angeborenen Behinderungen (z.B. CP, geistige, mehrfache Behinderung, Autismus),
- einer fortschreitenden Krankheit (z.B. Muskeldystrophie, MS, ALS),
- Schädigungen durch Unfall (z.B. Schädel-Hirn-Trauma), Schlaganfall, Hirntumor mit Folgen wie Aphasie oder Sprachapraxie usw. sowie
- vorübergehend eingeschränkten lautsprachlichen Möglichkeiten (z.B. Gesichtsverletzungen u.a.) (vgl. auch VON LOEPER LITERATURVERLAG/ ISAAC 2010).

2 Forschungsanlass und Annahmen

Ende 2007 wurde eine Kooperation in Forschung und Lehre zwischen der Carl von Ossietzky Universität Oldenburg und der Eötvös Loránd Universität Budapest geschlossen. Das hier in Ausschnitten vorgestellte Projekt ist ein erstes Ergebnis dieser Kooperation.

Anlass war die vorangegangene Recherche, die zu der Vermutung führte, dass sowohl in Ungarn als auch Deutschland Unterstützte Kommunikation in Forschung, Lehre und Praxis eine zunehmende Bedeutung erlangt. Allerdings fehlt es im Einzugsgebiet der beiden Universitäten scheinbar an ausreichenden Beratungseinrichtungen, an den Universitäten selbst an einer systematischen Implementierung von UK in Forschung und Lehre.

Konkret wurden folgende Annahmen überprüft:

1. Die Betroffenen sind nicht ausreichend mit UK versorgt.
2. Es kommen v.a. einfache kostengünstige Hilfen zum Einsatz.
3. Es gibt keine einheitliche Verwendung der Hilfen, es fehlt an UK-Konzepten in den Einrichtungen.
4. Bei den Helfern bestehen zu geringe Fachkenntnisse.
5. Es fehlt an Kooperation zwischen den Einrichtungen.
6. Eine Beratungsstelle im Raum Oldenburg bzw. im Raum Budapest ist notwendig.

3 Ziel der Erhebung

Ziel der Erhebung war entsprechend, die oben genannten Annahmen zu überprüfen und die genauen Bedarfe in der Region zu erheben. Sollte sich der vermutete Bedarf an Beratung bewahrweiten, läge damit eine Grundlage zum Aufbau einer UK-Beratungsstelle vor, die gezielt die Bedarfe der betroffenen

Personen im Einzugsgebiet der Universitäten berücksichtigt. Gleichzeitig würde eine solche Beratungsstelle als Praxiseinrichtung innerhalb der Universitäten eine intensive, praxisorientierte Stärkung der Sonderpädagogenausbildung sowie der angewandten Forschung im Feld Unterstützter Kommunikation ermöglichen.
Während zum Zeitpunkt der Erhebung in Deutschland der Aufbau der Beratungsstelle im Vordergrund stand, lag die Akzentsetzung in Ungarn vorrangig auf Forschung und Lehre.

4 Forschungsgegenstand

Forschungsgegenstand war einerseits eine Erhebung des Ist-Stands, zum anderen eine Ermittlung der Bedarfe. Im Fokus standen die betroffenen Personen dabei ebenso wie die Mitarbeiter der verschiedenen befragten Einrichtungen und Praxen im jeweiligen Einzugsgebiet der beiden Universitäten. So ging es wesentlich um die bisherige Verbreitung von UK, den Inhalten wie z.B. angewandten Methoden sowie den Fachkenntnissen bei den Mitarbeitern bis hin zu Fragen der Konzeptionalisierung und Vernetzung.

5 Forschungsfragen

Bezogen auf die Zielgruppe der nicht oder kaum lautsprachlich kommunizierenden Menschen wurde folgenden Fragen nachgegangen:
- Wie groß ist der Bedarf an UK?
- Inwieweit ist der Bedarf z.Z. gedeckt?
- Welche Methoden von UK werden genutzt?

Bezogen auf die Fachleute standen als Fragen im Vordergrund:
- Inwieweit liegt die notwendige Fachkompetenz vor und wird eingesetzt?
- Wie gelangten die Fachleute zu dieser Fachkompetenz?

Bezogen auf die Bedarfe wurde erhoben:
- Welche Bedarfe bestehen in dem jeweiligen Einzugsgebiet der Universitäten in Bezug auf Förderung, Beratung, Hilfsmittel, Assistenz, Fortbildung und Vernetzung?

6 Forschungsfeld

An beiden Standorten handelte es sich beim Forschungsfeld um Institutionen, in denen Menschen, die nicht oder nur eingeschränkt sprechen oder Lautsprache verstehen können, zur Klientel gehören bzw. gehören könnten. Es

wurden hierbei keine Altersgrenzen oder systembedingte Grenzen gesetzt. D.h. die Befragung erfolgte an Einrichtungen vom Elementarbereich (z.B. Frühförderung, Kinderkrippen, Kindergarten) über die schulischen Einrichtungen bis hin in den Erwachsenen- und Altenbereich, an Rehabilitationskliniken und Sondereinrichtungen ebenso wie an Regelangeboten, an denen eventuell Betroffene integriert sein könnten.
In Ungarn handelte es sich vorrangig um vorschulische, schulische und nachschulische Sondereinrichtungen für Menschen mit Behinderungen.
In Deutschland kamen zu dieser Palette noch die Praxen von Logopäden hinzu, was es so als Angebot in Ungarn nicht gibt.

7 Forschungsmethoden und Durchführung

In Deutschland wurde eine quantitative Querschnittserhebung im Rahmen einer deskriptiven, hypothesenprüfenden Forschung durchgeführt. Die Befragung erfolgte in Form einer schriftlichen Fragebogenerhebung. Es wurden hierzu alle potentiell in Frage kommenden Einrichtungen und Fachleute im Postleitzahlbereich 26..., 27... und 49... (N=1070) angeschrieben.
In Ungarn wurde ebenfalls eine quantitative Stichprobenerhebung durchgeführt, jedoch als Pilotstudie im Rahmen der deskriptiven, hypothesenprüfenden Forschung. Die Befragung erfolgte in Form einer mündlichen Fragebogenerhebung als Interview. Es wurden 22 potentiell in Frage kommende Budapester Einrichtungen der Behindertenhilfe angefragt, die Auswahl erfolgte als Zufallsauswahl aufgrund einer Datenbasis (N=22).
Der Fragebogen bzw. der Interviewleitfaden waren gleich aufgebaut. Auf 4 Seiten wurden vorrangig geschlossene Fragen zu folgenden Themenbereichen formuliert:
1. Allgemeine Informationen zur Institution
2. Informationen zu in der Kommunikation beeinträchtigten Menschen
3. Informationen zu den Mitarbeitern/innen
4. Bedarf, Wünsche, Anregungen
5. Interesse an Kooperation

In Deutschland fand die Erhebung vom 7.1.-8.2.2008 statt. Der Rücklauf lag bei rund 20% (N=218, davon 4 nicht auswertbar). Die Auswertung erfolgte mittels Optical Mark Recognition (OMR) und SPSS.
In Ungarn wurde die Erhebung im Zeitraum vom 1.5.-30.7.2008 durchgeführt. Von 22 Anfragen standen 20 für ein Interview zur Verfügung (N=20). Die Auswertung wurde mit Hilfe von Excel und SPSS durchgeführt.

8 Forschungsergebnisse

Das wohl wichtigste Ergebnis bezieht sich auf die Zahl der Personen, die als nicht oder eingeschränkt lautsprachlich kommunizierend identifiziert wurden und zum Erhebungszeitpunkt keine Unterstützung in der Kommunikation erhielten. In Tabelle 1 finden sich die Daten dazu, wobei D für Deutschland und U für Ungarn steht.
Trotz der Unterschiede bei den Stichproben in Ungarn und Deutschland ist doch erstaunlich, dass sich der Anteil jener, die einen Bedarf an UK aufweisen, und dieser noch NICHT gedeckt ist, ähnlich ist. So sind dies in Deutschland 75,9% und in Ungarn 78,2% der Betroffenen (letzte Spalte Tabelle 1).
Die binationalen Unterschiede von 16,8% (Deutschland) und 56,5% (Ungarn) in Bezug auf den Anteil jener, die nicht oder eingeschränkt sprechen, erklärt sich durch die Auswahl der Stichprobe: In Ungarn wurden gezielt nur jene Einrichtungen befragt, die im engeren Sinne der Behindertenhilfe zugerechnet werden können, während in Deutschland z.B. auch Regelschulen in der Hoffnung auf integrativ beschulte Kinder oder Altenheime befragt wurden (2. Spalte Tabelle 1).

Tabelle 1: Quantitativer Bedarf an UK

Anzahl der Menschen aus allen Institutionen zusammengefasst	**Anzahl der Menschen, die nicht, kaum oder schwer verständlich sprechen**	**Anzahl der Menschen, die UK in der jeweiligen Institution bereits nutzen**	**Anzahl der Menschen, die UK benötigen würden, aber UK nicht nutzen**
D: 21.844 U: 1320	D: 3.679 U: 746	D: 891 U: 163	**D: 2.788** **U: 583**
100%	D: 16,8% U: 56,5%		
	100%	D: 24,1% U: 21,8%	**D: 75,9%** **U: 78,2%**

Ebenso wurde nach der Zahl der Mitarbeiter gefragt, die in den Institutionen tätigt sind, und davon nach jenen, die UK in ihrer Arbeit einsetzen. Die Ergebnisse stellt die Tabelle 2 dar.

Tabelle 2: Zahl der Mitarbeiter, die UK einsetzen

Mitarbeiter der Institutionen	Mitarbeiter, die UK einsetzen
D: 6.245 U: 473	D: 1.098 U: 61

Auf weitere detaillierte Darstellungen einzelner quantitativer Ergebnisse wird an dieser Stelle zugunsten einer Zusammenfassung der Ergebnisse für beide Länder verzichtet.
Die einzelnen Daten sind durch die Unterschiedlichkeit der Stichprobe nicht vergleichbar, so dass ein Aufreihen derselbigen nicht sinnvoll erscheint.

8.1 Zusammenfassung der Ergebnisse aus Deutschland

Für Deutschland lassen sich die Ergebnisse wie folgt zusammen fassen:
- 76% (2788 Personen) aller in der lautsprachlichen Kommunikation eingeschränkten Menschen erhielten zum Zeitpunkt der Erhebung nicht UK, obwohl ein Bedarf besteht.
- Es werden v.a. einfache und kostengünstige Hilfsmittel eingesetzt. Vielfach beginnt und endet UK mit dem Nutzen einfacher Mimik und Gestik, so dass die umfangreichen Möglichkeiten bei weitem nicht ausgeschöpft werden.
- Die Hilfen werden wenig einheitlich verwendet, nur sehr wenige Einrichtungen verfügen bereits über ein einheitliches UK-Konzept.
- Die Fachkenntnisse sind teils vorhanden, teils nicht. Allein die Benennung der Hilfen und deren Zuordnung lässt ahnen, dass teilweise nur eingeschränktes oder Halbwissen über Unterstützte Kommunikation vorliegt. Soweit vorhanden, wurde das Fachwissen oft autodidaktisch oder über Fortbildungen erworben.
- Es besteht nur sehr wenig Kooperation zwischen den Einrichtungen sowie mit Beratungsstellen.
- Es besteht ein deutlicher Bedarf an Beratung (40,89%), Fortbildung (54,28%) und Vernetzung (88,18%) und damit am Aufbau einer Beratungsstelle und eines Netzwerks.

8.2 Zusammenfassung der Ergebnisse aus Ungarn

- 78% (583 Personen) aller in der lautsprachlichen Kommunikation eingeschränkten Menschen erhalten nicht UK.

- Es werden kaum Hilfsmittel eingesetzt, wenn ja, meist einfache selbst hergestellte.
- Die Hilfen werden wenig einheitlich verwendet, nur sehr wenige Einrichtungen haben ein UK-Konzept. Viele sprechen von Plänen, ein solches zu entwickeln und zu implementieren, jedoch bleibt der Verdacht, dass dies eher eine verdeckte Form von fehlendem Konzept ist, es den Befragten aber unangenehm gewesen wäre, dies zuzugeben. Eine weitere Überprüfung wäre hier notwendig.
- Fachkenntnisse sind kaum vorhanden. Soweit vorhanden, wurden sie autodidaktisch oder über Fortbildungen erworben. In Fachausbildungen z.B. zu Heilpädagogen spielt Unterstützte Kommunikation kaum eine Rolle, meist fehlt sie komplett.
- Es gibt nur zwei Schulen und eine Beratungsstelle, die miteinander kooperieren.
- Es besteht ein dringender Bedarf an Ausbildung, Fortbildung und Beratung und damit am Aufbau einer universitären Beratungsstelle. Der Bedarf an diesen grundlegenden Schritten ist so groß, dass eine Vernetzung im Moment noch keine Rolle spielt.

9 Fazit

Es wurde in der Forschungskooperation deutlich, dass an beiden Standorten ein dringender Bedarf gegeben ist, Unterstützte Kommunikation in die Ausbildung einzubinden, in der Forschung zu stärken, und in der Praxis umzusetzen und nahezubringen. An beiden Standorten musste festgestellt werden, dass nur knapp ein Viertel der Betroffenen zur Zeit die ihnen zustehende und notwendige Unterstützung erhalten, der Rest bleibt mehr oder weniger „sprachlos" und der Umwelt ausgeliefert. Obwohl im Gegensatz zu Oldenburg in Budapest bereits eine Beratungsstelle existiert, reichen deren Kapazitäten doch bei weitem nicht aus, den Bedarf zu decken. Von daher ist es an beiden Standorten dringend geboten, an den Universitäten Beratungsstellen einzurichten, die in der engen Verzahnung von Forschung, Lehre und Praxis gleichzeitig die Betroffenen im direkten Umfeld unterstützen und über Aus- und Fortbildung für eine nachhaltige Veränderung in den Einrichtungen der Behindertenhilfe sorgen könnten. Es ist noch viel zu tun, ein Anfang wurde getan.

Literatur

FRANZKOWIAK, Th. (1999): Glossar. In: Braun, U. (Hrsg.): Unterstützte Kommunikation. Düsseldorf

KÁLMÁN, Zs. (2006): Mással – hangzók... Az augmentatív és alternatív kommunikáció alapjai. Budapest

VON LOEPER LITERATURVERLAG/ ISAAC – GESELLSCHAFT FÜR UNTERSTÜTZTE KOMMUNIKATION E.V. (Hrsg.) (2010): Handbuch der Unterstützten Kommunikation. Karlsruhe

VON TETZCHNER, S./ MARTINSEN, H. (2000): Einführung in Unterstützte Kommunikation. Übersetzt aus dem Norwegischen von S. Vogel. Heidelberg 2000

UN Enable - Rights and Dignity of Persons with Disabilities. In: http://www.un.org/disabilities. Letzter Download: 6.1.2009